Rafael Eigner
Zauberer und Zwangsneurosen

Das Buch

Den smarten schwäbischen Notfallmediziner Dr. Benny Brandstätter treibt es nach der abenteuerlichen Zeit in Costa Rica zurück nach Stuttgart – im Schlepptau sein neunmalkluger Sohn Tobi. In der alten Heimat trifft er auf liebenswerte Bekannte, wie den Gitarristen Dobro, die Ex-Kollegin Fatima und natürlich Frau Winterberg, die schräge Vermieterin.

Der neue Posten in einer Praxis für Allgemeinmedizin und die Dienste im Notarztwagen bringen erneut skurrile Patientengeschichten mit sich. Der alleinerziehende Vater wäre nicht mehr er selbst, sorgten nicht Begegnungen mit der Damenwelt für Turbulenzen. Ein Trio Infernale stürzt ihn in ein Gefühlschaos. Zum Glück hat sein pragmatischer Sprössling bereits eine Entscheidung getroffen.

Der Autor

Unter dem Pseudonym Rafael Eigner verarbeitet ein Stuttgarter Notarzt seinen skurrilen Alltag als Mediziner und als ganz normaler Mann im schwäbischen Großstadtdschungel. Mit der romantischen Komödie »Zauberer und Zwangsneurosen« erscheint der dritte Roman über die Abenteuer von Benny Brandstätter.

Rafael Eigner

Zauberer und Zwangsneurosen

Roman

Deutsche Erstveröffentlichung bei
Tinte & Feder, Amazon Media E.U. S.à r.l.
5 Rue Plaetis, L-2338 Luxembourg
Dezember 2017
Copyright © der Originalausgabe 2017
By Rafael Eigner
All rights reserved.

Umschlaggestaltung: semper smile, München, www.sempersmile.de
Umschlagmotiv: © liravega/Shutterstock; © MarijaPiliponyte/Shutterstock;
© Nadin3d/Shutterstock; © vectorgirl/Shutterstock
Lektorat: Rainer Schöttle
Korrektorat: Angelika Wiedmaier/DRSVS
Printed in Germany
By Amazon Distribution GmbH
Amazonstraße 1
04347 Leipzig, Germany

ISBN: 978-1-503-95463-2

www.tinte-feder.de

Wunderliches Wort: die Zeit vertreiben!
Sie zu *halten*, wäre das Problem.
Denn, wen ängstigts nicht: wo ist ein Bleiben,
wo ein endlich *Sein* in alledem?

Sieh, der Tag verlangsamt sich, entgegen
jenem Raum, der ihn nach Abend nimmt:
Aufstehn wurde Stehn, und Stehn wird Legen,
und das willig Liegende verschwimmt.

Berge ruhn, von Sternen überprächtigt;
aber auch in ihnen flimmert Zeit.
Ach, in meinem wilden Herzen nächtigt
obdachlos die Unvergänglichkeit.

(Rainer Maria Rilke)

It is the nature of medicine
that you are going to screw up.

(Dr. Gregory House)

Mark Twain war der Meinung, schreiben sei ganz leicht, man müsse nur die falschen Wörter weglassen. Warum schreibt dann nicht jeder seine Romane selbst?
Wer es mal versucht hat, weiß, dass ohne Talent nach dem Aussortieren der falschen oft nicht genug richtige Worte übrig bleiben.

Oder medizinisch ausgedrückt: »Bei einem Schriftsteller muss man, wie bei einem Anästhesisten, das Gefühl haben, in guten Händen zu sein, damit man sich im Vertrauen betäuben lassen kann.«

(Saul Bellow, modifiziert von einem unbekannten Anästhesisten)

Danke, dass Du Dein betäubendes Schreibtalent immer wieder unter Beweis stellst und für Bennys Leser aus meinem sinnfreien Geplapper Geschichten zauberst, die das Herz berühren.

Come on you boy-child, you winner and loser
Come on you miner for truth and delusion, and shine!
Oder warum eins und eins im besten Fall mehr als zwei sind.

BÄRENMÜTTER UND RABENMÜTTER

ICH STAND AM RUDER meiner Zwölfmeter-Segeljacht und klammerte mich daran fest. Wir überquerten bei schwerer See die Straße von Bonifacio, die Meerenge zwischen Korsika und Sardinien. Ich trug nur eine Badehose, eine Rettungsweste sowie einen *Lifebelt* und war klitschnass. Mein Haar klebte wirr an der Stirn, aber ich strahlte vor Glück. Ricky, meine Frau, stand direkt neben mir, trug ihr *Kleines Schwarzes*, das ihr so gut stand, und diese erotischen, italienischen Sandalen mit den hohen Absätzen, die wir in Venedig zusammen gekauft hatten. Sie schwankte trotz des Seegangs und des unpraktischen Schuhwerks überhaupt nicht und war im Gegensatz zu mir knochentrocken. Sie lächelte, nippte ab und zu an einem Cosmopolitan und schien die Überfahrt ebenfalls zu genießen.

Ich luvte das Boot an, brachte es näher an den Wind und holte das leicht killende Großsegel etwas dichter. Dann sah ich wieder zu Ricky. Sie hielt statt des Cocktailglases nun einen strohblonden Jungen mit Grübchen im Kinn an der Hand, der flüsterte »Papa, ich muss Pipi!«.

Ricky beugte sich zu dem Kind hinunter und flüsterte zurück: »Willst du, dass ich mit dir gehe? Dein Papa scheint zu schlafen.«

Mir kam es merkwürdig vor, dass ich trotz des beständigen lauten Tosens der aufgebrachten See jedes geflüsterte Wort deutlich verstehen konnte. Das Bild von Ricky und dem Kind verschwand langsam, die Geräuschkulisse aus Wind und Wellen ging in das monotone Rauschen eines Airbus über. Ich fand mich in der Realität wieder, weigerte mich aber, die Augen zu öffnen. Der Traum war zu schön gewesen, um ihn nicht noch eine Weile nachwirken zu lassen. Träume mit Ricky waren eine seltene Kostbarkeit.

»Ich darf doch nicht mit Fremden mitgehen!«, vermeldete das Kind im Sitz neben mir – ziemlich laut und voller Empörung.

»Ich bin doch keine Fremde mehr, ich weiß sogar, dass du Tobi heißt.«

»Woher?«

»Ich habe dir vorhin das Essen gebracht und da hast du es mir erzählt. Erinnerst du dich nicht mehr?«

»Die Spaghetti haben aber nicht geschmeckt. Die waren nicht *alle dente*.«

Das Kind war definitiv ein Klugscheißer, frühreif und kreativ im Umgang mit Sprache.

»Warum hast du sie dann *alle* aufgegessen?« Die Frau hatte die kindliche Abwandlung von *al dente* anscheinend falsch verstanden.

»Ich muss immer meinen Teller leer essen, sonst schimpft Yoani mit mir.«

»Ist das deine Mami?«

»Mami sagen nur Babys! Nö, unsere *criada*. Meine Mama ist in Tokio, weil sie so super rechnen kann. Viel besser als mein

Papa. Der kann gar nicht rechnen, sagt meine Mama. Der schläft immer, weil er Alkohol trinkt.«

»Oh!«, sagte die Frauenstimme. Die Enttäuschung war nicht zu überhören.

Ich beschloss, mich auf keinen Fall an dieser Unterhaltung zu beteiligen und die Augen zu öffnen.

»*Si, si.* Mein Papa hat einen riesigen Penis. Ich war da mal drin und bin dann in die Bärenmutter geschwommen, wo ich gewachsen bin. Ich war nämlich das schnellste Premium.«

Das schnellste *Premium* bewegte sich für seine Verhältnisse sehr langsam neben mir. Ich spürte warmen Atem an meiner Wange, als mein rechtes Augenlid von zwei verklebten Kinderfingern gewaltsam nach oben geschoben wurde. Ich blickte in eine oliv- und in eine meergrüne Iris unter besorgt gewölbten Brauen, öffnete mein anderes Auge freiwillig und sah den irritierten Blick der attraktiven Stewardess, die uns den ganzen Flug über betreut hatte.

»Papa, ich muss Pipi! *Urgente!*«

Ich schnallte mich ab und ging mit meinem Sprössling auf die Toilette, vorbei an der Flugbegleiterin, mit der ich seit dem *Take-Off* geflirtet hatte und der ich meine Telefonnummer zustecken wollte. Es war jedoch unwahrscheinlich, dass sich die künstliche Blondine Anfang dreißig für einen alleinerziehenden Alkoholiker interessieren würde, der zu blöd ist, bis drei zu zählen. Sollte sie jedoch nur an Sex interessiert sein und den Spruch »*Dumm bumst gut!*« kennen, könnte die Erwähnung eines überdimensionalen Geschlechtsteils förderlich gewesen sein.

»Papa, halt mich fest, damit ich nicht abgesaugt werde.« Mein Sohn hatte vor nicht viel im Leben Angst, außer vor Zombies, in ein Internat zu müssen oder im Chemietank eines Passagierflugzeuges zu enden.

Ich tat Tobi den Gefallen, knöpfte automatisch den Knopf seiner Jeans zu, der für kleine Kinderhände so schwer zu schließen war, hob ihn hoch, damit er sich die Hände waschen konnte, und meinte: »Hör mal, du musst nicht jedem dein ganzes Leben haarklein erzählen. Es reicht, wenn du sagst, dein Vater sei ein begnadeter Arzt, deine Mutter eine karrieregeile Mathematikerin und du hochbegabt. Das mit dem riesigen Penis lässt du bitte in Zukunft auch weg. Das geht niemanden was an.«

»Okay, Papa!«

»Und es heißt Gebärmutter, nicht Bärenmutter.«

Mein fünfjähriger Sohn begann sich kichernd aus meinen Armen zu winden: »Du bist lustig, Papa.«

Ich öffnete die Tür der Toilette und das flinke Kind, das vor vielen Monden das schnellste Spermium unter Millionen gewesen war, saß bereits auf seinem Sitz und daddelte auf dem Touch-Screen-Bildschirm rum, als ich zu unseren Plätzen zurückkam.

Der Restflug verlief ohne besondere Vorkommnisse, aber mit drei weiteren Toilettenbesuchen, weil Tobi sich mit Apfelsaft zuschüttete, den es bei uns zu Hause in Costa Rica nicht gab.

AUF DER BAHNFAHRT von Frankfurt nach Stuttgart erzählte mein Sohn der IT-Beraterin – 35, ledig, keine Kinder, laktoseintolerant, Sternzeichen Widder, Schuhgröße 38½ – aus Sachsenhausen, die das Pech hatte, neben ihm zu sitzen, als Ausgleich für ihre Lebensgeschichte, die das hartnäckige Kind mit konsequenten Fragen herausgepresst hatte, dass sein Vater ein *gnädiger Arzt* sei, mit einem Penis, über den man aber nicht sprechen dürfe, und seine Mutter eine *geile Asthmatikerin*. Ich versteckte mich hinter einer Fachzeitschrift für Internisten und tat so, als kenne ich den Jungen nicht. Das funktionierte aber nur kurz.

»Papa, was bin *ich* noch mal?«, hörte ich die Frucht meiner Lenden fragen.

»Ein schlechter Geschichtenerzähler.«

»Orr, Papa«, kam es tadelnd. Tobi war kein Weichei und ließ sich nicht so leicht ausbremsen. Er überlegte mit sichtlicher Anstrengung. »Ah, ich weiß wieder: Ich bin hochbetagt!«, verkündete mein greiser, weiser Ableger nach wenigen Sekunden und nuckelte zufrieden nickend an seiner Capri-Sonne.

Die IT-Beraterin fragte, als sie beim Aussteigen in Mannheim ihre Aktentasche herunterholte, mit zynischem Unterton: »Warum heilt der gnädige Arzt das Asthma deiner Mama nicht?«

»Weil meiner Mama nicht zu helfen ist, sagt meine Oma.«

Hatte ich das coolste Kind der Welt, oder wer?

DER STUTTGARTER HAUPTBAHNHOF war immer noch eine riesige Baustelle und ich fühlte mich sofort wieder heimisch. Eigentlich besaß ich eine luxuriöse Vierzimmerwohnung mit Terrasse und Tiefgaragenstellplatz, aber wegen der wehrhaften, alleinstehenden Rechtsanwältin, die die Wohnung seit meinem Auszug nach Rickys Tod bewohnte und meine Klage auf Eigenbedarf durch alle Instanzen ausfocht, musste ich uns vorübergehend anderweitig eine Bleibe suchen.

Mein ehemaliger Nachbar und guter Freund Dobro, der in meinem alten Miethaus mittlerweile vom Souterrain in die geräumige Mansardenwohnung umgezogen war, hatte mir einen Tausch angeboten: »Bunny, du wohnst einfach bei mir, bis die Alte aufgibt und ich nehme mir mal 'ne Auszeit und checke die Botanik in Mittelamerika.«

Auf der zehnminütigen Taxifahrt erfuhr ich dank Tobi, der in einem früheren Leben ein spanischer Inquisitor gewesen sein musste, dass unser Fahrer, 28, aus Ghana war, ebenfalls einen kleinen Sohn hatte, *International Management* studierte und dass Taxifahrer in Stuttgart für einen *Hungerlohn* arbeiteten. Ein Lebenslauf mit geringen Einkommenschancen schien Tobi nicht nachhaltig zu beeindrucken. Er schloss die Unterhaltung mit: »Jesús ist auch Neger.«

Ich wollte schon erklären, dass das Kind unseren maximal pigmentierten Dorfpolizisten Jesús Domenico Nuria meinte und nicht den Sohn Gottes. Der Afrikaner schien keinen Wert auf politisch korrekte Bezeichnungen zu legen oder fand die Vorstellung eines schwarzen Jesus Christ Superstar gut und lachte dröhnend: »*Cool Kid!*«

Nachdem die letzten Jahre der Atlantische Ozean mein Horizont gewesen war, erschien mir die eng bebaute Neckarfischerstraße in Stuttgarts Osten, in der ich drei Zimmer, Küche, Bad bewohnt hatte, bis ich mit Ricky in eine komfortable Eigentumswohnung im ziemlich grünen Stadtteil Botnang gezogen war, wie ein düsterer Tunnel. In meiner alten Wohnung hatte ich den Himmel nur sehen können, wenn ich mir die Nase am Fenster platt gedrückt hatte. Ich hatte vergessen, wie bedrückend Häuserschluchten wirken konnten.

Tobi schien ähnliche Gefühle zu haben: »Papa, sind das Zombiehäuser?«

Mir rutschte das Herz in die Hose und ich fragte mich zum x-ten Mal, ob meine Entscheidung richtig gewesen war, Tobi aus unserem sonnendurchfluteten Paradies am Meer in die Großstadt zu verschleppen. »Nee, Tobi, hier wohnen lauter Superhelden.«

»Schön blöd, die Superhelden hier.«

Das *FAQ*, Holgers Kneipe, in der ich einen Teil meiner Freizeit verbracht hatte, war seit vergangenem Herbst geschlossen. Über der Eingangstür hing ein Holzschild *Krämerladen*, auf die Schaufensterscheibe war mit bunten Fingerfarben *Kauf regional! Biogemüse von den Fildern!* und direkt darunter *Frische Flugmangos* gemalt. Vermutlich war dem Obstguru die Ironie, die in dieser Schaufensterwerbung lag, entgangen.

Dobro hatte uns nicht vom Bahnhof abholen können, weil er kurzfristig einen *Friseurtermin* hatte. Was der Schwabe mit der meterlangen Rastalockenpracht beim Friseur machte, war mir schleierhaft. Der Taxifahrer hielt vor der Hausnummer 49. Ich stellte unsere Koffer ab und suchte im kleinen Hinterhof unter dem Blecheimer die Schlüssel, die Dobro hier deponiert hatte.

Tobi, der sonst redete wie ein Wasserfall und alles Neue aufsaugte wie ein trockener Schwamm, war schweigsam und hielt seinen Eisbären fest im Würgegriff. Tobi hatte das Kuscheltier von seinen dänischen Großeltern zur Geburt bekommen, damit er »*Bezug zu Winter und Eis und Schnee*« hatte. Als ob ein Kind, dessen leibliche Mutter sich ihm verweigerte, noch mehr Kälte und ein frostiges Klima in seinem Leben brauchte. Tatsächlich gab der Bär ihm wohl eher Wärme und Geborgenheit. Die beiden waren gerade in Krisensituationen und bei Müdigkeit unzertrennlich.

Ich öffnete die Tür und erkannte sofort den vertrauten Geruch nach Bohnerwachs und altem, feuchtem Kellergemäuer wieder.

»Bist du müde, Tobi?«

Er schnüffelte und meinte: »*Sí, Señor!* Hier stinkt's!«

Ich konnte mich nicht mehr erinnern, wann er angefangen hatte, mich *Señor* zu nennen, wenn ihm etwas sehr ernst war.

»Du kannst dich gleich hinlegen. Wir müssen nur noch die Treppe hoch.« Ich hoffte inständig, dass Käthe Winterberg, die Hausbesitzerin, nicht zu Hause war und der Vorhang in ihrem Wohnzimmerfenster vorhin nur durch einen Windzug gewackelt hatte. Wieder einmal erhörte die höhere Instanz meine Gebete nicht. Die Wohnungstür, vor der eine Türmatte die irreführende Botschaft *Willkommen* verkündete, öffnete sich und die Inkarnation eines schwäbischen Miethais stand in ihrer Arbeitskleidung, einer bunt geblümten Kittelschürze und

Filzhausschuhen, vor uns. Beide Hände steckten tief in den Schürzentaschen.

»So! Herr Doktr! Send se wiedr oimol im Ländle. Sehr schee! Und sogar mitm Kindle!«

Tobi klammerte sich an meinem Hosenbein fest, seine Augen wurden immer kleiner.

»Danke, Frau Winterberg. Wir freuen uns auch, wieder hier zu sein. Nicht wahr, Tobi?«

»*Si, Señor!*«

»War des jetzt spanisch? Koh des Kindle au schwäbisch?«

»Doch, doch, der kann sogar richtiges Deutsch. Er ist nur etwas müde. Der lange Flug und …«

»Ah so! Ja, no. Wär ja au schwierig, hier zu läbn un sech zu integriere ohne gscheits Deitsch zu schwätze!«

»Also, wenn …«

»Ja, scho. I han zu meim erschde verstorbne Ma' immr gsait, dass sich guat auszudrücke wisset des Non-Plus-Ultra isch. Soscht isch ma schohcenlos! I han doh recht, odr?«

»Auf jeden Fall!« Ich musste morgen sofort bei meinem Anwalt anrufen, damit der die Zwangsräumung meiner Wohnung durchsetzte. Frau Winterberg war schlimmer, als ich sie in Erinnerung hatte.

»Wie hoist er denn, der Sohnemann, Herr Doktr?«

»Tobias«, antwortete ich, ehe mein Sohn einen seiner martialischen Fantasienamen wie *Superninja* oder *Son of Anarchy* erwähnte und Käthe Winterberg das Jugendamt anrufen würde. Alle *Chicos* im Hort der Missionsstation, in dem Tobi untergebracht war, wenn ich arbeiten musste und Yoani nicht aufpassen konnte, sahen zu Hause ungefiltert *Pay TV*. Die Kids spielten die Geschichten nach, so wie wir damals *Zorro*, *Robin Hood* oder *Die drei Musketiere*. Wir waren die letzte Generation, die Spielzeugwaffen besessen hatte, mit denen wir uns mit elterlicher Erlaubnis bekriegen durften – das heißt, unseren

Erziehungsberechtigten war es schlichtweg egal, was wir mit den Waffen machten. Pädagogisch wertvoll oder nicht, aus den meisten meiner Klassenkameraden war etwas geworden im Leben und so machte ich mir nicht allzu sehr Sorgen um Tobis mögliche Entwicklung zur *tödlichen Killermaschine.*

»Ja, des isch abr oin feinr Name.«

Ich war heilfroh, dass Frau Winterberg mit dem Kindsnamen zufrieden war. Ihre öffentlichen Gedankengänge zu dem Ehepaar in einer ihrer Mietwohnungen, das seinem Kind den Namen Nigel-Cedric gegeben hatte und dies per postalischer Geburtsanzeige seiner Vermieterin mitteilen musste, klang nach Jahren immer noch in meinem Ohr. Ich stand damals zufällig am Briefkasten neben ihr, als sie den Umschlag geöffnet hatte.

»Des glaubet Sie mir jetzt fei it, Herr Doktr, die han doch tatsächlich ihr kloines Kindle *Niggl-Zedrik* tauft. Des isch doch fei eine Schtraf für so oi uhschuldigs Wäsn.«

»Und wie hoist des Bärle?«, fragte die kritische Hausbesitzerin jetzt Tobi.

»Warzenschwein«, erwiderte dieser.

Der Bär wechselte je nach Tageszeit und Ambitionen seines Herrchens den Namen. Vor dem Abflug hieß er noch *Jimbo,* weil alle guten Kumpels Jimbo heißen. Tobi hatte während des Flugs wohl einen Tierfilm gesehen.

»Des isch do koin Name für oin Kuschltier!« Frau Winterberg fasste sich entsetzt an ihren dünnen, faltigen Hals.

Tobi zuckte nur mit den Schultern und ich vermittelte: »Das ist nur der Nachname. Sein Vorname ist Rüdiger.«

»Rüdigr? Ja, so? Ein ahschtändigr doitschr Name.« Käthe holte tief Luft und wechselte das Thema: »Oins no. I han in der Vergangenhoit ehne und dem Herrn Beckr des scho so oft gsait, dass des mit dem Schlüssel unterm Oimr fei it goht! Bei all dem Gsendl, des sech rumtreibt!«

»Das war nur eine Ausnahme, weil wir uns nicht gesehen haben. Wir wohnen ja auch nicht lange hier. Nur bis unsere Wohnung frei ist.«

»I wollts nur no mol gsait han! I werds jetzt schriftlich als Aushang ins Treppenhaus hänge! Einen schönen Tag wünsch I no!«

Nach diesem Überschwang an schwäbischer Willkommenskultur verschwand Frau Winterberg in ihrer Wohnung, und wir machten uns auf den Weg ins Dachgeschoss. In meiner alten Wohnungstür war die Katzenklappe inzwischen mit einem Brett verschlossen. Mich überkam ein wehmütiges Gefühl. Mit dieser Wohnung waren so viele Erinnerungen verbunden. An Ricky und Clapton und meine Anfänge in der Margarinenklinik.

DIE DACHGESCHOSSWOHNUNG, die vor Dobro der legendäre Briefkastenmieter bewohnt hatte, bestand hauptsächlich aus einem großen, offenen Raum unterm Dach mit vier Mansardenfenstern. Die Einrichtung war pure Achzigerjahre-*Vintage*. Die rustikale Eichenholzschrankwand und die massive Ledersitzgruppe, in der klassischen Kombi aus Sessel, Zweier- und Dreiersofa, hätten genauso gut aus der Wohnung meiner verstorbenen Großeltern stammen können. Das *Highlight* war jedoch der Couchtisch aus einem riesigen, hölzernen Wagenrad mit Glasplatte.

Wäre nicht die beachtliche Gitarrensammlung an den Wänden gewesen und der Marshall-Verstärker neben der Couch, hätte ich vermutet, in der falschen Wohnung gelandet zu sein.

Tobi war urplötzlich wieder hellwach und rannte aufgeregt herum, um alle Scheußlichkeiten zu bestaunen.

Ich warnte meinen neugierigen Sprössling: »Pfoten weg von den Gitarren!«

»Ja, ja!«
»Tobi!«
»*Si Señor.*«

Ich machte ebenfalls einen kurzen Orientierungsrundgang durch die sehr kleine Küche, das noch kleinere Bad und das winzige Schlafzimmer, in dem ein raumfüllendes Wasserbett stand.

Jetzt, wo die Entspannung einsetzte, verspürte ich plötzlich tierischen Hunger. Tobi, der sich auf dem Flug keine Mahlzeit hatte entgehen lassen und meine Portionen mit verschlungen hatte, war noch *pumperlsatt*. Ein Blick in Dobros Kühlschrank, der neben einem Glas Nutella lediglich eine stattliche Auswahl an deutschen Biersorten aufwies, ließ mich zum Handy greifen – zum ersten Mal seit unserem Abflug freute ich mich darüber, wieder in einer Großstadt zu wohnen.

Als das bestellte Essen dreißig Minuten später eintraf, war Tobi auf dem Wasserbett, das er unbedingt ausprobieren musste, eingeschlafen. Sobald ich ihm die Schuhe ausgezogen hatte, kippte das übermüdete Kind nach hinten ins Koma. Ich deckte ihn zu, schloss die Tür, entschied mich lokalpatriotisch für ein *Stuttgarter Hofbräu* und vernichtete die ganze Familienpizza im Alleingang. Flugzeugfutter hatte mir noch nie geschmeckt und ich war ausgehungert.

Um den Jetlag schneller zu überwinden, wollte ich jetzt nicht schlafen, war aber nach dem ausgiebigen, alkoholhaltigen späten Frühstück doch weggenickt und schreckte hoch, als ich einen Schlüssel im Schloss hörte.

Der junge Mann in beigen Bundfaltenhosen und taubenblauem Seidenblouson, der einen großen Plastikbehälter mit Deckel trug, sah Dobro zum Verwechseln ähnlich, hatte aber anstatt einer hüftlangen Rastalockenpracht einen gepflegten Kurzhaarschnitt. Mir war nicht bekannt, dass Frédéric-Fabian einen Zwillingsbruder hatte. Der Doppelgänger stellte ächzend den Behälter ab, ging in die Küche und kam mit einer Flasche *Jever* zurück. Er ließ sich neben mich auf die Couch fallen, legte die Füße, die in schwarzen Chucks steckten, auf deren weiße Kappen jeweils ein schielendes Auge mit einem schwarzen Permanentmarker gemalt war, auf die Glasplatte des Wagenradtisches und trank einen Schluck.

»Alter, bin ich vielleicht fertig. Das war eine solche Scheißnacht.«

Aha, aha, doch das Original und kein naher Verwandter. »Hast du deine Haare verloren heute Nacht?«

»Sprichwörtlich, Bunny!« Dobro beugte sich vor, um einen Blick in den Pizzakarton zu werfen, in dem nur noch ein einzelner Champignon sowie ein Stück Kruste lagen. Dobro verschlang beides und sah sich dann um. »Wo ist der Zwerg, Schneewittchen?«

»Der liegt in deinem Bettchen. War schon eingeschlafen, ehe der Kopf das Kissen berührte.«

»Ah so.« Dann fiel Dobro wohl ein, dass wir uns eine Weile nicht gesehen hatten, und er fiel mir um den Hals. »Herzlich willkommen in meiner Burg. *Mein Heim isch dein Heim.*« Er strich sich über den kurz geschorenen Schädel und fragte: »Wie gefalle ich dir mit korrektem Militärschnitt, Schatz?«

»Ich stehe eher auf Langhaarige, des woisch doch.«

»War ein Unfall, die wachsen wieder.«

»Bist bei der Arbeit in einen Häcksler geraten?«

»Nope. Daran ist diese Punkische schuld, mit der ich mich seit Weihnachten treffe. Die ist voll gestört, aber wenn die auf Touren ist, hörst du die Engel singen, Caruso. Porno in Echtzeit und mit Geschmack und Geruch!«

»Sag bloß, du hast aus Liebe deine Haarpracht geopfert?«

»Eher aus Leidenschaft, Schatz. Die hat mir heute Nacht auf ihrer Couch einen geblasen. Ich habe mich voll reinfallen lassen und beug so genießerisch den Kopf nach hinten und da muss sich eines dieser verschissenen Shanti-Räucherstäbchen in meinem Haar verfangen haben. Hat keiner gemerkt bei all dem wilden Gefummel. Dann hat es mit einem Mal so verbrannt gerochen. Bis wir dahinter kamen, was da gekokelt hat, war es zu spät. Ich habe ja keine Augen im Hinterkopf. Das Scheißding hat sich richtig reingebrannt. Ich bin heute Morgen gleich zu meiner Mutter, die ist Friseurin, aber da war nichts mehr zu retten.«

In dem Moment kam Tobi aus dem Schlafzimmer geschlurft und zu uns rüber.

»*Alter Falter*, Zwerg, was bist du groß geworden«, begrüßte Dobro ihn.

»Hey, wo sind deine Haare?«

Das Kind kletterte auf mich und legte sich platt auf meinen Bauch. Ich konnte zwar bei seinem aktuellen Gewicht kaum noch atmen, aber dieses Ritual, bei dem Tobi seit unserem ersten gemeinsamen Tag *Chillkröte* spielte, rührte mich immer wieder.

»Die schmoren in der Hölle.«

»*Alter Falter!*« Tobi recycelte gern Begriffe, die er aufgeschnappt hatte, ob sie passten oder nicht. Anschließend war von meinem Sohn nichts mehr zu hören als seine gleichmäßigen Atemzüge.

»Ist doch was ganz anderes, so mit Kind. Macht unser Glück doch erst perfekt, Liebling«, meinte Dobro. »Elisa geht übrigens mit nach Costa Rica. Wir haben langfristig auch Familienpläne.«

»Elisa?«

»Die Punkerin, die mich meine Haarpracht gekostet hat.«

»Ist die auch an deinem neuen *Vintage*-Look schuld?« Ich deutete auf den Seidenblouson mit Schulterpolstern. »Sieht aber nicht gerade nach Punk aus. Mein Opa Hans lief so rum, wenn wir sonntagmittags im Benz einen Ausflug gemacht haben. Fehlt nur das lederne Herrentäschchen.«

»Gut kombiniert, Sherlock. Die Klamotten habe ich aus einer Wohnungsauflösung. Einer der Mieter von der alten Winterberg ist verstorben, ohne Nachkommen, und sie hat gefragt, ob ich jemand kenne, der für kleines Geld die Bude ausräumt. Habe ich prompt selbst gemacht. Der Typ hatte die gleiche Größe wie ich, und die Sachen waren zum Teil noch originalverpackt. Einrichtungsmäßig waren wir auch auf einer Wellenlänge. Hätte den Opa gern kennengelernt, als er noch warm war.«

Ich war zu müde für sarkastische Bemerkungen.

»Ich hau mich auch noch ne Runde aufs Ohr, habe nach dem Unfall heute Nacht kaum geschlafen. War schließlich ein Teil meiner Männlichkeit, die da abgefackelt wurde. Das musst erst mal verarbeiten, Alter.« Dobro stand auf und ging ins Schlafzimmer.

Mein Sohn hob den Kopf und meinte verschlafen: »Ich schlafe im Wasserbett weiter, da ist es *gemütlicher*«, packte seinen Bären und schlurfte hinter Dobro her.

Ich nutzte die Zeit, in der meine kleine *Familie* pennte, und meldete mich bei den Bekannten in Costa Rica, dass wir gut angekommen seien und bei Familie und einigen Freunden in Deutschland, dass jetzt wieder mit mir zu rechnen war.

DEN ERSTEN ABEND in der alten Heimat mit Kind verbrachte ich mit Dobro und Tobi auf dem Wohnzimmerboden. Wir aßen auf Tobis Wunsch chinesisch. Der Junge aus der Provinz war von der Angebotsfülle des Lieferservice hellauf begeistert und fand es *cool*, dass man *Frühling* als Rolle geliefert bekam und auch essen konnte. Dobro hatte bei der Wohnungsauflösung eine große Kiste voller Lego-Bausteine entdeckt, die er seiner Mutter, der Friseurin, zum Waschen gebracht hatte und die er Tobi schenkte. Der kannte Lego nur in homöopathischen Kleinstmengen, wenn meine Mutter ihm gelegentlich eine Packung mitgebracht hatte.

»*Alter Falter!*«, kommentierte mein Sohn seinen neuen Schatz mit seinem derzeitigen Lieblingsausdruck.

Wir bauten zusammen ein ausbruchsicheres Zombie-Gefängnis – ohne Fenster und Türen.

»Die Dinger erinnern mich an meine Kindheit. Ich hatte meine Lego-Steine in einer ausgedienten Waschmitteltonne, die rochen auch immer so gut«, bemerkte ich.

»Frühlingsfrische«, ergänzte Dobro.

»Schon wieder Frühling?«, fragte Tobi aufgeregt. Immerhin war dies sein erster Frühling, von Costa Rica kannte er nur Regen- und Trockenzeiten.

»Noch immer.«

»Ich liebe Frühling«, befand Tobi und fiel erst Dobro und anschließend mir um den Hals. »Und euch.«

Wir nickten und bauten eine Weile schweigend an unserem Projekt weiter, bis Dobro schließlich meinte: »Ich sage euch was, *Bunnys*, wahres Glück gibt es nur unter Männern.«

Wir nickten im Trio.

Tobi wollte unbedingt vor dem Zubettgehen ein Bad nehmen und verbrachte fast eine Stunde zwischen Schaumbergen, die er durch ständig nachlaufendes Wasser am Leben hielt. Seinem Eisbären, der am Wannenrand warten musste, erklärte er, dass es sich dabei um gefährliches Treibeis handle. Nachdem ich die beiden zu Bett gebracht hatte, setzte ich mich zu Dobro auf die Couch.

»Klasse, dein Nachwuchs. Merkt man sofort, dass das wirklich deiner ist.«

Ich lachte und nickte. »Na ja, so einiges hat er schon von seiner Mutter.«

»Die Alte ist doch bekloppt, so ein Geschenk des Himmels zu verlassen. Ich nehme ihn sofort, wenn du ihn nicht mehr möchtest.«

»Ich werds in meinem Testament vermerken.«

»Ich hätte jetzt voll Lust zu kiffen. Willst auch?«

Eigentlich ließ ich die Finger vom Gras, wenn Tobi in der Nähe war, aber heute war mir danach, mit meinem Freund einen durchzuziehen. Dobro holte eine Dose aus dem Ungetüm von Wohnzimmerschrank und drehte geschickt einen Joint, den wir uns brüderlich teilten.

»Caruso, kannst dich noch an unseren ersten gemeinsamen Winter erinnern? Als wir im *FAQ* die ersten Jamsessions zusammen gerockt haben?«

»Klar erinnere ich mich. War 'ne tolle Zeit.«

»Du warst so eine coole Socke, *Dude*. Warst mein Vorbild damals. Ich war der Freak vom Land, der seine ersten Schritte in der Großstadt gemacht hat. Das mit den Mädels war auch noch nicht wirklich mein Revier. Der kleine Frederic-Fabian war viel zu schüchtern und rücksichtsvoll.«

»Hast aber schnell dazugelernt, ist mir gar nicht aufgefallen.«

»Ich weiß bis heute noch den ersten Satz, den ich aus deinem Mund gehört habe.«

»Hör auf!« Ich erinnerte mich nur daran, dass Dobro nach seinem Einzug im Treppenhaus immer im Vorbeilaufen höflich gegrüßt hatte, was in Stuttgarts Osten nicht zwangsläufig üblich war. Dann war er irgendwann zufällig ins *FAQ* reingeschneit, als eine Jamsession lief, bei der ich gesungen hatte. Eine Woche später war er mit der Gitarre aufgetaucht und hatte uns alle mit seinem virtuosen Spiel begeistert.

»Doch, ich weiß noch jedes Wort. Als ich das erste Mal mitgespielt hatte, hat mich Holger an den Tisch mit den Musikern eingeladen und mir ein Weizen ausgegeben. Du hast verkündet, dass du am nächsten Tag endlich dein neues Bett geliefert bekämst. Holger daraufhin so: ›Benny, hast keinen Platz mehr für neue Kerben am Bettpfosten, oder was?‹ Ihr habt alle gelacht und du so: ›Holger, so einer bin ich nicht. Ich hatte dieses Jahr erst mit zwei Frauen Sex‹. Und Holger so: ›Benny, es ist der vierte Januar!‹ Dann sind alle unterm Tisch gelegen vor Lachen, und ich war irgendwie in der Welt der Männer angekommen. Von da an ging's bergauf, woisch.«

»So 'nen Scheiß merkst du dir?« Ich konnte mich nicht im Geringsten an Dobros erste Gehversuche im *FAQ* erinnern, nur seine imposante Haarpracht und seine unglaubliche Kunst sind mir im Gedächtnis geblieben. Ich reichte Dobro den Rest des glimmenden Joints, der machte ihn in zwei Zügen nieder und verabschiedete sich dann ins Bett.

Tobi und Dobro teilten sich das Wasserbett, ich schlief auf dem Sofa. Die ungewohnte Geräuschkulisse der Großstadt mit dem direkt vor dem Haus vorbeiziehenden Autoverkehr und das harte Lederpolster hielten mich lange wach. Es war schon hell, als Dobro die Wohnung verließ und kurz darauf mit einer Tüte Brötchen und einer Flasche Saft zurückkam.

Einen Esstisch besaß der Single nicht und so frühstückten wir am Wagenradtisch. Außer Nutella gab es zwar nichts als Belag für die frischen Weckle, aber Tobi störte das nicht, in Costa Rica war Nutella eine teure Delikatesse gewesen. Das Kind, das mit lapprigem Weißbrot groß geworden war, von dem Yoani trotz meines Protestes regelmäßig auch noch die Kruste wegschnitt, weigerte sich, die *harte* Oberseite der Brötchen zu essen.

»Papa, ich kann doch keine Steine nicht essen!«, meinte er entrüstet und wunderte sich, dass Dobro und ich uns die Zähne an den Kürbiskernen nicht ausbissen.

DEN NACHMITTAG VERBRACHTEN wir bei IKEA, weil ich nicht eine Nacht länger auf der Couch und schon gar nicht zusammen mit einem lebhaften Kind in einem Wasserbett schlafen wollte. Dobro schlug das *Dänische Bettenlager* vor, aber ich hatte in puncto Zuverlässigkeit in der Vergangenheit schlechte Erfahrungen mit Dänen gemacht.

Am Eingang sagte ich zu Tobi: »Du gehst bitte ins Bällebad.«
Mein Sohn warf einen kurzen Blick durch die Plexiglasscheibe und antwortete: »Ich möchte lieber mit Bett aussuchen.«

»Das kannst du später, jetzt geh da rein. Du musst auch nicht lange bleiben.«

»Orrr, Papa, warum?«

»Weil du mir noch einen Gefallen schuldest. Du erinnerst dich, als du meine Lieblings-CD auf das Teelicht gelegt hast?«

»Da war ich noch klein.«

»Egal, dann sind wir quitt.«

»Darf ich dann Jackson heißen?«

»Von mir aus.«

Tobi willigte ein, sich im *Småland* unter dem Decknamen Commander Jackson abgeben zu lassen.

Der Blick der Aufsicht, die Tobis Pseudonym in ihre Liste eintrug, war unbezahlbar. Mein »Wir sind nicht von hier!« nahm sie kommentarlos hin.

Dobro hatte vor der Tür noch eine Zigarette geraucht und kam gerade rein, als Tobi durch die Scheibe winkte. Wir winkten zurück.

»Ey, wirklich voll das perfekte schwule Paar, Schatz.«

»Vergiss die Punklady und bleib bei uns.«

»Bin kurz davor. Was ist, gehen wir *Möbelen* kaufen, Mausezahn?«

»Warte einen Moment, Tobi kommt gleich wieder raus. Der hatte keinen Bock auf Bällebad.«

»Warum hast ihn dann überhaupt abgegeben? Wir verlieren nur kostbare Zeit, Bunny.«

»Wirst gleich sehen.«

»*What* ...«

Noch ehe Dobro ausgesprochen hatte, kam die Durchsage über alle Lautsprecher: »Der kleine Jackson möchte von seinem Papa im *Småland* abgeholt werden. Der kleine Jackson, bitte.«

»Hörst du das, Dobro?«

»Jupp, kann man ja nicht überhören.«

Ich nickte zufrieden. »Dafür lebst du als Mann, um das einmal zu hören!«

Dann holten wir Jackson ab und verbrachten den Rest des Tages wie eine richtige deutsche Familie bei schlechtem Wetter – nämlich bei IKEA Köttbullar essen und ewig in der Kassenschlange warten. Alte Heimat, neues Glück.

Zu Hause bauten wir *Hemnes* auf, das Dobro recht schnell in *Hemmnis* umtaufte, weil *poppen* auf achtzig Zentimetern seiner Meinung nach schwierig war, wenn man mehr als achtzehn Lenze zählte.

»Was ist poppen?«, fragte mein Fleisch und Blut. »Popcorn machen?«

Wir ließen das Kind im Unglauben. Gegen Abend kam Elisa vorbei. Dobros Freundin war gerade so volljährig, trug ihr tiefschwarz gefärbtes Haar auf einer Seite lang und auf der anderen Seite kurz rasiert, in der Unterlippe steckte ein fetter Bolzen. Sie sagte »Hi« zur Begrüßung und knutschte Dobro lang – praktisch mit Zunge, Mandeln und Metall.

Tobi sah interessiert zu und flüsterte mir zu »Boah, Papa. Igitt, die küssen sich.«

Dann setzte sich Elisa in den Sessel, holte ihr Handy heraus, steckte Kopfhörer in die Ohren und sprach kein Wort mehr. Sie kaute für alle gut sichtbar permanent Kaugummis mit einem süßlichen Orangenaroma, trug kurze Shorts und hatte interessante Tattoos auf den Oberschenkeln. Ich fragte mich, wie man eine Frau pimpern konnte, wenn einem Sid Vicous und Kurt Cobain zusahen.

Wir bestellten Sushi, diskutierten lang und breit über die Menüzusammenstellung, wobei Dobros Auserwählte das zweite Wort des Abends, ohne von ihrem Handy aufzusehen, sprach: »Algensalat.«

Wir zeigten Tobi, wie man mit Stäbchen isst, und Elisa, die mit links ihr Meeresgemüse in sich rein schaufelte und mit rechts weiter Nachrichten beantwortete, quittierte die Bemühungen des Kindes mit gelegentlichem Augenrollen. Ich bekam Zweifel, ob das Mädchen die Richtige war, um mit ihr Kinder in die Welt zu setzen.

Dobro und ich berichteten von alten Zeiten, als im *FAQ* noch sonntägliche Jamsessions stattfanden, wie Clapton mir zugelaufen war und Käthe Winterberg sich in den schwarzen Kater verliebt hatte.

»Ich mag Frau Winterberg nicht«, verkündete Tobi daraufhin. »Die schreit mich immer so an.«

»Hey Zwerg, wo bleibt dein Geschäftssinn? Schleim dich lieber ein, die ist reich und hat keine Erben.«

»Was ist ein Erbe?«

»Das ist jemand, der in Stuggi City irgendwann mal fünf Miethäuser besitzen wird, weil er nett zu einer alten Lady war.«

Dann rechnete der Landschaftsgärtner meinem Sohn vor, was die Wohnungen der Winterberg jeden Monat an Mieteinnahmen brachten.

Tobi, der davon fasziniert war, in einem Land mit Jahreszeiten zu leben und sich jede Sendung über Winter im Fernsehen reinzog und gelernt hatte, dass man sich gut auf den Winter und Frost vorbereiten müsse, fragte: »Kann ich mir davon Streusalz kaufen?«

»Davon kannst du dir ein Salzbergwerk kaufen, Zwerg.«

»*Cool.*« Cool war Tobis Ausdruck dafür, wenn er etwas wirklich gut fand. *Ladifari* war das Gegenteil von cool und wurde stets von einem Augenrollen und Gesichtverziehen begleitet.

Nach dem Essen nahm Dobro eine seiner Konzertgitarren. Wir machten Musik und Elisa verzog sich ins Schlafzimmer, wohin ihr Tobi kurz darauf folgte.

Wenige Minuten später zeigte mir Dobro eine Nachricht auf seinem Handy.

20.13 Nachricht von Elisa 666
Hol die Teppichratte ab, der labert mich voll.

Wir sahen uns an und zuckten mit den Schultern.

Dobro meinte »Kinder!« und spielte die Anfangsakkorde eines Songs von Angus Stone, *Broken Brights*. Auch wenn ich beim Singen populäre Songs bevorzugte, die eine Herausforderung für einen Sänger waren, schlug mein Herz für alternative Songwriter, Dobro wusste das.

DIE ZEIT, IN DER Kia mit Tobi schwanger war, waren die schönsten Monate, die wir zusammen hatten. Die Schwangerschaft verlief ohne Komplikationen. Kia litt unter nichts außer Heißhungerattacken, die dazu führten, dass sie am Tag der Geburt unseres Sohnes einundzwanzig Kilogramm mehr auf die Waage brachte als am Tag der Empfängnis. Die Umfangsvermehrung betraf zu ihrem und meinem Bedauern jedoch fast ausschließlich die Körpermitte und den eh üppigen Hintern, die Brüste blieben trotz Schwangerschaft relativ klein und überschaubar. Das innere Glühen, das sie seit der sechzehnten Schwangerschaftswoche ausstrahlte, machte das alles wett und ließ sie wunderschön und begehrlich aussehen. Kia und ich hatten bis wenige Wochen vor dem Geburtstermin regelmäßig

Sex, dann traute ich mich einfach nicht mehr, meine Partnerin zu penetrieren – ich wollte nicht, dass mein Penis das Erste war, was mein Sohn von mir zu sehen bekam.

Wir ließen ein Kinderzimmer mit einem zweiten, kleinen Bad anbauen. Mit Sondergenehmigung, da der Ort, in dem wir wohnten, Teil eines Naturschutzgebietes war und Neu- und Anbauten verboten waren. Kia bemalte die Wände mit bunten Disneyfiguren und ließ Yoani, unsere costaricanische Haushälterin, einen kleinen Heiligenschrein mit der Muttergottes in einer Ecke einrichten. Wir googelten nächtelang Namen und waren uns in dem Moment, als wir den kleinen Jungen das erste Mal sahen, einig, dass er nur Tobi heißen könne. Weil Kia wollte, dass er einen *anständigen* Namen bekam, mit dem er später Karriere machen konnte, entschieden wir uns, Tobias in seine Geburtsurkunde eintragen zu lassen.

Tobias Mortensen kam zwei Tage vor dem errechneten Termin morgens um 6.35 Uhr nach nur vier Stunden auf die Welt und fiel quasi ohne große Anstrengung aus seiner Mutter heraus. Diese sah das nicht ganz so unproblematisch und hatte mich nach zwei Stunden Wehen mit schmerzverzerrtem Gesicht angeschrien, dass ich nie wieder meinen Schwanz in sie stecken dürfe. Ich war so klug, ihr damals nicht zu widersprechen, ich konnte zu dem Zeitpunkt ja nicht ahnen, dass die Dame es mit dieser Aussage ernst gemeint hatte. Ich war abgelenkt und begeistert von dem 4575 Gramm schweren Menschlein, das ich in meinen Armen hielt, und heulte hemmungslos.

Unser kleiner Sohn war perfekt und pflegeleicht. Er hatte von seiner Mutter die Iris-Heterochromie geerbt und von mir das Grübchen im Kinn – die Grübchen in den Wangen waren neu. Das Baby schlief nachts durch und verlangte nicht mehr von uns, als regelmäßig gefüttert und frisch gewickelt zu werden. Beide Aufgaben fielen vom ersten Tag an mir zu, da Kia wenige Stunden nach der Geburt eine postpartale Depression entwickelte, die sie daran hinderte, das Baby zu stillen, seine Windeln zu wechseln und es länger als fünf Minuten auf dem Arm zu halten. Die Ablehnung gegenüber unserem gemeinsamen Kind schien sich auch auf mich auszudehnen. Selbst die kleinste Berührung war Kia zuwider und sie schlief im Gästezimmer, das vom Rest des Hauses abgetrennt war.

Mein Herz blutete und ich wusste mir nicht zu helfen. Yoani, die alte Pragmatikerin, erteilte Kia einen gewaschenen Anschiss und erklärte ihr ziemlich unverblümt, was die Pflichten einer richtigen Mutter seien. Woraufhin Kia einen Heulkrampf bekam und Yoani nicht mehr sehen wollte. Meine Mutter, die wenige Tage nach der Geburt ihres Enkelsohnes für ein paar Wochen zu Besuch kam, tröstete mich und erklärte mir, dass auch sie nach der Entbindung von Björn regelmäßig *Anfälle* bekommen hätte und alles zu viel für sie geworden sei. Das würde sich von allein wieder legen.

Aber es legte sich nicht. Ich tat alles, um die Kindsmutter bei Laune zu halten, stimmte sogar dem total bescheuerten Zweitnamen Magnus zu, weil Kias verstorbener Großvater so geheißen hatte. Ich ertrug den Besuch meiner Fast-Schwiegereltern, die zwei Wochen lang eine seltsame nordische Kälte in unser kunterbuntes Zuhause brachten. Alles vergeblich. Kias Depressionen wurden immer schwerer und sie behandelte den Säugling nach wie vor wie einen Fremdkörper. Ich zog meinen Bruder und seine Frau zu Rate, die mittlerweile stolze Eltern zweijähriger eineiiger Zwillinge waren. Trotz der bemühten Vornamen Frida-Carlota und Thea-Sonia waren meine Nichten zwei unproblematische Wonneproppen. Björn und Tanja gaben mir Ratschläge, die nichts fruchteten, und stellten Kontakt zu einem Spezialisten für postpartale Depressionen in Deutschland her, der mir, außer eine stationäre Mutter-Kind-Therapie vorzuschlagen, auch nicht weiterhelfen konnte.

Eines Abends, ich war gerade vom Surfen gekommen und bereitete das Fläschchen für Tobi vor, war zum ersten Mal seit langer Zeit ein Lächeln auf Kias Gesicht zu sehen, als sie mir bei meiner Routine zusah.

»Du bist ein perfekter Vater, Ben. Wer hätte das gedacht?«

»*Bullshit*, bin ich nicht.«

»Doch, bist du. Ich bin überhaupt keine gute Mutter, nur eine Last für euch.«

»Kia, bitte lass uns heute Abend nicht schon wieder eine Diskussion über dich und deine Depressionen anfangen. Ich hatte einen schweren Tag im Health Post und bin gerade nicht sonderlich belastbar.« Meine Geduld war nach fast vier Monaten, in denen ich mich allein um unseren Sohn kümmerte und eine gemütskranke Frau zu betreuen hatte, an einem Endpunkt angekommen. Mein bis zur Geburt unseres Sohnes unbeschwertes Leben an einem der schönsten Fleckchen dieser Erde war zu einem beschwerlichen Kampf mit unsichtbaren Dämonen geworden. Selbst das Surfen und Tauchen, meine beiden Leidenschaften, brachten mir keine Ablenkung mehr von den Gedanken, die beständig in meinem Kopf in Spiralen kreisten.

»Ich will überhaupt nicht diskutieren. Ich habe eine Lösung für mein Problem gefunden.«

Wäre ich nicht so ausgelaugt und erschöpft gewesen, hätte mich das Possesivpronomen in der ersten Person Singular stutzig gemacht. »Wie schön. Ich frohlocke! Halleluja! Wie kommt es so plötzlich?« Mein Verstand wusste, dass Kia unter einer ernst zu nehmenden Krankheit litt, aber mein Herz konnte ihr nicht verzeihen, was sie mir und unserem Sohn damit antat.

»Ich muss hier mal eine Weile raus.«

Ich sah meine Lebensgefährtin ratlos und erstaunt an. »Du bist hier seit Monaten raus, zumindest geistig.«

»Eben nur mental. Ich brauche eine physische Veränderung. Ich kann diesen Ort mit seinen wenigen Menschen nicht mehr ertragen. Ewig die gleichen Personen, die mir nichts mehr geben und mich nicht fordern. Ich habe nicht umsonst Mathematik studiert und mit *Summa cum laude* mein Studium abgeschlossen. Ich brauche wieder eine Herausforderung im Leben.«

Einen kleinen Menschen aufzuziehen war meiner Meinung nach eine der größten Herausforderungen, die es im Leben gab, aber ich fragte nur: »Die da wäre?«

»Jan hat mir geschrieben. Er arbeitet in Tokio bei einem Softwareentwickler, und die suchen händeringend Mathematiker. Ich könnte es mir mal ansehen. Wenn ich den Job bekomme, dann könnte ich nach einer Einarbeitungszeit überall arbeiten, also auch hier.«

Ich wusste, dass Kia nach wie vor Kontakt zu ihrem Exfreund Jan hatte und dass sie regelmäßig skypten. Kia sprach jedoch nie von ihm.

»Du willst also für ein paar Wochen nach Japan, obwohl du auf dieser Seite des Pazifiks einen vier Monate alten Säugling hast, der dich braucht? Geht es nicht noch ein Stück weiter weg?«

»Es geht doch die ganze Zeit ganz gut ohne mich.« Kia zuckte mit den Schultern und wich meinem Blick aus. »Ich brauche eine Veränderung, Ben.«

»Tu mir das nicht an.« Ich schloss die Augen und prüfte mechanisch die Temperatur des Fläschchens an meiner Wange.

Aber Kia tat es mir an und verließ uns zehn Tage später, um nach Tokio zu fliegen und eine Anstellung anzutreten, für die sie sich online beworben hatte. Sie überwies fortan jeden Monat eine stattliche Summe, die auf der Überweisung zynisch als *Schmerzensgeld* deklariert war. Sie kam alle sechs Monate planmäßig ein bis zwei Wochen, entspannte in der Hängematte, surfte und wunderte sich, wie sehr Tobi zwischen den Besuchen gewachsen war. Unser Sohn nannte sie Mama, weil sie das aus mir unerfindlichen Gründen so wollte.

Dass Tobi trotz dieser Umstände sehr gut gedieh, war der Tatsache zu verdanken, dass er an Costa Ricas dörflicher Karibikküste von einem ganzen Sammelsurium fürsorglicher und wertvoller Menschen großgezogen wurde, die eine fehlende Mutter kompensierten. Zu Hause, wenn Yoani nicht da war, sprachen wir Deutsch, die Sprache, mit der ich selbst aufgewachsen war. Mit seiner Mutter und den Backpackern unterhielt er sich fließend auf Englisch. Spanisch beherrschte Tobi fast besser als ich. Er träumte in einem bunten Sprachgemisch.

Tobi schlief jeden Abend ohne Probleme und Theater allein in seinem Zimmer ein, meist lag Gwen oder Gomez vor seinem Bett und hielt Wache. Wenn er nachts auf die Toilette musste, verirrte er sich auf dem Rückweg zuverlässig in mein Bett. Mit den Worten: »Papa, ich bin mal wieder verwirrt«, kroch er unter meine Decke und kuschelte sich an mich. In der Nacht vor dem Abflug erzählte er mir beim Einschlafen nach einem Bettenwechsel: »Papa, gut, dass ich keine richtige Mutter habe, so wie Madalena.«

»Du hast schon eine richtige Mutter, Tobi, die hat jeder Mensch«, murmelte ich verschlafen.

»Nein, eine, die immer da ist und schimpft und *aufflippt*. Mama ist ja nie hier.«

Ich hatte nach wie vor keinen Kontakt zu meiner früheren Geliebten Raya, die mit unserer gemeinsamen Tochter im Hotel nebenan lebte. Tobi hatte sich vor einigen Monaten am Strand mit seiner älteren Halbschwester, die ständig eine neue Nanny zu haben schien, angefreundet. Madalena und er verbrachten viel Zeit miteinander im Resort von Rainer und Raya. Madalena durfte seit einiger Zeit ab und zu bei uns vorbeikommen. Meine beiden Kinder miteinander in trauter Eintracht in meinem Haus spielen zu sehen, sorgte regelmäßig für Pfützchen in meinen alten Vateraugen.

»Das heißt ›ausflippt‹ und deine Mutter flippt auch regelmäßig aus, aber das bekommen wir Gott sei Dank nicht mehr mit.«

»Yoani sagt, Madalenas Mama sei eine *puta boliviana* und meine Mama eine *idiota danésa*.«

Ich musste dringend ein ernstes Wort mit meiner Haushaltshilfe sprechen.

»Wenn wir in Deutschland sind, können wir ja mal schauen, ob wir eine *mama alemana* für mich finden«, sagte das kleine Wesen, das sich an mich kuschelte und das Wichtigste war, das es für mich gab auf dieser Welt. »Ich such für uns, Papa, ich habe ja Zeit. Dann hast du auch wieder eine Frau, die dich liebhat. So wie Ricky an deiner Halskette.«

Die seit Rickys Tod eh straff gespannte Kette um mein Herz zog sich wieder mal fester zu. Ich steckte meine Nase tief ins strohblonde Haar meines Sohnes und sog seinen Duft ein, der mich an frisch geerntete Äpfel im Herbst erinnerte, und blieb wach, bis Tobis Atemzüge tief und gleichmäßig zu hören waren, dann schlief auch ich ein.

AUF DER FAHRT nach San José zum Flughafen bat mein Sohn mich, mit ihm zusammen eine Liste zu erstellen, was die zukünftige ‚Mamá y Mujer« an positiven Eigenschaften mitbringen musste. Seine Top-Priorität war: »Jeden Morgen Waffeln für uns backen«, dicht gefolgt von »Zaubertricks können«. Meine Prioritäten waren »Nicht einfach so sterben« und »Nicht einfach so verschwinden«, aber das behielt ich für mich, ergänzte Tobis Liste um »Semmelknödel machen können« sowie »Gut riechen« und erntete dafür ein anerkennendes Nicken.

Der Umstand, dass ich unser kleines Paradies samt Kind überhaupt verlassen musste, lag darin begründet, dass seine

Mutter mich erpresst hatte. Trotz des riesigen räumlichen und mentalen Abstandes zu der Frucht ihres Leibes wollte sie mir das Sorgerecht nicht allein übertragen. Sie wollte nicht, dass Tobi *barfuß unter Kiffern* aufwächst, lieber würde sie ihn zu sich nehmen. Ich wollte nicht, dass er in *Designer-Sneakers unter Workaholics* aufwuchs. Schließlich hatten wir den Kompromiss ausgearbeitet, dass wir mindestens neun Monate im Jahr in Stuttgart lebten, ich mir einen *anständigen* Job suchte und für Tobi einen Kindergarten beziehungsweise eine *vernünftige* Schule. Bevorzugt eine Privatschule, meinte Frau Mortensen, die in Japan die Karriereleiter raufgefallen war und mit Geld nur noch so um sich schmiss. In allen Ferien konnten wir mit ihrer Erlaubnis wieder unser lässiges Leben an Costa Ricas Karibikküste aufnehmen.

Grundsätzlich war ich auch dafür, dass Tobi bildungsmäßig mehr geboten wurde, als das in Costa Rica möglich gewesen wäre, aber meiner Meinung nach hätte das noch Zeit gehabt, bis er eine weiterführende Schule besuchen musste. Aber ich war nur der Mann, der sich 365 Tage und Nächte im Jahr um das Kind kümmerte, und nicht die leibliche, allmächtige Mutter, die aus sicherer Entfernung das Wohl ihres Nachwuchses im Auge hatte.

SPARGEL UND SPRECHSTUNDEN

MIT EINEM BACKFLIP aus dem Zodiac ließ ich mich ins Wasser fallen, das Blau der Unterwasserwelt umfing mich wie einen guten Bekannten. In einer Tiefe von zehn Metern machte ich einen Sicherheitscheck, ob *Inflator, Jacket*, Computer und Druckmesser volle Funktion zeigten. Wie ein Torpedo aus Fleisch und Blut schoss ich mit dem Kopf voraus bis auf vierzig Meter hinunter. Austariert schwebend sah ich einer Gruppe Weißspitzenriffhaien zu, die sich auf dem Grund ausruhten. Beim Anblick der Fische, die fast so groß waren wie ich, breitete sich in mir das einzigartige Gefühl tiefer innerer Ruhe aus. In einem fast meditativen Zustand war ich Gast in dieser fremden Welt, in der es keine störenden Geräusche gab, keinen Straßenlärm, kein Geplapper, keine Handytöne, nur mein gleichmäßiges Atmen. Nach wenigen Minuten Nullzeit stieg ich langsam wieder höher. Auf dreißig Metern Tiefe warfen zwei elegant über mir dahingleitende Adlerrochen einen fließenden Schatten. Zwischen fächerförmigen Gorgonien tummelten sich riesige bunte Fischschwärme und in zwanzig Metern Tiefe begann ein farbenfroher Korallengarten mit seinem unverwechselbaren Knistern. Schwerelos trieb ich genießerisch weiter durch die quirlige Fischsuppe. In dieser märchenhaften Umgebung sind alle Überwasserreize und Alltagssorgen unwichtig und kilometerweit weg.

Ich checkte irritiert Computer und Druckmesser. Mein gleichmäßiges Atemgeräusch wurde von irregulärem, kurzem Klicken begleitet, zu dem mir absolut keine Differentialdiagnosen einfielen. Besorgt öffnete ich die Augen. Dobro saß barfuß auf der Dreier-Couch und knipste sich die Fußnägel ab. Jedes Nagelfragment wurde optisch auf seiner Flugbahn so lange begleitet, bis es auf dem Parkettboden landete, erst dann machte sich Dobro an den nächsten Nagel. Ich schloss die Augen und stöhnte.

»*Ey, Sleeping Beauty,* endlich wach?«

»Ja, leider. Der Traum war schöner als die Wirklichkeit.« Dann legte ich einen Spruch meiner Oma Ruth nach: »Wenn du glaubst, du bist allein, mache dir die Nägel rein.«

Dobro hielt kurz inne, um einen Gedankengang zu verfolgen. »Weißt, Caruso, dass ich früher immer gedacht habe, Jerry Lee Lewis singt bei Great Balls of Fire: *I clip my nails and I twiddle my thumbs?* – Wusste nie, was das für 'nen Sinn geben soll. Ich meine, Alter, der singt von seinen heißen Eiern und schneidet sich die Nägel vorher. *Whatever.* Tut mir leid, wenn meine Pediküre die Prinzessin auf der Erbse stört. Ich hätte mir die Nägel ja im Bad gemacht, aber da stinkt es bestialisch. Was habt ihr gegessen, Schatz?«

Ich musste ebenfalls kurz nachdenken. Meine Mutter hatte die ganze Familie bestehend aus Schwiegertochter, drei Enkeln und zwei Söhnen zum sonntäglichen Spargelessen im besten Restaurant in Schwäbisch Gmünd eingeladen. Sie wollte mir eine Freude machen: Frischer weißer Spargel war in Costa Rica eine Rarität, die es noch nicht mal in Rainers Gourmettempel gab. Tobi kannte das Gemüse überhaupt nicht und so langten wir beherzt zu bei hauchdünn ausgebackenen Pfannkuchen mit gekochtem Schinken und Spargelfüllung und mussten zweimal von der Sauce Hollandaise nachordern.

»Na ja, zu lange Fußnägel können ziemlich unerotisch sein, also, warum nicht? Und gegessen haben wir Spargel, warum?«

»Alter, ich kann das Zeug null riechen. Ihr müsst heute auswärts pinkeln gehen, ey.«

»Komm, so schlimm kann es doch nicht sein.« Spargel enthält Asparagusinsäure, eine Schwefelverbindung, die im Körper verstoffwechselt wird und deren Abbauprodukte im Urin ausgeschieden werden. Der Geruch war wirklich nicht besonders angenehm, aber nach spätestes einem Tag war der Spuk vorbei.

»Alter, ich bin am ersten Mai geboren. Meine Mutter hat sich während des letzten Schwangerschaftsmonats den Stoff kiloweise reingezogen und danach, während der Stillzeit auch noch. Fruchtwasser und Muttermilch waren krass pure Spargelbrühe.« Dobro knipste die Hälfte des Nagels am großen Zeh, verfolgte wieder die Flugbahn und meinte nach der erfolgreichen Landung: »Das ist so wie bei einem Crackbaby, halt nur mit Spargel, woisch?«

»Das erklärt so einiges!«, bemerkte ich sarkastisch.

Dobro wiegte nachdenklich den Kopf. »Die schädigende Wirkung von Spargelfruchtwasser. Das müsste man mal erforschen.« Danach widmete er sich wieder seinen Füßen.

»Ich lade dich zur Entschädigung auf einen Eisbecher in der Stadt ein. Wir müssen nur Tobi vom Kindergarten abholen.«

»Wie könnte ich da widerstehen, Schatz?«

WENIGE MINUTEN SPÄTER standen wir unter dem Blechvordach am Hauseingang. Es regnete in Strömen. Dobro hatte sich eine Zigarette angezündet und tippte auf dem Handy eine Nachricht an Elisa, mit der er eigentlich verabredet gewesen war. »Die Schnecke sehe ich die nächsten Wochen 24/7, die kann ruhig mal auf mich verzichten, Bunny«, erklärte er.

Von der Straße kam ein männlicher Brillenträger Anfang fünfzig mit fettem Blumenstrauß in der einen Hand und einem schwarzen Schirm in der anderen in den Hof herein. Der Typ sah in seinem korrekten schwarzen Anzug mit der dunklen Krawatte und den gestärkten Manschetten aus wie ein Bestattungsunternehmer. Der schnauzbärtige Besucher nickte zum Gruß, faltete den Schirm zusammen, schüttelte ihn aus, ohne dass wir einen Spritzer abbekamen, und klingelte bei WINTERBERG. Der Türöffner ging so schnell, dass wir annehmen mussten, unsere Vermieterin habe mal wieder am Küchenfenster schwäbische NSA gespielt.

Dobro schnippte die Kippe in die Buchsbaumbüsche und zog die Nase hoch. »Sie wird doch keine Pläne für das Leben danach machen und ihr irdisches Dasein aufgeben, ehe ich mir das Erbe erschlichen habe?«

Aha, aha. Der Landschaftsgärtner hatte die gleiche Assoziation gehabt wie ich. »Wahrscheinlich ist sie Stammkundin beim Bestatter und bekommt Mengenrabatt. Wie viele Männer hat sie eigentlich schon unter die Erde gebracht?«

Dobros Pick-up stand nur wenige Meter vom Haus entfernt und wir rannten mit eingezogenen Schultern durch den strömenden Regen.

»Drei. Stehen alle schön gerahmt auf dem Sideboard im Esszimmer.« Dobro schloss auf und öffnete die Beifahrertür für mich. »Mit Trauerflor bekränzt *by the way*.«

Ich hatte noch nie einen Fuß in die Wohnung unserer Vermieterin setzen dürfen und wurde immer an der Wohnungstür abgefertigt. »Wie hast du es denn ins Allerheiligste geschafft?«

»Sie war letztes Jahr krank und ich habe eingekauft für sie. Das Wechselgeld durfte ich behalten.«

»Kann ja nicht viel gewesen sein.«

»Stimmt, waren siebenundzwanzig Cent.«

AUF DER FAHRT zum Kindergarten machten wir uns ausführliche Gedanken darüber, was wir an Käthe Winterbergs Stelle mit dem vielen Geld täten. Dobro wollte nach Costa Rica auswandern und Dope unter Freilandbedingungen anbauen und ich erwog kurzfristig, die Moneten in einen Auftragskiller anzulegen, der Kia beseitigen sollte.

Mein altruistischer Sohn, den wir befragten, musste nicht lange überlegen, nachdem er zugestiegen war: »Ich würde für Dobro und Elisa ein Zimmer anbauen, damit sie bei uns leben könnten und Mama den Rest geben, damit sie zurückkommen kann und nicht mehr in Japan sein muss.«

»Was hat eigentlich deine Alte während der Schwangerschaft gefuttert, dass der Zwerg so stabil geworden ist?«, fragte Dobro und hielt an einer roten Ampel.

»Die Frage ist eher: Was hat Kias Mutter gefuttert, dass die Tochter so völlig daneben ausfiel?«

Wir sahen uns an und tönten wie aus einem Munde: »*Smörebröd, smörebröd, römpömpömpöm.*«

Tobi kannte den dänischen Koch aus der Muppetshow nicht und am Abend durchforsteten wir YouTube nach alten Folgen mit dem Vater aller Fernsehköche.

ZWEI TAGE SPÄTER brachten wir das Spargelbaby und seine Holde an den Bahnhof, wo sie den Zug nach Frankfurt nahmen, um in unsere Heimat, zu unseren Hunden und Hühnern zu fliegen. *Wir wären gern mitgeflogen.*

ICH HATTE TOBI am Morgen zu Tanja, der Frau meines Bruders, gebracht, die mit ihm und ihren eigenen Kindern einen Tag in der *Wilhelma* geplant hatte. Für mich war ein Treffen mit meinem zukünftigen Arbeitgeber geplant.

Die Allgemeinpraxis von Doktor Wolfgang Schneider lag in Stuttgart-Mitte, in direkter Nachbarschaft zum Bohnenviertel, und versprach insoweit eine bunte Patientenschar. Ich kannte die Praxis bislang nur von Fotos und den Kollegen Schneider von kurzen Telefonaten über den Atlantik hinweg. Mein Bruder, der zielstrebige Internist, hatte den Kontakt hergestellt, sich alles angesehen und diverse Vorgespräche geführt. Leider musste ich noch zwei Jahre als Weiterbildungsassistent bei Doktor Schneider verbringen, um meinen Facharzt für Allgemeinmedizin zu machen. Danach war geplant, den Laden zu übernehmen und als brüderliche Gemeinschaftspraxis weiterzuführen, bis dass der Tod oder die Rente uns scheiden würde.

Das dreistöckige Miethaus in einem schlampig bombardierten Viertel Stuttgarts, das um 1900 gebaut worden sein musste und zwei Weltkriege heil überstanden hatte, beherbergte im Erdgeschoss die Filiale einer ortsansässigen Großbäckerei. Im ersten Stock residierte Doktor Schneider und darüber ein Zahnarzt. Wie bei vielen Häusern in Stuttgart, war nur die Fassade zur Straße verputzt, an den Seiten war offenes Mauerwerk. Ich stieg die knarrende Holztreppe hoch, die dringend eine neue Versiegelung gebraucht hätte.

Vom oberen Stock kam mir eine adrette Blondine im Laufdress entgegen, Kopfhörer in den Ohren. Wir nickten uns im Vorbeigehen freundlich zu.

Hinter der zweiflügeligen Eingangstür mit Milchglasscheiben hörte das Miethauselend auf. Ich betrat eine todschicke Anmeldung, die erst kürzlich komplett renoviert und neu möbliert worden sein musste, es roch noch nach frischer Farbe. Entweder hatte der Kollege im Lotto gewonnen, oder die Praxis war eine Goldgrube.

Die Sprechstunde war vorbei und außer einer ergrauten Endfünfzigerin mit verkniffenem Gesicht und schmalen Lippen, die so gar nicht in das helle, freundliche Ambiente passte, war niemand zu sehen. Die Medizinische Fachangestellte sah mich grußlos an. Auf dem Schild, das sie am Kittel trug, stand: *M. Below-Walter*. Ich warf mein Scheinwerferlächeln an und verkniff mir die Bemerkung, dass man diesen Doppelnamen ganz leicht falsch verstehen konnte, wenn man Englisch beherrschte.

»Die Sprechstunde ist vorbei.« Die Dame sah nicht nur unfreundlich aus, sie war es auch.

»Benny Brandstätter. Ich habe einen Termin bei Doktor Schneider.«

M. warf einen kurzen Blick auf den großen Terminkalender, der offen auf dem Schreibtisch lag. »Ich habe hier keinen Termin eingetragen. Das muss ein Irrtum sein. Wir schließen jetzt.«

»Ist Doktor Schneider nicht mehr da?«

»Nur mit Termin.«

»Den habe ich.«

»Aber ich nicht!«

»Aha, aha.« Ich seufzte innerlich. Das konnte heiter werden mit uns beiden.

»Sonst wäre es nämlich hier eingetragen.« Ihre Lippen waren zwei dünne Striche. Hätte Frau Below-Walter sich jetzt selbst im Spiegel sehen können, hätte sie erkannt, wie hässlich sie das Gekeife machte?

Ich holte mein Handy heraus, woraufhin die freundliche Arzthelferin auf ein Schild neben der Anmeldung deutete. »Handyverbot!«

»Warum das denn?«

»Weil es da steht!« Der Blick aus mausgrauen Augen war tödlich.

»Ich wollte Ihnen nur die Mail zeigen, in der mir Ihr Chef den Termin bestätigt hat.«

Dann hörte ich hinter mir einen tiefen Bass: »Wie ich sehe, haben Sie sich bereits miteinander bekannt gemacht.«

Wolfgang Schneider war eine imposante Erscheinung mit ausgeprägter Stirnglatze. Er hätte mit seinem schiefen Lächeln gut als Bruce Willis Doppelgänger durchgehen können. Sein Händedruck war fest und trocken. »Wenn Sie mir folgen wollen. Margot, wir brauchen Kaffee und ein paar Plunderteilchen von unten.«

Margot huschte bei diesem Befehl gehorsamst hinter dem Tresen vor und eilte aus der Praxis.

»Ich führe Sie so lange durch die Räumlichkeiten, bis die Verpflegung da ist.«

Es stellte sich heraus, dass nicht nur der Eingangsbereich sehr aufwendig gestaltet war, auch die Behandlungsräume waren allesamt frisch renoviert und neu möbliert worden. Die Praxis verfügte über ein hochmodernes Ultraschallgerät, ein EKG-Gerät mit Belastungsergometer sowie eine chiropraktische Behandlungsliege – alles keine Selbstverständlichkeiten bei niedergelassenen Ärzten. Mein Medizinerherz schlug höher vor Begeisterung.

Das große Behandlungszimmer war der feuchte Traum eines Allgemeinmediziners. Allein der Drehsessel, in dem der Kollege thronte, kostete sicher den Monatslohn einer medizinischen Fachangestellten, kurz MFA genannt. Ich fragte mich, ob Wolfgang mit illegalen Drogen handelte oder halb Stuttgart gewinnbringend mit Botox vollgepumpt hatte.

Margot Below-Walter hatte ihren Job gut gemacht und Kaffee und Gebäck aufgedeckt.

»Die Bäckerei gehört meinen Schwiegereltern. Ihnen gehört im Grunde genommen das ganze Haus, somit auch diese Räumlichkeiten. Ich werde bei einer Übernahme ein gutes Wort für Sie wegen der Miete einlegen.«

Aha, aha. Da hatten wir schon ein Puzzleteil für das Rätsel, warum Doktor Schneider so viel Kohle hatte. Handwerk hatte wohl immer noch goldenen Boden. »Meine Großeltern besaßen auch eine Bäckerei«, trug ich zur Unterhaltung bei.

Wolfgang Schneider biss herzhaft in einen Nussplunder und begann kauend zu erzählen: »Ein paar grundsätzliche Informationen, ehe wir uns an die Zahlen machen: Ich werde nächstes Jahr sechzig und brauche theoretisch nicht mehr zu arbeiten. Ich muss Ihnen ja nicht sagen, wie viel man mit einer Bäckerei verdienen kann, wenn man es schlau anstellt.«

Meine verstorbenen Großeltern hatten den dicksten Benz in Schwäbisch Gmünd gefahren und jeder ihrer drei Töchter ein Geschäftshaus mit jeweils einer Wohnung darüber in Innenstadtlage geschenkt. Ohne diese kostengünstigen Räumlichkeiten hätte meine Mutter nach der Scheidung ihren Laden niemals weiter betreiben können und sich einen Job suchen müssen. Aber auch für uns Enkel war bestens gesorgt, Björn und ich bekamen den Führerschein bezahlt plus einen fetten Zuschuss zum ersten Gebrauchtwagen.

»Sei's drum. Unsere Kinder sind erwachsen und haben nichts mit Medizin am Hut. Die machen sich lieber im Unternehmen der Schwiegereltern breit. Somit kann auch meine Frau kürzertreten. Wir wollen endlich unser Leben genießen. Wir haben vor einigen Jahren, als die Immobilienbranche in den USA am Boden war, sehr günstig ein Haus in Florida erworben, schön am Kanal gelegen mit Boot, und da würden wir gern die nächsten Jahre verbringen. Ich möchte also hier so schnell wie möglich aussteigen und werde Ihnen und Ihrem Bruder deshalb sehr entgegenkommen, wenn wir eine rasche Lösung finden. Sie verstehen?«

Ich verstand. Doktor Schneider wollte demnächst nur noch auf dem Papier mitarbeiten.

»Darf ich fragen, warum Sie alles komplett renoviert haben? Da steckt doch jede Menge Geld drin und ich weiß nicht, ob mein Bruder und ich das mit einem Kredit stemmen können.«

Meine Mieteinnahmen würden bald wegfallen, unsere Haushälterin in Costa Rica musste bezahlt werden und die

Lebenshaltungskosten waren in der baden-württembergischen Metropole ungleich höher, als sie in dem mittelamerikanischen Land gewesen waren.

Der Kollege, der die Ruhe und Gelassenheit eines Menschen ausstrahlte, der sich schon sehr lange keine Sorgen mehr um Geld machen musste, mit anderen Worten, den *Fuck-you-Status* erreicht hatte, lehnte sich in seinem Designerstuhl zurück. »Wissen Sie, ich verbringe den Großteil meines Tages in diesen Räumlichkeiten und ich habe es gern schön um mich herum. Was bringt es mir, wenn ich zu Hause in Luxus lebe und hier der Putz von den Wänden fällt? Außerdem habe ich so im letzten Jahr einen Verlust mit der Praxis gemacht. Hat gerade gepasst. Machen Sie sich mal keine Sorgen, wir werden uns da sicher einig werden. Erst müssen wir mal sehen, wie es überhaupt mit uns harmoniert. Nicht wahr?« Der Kollege sah kurz nach links oben, um seine Gedanken zu sortieren und fuhr fort. »Personalmäßig koche ich lieber auf kleiner Flamme. Da wäre Frau Below-Walter. Margot ist kurz vor der Wende auf legalem Weg mit ihrem Mann aus der DDR ausgereist. Sie hat ihr Handwerk da drüben gelernt und sich den besonderen Charme der Zonendienstleister erhalten.«

Er steckte den Rest des Plunderteilchens in den Mund und leckte den Zuckerguss von den Fingern. »Der Vorteil ist, sie sorgt zuverlässig dafür, dass ich nicht gerade von Patienten überrannt werde. Der Nachteil ist, wenn Sie mit dem Laden überdurchschnittliche Einnahmen brauchen, weil zwei Familien davon leben sollen, müssen Sie sich was überlegen. Fachlich ist sie absolut kompetent und schmeißt hier alles zuverlässig. Aber das überlasse ich letztlich Ihnen.«

Doktor Schneider nahm seine Lesebrille vom Tisch und schleuderte sie am Bügel im Kreis. »Dann wäre da noch Viktoria, unsere Auszubildende. Zarte siebzehn. Wenn ich es richtig verstanden habe, ist ihr Fernziel, Dschungelkönigin zu werden, beim Bachelor zu gewinnen oder zu heiraten und was mit Gelnägeln zu machen. Die wird Ihnen also auch nicht bis in alle Ewigkeit erhalten bleiben.«

Dann legte mir der Kollege die Zahlen der Praxis auf den Tisch und gab mir zum Abschied einen Anstellungsvertrag mit, den ich prüfen und gegebenenfalls unterschrieben zurückbringen solle.

»Sie können jederzeit anfangen. Je eher, je besser.«

Margot Below-Walter war von der Ankündigung, dass ich eventuell ihr zukünftiger Brötchengeber war, nicht sonderlich angetan, bekam aber ein sehr schräges, falsches Lächeln zustande, als sie mir ihre knochentrockene Hand reichte. Ich wusste, ich würde mir nie von ihr einen Kaffee machen lassen. Die Gefahr, dass sie was reinmischte, war mir zu groß.

Ich machte noch einen Pit Stop auf der Toilette, ehe ich die Praxis verließ, und war in Gedenken an Frau Below-Walter versucht, den Spruch: *Ändert man im Wort »Frau« vier Buchstaben, so ergibt sich das Wort »Bier«,* zu hinterlassen, hatte aber keinen Stift einstecken und irgendwann würde das ja alles eventuell einmal mir gehören.

Eichhörnchen und Nussknacker

Tanja war mir behilflich gewesen, einen Kindergartenplatz für Tobi zu finden, der in der Nähe der Praxis lag. Bei dem Namen lag mir die Frage: »Sicher, dass das kein Altersheim für junge Senioren ist?«, auf den Lippen.

»Warum das denn?«

»Steht das UHU nicht für ›*Unter Hundert*‹?«

Tanja war, seitdem sie für zwei Kinder verantwortlich war, nicht mehr ganz so spritzig und aufgeweckt wie zu früheren Zeiten und antwortete genervt: »Nein, für den Klebstoff, du Spacko!«

Am Vorabend informierte ich Tobi, der in Costa Rica in einem Kinderhort aufgewachsen war, aber mit lässigen Abgabe- und Abholzeiten, dass von nun an die Uhren anders liefen und Schluss mit *Pura vida* war: »Du musst schlafen, morgen geht's früh in den Kindergarten.«

»Ich muss noch ein Haus mit blauen Steinen bauen.«

»Das kannst du morgen Abend genauso gut bauen.«

»Ich will nicht in den Kindergarten.«

»Warum nicht?«

»Ist zu gefährlich. Wenn es da brennt?«

»Die haben bestimmt Feuerlöscher, und morgen ist Regen angesagt.«

»Wenn es da Zombies gibt?«

»Gibt es in Stuttgart nicht. Die fühlen sich nicht wohl, weil alles so sauber und aufgeräumt ist.«

Dagegen hatte selbst Tobi kein Argument und gab trotzend nach. Am folgenden Morgen klingelte der Wecker das erste Mal seit vielen Jahren um halb acht in der Frühe. Tobi und ich schwiegen uns an, bis wir Hand in Hand im UHU-Kindergarten einliefen. Ulrike Joachimsen, die Leiterin, begrüßte uns freundlich und zeigte Tobi, wo er seine Sachen deponieren konnte. Mein aufgeschlossener Sohn startete eine Diskussion, ob er das *uncoole* Eichhörnchen, das Symbol für seinen Kleiderhaken und sein Fach, mit einem *coolen* Batman-Sticker überkleben könne.

Ich hätte ›nein‹ gesagt und auf Tobis garantiert folgende Frage, warum das so sei, pädagogisch wertvoll ›*darum*‹ geantwortet. Die gelernte Erzieherin machte den Fehler, mit meinem Sohn darüber zu argumentieren, warum man in diesem Kindergarten keine Einrichtungsgegenstände mit etwas überkleben durfte. Ich sah meinen Sprössling an und ahnte, was in dem kleinen Kopf vorging: »Übermalen geht auch nicht, Tobi!«

»Blöd!«

»Blöd, aber Vorschrift. So, ich muss jetzt los. Kann ich dich hier allein lassen, ohne mit Schadenersatzklagen rechnen zu müssen?«

»Wo sind die Feuerlöscher?«

»Die suchst du, machst einen Plan vom Gebäude und trägst ein, wo welche sind. Dann findest du sie im Notfall schneller – sonst: Pfoten weg von den Teilen!«

Die ausgebildete Erzieherin lachte gekünstelt und meinte: »Herr Brandstätter! Meinen Sie nicht, dass Sie Ihren Sohn gerade etwas überfordern?«

Das permanent unterforderte Kind verlangte als Antwort nach Papier und Stiften und sagte: »*Si, Señor!* Vergiss nicht, mich *überpünktlich* abzuholen!«

Überpünktlich war ein neuer Begriff in Tobis deutschem Wortschatz und wurde gnadenlos gegen mich verwendet.

BEIM ABHOLEN AM späten Nachmittag drückte mir Tobi ein Blatt in die Hand, auf dem ein windschiefes Quadrat gezeichnet war mit ein paar rot ausgemalten kleinen Vierecken. »Du bist unüberpünktlich und ich darf den Plan nicht aufhängen. Alles läuft schief«, trotzte er.

»Dann lass ihn in deinem Fach.«

»Ich werde Feuerwehrmann«, verkündete das Kind, das sich gestern vorm Schlafengehen der Architektur verschrieben hatte.

Frau Joachimsen meinte, der Tag sei unspektakulär verlaufen und morgen sei überdies Frau Winkelmann, die Erzieherin von Tobis *Spatzengruppe*, wieder da.

Tobi sah die Angelegenheit wohl etwas kritischer: »Papa, muss ich immer in den Kindergarten?«

»Samstag und Sonntag nicht.«

»Wie viel gibt's davon in der Woche?«

»Jeweils einen.«

»Boah, Papa, das reicht nicht!«

Wenn jemand das Dilemma der westlichen Zivilisation mit einem Satz auf den Punkt bringen konnte, dann dieses Kind.

AM NÄCHSTEN MORGEN untersuchte ich Tobis Rucksack auf einen versehentlich eingesteckten Edding, um das Eichhörnchen doch zu übermalen, fand jedoch nichts Verdächtiges.

Tobi hatte sich mit dem Eichhörnchen angefreundet, hängte seine Jacke ohne Diskussion an den Haken und wechselte die Schuhe. Die dralle Erzieherin mit dem üppigen blonden Haar, die mir im Flur entgegeneilte, kam mir bekannt vor.

Sie lächelte Tobi freudestrahlend an. »Du bist also Tobi, unser Neuzugang? Ich bin die Conny, die Erzieherin in deiner Gruppe. Ich freue mich, dass du bei uns bist.«

»*Cool!*«, log Tobi, wie ich an seinem gleichgültigen Gesichtsausdruck sehen konnte, und rannte an der Dame vorbei ins Gruppenzimmer.

»Da hat es einer aber eilig!«, meinte Conny amüsiert. Bei dem Lachen machte es *Klick,* die Synapsen waren verschaltet und ich wusste mit einem Mal, woher ich die Erzieherin meines Sohnes kannte.

»Constanze Winkelmann. Sie müssen der Herr Mortensen sein.«

Der nächste Satz fiel mir nicht leicht: »Tobi heißt Mortensen, wie seine Mutter. Ich heiße Brandstätter. Benny Brandstätter.«

Connys warmes Lächeln gefror für eine Millisekunde und fiel in sich zusammen. »Ah ja, sagt mir jetzt nichts.« Sie sah auf einen Punkt neben meinen Füßen.

Freud'sche Fehlleistung dieser Satz, aber im Interesse von Tobi tat ich auch so, als würde ich mich nicht mehr an die Nacht in der Notaufnahme erinnern, als ich Connys Schnittverletzung am Finger genäht hatte, und an die folgenden sechs Wochen, in denen wir eine kurze Affäre gehabt hatten. Die Kindergärtnerin hatte damals noch Lamberti mit Nachnamen geheißen, als @fashionlamb auf YouTube gebloggt und geschätzte zehn Kilo weniger auf die Waage gebracht. Sie konnte unglaubliche Dinge mit ihrem Mund anstellen, solange sie nichts sagte. Ich hatte Connys Traum von einer Zukunft mit #mydocandme vorschnell platzen lassen. Ihr »*Ich hasse Dich!*« war ein eindeutiger Hinweis darauf, dass sie mit der Trennung nicht einverstanden gewesen war.

Tobi kam aus dem Zimmer gerannt. »Papa, musst du nicht arbeiten?«

»Ich musste mich noch kurz mit Frau Winkelmann unterhalten.«

»Dann freue ich mich darauf, deine Mama kennenzulernen«, heuchelte diese.

»Das wird in nächster Zeit schwer möglich sein, die Frau Mama arbeitet in Tokio. Ich bin alleinerziehend.«

»Ich bin mit einem sehr erfolgreichen Versicherungsagenten glücklich verheiratet. Wir haben eine Doppelhaushälfte. Meine Tochter geht in die erste Klasse, mein Mann ist ein begabter Handwerker und hilft im Haushalt, wo er kann.«

Spielten wir hier gerade *Mein Haus, mein Auto, mein Boot?*

»Alles *ladifari!* Wir haben ein Haus am Meer, zwei Hunde, Yoani, einen Jeep, Hühner, eine Klinik und mein Papa hat einen großen Penis.« Dieses Kind war unbezahlbar, manchmal.

Wir schwiegen – wahrscheinlich beide die gleiche Szene in Connys Puppenschlafzimmer unterm Dach vorm geistigen Auge.

»Ähm …« Conny schienen die Argumente ausgegangen.

»Tobi übertreibt gern. Die Klinik gehört gar nicht mir.« Ich lächelte breit. »Ich muss jetzt wirklich los. Wir haben sicher noch die eine oder andere Gelegenheit, das interessante Gespräch fortzuführen.«

Im Wagen sang ich ein Stück von Steve Winwood: »*I'll be back in the high life again. All the doors I closed one time will open up again. I'll be back in the high life again. All the eyes that watched me once, will smile and take me in.*«

DIE LETZTE PATIENTIN war zur Tür raus. Ich warf seit Stunden den ersten Blick auf mein iPhone. Außer fünfundzwanzig Nachrichten von der UHU-WhatsApp-Gruppe, in denen es um Bastel- und Handarbeiten für den Sommerbasar im Kindergarten ging, gab es nichts zu lesen.

Viktoria kam herein und sah mich mit ihrem Puppengesicht, das aus riesigen, haselnussbraunen Augen, einem herzförmigen Mund und einer kleinen Stupsnase bestand, gelangweilt an und kaute an der Nagelhaut ihres rechten Daumens. Unsere Auszubildende war nicht schüchtern, nur völlig desinteressiert an ihrer Umwelt, sofern sie nichts mit Kosmetikprodukten, Mode und/oder Shirin David zu tun hatte.

»Was ist? Kann ich Feierabend machen?«, fragte ich.

»Soll ich dann den Nussknacker wegschicken, Chef?«

»Nussknacker?«

»Die Frau Hengstler von *PhArMaKo*. Der Doktor Schneider immer so: ›Die hat ein Gebiss wie ein Nussknacker. Der arme Mann‹. Keine Ahnung, aber die heißt halt so.«

Es war nicht meine Aufgabe, der Auszubildenden den Begriff *Toothy Blow Job* und das Gefühl, sein edelstes Teil einer kaputten Bierflasche auszusetzen, zu erklären. Ich überlegte, ihr zum nächsten Geburtstag ein Abo der BRAVO zu schenken, da wurden solche Themen in der Rubrik *»Fragen an Dr. Sommer«* abgehandelt. Aus einem nicht zu überhörenden Pausentelefonat zwischen Viktoria und ihrer besten Freundin Rojina wusste ich, dass Viktoria noch Jungfrau war und das bis zur Traumhochzeit mit ihrem Langzeitfreund Kemal so bleiben solle. Viktoria war siebzehn und vielleicht brauchte man in dem Alter als Mädl noch keinen Sex, aber Kemal stand mit zweiundzwanzig in der Blüte seiner Manneskraft und ich wusste aus eigener Erfahrung, dass ein Mann in dem Alter im Grunde genommen täglich multiplen Sex vertragen konnte. Ich fragte mich, was mit dem jungen Bankkaufmann nicht stimmte.

»Die tauscht die ganze Zeit mit Frau Below-Walter Thermomixrezepte aus.« Viktoria rollte ihre Kulleraugen sehr effektvoll.

Die Visitenkarte der Pharmareferentin lag schon seit über einer Stunde auf meinem Schreibtisch. Ich hatte die Dame ganz vergessen. »Nein, wenn wir sie schon so lange warten lassen, höre ich mir eben noch an, was sie zu sagen hat.« Außerdem war das Pharmaunternehmen, für das Petra Hengstler arbeitete, für erstklassige Werbegeschenke bekannt.

Petra Hengstler hatte nicht nur das Gebiss eines Nussknackers, ihr ganzes Auftreten und Gehabe war hölzern und steif. Die weißblonden Locken wirkten wie mit Heißkleber befestigtes Engelshaar aus der Weihnachtsdekokiste meiner Oma Ruth. Sie zog den viel zu engen Pullover über der Hüfte zurecht, nahm mit übereinander geschlagenen Beinen vor mir Platz und schwallte mich zu. Die dunkelblauen Pumps mit Vierzentimeter-Absatz waren laut Ricky *Frauenarztpumps*, weil frau dieses unaufgeregte, praktische Schuhwerk gern beim Gynäkologenbesuch trug. Auf meine Frage, warum das so sei, meinte mein Weib: »Man will den guten Mann ja nicht schon im Vorfeld sexuell stimulieren, Hase.« Noch Jahre nach ihrem Tod beeinflusste diese Frau mein tägliches Leben nachhaltig, musste ich mal wieder feststellen.

Wie viele eingeborene Schwäbinnen hatte Petra einen eingebauten Kompressor, der ihre Stimme verstärkte. Mich wunderte, warum so wenige verheiratete Schwaben einen Tinnitus hatten. Sie erzählte, wie gut sie sich doch mit der lieben Frau Below-Walter verstand. Sie konnte nicht wissen, dass das in meinen Augen eher ein Minuspunkt war.

»Margot hat ihren Thermomix schon länger und sie konnte mir so viele wertvolle Tipps geben. Unglaublich, was in dem Gerät alles drinsteckt.«

Meiner Meinung nach war das Leben zu kurz, um es an Freunde mit Thermomix zu verschwenden. Aber Petra war Single hatte tiefe Grübchen in beiden Wangen, einen beachtlichen Busen, naturfarben lackierte Fingernägel mit türkisen Spitzen, und ich brauchte dringend Sex.

»Ich koche erst seit drei Wochen damit und spare so endlos viel Zeit seitdem. Dafür kann man als berufstätige, alleinerziehende Mutter gar nicht dankbar genug sein.«

Zeitsparen war allerdings ein Argument. Es war nur die Frage: Was tat sie mit der vielen freien Zeit? Beim Friseur sitzen und sich Locken ankleben lassen, vermutete ich.

»Das Gerät arbeitet von ganz allein und ich kann meinem Körper etwas Pflege gönnen.« Blondie zwinkerte mir zu.

Der Monolog dauerte noch einige Minuten. Ich fakte fasziniertes Zuhören und überlegte derweil, wohin ich am Abend mit Tobi essen gehen sollte und was ich meiner Mutter zum Geburtstag besorgen konnte. Ich erwog kurz, sie mit einem Thermomix zu überraschen. Meine Mutter hatte mit ihrem Laden nie groß Zeit zum Kochen gehabt, deshalb hatte ich recht früh angefangen, mir einfache Mahlzeiten zuzubereiten und Mama und Björn mitzuversorgen. Dann brachte mich Petras Geplapper auf eine bessere Idee.

»... genauso wenig, wie ich auf meinen Staubsaugerroboter jemals wieder verzichten könnte.«

Mama Brandstätter hatte überall im Haus Parkettboden legen lassen, und das wäre mal ein äußerst praktisches Geschenk. Ich musste Petra schnell loswerden und im Internet nachsehen. Wahrscheinlich, weil ich mit meinen Gedanken woanders war, hatte ich die Frage, ob ich denn Lust hätte, mich bei nächster Gelegenheit von ihr bekochen zu lassen, mit einem leichtsinnig dahingeworfenen »Ja, warum denn nicht?« beantwortet.

Schließlich packte die Vertreterin ihren Koffer aus, stapelte einige Packungen eines Blutdrucksenkers auf dem Schreibtisch, legte eine völlig *unabhängige* Studie vor, die ihr Unternehmen in Auftrag gegeben hatte, die beweisen sollte, dass das Mittel das einzig Wahre auf dem pharmazeutischen Markt sei. Ich versprach, das Medikament großzügig zu verschreiben.

Daraufhin rückte die Dame mit einem sehr schönen Kugelschreiber heraus. Ich hatte mich mein ganzes Leben über Geschenke, auch wenn sie klein waren, tierisch gefreut. Auch Petra H. schien glücklich und meinte zum Abschied: »Und nicht vergessen, Freitagabend zwanzig Uhr. Oder haben Sie eine Katzenhaarallergie?«

Meine letzte Chance, elegant aus der Nummer herauszukommen. Ich ließ sie ungenutzt vorbeigehen, starrte stattdessen auf diesen vollen Mund und das beachtliche Gebiss und verfiel erneut in erotische Tagträume.

»Fein, dann haben wir beide ein *Date*.«

Nach der Verabschiedung blieb ich noch eine ganze Weile sitzen und drehte den Kugelschreiber nachdenklich in den Händen. Hatte ich für einen Freitagabend mit Aussicht auf Geschlechtsverkehr meine Seele dem Teufel verkauft? War Sex so wichtig für mich, dass ich menschliche Kompromisse dafür einging?

Viktoria kam herein, unterbrach meine düsteren Gedankengänge und fragte, ob sie aufräumen könne.

»Klar.«

Sie wechselte geräuschvoll die Papierauflage auf der Untersuchungsliege, stopfte die alte in den Mülleimer und fragte im Rausgehen: »Chef, ich soll doch hier was lernen. Also, warum macht Sie nach so 'ner langen Sprechstunde das Gelaber von den *Pharmabitches* nicht auch aggro? Keine Ahnung, aber ich könnte die voll klatschen, wenn die so labern, ey.«

»Die schenken mir immer so schöne und nützliche Dinge.« Ich hielt den Stift hoch. »Außerdem immer *Whoozah* denken. Die machen auch nur ihre Arbeit.«

Viktoria war hübsch, selbst ihre Ohren, die abstanden wie zwei Henkel, konnten daran nicht viel ändern. Wenn sie was nicht verstand, fragte sie nicht, sondern öffnete den Puppenmund und heraus kam ein »Äh?«.

»Bad Boys 2, der Film. Aggressionsbewältigung. Finger an die Ohren, reiben und dazu *Whoozah!* sagen. Hilft immer.«
»Alles klar, Chef, werd dran denken.«

FREITAGABEND VERSUCHTE ICH mich mit *Whoozah* auf das bevorstehende Thermomixessen einzustimmen, was nicht wirklich funktionierte. Ich stand genervt und überpünktlich um 19.57 Uhr vor einem vierstöckigen Mietshaus in Bad Cannstatt und klingelte. Der Summer für die Türöffner ging so schnell, dass ich verpasste, draufzudrücken. Ich musste erneut klingeln.

Ich hörte Rickys melodische Stimme in meinem Kopf: »Ein Zeichen, Brandstätter! Komm da weg!« Aber für Warnungen aus dem Jenseits war es jetzt zu spät.

Die Pharmareferentin wohnte im zweiten Stock und empfing mich im rattenscharfen Lederrock mit knappem Tanktop, das einem beachtlichen Dekolleté jede Menge Raum ließ. Das dezente Lederhalsband mit Nietenbesatz, das sie trug, irritierte mich kurzfristig, passte aber zum Gesamtoutfit.

Ich übergab die Flasche St. Emilion Grand Cru, die ich als Gastgeschenk dabeihatte und wurde im Flur von einem fetten, schwarzen Perserkater begrüßt, der mir schnurrend um die Beine strich.

»Das ist Samir.«

An sich mochte ich Katzen. Ich hatte selbst einen Kater besessen. Clapton, der einäugige Musikliebhaber, war mir an einem eiskalten Wintertag zugelaufen und danach nicht mehr ausgezogen. Ich hatte ihn bei meiner Mutter geparkt, als ich nach Rickys Tod auf Weltreise gegangen war, leider haben seine Nieren nicht mehr lange mitgemacht und er musste eingeschläfert werden. Ich bückte mich, um mich mit dem Haustier anzufreunden, der Kater wollte aber anscheinend nicht gestreichelt werden und hieb mir die linke Vordertatze in den Handrücken.

»Samir! Du sollst doch nicht immer so ungezogen sein«, tadelte ihn seine Besitzerin. Daraufhin verschwand das Tier in einem Zimmer. »Tut es sehr weh? Soll ich was zum Desinfizieren holen?«

»Nein, ist nicht notwendig.« Die Einschläge brannten wie Hölle. Katzenkrallen waren bakterielle Brutstätten vom Feinsten, aber ich wollte nicht, dass Petra an mir herumdokterte.

Im Wohnzimmer wartete die nächste Überraschung. Im Hintergrund sang Andrea Berg *Was kann mir schon geschehen? Glaub mir, ich liebe das Leben!* Ich glaubte Andrea nichts – wenn schon Schlager, dann im Original von Vicky Leandros gesungen. Auf dem beigen Ecksofa saß ein männlicher Teenager und tippte mit beiden Daumen auf seinem Handy herum. Ihn schien Besuch generell nicht zu interessieren, er sah noch nicht mal hoch, als er mir vorgestellt wurde.

»Das ist Rufus, mein Sohn. Er wird gleich von seinem Vater abgeholt. Papawochenende. Nicht, Knuffi?«

Die Mutter sah verlegen zur Seite, als *Knuffi* nicht antwortete, und fragte: »Darf ich Ihnen ein Glas Crémant mit geeistem Pfirsich anbieten, zum Warmwerden, bis das Essen fertig ist?«

»Ja, warum nicht.« Ich würde mir den Abend hemmungslos schönsaufen.

»Dann hole ich das eben mal aus der Küche. Möchten Sie sich so lange zu Rufus setzen?«

Ich mochte nicht, aber ich wollte nicht unhöflich sein. Rufus ignorierte mich, dafür kam Samir aus dem Nichts angerannt und machte es sich auf meinem Schoß gemütlich. »Er scheint mich zu mögen«, sagte ich, um Konversation zu machen, und brachte meine ungeschützten Extremitäten in Sicherheit.

Rufus Kopf zierte eine dieser Vintage-Frisuren, bei der alle Haare wild ins Gesicht gekämmt werden, bis nur noch Augen, Nase und die Mundöffnung frei waren. Bei dem Anblick von Rufus Haut wurde meine These bestätigt, dass dieser *Hairstyle* bei Jugendlichen nur deshalb so beliebt war, weil man so die Pickel nicht alle sehen musste.

Er sah mich unter halb geschlossenen Lidern von der Seite aus an und sagte: »Sieht nur so aus. Das Vieh mag keine Männer.«

»Aha, aha.«

»Dem und mir sind die *Lover* meiner Mutter scheißegal.«

»Mehrzahl, hm?«

Ehe ihr charmantes Kind antworten konnte, kam die nymphomane Frau Mama mit zwei Glas Crémant zurück. Sie setzte sich mit akkurat geschlossenen Beinen neben mich und reichte mir ein Glas. Samir schielte nach meiner unverletzten Hand.

Es folgte der nervige Satz beim Zuprosten: »Immer schön in die Augen schauen, sonst haben wir sieben Jahre schlechten Sex.« Als wäre der implementierende Plural an dieser Stelle noch nicht genug, bot mir Petra mit neckischem Unterton in der Stimme das »Du« an.

Da ich immer noch vorhatte, den Abend auf, unter oder in meiner Gastgeberin zu verbringen, meinte ich: »Ich heiße Benny«, und trank mit der Dame *Bruderschaft*, gefolgt von einem verlegenen Küsschen auf die Mundwinkel.

Ich nippte an dem eiskalten Getränk und wünschte mich auf Dobros Couch und noch viel lieber auf meine Couch unter Palmen, wo ich jetzt das Donnern der Brandung und meine eigene Musik würde hören können. Helene schmetterte, dass sie atemlos durch die Nacht geistern würde. Warum hatten manche Lieder kein Verfallsdatum?

»Ich gehe mal rasch die Hors d'Œuvres holen.«

Damit war Petra schon wieder weg. Samir sprang von meinem Schoß und lief in eine Ecke des Wohnzimmers, wo ein beachtliches, überdachtes Luxuskatzenklo stand. Er verschwand in der Öffnung und scharrte ausgiebig.

Rufus meinte jetzt: »Immer einer nach dem anderen.«

»Sehr beruhigend.« Ich kippte den flüssigen Inhalt des Glases in einem Zug herunter, die Obsteinlage, glitschige Dosenpfirsichstücke, verschmähte ich.

Samir kam recht zügig aus seinem Wohnklo – ihm folgte der Duft frischer Katzenkacke. Ich überlegte, einen Myokardinfarkt vorzutäuschen, um hier rauszukommen. Die ganze Wohnung war peinlich sauber und aufgeräumt und strahlte den Charme eines sterilen OPs aus. Die Fenster waren mit blickdichten Gardinen zugehängt. In einem beleuchteten Glasregal standen einige kunstvoll gezogene Kerzen in Pastellfarben, die nur zum Anschauen und nicht Anbrennen gedacht waren, sowie exakt drei Bücher. Petra besaß tatsächlich alle Bände der *Shades of Grey*-Trilogie, und das war es dann schon auch. Das Lederhalsband bekam plötzlich eine ganz neue Bedeutung. Wenn der Herr Brandstätter mit etwas nicht umgehen konnte, dann waren es devote Frauen. Der kleine und der große Elvis standen definitiv auf freche Klappe, Aufmüpfigkeit und intellektuelle Überlegenheit.

Petra kam mitten in meinem Gedankengang mit einem Tablett voller Schnittchen zurück. »*Voilà!* Leckerer Kartoffelbrotaufstrich und Schafskäsedip. Alles im Thermomix zubereitet.«

»Supertoll.«

»Knuffi, möchtest du auch ein Häppchen mitessen?«

»Ich esse bei Vati. Der kocht richtig.«

Wenn schon ein Teenie das Essen verschmähte, was konnte man dann schon erwarten?

»Nicht richtig, Knuffi, altmodisch.« Petra lächelte mich an. »Lecker, nicht wahr?«

Ich nickte kauend. Beide Beläge waren geschmacklos und so wässrig, dass das Brot durchgeweicht war.

»Als Hauptgang habe ich Schinken-Erbsen-Nudelauflauf – ebenfalls im Thermomix zubereitet. Ich war schon auf vier Veranstaltungen, wo man Rezepte beigebracht bekommen hat – plus die neuen von Frau Below-Walter.«

»Da wirft man alle Zutaten rein und dann kommt der fertige Auflauf raus?«, heuchelte ich Interesse. Die Luft war zum Schneiden dick und zwischendurch waberte der Katzenklogestank.

»Nein, nein.« Petra lachte affektiert und legte ihre kalte Hand auf meinen Unterarm. »Wo denkst du hin? Im Thermomix werden die Nudeln gar gekocht. Erst dann kommt alles in eine Auflaufform und wandert in den Backofen bei zweihundert Grad für zehn Minuten.«

»Die Nudeln hätte man nicht im Topf kochen können?«

»Doch, aber dann muss man dabeibleiben, damit sie nicht zu weich werden. So kocht das exakt die voreingestellte Zeit und in der Zwischenzeit kann man den Rest vorbereiten und die Küche nebenbei saubermachen.«

Ich dachte an die unzähligen gemeinsamen, sehr schmutzigen Kochexzesse mit Ricky, in denen wir die Küche in ein kreatives Schlachtfeld verwandelt, gelacht, Kochweine probiert, geschnippelt und gerührt hatten. Thermomix war wohl eher was für die Autisten unter den Paaren.

Zwischen Vorspeise und dem Hauptgang klingelte es an der Tür. Petra entschuldigte sich, Rufus stand wortlos auf und folgte seiner Mutter.

Andrea Berg verhöhnte mich: »*Wie ein Flügelschlag geht die Zeit vorbei!*« Die reale Zeit kroch zäh wie eine Schnecke. Dann sprach sie mir erneut aus dem Herzen: »*Bittersüßer Traum, ich wollte lang schon gehn, im goldnen Käfig kann man keine Sterne sehn.*« Hinter blickdichten Gardinen ebenfalls nicht, dachte ich mir. Andrea meinte zwar, dass diese Nacht jede Sünde wert sei, aber ich nutzte vorsichtshalber die Zeit, um einen Hilferuf an meinen Bruder abzusenden. Frau Berg versprach mir jetzt, sie würde ihr Herz dalassen, wenn sie ginge.

20.29 Nachricht an Lillebror
Gwildor, ich bin in den Fängen Skeletors.
Brauche Deine Hilfe!

SKELETOR, DEM HERRN des Bösen, einer *He-Man Figur,* ausgeliefert zu sein, war seit unserer Kindheit, in der wir stundenlang *Masters of the Universe*-Schlachten nachgestellt hatten, der Geheimcode, wenn der eine den anderen aus einer verfahrenen Situation loseisen musste. Der Zwerg Gwildor war Erfinder des Kosmischen Schlüssels, mit dem man in der Lage ist, Tore durch Raum und Zeit zu erschaffen.

Derweil war *Skeletor* zurückgekehrt. »Ich räume mal rasch die Gläser in die Maschine und mache den Hauptgang fertig. Den Pfirsich möchtest du nicht mitessen? Da sind doch jede Menge gesunde Vitamine und Spurenelemente drin.«

»Ähm, nein. Ich bin eher der Typ für Flugmangos.« Totgekochte Dosenpfirsiche konnten Vitamine nur in homöopathischer Dosis enthalten.

Petra lachte ihr helles Lachen, das ganz entzückend war, und verschwand in der Küche. Als hätte Andrea meine finsteren Pläne geahnt, sang sie: »*Ich werde lächeln, wenn du gehst. Ist mir doch egal, wo du heut schläfst!*« Mir ging der ewig gleiche Beat, mit dem die Schlager unterlegt waren, auf die Nerven. Es wurde Zeit, dass ich ging, ohne mein Herz zurückzulassen, aber mit einem Lächeln. Björn hatte geantwortet.

20.38 Nachricht von Björn Brandstätter
Ich bin im Kino mit Tanja. Kann unmöglich tel.
Reicht nach dem Film noch?

20.40 Nachricht an Lillebror
Nein! Geh aufs Klo und aktiviere
den Kosmischen Schlüssel!
Bin in der Hölle! Hölle! Hölle!

PETRA KAM MIT einer dampfenden Auflaufform zurück, die sie auf den bereits gedeckten Tisch stellte. »Ich bin gleich zurück. Wenn du schon mal Platz nehmen möchtest, ich hole noch eben den Wein aus der Küche.«

Meine Gastgeberin hatte sich voll in Unkosten gestürzt und, anstatt mein Gastgeschenk aufzumachen, eine Flasche J. P. Chenet kredenzt. »Ich hoffe, Rotwein ist in Ordnung, oder stehst du eher auf *Flugwein*?« Sie sah mich keck an.

»Rotwein geht immer.« Meinen Humor hatte ich zu Hause gelassen an diesem Abend.

»Dann Prost und greif ruhig richtig zu. Es gibt auch noch Nachtisch. Germknödel mit Vanillesoße.«

»Lass mich raten: Im Thermomix gemacht?«

»Richtig!« Sie sah mich an, als hätte ich mir ein Sternchen für meine Belohnungstafel verdient. »Den Teig geknetet und dann kommt alles in den Backofen. Nirgendwo gelingt Hefeteig besser als im Thermomix. Das sagen alle. Die Soße ist aus Zeitmangel aus der Packung vom Edeka, die schmeckt aber delikat.«

Das hätte ich auch gesagt, hätte ich zwölfhundert Euro für eine überflüssige Maschine ausgegeben. »Na denn mal Prost!« Der Auflauf war ähnlich geschmacklos wie die Vorspeise, zwischen den, trotz Thermomix viel zu weichen Nudeln tummelten sich vereinzelte Tiefkühlerbsen als Farbklecks, die Käseschicht obenauf war braun und steinhart.

»Ich nehme immer Scheiblettenkäse zum Überbacken, da kann man nichts falsch machen.«

Stimmt, musste ich beipflichten, mehr falsch machen, als etwas mit Scheiblettenkäse zu überbacken, konnte man nicht.

Petra trank einen Schluck und sah mich mit feuchtem Blick und Mund an. »Ich hoffe, es ist alles zu deiner Zufriedenheit.«

»Absolut«, log ich und hoffte, dass mein Handy endlich klingelte und ich aus dieser Musterwohnung herauskonnte.

»Ich habe mich sehr gefreut, dass du meine Einladung angenommen hast. Du kennst doch sicher genug andere Frauen, die gebildeter sind wie ich und nicht so schüchtern und ohne einen Sohn am Bein.«

Ich verschluckte die Autokorrektur »als ich« und sagte in scherzhaftem Ton: »Jetzt mach aber mal halblang und stell dein Licht nicht so unter den Spiegel, du hast doch bestimmt auch was auf der hohen Kante in deinem Beruf.«

Petra lächelte dankbar und hatte die *Jokes* tatsächlich nicht verstanden. Ich seufzte innerlich und suchte nach einem Gesprächsthema. Schweigend essen war seit meiner Kindheit eine Qual für mich. Immer, wenn meine Eltern sich gestritten hatten, wurde tagelang bei Tisch nicht geredet und es herrschte eisiges, bedrückendes Schweigen.

»Du liest?« Ich deutete mit der Gabel auf die drei Bücher im Regal.

»Oh ja, sehr gern. Vor allen Dingen erotische Romane und Audiobiografien.«

»Aha, aha. Wie liest man eine *Audiobiografie*?« Das interessierte mich tatsächlich.

Sie sah mich mit einem koketten Augenaufschlag an. »Mittlerweile geht wirklich nichts mehr ohne Lesebrille. Das Alter.«

Ich schwieg, wie meist, wenn mein Sarkasmus zu dicht an der Oberfläche lag und ich niemanden wirklich verletzen wollte.

Petra fuhr fort: »Die anderen Bücher habe ich im Schlafzimmer. Die drei stehen hier, weil ich sie so toll finde.

Meine absoluten Lieblingsbücher. Die Geschichte ist so berührend und so menschlich ...«, sie machte eine wirkungsvolle Pause und sah mich zaudernd lächelnd, mit gekräuselter Nase an, »und so sexy.«

»Du meinst, weil der Typ Millionär ist, jung und gut aussehend und einen Hubschrauber hat?« Ich war ein hoffnungsloser Optimist.

Petras Hautkolorit verfärbte sich schweinchenrosa, was in Kombination mit den weißblonden Locken arg kitschig aussah. »Nicht nur das, auch was die beiden zusammen machen, also sexuell. Dass sie seine Sklavin ist mit Vertrag und so.«

Ihre Augen verengten sich zu Schlitzen und meine Hoden zogen sich akut in den Unterleib zurück. Bingo, damit war es raus. Die Pharmatante erwartete von mir Rollenspiele der besonderen Art. Ich war jedoch eher der taktile Naturbursche, der niemanden kunstvoll erniedrigen musste, um Befriedigung zu finden – im Gegenteil, mir war das zu viel Gewese. Hätte ich eine Sklavin, würde ich sie putzen lassen und nicht beschlafen, da war ich mir ganz sicher.

»Aha, aha.« Ich versuchte telepathische Strahlen in sämtliche Stuttgarter Kinos zu schicken, um meinen Bruder endlich dazu zu bewegen, das verdammte Telefon in die Hand zu nehmen und mich hier rauszuhauen. Ich nahm eine Gabel voll Auflauf und kaute nachdenklich auf der zähen Pasta-Käse-Masse herum.

Petra tippte mit dem Ringfinger an ihr fast leeres Weinglas, sah mir dabei in die Augen und stieß es um. »Upps, jetzt habe ich die schöne Tischdecke schmutzig gemacht. Ich bin so ungeschickt.« Sie biss sich tatsächlich auf die Unterlippe und sah mich erwartungsvoll an.

»Ist nicht schlimm, ist ja nicht meine«, beruhigte ich sie.

»Findest du nicht, ich habe dafür eine Strafe verdient?«, hauchte die Lady und riss die himmelblauen Augen hinter den Brillengläsern auf.

»Niemals! Ist ja schließlich Strafe genug, die Flecken später rauszubekommen«, meinte ich versöhnlich.

Die Sünderin blieb hartnäckig. »Ich kann auch unter dem Tisch weiteressen, wenn du möchtest, und wenn ich schon mal da unten bin ...« Sie ließ das Ende des Satzes offen.

Ich stöhnte innerlich auf. Die schönsten Vorspiele hatte ich mit Frauen im Allgemeinen und Ricky im Besonderen beim gemeinsamen Essen gehabt, immer auf Augenhöhe – die Tischplatte als Maß aller Dinge.

»Aha, aha. Also ...«, hob ich an und war mehr als erleichtert, in meiner Hosentasche ein Vibrieren und dann Leonard Cohens Stimme das vertraute *»Lover, lover, lover come back to me!«* schmettern zu hören. »Entschuldigung, da muss ich kurz rangehen. – Doktor Brandstätter hier.«

»Ja, ja hier auch Doktor Brandstätter. Brüderchen, ich habe hier einen schweren Fall von Cerebralaplasie, pathologisch ausgebildetes Vakuumphänomen oberhalb C Null. Wir müssen sofort operieren. Der diensthabende Anästhesist hat sich krankgemeldet. Könntest du einspringen und die Narkose machen?«

»Puh, ich bin hier gerade zum Essen eingeladen bei einer sehr netten Lady. Die wird nicht begeistert sein.« Ich sah Petra mit gerunzelter Stirn an und lächelte entschuldigend.

»Beweg deinen Arsch sofort hierher. Ich erwarte dich in spätestens dreißig Minuten im OP. Tanja assistiert. Paul und George haben den Tisch schon gerichtet, wenn du verstehst, was ich meine. Das wird nicht billig, Bruderherz. Nachtzuschlag.«

»Klar, habe ich verstanden. Bin sofort da.« Mein Bruder hatte mir gerade angekündigt, dass er mit Tanja nach dem Film in eine bekannte Stuttgarter Bar kommen und die Rechnung auf mich gehen würde. Ich verabschiedete mich im Eilgang von

Petra, murmelte etwas von »Rufbereitschaft als Anästhesist« und dass ich meinem Bruder einen Gefallen schuldig sei. Sie verstand, war enttäuscht, gab mir zwei Germknödel in Alufolie verpackt mit, die Vanillesoße in einem kleinen Tupperbehältnis, das ich ihr bei Gelegenheit zurückbringen könne, meinte sie zwinkernd. Ich saß eine halbe Stunde später anstatt in einer ungemütlichen Wohnung bei schlechtem Essen und einer Frau, die es vorzog, unter dem Tisch weiterzuspeisen, mit meinem Bruder und meiner Schwägerin in einer meiner Lieblingsbars und probierte mich durch ein paar Whiskysorten, um die letzten Stunden zu vergessen.

»Was ist dieses Mal schiefgelaufen?«, fragte Björn.

»Alles, Brüderchen, alles«, seufzte ich.

»Dass du nicht endgültig die Finger von den Frauen lässt, bei deinem Glück«, meinte Tanja. »Jeder normale Mensch hat doch eine Lernkurve.«

»Das verstehst du nicht, Tanja, für Benny ist Sex wichtig, bedeutet ihm aber nicht viel.«

»Was bedeutet dir dann was, Benny?«

»Mir?« Ich überlegte kurz, sah in das Ginglas und zitierte mein großes Vorbild, Mr. Leonard Cohen. »*The aristocracy of intellect. Here's to you, Priscilla, my girl!*« Ich hob das Glas und trank auf die ungekrönte Kaiserin des Intellekts, der mich mehr angetörnt hatte als jeder auch noch so gut ausgestattete Frauenkörper es jemals schaffen würde. Tanja und Björn schüttelten den Kopf. Sie würden mich nie verstehen.

WIDERSTAND UND WÜRDE

Zu meinen neuen Aufgaben als angehender Allgemeinmediziner gehörte die Betreuung der Bewohner eines Pflegeheimes in unmittelbarer Nähe von Doktor Schneiders Praxis. Viktoria, die Auszubildende, hatte mir die Adresse gegeben und mir »Viel Glück im Heim des Grauens!« gewünscht. Der erste Eindruck war eher positiv denn grauenhaft. Der Eingangsbereich war hell und freundlich gestaltet. Überall standen Pflanzen, und in einer großen, deckenhohen Voliere flatterten und quietschten unzählige Wellensittiche. Ich stellte mich an diesem Morgen der diensthabenden Pflegeleiterin vor – eine Frau Anfang fünfzig, mit praktischer Kurzhaarfrisur, nettem Lächeln, tiefen Grübchen in den Wangen und Rubensfigur. Die üppig proportionierten Beine erinnerten an Bienen, die ihre Pollenausbeute nach Hause trugen. Jolanka Gutemann empfing mich herzlich, bot mir einen Kaffee an, den ich dankend annahm, und ging mit mir die Kurven der Bewohner durch. Bei fünf Patienten waren die Vitalwerte so, dass ich mir die Senioren ansehen musste, um mir ein Bild von deren klinischem Zustand zu machen.

Die Pflegeleiterin begleitete mich persönlich durchs Haus und stellte mich den *Insassen* beziehungsweise den Mitarbeitern, die wir unterwegs trafen, vor. Die fünf Patienten waren alles unproblematische Fälle. Bei zweien änderte ich die Medikation geringfügig, bei den anderen konnte ich nichts weiter tun als abwarten, was die Zeit brachte.

»Da wäre da noch Frau Nowak. Die ist ein schwieriger Fall. Wir nennen sie nur die Beißzange. Sie ist vorgestern aus der Klinik bei uns gelandet und wehrt sich mit Kräften gegen jegliche Pflege. Sie hat einen Dekubitus der Kategorie III an der Ferse. Sie spricht nicht, schreit uns nur ab und zu an und tritt, schlägt und beißt, wenn wir ihr zu nahe kommen.«

»Aha, aha.« Sollte wohl heißen, dass von mir erwartet wurde, dass ich bei der alten Dame Sedativa oder Neuroleptika als Bedarfsmedikation ansetzte. Bei einem Dekubitus der Kategorie III laut EPUAB war die Dermis zerstört und das subkutane Gewebe angegriffen oder bereits nekrotisch. Das musste behandelt und die Ferse frei gelagert werden, damit sich der Zustand nicht weiter verschlechterte. »Ist sie denn orientiert?«

»Schwer zu sagen, wir haben noch kein vernünftiges Wort aus ihrem Mund gehört. Sie versucht selbst zu essen. Mit ihrer Arthrose geht fast alles daneben, aber füttern lässt sie sich auch nicht. Das Einzige, was sie zulässt, ist, dass wir die vollen Beutel wechseln, aber das war's dann auch schon.«

»Ich schaue es mir mal an.«

Karla Nowak lag allein in einem Zweibettzimmer, die Brille hing schräg über ihrer Stirn, nur ein Glas vor einem Auge, das andere lag auf der Braue. Am Bettgestell hing ein fast voller Urinauffangbeutel. Auf dem an der Wand montierten Fernsehgerät lief eine Folge der Sitcom *Die Nanny*. Nanny Fine saß mit Niles, dem Butler in der Küche und trank Tee. Meine Mutter hatte diese Serie aus den Neunzigern geliebt, vor allen Dingen wegen Mr. Sheffield. Sie war hin und weg, als sich herausstellte, dass ihr ältester Sohn als erwachsener Mann ihrem Schwarm etwas ähnelte. Mein kleiner Bruder Björn war in die Hauptdarstellerin Fran Drescher total vernarrt gewesen.

Er hatte in seiner Frau Tanja ein Ebenbild der Schauspielerin mit vernünftiger Frisur und normaler Stimme gefunden. Frau Nowak schien konzentriert auf den Bildschirm zu schauen, aber ich bezweifelte, dass sie durch das verschmierte Brillenglas überhaupt etwas erkennen konnte.

»Hallo, Frau Nowak! Der Arzt ist da und möchte nach Ihnen schauen!«, verkündete die Pflegeleiterin fröhlich und sehr laut, um das vom Band eingespielte Lachen des Studiopublikums und die übertrieben akzentuierten Synchronstimmen im TV zu übertönen. »Er schaut sich mal Ihre Ferse an, damit die schnell wieder heile wird.«

Dann meldete sich der Piepser und Frau Gutemann ließ mich mit der Patientin allein. Ich warf einen Blick in die Unterlagen. Karla Nowak war 1938 in Danzig geboren und hatte keine Angehörigen. Sie war eine Patientin mit Versorgungsproblematik, nachdem im Anschluss an eine explorative Laparotomie nach einem Darmverschluss ein künstlicher Ausgang gelegt werden musste. Die Hände lagen auf der Bettdecke. Sämtliche Finger hatten arthritische Knoten am proximalen Fingergelenk. Die Bouchard-Arthrose war so weit fortgeschritten, dass die betroffenen Gelenke bereits Achsabweichungen aufwiesen.

»Guten Tag, Frau Nowak. Mein Name ist Benny Brandstätter. Ich würde Sie gern untersuchen.«

»Gehen Sie weg!« Die Stimme war so leise, dass ich sie kaum verstehen konnte.

»Das kann ich schlecht, ohne Sie angesehen zu haben.«

»Gehen Sie weg!« Jetzt klang es schon lauter und deutlicher.

»Darf ich Ihnen vorher die Brille so aufsetzen, dass Sie etwas erkennen können?«

Es kam keine Antwort und ich nahm Frau Nowaks Brille vorsichtig ab. »Ich mache sie mal eben sauber. So sehen Sie doch nichts.« Ich ging ans Waschbecken und säuberte die fettverschmierten Gläser mit dem Handwaschmittel und jeder Menge Wasser, trocknete sie ab und setzte sie der Patientin richtig herum auf.

Diese sah mich, ohne eine Miene zu verziehen, aus trüben Augen an. »Danke. Ich kann die Brille leider nicht mehr greifen mit meinen Händen.« Sie hielt die Hände mit den arthritischen Fingern kurz hoch und versteckte sie dann unter der Bettdecke.

»Bitte, gern. Darf ich Sie jetzt untersuchen?«

»Wozu?«

»Um meine Pflicht zu tun.«

»Das Drama des Alters, man ist nur noch von Menschen umgeben, die es für ihre Pflicht halten, sich um einen zu kümmern. Keiner tut es mehr gern oder gar mit Leidenschaft. Das Alter raubt einem alles, auch die Würde.« Frau Nowak sprach klar und verständlich in druckreifem Deutsch, wenn auch mit einem leichten osteuropäischen Akzent, und schien alles andere als geistig verwirrt zu sein. Die Höchststrafe meiner Meinung nach, bei wachem Verstand körperlich so zu degenerieren, dass man ohne Hilfe nichts mehr tun konnte. »Wenigstens behandeln Sie mich nicht wie ein kleines Kind, wie der Rest der Idioten hier.«

»Dann würde es mich freuen, wenn Sie sich nicht wie ein kleines Kind verhalten würden und ich mir zumindest Ihre Ferse ansehen dürfte.«

»Nur zu, wenn Sie sich das Elend angucken möchten. Könnten Sie zuerst das Fernsehprogramm für mich wechseln? Ich kann die Tasten nicht mehr drücken.« Sie hob erneut ihre Hände und zuckte mit den Schultern. »Den Schwachsinnssender hat die Putzfrau heute früh eingeschaltet.«

»Klar, was möchten Sie denn sehen?«

»Nachrichten wäre gut.«

Ich zappte durch die Programme, bis ich auf BBC News kam.

»Halt! Das passt!« Erneut eine klare Ansage.

Ich untersuchte die Patientin, die kachektisch und stark untergewichtig war. »Sie müssen mehr essen.«

»Leicht gesagt, wenn man nichts greifen kann.«

»Man hilft Ihnen hier doch bestimmt dabei.«

Frau Nowak sah mich herausfordernd an. »Wissen Sie, was das für ein Gefühl ist, wenn man gefüttert werden muss und es dem Pflegepersonal nicht schnell genug geht und die Suppe am Kinn runterläuft, aufs Nachthemd kleckert, und das bleibt dann so fleckig und trocknet ein, bis irgendjemand Zeit hat, einem die Kleidung zu wechseln? Das ist noch entwürdigender als diese stinkenden Beutel, in denen meine Ausscheidungen landen.«

Ich schüttelte den Kopf. »Nein, keine Ahnung. Es gibt Erfahrungen, die muss man nicht selbst machen. Ich schaue mir erst mal den Fuß an.« Die rechte Ferse war kreisrund offen, das subkutane Gewebe war schwer beschädigt, aber noch nicht nekrotisch.

»Und? Muss man amputieren?«

»Nein, das muss man nicht. Aber Sie sollten sich einen Fersenschoner anziehen lassen, sonst sehe ich sprichwörtlich schwarz für Ihren Fuß.«

»Und? Ich kann doch sowieso nicht mehr laufen, weil ich zu schwach bin. Wozu brauche ich so etwas Überflüssiges wie einen Fuß überhaupt noch?«, bemerkte die alte Dame sehr zynisch.

»Diese Frage müssen Sie sich selbst beantworten.«

»Marek hat auch Medizin studiert.« Der Themenwechsel kam völlig unerwartet.

»In welcher Fachrichtung ist er tätig?«, fragte ich mehr, um die Patientin bei Laune zu halten, als dass es mich tatsächlich interessierte. Ich setzte das Stethoskop an. »Tief ein und ausatmen.« Die Lungengeräusche waren regulär.

»Er fiel bei einem Bombenangriff auf Warschau, ehe er sich festlegen konnte, was er denn so genauer machen wollte nach seinem Studium.« Frau Nowak hatte das eingefallene Gesicht einer Greisin mit dem lebhaften, provokanten Ausdruck einer aufmüpfigen Endzwanzigerin.

»Das tut mir leid, dass Ihr Mann tot ist.«

»Marek war mein ältester Bruder. Ich war nie verheiratet. Marek ist nicht tot, er ist lediglich gestorben. Er lebt in meinen Erinnerungen weiter. Es gibt Völker in Afrika, bei denen gilt jemand erst dann als tot, wenn niemand mehr da ist, der denjenigen gekannt hat.«

Ich dachte kurz nach. »Meine Frau hat immer gesagt, wenn ein Mensch stirbt, dann gibt es seine Welt nicht mehr.« Ich wusste nicht, warum ich der wildfremden Patientin das erzählte. Ich erwähnte Ricky seit Jahren keinem Menschen mehr gegenüber, obwohl ich fast täglich bei den unterschiedlichsten Gelegenheiten noch an sie denken musste und sie mich im Traum öfter besuchte.

»Das ist kein Widerspruch zu meiner Theorie.« Karla Nowaks Augen waren zwar trüb, schienen aber tief in mich hineinsehen zu können. »An was ist sie gestorben?«

»Wer hat gesagt, dass sie gestorben ist?«

»Ihr Gesichtsausdruck, als Sie von ihr erzählt haben.«

Ich zögerte einen Moment, ehe ich leicht stotternd antwortete: »Aneurysma im Kopf.«

»Wie alt?«

»Neununddreißig.«

»Mein Bruder war zweiundzwanzig. Die, die einem vom Tod genommen worden sind, behalten einen besonderen Platz im Herzen. Immer. Das ist wohl das, was mit dem Leben nach dem Tod gemeint ist. Meinen Sie nicht auch?«

»Zumindest ist es eine interessante Theorie.« Ich hatte mit Ricky lediglich drei Jahre zusammengelebt, bei Weitem nicht meine längste Beziehung. Wir wurden getrennt, als wir glücklich waren und eine rosige Zukunft in den Sternen zu stehen schien samt gemeinsamem Händchenhalten als Rentner mit Rollator auf der Parkbank beim Taubenfüttern.

Ehe wir das Thema vertiefen konnten, kam ein Pfleger zur Tür herein, der den Stomabeutel wechseln wollte. Frau Nowak zog sich wieder in sich zurück und starrte auf den Bildschirm. Ich verabschiedete mich, bekam aber keine Antwort. An der Zentrale gab ich die Akte ab und stellte ein Rezept für einen Fersenschoner aus.

Frau Gutemann fragte: »Wie sieht es aus mit Medikamenten?«

»Ich denke, sie lässt sich die Dekubitus-Entlastung ohne zu randalieren und ohne pharmazeutische Unterstützung anziehen.«

»Ihr Wort in Gottes Ohr.«

»Ich konnte mich normal mit ihr unterhalten. Keinerlei Anzeichen von Verwirrtheit, Demenz oder Unruhe. Im Gegenteil, ich glaube, die Dame weiß sehr wohl, was sie möchte und was nicht.«

Die Pflegedienstleiterin seufzte. »Sie müssen ja auch nicht täglich mit ihr kämpfen.«

Ich verstand das Problem von Pflegekräften im Allgemeinen grundsätzlich schon. Zunehmend weniger Zeit für den Patienten und immer mehr angelerntes Hilfspersonal statt gelernter Fachkräfte. Bei Karla Nowak widerstrebte es mir jedoch, sie medikamentös ruhigzustellen und ihr damit ihren wachen Verstand zu nehmen. Ein klassischer Interessenkonflikt zwischen dem Menschen Benny und dem Mediziner Doktor Brandstätter. Benny hatte diese Schlacht gewonnen, aber auf Dauer würde er den Krieg verlieren, so viel war klar.

Da Surfen jetzt wegfiel, musste ich mir eine sportliche Betätigung suchen, der man in der Großstadt nachgehen konnte. Ich buchte in meinem ehemaligen Fitnessstudio einen freien Probetag und entschloss mich, einen Capoeira-Schnupper-Kurs mitzumachen, weil mich die Mischung zwischen Kampfsport und Tanz interessierte und die Instruktorin sich für die Mischung zwischen Mann und Arzt interessierte.

Liane Dompfaff war achtundzwanzig und hätte jederzeit unretuschiert aufs Cover der *In Shape* kommen können. Sie hatte rabenschwarz gefärbte Haare, die ihr bis an die Taille gingen, war so dunkel gebräunt, dass das Blumenarrangement, welches sie sich auf den Rücken hatte tätowieren lassen, rausgeschmissenes Geld war. Die Augenbrauenbalken kamen ebenfalls aus der Tintenmaschine. Der kleine Leberfleck mitten auf ihrer Nase ließ mich schielen, wenn ich mit ihr sprach. Liane war genügsam und aß nur gelegentlich einen Joghurt, den ich ihr gern spendierte, die ideale Frau für einen Schwaben. Wir landeten nach gemeinsamen Trainingsrunden bei ihr zu Hause unter der Dusche und dann ohne großen Umweg im Bett. Liane besaß kein Härchen am Körper und hatte sich als Orientierungshilfe eine schmale Landebahn auf ihre äußeren Schamlippen tätowieren lassen.

Miss Body schrie während des Beischlafs ständig: »Besorg's mir!« und »Härter!«, »Tiefer!«, und quiekte beim Orgasmus.

Während eines gemeinsamen Besäufnisses anlässlich seines neunundzwanzigsten Geburtstages hatten mein Freund Dominic und ich eine schriftliche Bestandsaufnahme über die Lautäußerungen geschlechtsreifer Frauen beim Orgasmus erstellt und über die Jahre bei Gelegenheit ergänzt. Männern genügte ein sattes Grunzen, um die Partnerin über das Ende zu informieren. Frauen waren wie so oft im Leben verbal wesentlich komplexer dabei. Von *Oh, mein Gott!* über *Jetzt, jetzt!*, *Ja, ja!*, *Nein, nein! Ahs* und *Ohs* und *Uhs* und Vor-und-Kosenamen-Stöhnen in allen Klangfarben bis hin zum Laut, den ein Robbenbaby macht, wenn es seine Mutter sucht. Das Quieken war neu für mich, aber in meinem Alter schrieb man seinem Freund, der frisch geschieden und Vater einer Neunjährigen war, so was nicht mehr.

Bei unserem fünften Rendezvous gestand mir Liane postkoital, dass sie seit zwei Jahren fest mit *Vaclav von hinter der Fruchtbar im Studio* liiert sei. Vaclav wüsste davon, dass seine Freundin und ich nicht nur im Trainingsraum miteinander verbunden waren, er fände es auch gar nicht weiter schlimm, die Beziehung sei nun mal eine offene. Das beruhigte mich ungemein. Ich hatte *Vaclav von hinter der Fruchtbar* als eins fünfundachtzig großen, durchtrainierten Bodybuilder mit Mördermuskulatur im Gedächtnis. Jetzt wäre es aber so, dass sowohl Liane als auch Vaclav es gut fänden, wenn dieser auch was von ihr – Zitat Anfang – ›Eskapade‹ – Zitat Ende – hätte, sprich, er würde gern mal Liane und mir beim Beischlaf zusehen. Genau das wollte ich nun überhaupt nicht, was meine Karriere als Capoeiratänzer jäh beendete.

Batman und Robin

Ich stand in Dobros rudimentär ausgestatteter Küche und versuchte ein Abendessen für mich und mein stets hungriges Kind zuzubereiten. Von Kia, die keine allzu begnadete Köchin war, hatte ich ein paar einfache Eintopfgerichte nach den Rezepten ihrer ungarischen Großmutter abgeguckt. Ich schnitt gerade Zwiebeln, als Tobi hereingeschneit kam.

»Papa, kann ich Robin heißen?«
»Robin Hood?«
»Nein! Nur Robin.«
»Dann nein.«
»Warum nicht?«
»Weil das eine Diagnose und kein Name ist.«
»Orr, Papa! Der hilft Batman und ist cool.«
»Warum willst du nicht Batman selbst sein?«
»Weil das doch du bist!«
»Aha, aha.« Ich schien bei der Erziehung nicht allzu viel falsch zu machen, wenn mein Kind in mir einen Milliardär und Superhelden sah.

Tobi hatte seine Leidenschaft für Dobros Sammlung an Batman-Comics entdeckt. Er hatte am zweiten Abend in unserem provisorischen Zuhause eines der Hefte aus der

Eichenschrankwand geholt und ließ sich von mir vorm Einschlafen daraus vorlesen. Ich tat das mit viel Fantasie und Kreativität und wandelte spontan die brutalsten Dialoge in kindgerechte Sätze um. Anscheinend war ich nicht der weltbeste Lügner. Tobi sah mich nach ein, zwei Textänderungen mit gerümpfter Nase an, nahm mir die Lektüre aus der Hand, warf einen kritischen Blick auf die Seite und fragte: »Steht das da wirklich?«

»Ich schwöre hoch und heilig!«

Mit einem misstrauischen ›Hm‹ bekam ich das Heft zurück.

Tagsüber *las* das ungläubige Kind die Stories seinem Eisbären vor. Die beiden hockten nebeneinander, Tobi ließ den Zeigefinger über die Bilder wandern und erfand die gezeichneten Abenteuer in seinem Kopf neu. »John, John, es brennt! Aber er hüpft über die Flammen!«

Wenn er nicht weiter wusste, ließ er sich von mir eine Szene oder eine ihm unbekannte Figur erklären, ehe er seine Geschichten weiterspann.

»Wie heißt der mit dem Clownsgesicht?«

»Das ist der *Joker*.«

»*Alter Falter*!« Seitdem hieß sein Eisbär *Schocker*.

Kurz darauf war Tobi dazu übergegangen, eigene Batman-Comics zu zeichnen. Batman war nicht mehr als ein kindliches Strichmännchen mit Waschbäraugen und Mäuseohren und das *Batmobil* erinnerte an Dobros Pick-up. Tobi versah alle Figuren mit Sprechblase, die ich dann nach seinen Anweisungen beschriften musste. »Papa, schreib mal bitte ›WÜRG! BRECH! KOTZ!‹« Mein Sohn schien kein Fan komplizierter Dialogfolgen zu sein.

Tobis zweite Leidenschaft galt dem Errichten möglichst hoher, schlanker Türme mit den Legosteinen, die Dobro ihm geschenkt hatte. Nach zwei Tagen reagierte ich nicht mehr auf den lauten Knall, den die Bauwerke machten, wenn sie dem

Gesetz der Schwerkraft nachgaben und auf den Parkettboden knallten.

Nach jedem Zusammensturz kam das Kind, dessen momentanes Berufsziel *Experimente forschen* war, mit einem Zollstock in der Hand angerannt und verkündete kopfschüttelnd: »Zwölfunddreißig Millimeter«, oder eine ähnlich fiktive Höhe, die der Legoturm vorm Zusammensturz gehabt hatte. Diesen Wert trug er in Fantasieziffern in sein Notizheft, einen Sparkassentaschenkalender aus dem Vorjahr, den ihm Frau Winterberg geschenkt hatte, sehr gewissenhaft ein.

Dem Geräusch nach, das aus dem Wohnzimmer kam, hatte der eingestürzte Turm eine neue Rekordhöhe erreicht. Und richtig, Sekunden später stand das Kind mit vor Aufregung knallroten Backen und Notizbuch in der Hand vor mir und verkündete atemlos: »Zweiunddreißig Millimeter.« Tobi war der Ansicht, Millimeter müsse mehr sein als Meter, weil das Wort länger ist.

»Wahnsinn, Tobi. Ich werde dich nächstes Jahr bei *Jugend forscht* anmelden.«

Der Nachwuchswissenschaftler setzte sich auf den Küchenboden und trug die Rekordzahl mit völlig ernster Miene in sein Buch ein, als es an der Tür klingelte. Tobi rannte zur Sprechanlage, von der er vom ersten Tag an begeistert gewesen war, und rief: »Hallo?«, woraufhin es an der Wohnungstür klopfte. Mein Kind verlor keine Zeit und riss die Tür auf; ich folgte in den Flur. Vor uns stand eine sehr kleine, sehr zierliche junge Frau in einem pinkfarbenen Kapuzenoverall aus Sweatshirtstoff mit Füßlingen dran, wie ihn in meiner Jugend nur Säuglinge getragen hatten, die es aber in der Neuzeit bis Größe XXXL zu geben schien.

»Ich wohne in der Wohnung unter euch und wollte mich wegen des Kraches beschweren.«

»Papa, die will zu dir!«

Für Krach schien Tobi in dieser Wohngemeinschaft nicht zuständig zu sein und verschwand im Wohnzimmer. Ich ging die paar Schritte bis zur Tür und sah in vor Zorn funkelnde, braune Frauenaugen.

»Ist die Musik zu laut?« Dobro hatte in der ganzen Wohnung Lautsprecher verteilt, die zentral angesteuert wurden, sodass man vom Bad über den Flur bis in die Küche überall gleichmäßig beschallt war. Es lief gerade *Meine Soldaten* von Maxim.

»Die Musik höre ich überhaupt nicht.« Sie machte eine kleine Pause und lauschte konzentriert.

»Die Stirn in den Staub für ein Ja und ein Amen, ein Soldat vergisst alles, im Falle des Falles auch den eigenen Namen.«

»Zum Glück, klingt ja sehr martialisch.«

»Das muss man im Zusammenhang verstehen, dann ist es romantisch und nicht martialisch.«

»*Whatever*, dieser ständige *noise* geht überhaupt nicht. Ich mache gerade Entspannungsübungen und schrecke jedes Mal zusammen, wenn es über mir dermaßen laut knallt. Es gibt Menschen, die sind eben *more sensitive*. Würdest du das bitte abstellen? Ich bin selbstständig und brauche meine *rekreativen* Phasen dringend. Danke.« Damit drehte sich das rosa Teletubbie mit den hochgesteckten, geflochtenen Zöpfen, zu denen ein Dirndl besser als ein Jumpsuit gepasst hätte, um und stapfte zornig die Treppe hinunter.

Gerade als ich die Tür schließen wollte, polterte es im Treppenhaus, gefolgt von einem lauten Fluch. Ich ging ans Geländer und sah hinunter. Die Dame im Ganzkörperanzug saß auf dem Treppenpodest, hielt sich den Knöchel und sah nicht sonderlich glücklich aus.

»Ist was passiert?«, fragte ich und verkniff mir die Bemerkung, dass *noise* in diesem Haus nicht erwünscht war.

»Nein, ich sitze öfter auf der Treppe und jammere. Das hilft mir, Enttäuschungen besser zu verarbeiten.«

»Dann weiterhin gutes Gelingen.«

Der wandelnde Ganzkörperanzug versuchte aufzustehen und schrie vor Schmerz, als er den rechten Fuß belastete.

»Moment, ich komme!«

Ich lief die Stufen hinunter und hakte mich unter. Die junge Frau war federleicht, sah auch aus wie eine Elfe, aber ihre Ausdrucksweise klang mehr nach Puffmutter: »Dieser zugewichste polierte Steinboden. Das ist doch lebensgefährlich!«

»Na ja, wenn man einen Strampelanzug trägt, sollte man den Laufstall besser nicht verlassen.«

»Unglaublich *funny*!«

Die Tür zu meiner ehemaligen Wohnung stand weit offen. Offensichtlich wohnte die Dame noch nicht allzu lange hier. Überall standen unausgepackte Kartons. Außer einem antiken Biedermeiersofa war nichts Wohnliches zu entdecken. Aus Mangel an anderen Sitzgelegenheiten half ich der Gestürzten darauf. Sie ließ sich stöhnend fallen.

»Der Fuß sollte hochgelagert werden.«

Gehorsam wurde das Bein auf die Couch gelegt.

»Ich schaue es mir mal an. Zieh mal das Teil aus.«

Der Blick, der mich traf, hätte zehn Zentimeter dicke Stahlplatten durchbohren können. »Ich habe nichts darunter an!«

Prinzipiell war ich sehr daran interessiert, wie das menschliche Kuscheltier unter seinem dichten Fell aussah, aber die Professionalität siegte: »Ich muss eben die Herdplatte runter drehen. War gerade am Kochen. Bis dahin dürftest du dich rausgearbeitet und deine Blöße verdeckt haben.«

In der Wohnung informierte ich Tobi, dass ich einen Notfalleinsatz hatte, weil die Nachbarin die Treppe runtergefallen war. »Ich helfe dir, Papa.«

Y. Krämer, wie ich dem neuen Klingelschild an der Tür entnahm, saß immer noch vollständig bekleidet auf der Couch und schniefte. Tobi setzte sich zu ihr und versuchte sie zu trösten.

»Keine Angst! Mein Papa ist Arzt, der macht dich gesund.«

Besagter Arzt fragte: »Warum ist der Overall noch an? So kann ich mir den Fuß nicht ansehen.«

»Das geht im Sitzen nicht so schnell!«, antwortete die Verletzte recht bissig.

»Hast du eine Schere?«

»In der Küchenschublade. Wozu?«

Meine alte Küche war ebenfalls noch zugestellt mit Umzugskartons. Ich rief ins Wohnzimmer: »Ich schneide den Fuß einfach ab.«

»Nein! Das geht auf keinen Fall! Der Unisuit war teuer!«

Da die Einbauküche nur eine einzige Schublade besaß, hatte ich die Schere schnell gefunden und ging zurück ins Wohnzimmer.

»Bist du auf der Treppe gerannt, weil du gefallen bist? Das darf man nicht«, mahnte Tobi.

»Blödsinn! Ich bin ganz normal gelaufen. Aber die Stufen sind ja eisglatt. Verfluchte Kehrwochentaliban.«

»Ausziehen oder abschneiden?«

»Ich ziehe es ja schon aus. Dreht euch mal um.«

»Wäre ja furchtbar für meine weitere Entwicklung, wenn ich das erste Mal im Leben eine unbekleidete Frau sehen würde.« Ich rollte mit den Augen, drehte mich aber um, mir war nicht nach Diskussionen.

Tobi ließ sich nicht so leicht ausbremsen: »Ich bin Forscher, ich muss was lernen.«

Das Kind kam eindeutig nach seinem Vater mit seinen wissenschaftlichen Ambitionen. Hinter mir stöhnte das Traumaopfer wie eine Synchronsprecherin in einem billigen Porno.

»Soll ich dir helfen?«, fragte das kleine Empathiewunder.

»Nein, das geht schon irgendwie. Wie heißt du überhaupt?«

»Robin. Das ist englisch und heißt Rotkehlchen«, antwortete Batmans Assistent, dessen Mutter umfassend gebildet war und dieses Wissen ihrem Mensch gewordenen halben Genpool gern vermittelte. »Und du?«

»Ylvi. Das ist schwedisch und heißt kleine Wölfin.«

»*Cool*, mein Eisbär ist aus Dänemark und heißt auch Ylvi.«

»Im Bad liegt frische Wäsche auf dem Becken, ich war im Begriff, mir ein Wellnessbad zu gönnen. Könnte mir die mal jemand holen?«

Tobi übernahm die Aufgabe und kam blitzschnell, einen Slip und ein Hemdchen in den Händen wedelnd zurück: »*Alter Falter*, du hast ja Unterhosen mit *Woodstock* drauf.«

»Die habe ich versehentlich gekauft.«

»Ich male auch Comics. Was arbeitest du?«

»Ich dachte, du seist Forscher. Mir gehört der Bioladen nebenan.«

»Verdient man damit viel Geld?«

»Nein.«

»Meine Oma hat einen Handarbeitsladen und verdient ganz viel.« Tobi war der Auffassung, dass seine Großmutter eine reiche Frau sei, weil sie ihn bei ihren Besuchen mit Geschenken überhäufte.

»Kann ich mich umdrehen?« Mir war klar, warum das Mädl so aggressiv war – mit so einem Namen war man gern mal das Opfer auf dem Schulhof.

»Wenn es sein muss!« Ylvi saß, den Overall schützend vor ihren Oberkörper haltend, in Unterwäsche aus der Kinderabteilung auf der Couch.

Ich sah mir das Sprunggelenk an. Unterhalb des *Malleulus Lateralis* war eine faustgroße Schwellung und am Fersenbein eine fette Einblutung zu sehen. Knöchernen Druckschmerz konnte ich nirgends feststellen, aber Fräulein Krämer jammerte bei der kleinsten Drehung.

»Ich schätze mal, dass ein Band gezerrt ist und die Kapsel eventuell was ab hat. Das muss auf jeden Fall geröntgt werden. Ich gehe die Autoschlüssel holen und wir fahren in die Notaufnahme.«

»*Alter Falter!* Ich hole schnell *Schocker.*« Tobi war so begeistert von der Aktion, dass er vergessen hatte, dass sein Kuscheltier seit wenigen Minuten auch *Ylvi* hieß, und rannte die Treppe hoch.

»Ich halte nicht besonders viel von Schulmedizin«, warf die Verletzte ein. »Ich bin auch noch nie im Krankenhaus gewesen. Normalerweise behandle ich Kleinigkeiten mit alternativen Naturprodukten oder gehe zur Heilpraktikerin.«

»Das sieht jetzt aber nicht so aus, als würden Hopi-Ohrkerzen helfen.«

»Ich dachte auch eher an Redderspitzwasserumschläge«, zickte Ylvi zurück.

Ich behielt meinen sarkastischen Kommentar über das teure Naturheilprodukt – hauptsächlich Wasser in einer gefälligen Verpackung – für mich. »Gut, dann gehe ich nach oben, fertig kochen. Gute Besserung.«

»Vielleicht schadet es nichts, wenn Sie es sich doch mal anschauen, ehe ich mir Umschläge mache. Ich müsste mich dazu aber anziehen.«

»Wegen mir nicht. Ich habe kein Problem mit Peanuts auf Frauenunterwäsche und in der Notaufnahme sind die ganz andere Anblicke gewohnt.« Über peinliche Unterwäsche in Notaufnahmen könnte ich ein Buch schreiben. Angefangen bei Herren in Damenreizwäsche oder ausgeleiertem Bündchen bis hin zu allem Möglichen in Lack, Leder, Latex.

»Im Schlafzimmer auf dem Bett liegt ein Kleid, das könnte ich leichter überziehen als den *Unisuit.*«

»Okay, ich hole es.« Es war ein komisches Gefühl, das Zimmer zu betreten, in dem ich jahrelang allein geschlafen und mit Ricky unsere ersten gemeinsamen Nächte verbracht hatte.

Ylvis Bett stand, genau wie meines früher, direkt unter dem Fenster. Der Schrank von Habitat lag noch als Bausatz im Karton vor dem Bett, auf dem jede Menge Klamotten achtlos hingeworfen lagen. Ich nahm das oberste Kleidungsstück und hob es hoch. Es konnte sich mit viel Fantasie bei dem knallbunten Etwas um ein Kleid handeln. Während Ylvi sich in das Teil, das aus einem Opernfundus hätte stammen können, hineinzwängte, ging ich hoch in die Wohnung, den Schlüssel zu Dobros *Beetmobil* holen. Wir fuhren den Pick-up des Landschaftsgärtners, bis ich endlich Zeit hatte, mir einen eigenen fahrbaren Untersatz zu kaufen. Rickys eingemottetes Cabrio wollte ich aus sentimentalen Gründen nicht fahren.

Tobi hatte seinen Rucksack gepackt und hielt *Schocker/Ylvi* unterm Arm.

»Lass den Bären lieber da. Wir übernachten nicht im Krankenhaus.«

»Aber vielleicht braucht Ylvi Trost, wenn es wehtut.«

»Die Rolle kannst du dann übernehmen. Du bist prädestiniert für so was.«

»Was heißt *prätsiniert*?«

»Du bist das geborene Trostpflaster.«

»*Cool.*«

Ich holte noch Eiswürfel aus dem Gefrierfach, packte sie in eine Plastiktüte und stopfte alles in eine Socke – eine improvisierte Kühlpackung für den Knöchel.

Zurück in der Wohnung musste ich meine Meinung über Tobis sedierende Wirkung revidieren. Während ich Ylvi von der Couch hoch half, bemerkte ich sentimental: »Ich habe hier mal gewohnt.«

»In diesem Loch?«, fragte das Trostpflaster ziemlich uncharmant.

Ich sah Ylvi kurz in die Augen und zuckte verlegen mit den Schultern. Wir beide würden niemals ihre Lieblingsnachbarn werden, so viel war sicher.

IM AUTO ERKLÄRTE Robin aka Tobi der Naturkostfreundin, dass sie im legendären *Beetmobil* mitfahren durfte. Die schien angesichts des zugemüllten Innenraums von Dobros betagtem fahrbaren Untersatz, der dank eines speziellen Duftbäumchens nach Dope roch, wenig beeindruckt.

»Geht's dir gut?«, fragte mein fürsorglicher Sohn und meinte nach ihrer Antwort, es ginge so: »Sonst tröste ich dich. Ich bin Präsident.«

»Warum redet der Junge unentwegt?«, wollte Ylvi während der Fahrt wissen.

»Weil ich hochbetagt bin«, beantwortete Tobi die Frage selbst.

Seitdem Tobi sprechen gelernt hatte, hatte ich gelernt zuzuhören, weil ich in seiner Gesellschaft nur noch selten zu Wort kam. Wenn ich sprach, dann meist nur, um seine Version der Tatsachen zu bestätigen.

»Das heißt hochbegabt und hochbegabte Kinder sind eher introvertiert«, korrigierte unsere humorlose Mitfahrerin.

»Ist introvertiert was Schlimmes?«

»Nein, es ist eine Wohltat. Besonders bei gemeinsamen längeren Autofahrten.«

»Warum hast du so ein komisches Kleid an?« Ich wusste, Tobi würde sich selbst rächen.

Der bunte Stofflappen aus gehäkelter Wolle an einem gestärkten schwarzen Taftrock sah in der Tat an der zierlichen Frau etwas *oversized* aus. Ylvi erinnerte in dem Aufzug an Salma Hayek in der Rolle der mexikanischen Malerin Frida Kahlo. Es fehlten nur die zusammengewachsenen Augenbrauen und der auffällige Schmuck.

»Das ist nicht komisch, das ist von einer Stuttgarter Designerin. Das hat über zweihundert Euro gekostet. Organisch gefärbte Schurwolle und Naturseide.«

»Meine Oma kann auch Topflappen häkeln.« Ein kurzer Seitenblick auf das Oberteil des Kleides ließ diese Assoziation gar nicht so abwegig erscheinen. »Die hat nämlich einen Handarbeitsladen.«

»Das hast du bereits erwähnt.«

»Auch, dass sie viel Geld verdient?«

»Ja, auch das.«

»Dann weißt du ja Bescheid.«

Ich hielt das *Beetmobil* vor der Liegendanfahrt, die für Krankenwagen reserviert war, und bat Tobi und Ylvi, im Wagen zu bleiben, bis ich einen Rollstuhl besorgt hatte.

Vor der Schiebetür standen zwei Rettungsassistenten. Einer rief mir zu: »Ey, wohl was Falsches geraucht? Du kannst hier nicht stehen bleiben! Fahr mal deine Kiste aus dem Weg.«

Ich wollte schon zu einer Erwiderung ausholen, als der zweite Mann meinte: »Doch, der kann das!« Er kam auf mich zu: »Ich werde verrückt, wenn das nicht der legendäre Benny Brandstätter ist!«

Ich erkannte die Stimme, ehe ich das Gesicht, das ein Vollbart zierte, einem Namen zuordnen konnte. »Günter, alter Schwede!«

Dann lagen mein früherer Notarztwagenfahrer Günter ohne H und ich uns kurzfristig in den Armen. »Was bringst denn rein?«

»Treppensturz mit Sprunggelenksverletzung.«

»Warte, ich besorge einen Rollstuhl.«

Mit gemeinsamen Kräften bugsierten wir das bunt gekleidete Federgewicht in den Stuhl. »Sorry, kann dich nicht begleiten, muss meinen Arzt suchen, durfte nur zum Rauchen kurz raus. Der nimmt das genau mit der Einheit während des Dienstes.«

»Klar, kein Problem, ich schaffe das auch allein.«

»Deine Familie?«, fragte Günter mit einem Seitenblick auf Tobi, der seinen Rucksack aufsetzte, und Ylvi, die schweigend vor sich hin litt.

»Mein Sohn und eine Nachbarin.«

Günter nickte und meinte: »Man sieht sich«, und verschwand auf der Wache, die direkt neben dem Eingang zur Notaufnahme lag.

»Wer war der Mann, Papa?«

Das war der Mann, der bei meinem allerletzten Einsatz in einem Notarztwagen dabei gewesen war, als die Frau, die für ein ganzes gemeinsames Leben gedacht war, nach nur drei Jahren in einen Zinksarg gehoben wurde. »Der coolste Rettungswagenfahrer überhaupt«, erklärte ich meinem Kind.

»Du bist tatsächlich Arzt?«, meldete sich die bislang sehr schweigsame Ylvi zu Wort. »Ich dachte, du seist ein *Poser* und Wichtigtuer.«

»*Ladifari!* Mein Papa *ist* wichtig!«

Ich ließ das Statement meines Pressesprechers unkommentiert stehen. Der Warteraum war leer an diesem Dienstagabend. An der Anmeldung saß Fatima und hackte auf einer Tastatur rum. »Bin gleich bei Ihnen!«, meinte sie abwesend, ohne hochzusehen, als sie bemerkt hatte, dass jemand vor der Glasscheibe stand.

»Kein Problem, wir haben alle Zeit der Welt, Türkenmädchen.«

Der tödliche Blick aus Fatimas Mandelaugen dauerte nur eine Millisekunde, bis sie mich erkannt hatte, dann sprang sie hoch, riss die Tür auf und fiel mir um den Hals. »Benny Stinson! Leibhaftig! Oh Mann, ich freu mich so!«

»Siehst du, mein Papa *ist* wichtig!«, wiederholte mein Sohn mit Nachdruck.

Fatima wandte sich ihm zu. »Dann musst du Tobi sein! Was bist du groß geworden.«

Fatima hatte uns besucht, als Tobi ein halbes Jahr alt war und sie davon gehört hatte, dass seine Mutter uns verlassen hatte. Dass sie ihre eigene kleine Familie allein gelassen und zwei Wochen Urlaub geopfert hatte, um mir zur Seite zu stehen, würde ich ihr nie vergessen.

»Ich dachte, er heißt Robin und auf deinem Klingelschild stand *Becker* und nicht Stinson«, meldete sich die junge Frau im Rollstuhl zu Wort.

»Du denkst aber viel falsch!«, brachte es Tobi ungehalten auf den Punkt.

Fatima sah man trotz Dauergrinsen an, dass sie gerade dachte: »Bitte lass diese *Altkleidersammlungs-Tussi* nicht Bennys neue Flamme sein.« »Benny Stinson ist nicht nur wichtig, der ist legen ..., warte, ...där!«, meinte sie zwinkernd.

»Wir sind so wichtig, wir haben Künstlernamen plus einen Doktortitel«, bemerkte ich trocken.

»Kommt doch rein!«, lud uns Fatima ein.

Ich betrat nach vielen Jahren meinen früheren Arbeitsplatz. Alles war wie an dem Tag, an dem ich still und leise meinen Abschied genommen hatte. Eine Abschiedsfeier hatte es nicht gegeben, weil ich mitten in der Trauerarbeit wegen Ricky steckte. Ich hatte meinen Spind nach dem letzten Dienst kurz nach Mitternacht leer geräumt und war gegangen.

»Was ist denn passiert?«

»Meine Nachbarin ist auf der Treppe ausgerutscht. Das müsste sich einer ansehen. Ist ein kompetenter Arzt im Haus? Also, außer mir?«

Fatimas Gesicht leuchtete plötzlich auf. »Aber natürlich haben wir den. Das Nonplusultra direkt von der Uni. Du wirst staunen! Jetzt erst mal Name und Krankenkassenkarte.«

Während die MFA routiniert die Aufnahmeformalitäten erledigte, fragte ich: »Ist das Insektizid noch Chefarzt?«

»Ja, der treibt hier immer noch sein Unwesen. Den wirst nicht los, den will ja sonst niemand.«

WENIG SPÄTER ROLLTE ich Ylvi in Kabine 1. Der Arztsohn meckerte rum, weil er sich den früheren Arbeitsplatz seines Vaters viel größer und spektakulärer vorgestellt hatte. Ylvi sah mein Kind an, als würde sie es am liebsten auf den Mond schießen.

In der Kabine nebenan klagte eine Männerstimme ihr Leid: »Ich habe seit fünf Monaten diese unerträglichen Schmerzen in der Schulter. Von Tabletten halte ich nicht besonders viel, aber es muss jetzt endlich was passieren. Ich halte das keinen Tag länger aus. Sie können doch bestimmt um die Zeit schnell ein MRT machen, es ist ja kaum was los, wie ich festgestellt habe.«

Aha, aha. Es hatte sich nicht viel geändert. Es gab immer noch die selbst ernannten Notfälle, die die Notaufnahmen rücksichtslos missbrauchten. Ich hörte nicht, was der Kollege erwiderte, weil soeben ein Arzt unsere Kabine betrat.

Der bebrillte, sehr junge Assistenzarzt sah uns teilnahmslos mit diesem müden Ausdruck an, den ich aus meiner eigenen Zeit in diesen heiligen Hallen nur zu gut kannte. »Wer ist der Patient?«, fragte er tonlos. Um diese Zeit war er, wenn der Dienstplan nicht geändert worden war, bereits mehr als zwölf Stunden im Einsatz.

»Die Patientin«, korrigierte Ylvi und erntete einen traurigen Blick.

»Immer schön genderkorrekt fragen, junger Mann. Alles vergessen, was ich dir beigebracht habe?«, mischte ich mich ein.

Der Angesprochene wandte mir den Kopf zu und sah mich mit zusammengekniffenen Augen an.

Die wehrhafte Lady pflaumte mich an: »Danke. Aber ich kann für mich allein geradestehen.«

Die Frucht meiner Lenden meinte: »Papa, ich geh dann mal gucken, was sonst noch so los ist.« Erneut dankte ich der Kindermodeindustrie, dass sie Jungensweatshirts mit Kapuzen erfunden hatte. An nichts konnte man flüchtende Kinder besser festhalten.

Plötzlich zog der Jungmediziner eine Mundseite kaum merklich nach oben. »Jetzt weiß ich, wer Sie sind. Doktor Brandstätter.« Johannes Severin, der Neffe des Insektizids und mein Praktikant, ehe er mit dem Medizinstudium angefangen hatte, wiegte wissend den Kopf.

»Eben der. Bist du nicht zu jung, um hier Frondienst zu leisten?«

Er schüttelte den Kopf. »Nein, passt schon.« Das war für Johannes' Verhältnisse genug soziale Interaktion und er ging zur Routine über. Er untersuchte Ylvi und schickte uns zum Röntgen, wo eine bildhübsche, aber ebenfalls übermüdete asiatisch aussehende Assistenzärztin mit dem hübschen Namen Anyamanee Pasokpuckdee Dienst hatte. Ich schrieb es der Müdigkeit zu, dass mein Charme von der Kollegin ignoriert wurde.

Die Röntgenaufnahmen zeigten keine knöchernen Verletzungen. Aufgrund der Hypermobilität des Bandapparates und der starken Schwellung gingen Johannes und ich übereinstimmend von einer Bänder- und Kapselruptur am oberen Sprunggelenk aus. Johannes legte Ylvi einen Salbenverband an, sie bekam eine Schiene angepasst und Krücken mit auf den Weg. Ich durfte sie mit nach Hause nehmen.

Ich parkte die Patientin und Tobi im Flur und ging mich von Fatima verabschieden. »Die Ärztinnen sind mit den Jahren hier immer hübscher geworden, musste ich gerade feststellen!«

»Du warst beim Röntgen dabei?«, seufzte Fatima.

»Allerdings. Aber ich habe den Namen vergessen. Muss ich sie eben Schatz nennen.«

Fatima lachte. »Was stimmt eigentlich nicht mit dir, Stinson? Schweben hier besondere Pheromone durch die Luft, die nur du spürst? Oder hörst du Stimmen, die mit dir sprechen und dir befehlen, jedes weibliche Wesen flachzulegen?«

»Ricky hat das als *Brandstätter-Syndrom* beschrieben: Pimpern als Endlösung!«

Fatima wurde plötzlich sehr ernst. »Sie fehlt dir immer noch, hm?«

Ich zuckte mit den Schultern. »Sie war als Endlösung gedacht und nicht als Lebensabschnittsgefährtin.«

Ehe ich meinen ehemaligen Arbeitsplatz verließ, frönte ich einem alten Laster, ging auf die Toilette und schrieb mit einem Edding, den ich vorhin von Fatimas Schreibtisch geklaut hatte:

Mit leerem Kopf nickt es sich leichter.

DREI TAGE NACH dem Treppensturz betrat ich zum ersten Mal den *Krämerladen*. Ylvi saß auf einem Stehhocker und telefonierte. Als sie mich hereinkommen sah, unterbrach sie kurz ihr Gespräch.

»Willkommen in meinem kleinen Reich. Schauen Sie sich um. Wenn Sie Hilfe benötigen, ein Wort genügt«, meinte die Ladenbesitzerin überzogen freundlich.

Ich nickte und sah mich in dem hellen, einladenden Geschäft um. Was ich nicht gewusst hatte und Ylvis Laden von vielen ähnlichen Lebensmittelgeschäften unterschied: Die Ware wurde lose in großen Glasbehältnissen angeboten. Fast alle Produkte von Nudeln über Getreide, Müsli, Nüsse, Mehl, Hülsenfrüchte, Gewürze, Öle, Essig, Tee, Kaffee – bis hin zu Shampoo und Duschgel – konnten unverpackt erworben werden. Auf der Verkaufstheke standen eine Digitalwaage und dahinter ein Regal, in dem Mehrwegverpackungen angeboten wurden. An einer dicken Schnur hingen Papiertüten und direkt daneben einfache Baumwolltragtaschen und Netze. Alle waren mit altmodischen Holzwäscheklammern, wie ich sie von meiner Oma Ruth her kannte, befestigt. Ylvi war ein kleines Marketingwunder – über den Taschen stand nicht nur der Preis, sondern ein Hinweisschild: »*Vegane, pfandfreie Mehrwegtaschen!*«

Obst und Gemüse waren mittig auf einem Tisch in aus Seegras geflochtenen Körben sehr appetitlich präsentiert. Es lag der unwiderstehliche Geruch frisch gemahlener Kaffeebohnen in der Luft.

Ylvi hatte ihr Telefonat beendet. »Alles regional, biologisch, vegan und ohne Tierversuche«, erklärte sie voller Stolz. »Ist Batman heute ohne seinen Gehilfen unterwegs?«

»Robin ist im Kindergarten.«

»Dann hoffe ich doch, dass er da die *basics* für den zukünftigen Superhelden beigebracht bekommt. Was war das noch mal? Fliegen, Sprüche klopfen und die Welt retten?« Das klang sehr sarkastisch.

»Ich glaube, das bekommt man mit den Genen mit. Lernen kann man das nicht.«

»Dann hoffe ich weiter, dass die Gene in dem Fall nicht enttäuschen. Tut mir leid, dass ich nicht an deine Seite eile, aber ich bin aktuell etwas *disabled*.« Sie tippte entschuldigend auf die Krücken, die an dem Hocker lehnten.

»Kein Problem. Interessantes Konzept. Finde ich gut. Läuft es denn?«

»Danke. Es läuft. Im Gegensatz zu mir.« Der letzte Satz hatte einen vorwurfsvollen Unterton. Ylvi machte mich anscheinend nach wie vor verantwortlich für ihr Missgeschick. Ich beschloss, einen Großeinkauf zu tätigen, um die Dame etwas versöhnlicher zu stimmen, und wurde kundenunfreundlich zusammengestaucht, weil ich keine eigenen *packages* dabei hatte. »Mein Konzept ist kurze Wege und *zero* nicht abbaubarer *waste*.«

Ich konterte: »Die Flugmangos sind aus welcher Region? Bodensee? Oder ist das schon zu weit weg?«

Ylvi seufzte. »Bei Mangos mache ich eine Ausnahme. Da schmecken nur die eingeflogenen, leider. Willst du *shoppen* oder bist du nur zum *trouble* machen hier?«

Der gefühlte Sieger lächelte und verließ eine halbe Stunde später und um 89,40 Euro ärmer mit zwei gefüllten Mehrwegeinkaufsnetzen für fünf Euro das Stück den Krämerladen.

Ich kochte mit den regionalen Zutaten eine Minestrone und wollte mich für ein einsames Mahl vor die Glotze setzen. Tobi war über Nacht bei seinen Cousinen. Ich änderte spontan meine Pläne, nahm den Topf vom Herd und machte mich auf den Weg ins erste OG. Nach dem Klingeln hörte ich das typische Geräusch, das Krücken machen, plus ein unterdrücktes Stöhnen, ehe Ylvi öffnete.

Ich streckte ihr den Topf entgegen. »Veganes Friedensangebot.«

Die Kramladenbesitzerin sah mich skeptisch an. »Ich dachte immer, Batman sei karnivor.«

»Batman ist wie alle Superhelden selbstverständlich omnivor.«

»Omnipotent?«

»Beim Anblick von zartem Fleisch auf jeden Fall.«

»Ich sag's dir gleich: Ich bin sexuell *totally* vegan.«

»Soll heißen?«

»Ich nehme dein Ding nicht in den Mund.«

»Auch nicht verpackt? Ich hätte *zufällig* zwei vegane, latexfreie Kondome in der Hosentasche.«

»Du kennst doch mein Konzept. Ich bin für Nachhaltigkeit und gegen *disposables*.«

Ylvis sardonisches Lächeln war absolut sexy. Warum machten mich Zicken, die mit mir gepflegte Streitgespräche führten, immer so maßlos an?

»Mein *Ding*, wie du es so zärtlich nennst, ist pflegeleicht, wiederverwendbar und dabei noch einmalig im Geschmack. Der Flugpenis unter den Penissen, sozusagen.«

»Meine Eierstöcke *twerken* förmlich!«

Wir hörten die Tür zu Frau Winterbergs Wohnung knarrend aufgehen und verzogen uns leise in die Wohnung – die Gemüsesuppe gab es zum Nachtisch.

KURZE ZEIT NACH meinem Besuch an meinem früheren Arbeitsplatz rief mich mein ehemaliger Chef, der ehrenwerte Doktor Dirk D. Teichmann, auch bekannt unter dem Namen *Das Insektizid*, an. Das Verhältnis zwischen meinem ehemaligen Chef und mir war nicht immer einfach gewesen. Es war mir immer schwergefallen, diesen angepassten Opportunisten als Vorgesetzten zu respektieren. Wenn ich ihn ansah, stellte ich mir automatisch die Frage, was uns die Natur mit diesem Ergebnis evolutionärer Auslese sagen wollte.

»Herr Kollege Brandstätter, mir kam zu Ohren, Sie seien wieder im Land und auf der Suche nach Arbeit. Ich habe Ihre Fähigkeiten als Oberarzt damals ja sehr geschätzt, wenn ich auch Ihren eigenwilligen Charakter, nun, sagen wir mal, gelegentlich unpassend fand. Schwamm drüber, wir haben alle unsere kleinen Fehler. Als Mediziner sind Sie mir äußerst kompetent in Erinnerung. Um es kurz zu machen: Wären Sie bereit, mein Team in leitender Funktion zu verstärken? Wir haben gerade akuten Personalmangel.«

DDT hatte es erkannt, ich war damals schon kompetenter als der TÜV Rheinland, aber ich musste ihm absagen: »Sorry, leider lassen sich die Arbeitszeiten in der Notaufnahme nicht mit meiner Arbeitszeit als alleinerziehender Vater vereinbaren.«

»Soso. Sie haben sich also fortgepflanzt. Nun ja, das war mir nicht bewusst. Das Letzte, was ich gehört habe, war, dass Ihre Frau verstorben war und Sie Hals über Kopf nach Mittelamerika verzogen sind«, bemerkte der leitende Oberarzt gewohnt einfühlsam. »Mir war ebenfalls nicht bewusst, dass aus dieser Ehe ein Kind entstammt.«

»Ich habe mir von der Lebensversicherung meiner Frau eine Leihmutter leisten können. Hat wunderbar geklappt, aber deshalb bin ich alleinerziehend«, log ich das Blaue vom Himmel herunter.

»In Südamerika sind die ungleich preiswerter, die Leihmütter.«

»Mag sein, wenn man auf einen bewährten deutschen Genpool keinen Wert legt bei seinem Nachwuchs.«

Bei dieser Aussage schwoll mir der Kamm. Dirk Teichmann hatte erst mit Anfang fünfzig eine wesentlich jüngere Radiologin aus der Margarinenklinik geheiratet, die ihm in regelmäßigen Abständen weitere Kinder gebar. Bei Helga und Hilde hatten wir uns noch nicht viel gedacht, außer dass die Namen nicht sonderlich modern seien. Nach der Geburt der Zwillinge Hedda und Heide wurden die Geschichtskundigen unter uns mehr als misstrauisch. Laut Fatima war endlich der ersehnte erste männliche Nachwuchs des Insektizids unterwegs und niemand wettete dagegen, dass das Kindlein Hellmuth heißen würde.

»Gerade in Mittel- und Südamerika gibt es genügend erstklassiges deutsches Genmaterial.« Meine Parodie eines Wochenschausprechers und meine Anspielung auf nach dem Zweiten Weltkrieg geflüchtete Nazis kamen beim Insektizid ausgesprochen gut an, allerdings verstand er den sarkastischen Unterton nicht.

»Ich verstehe! Natürlich! Jetzt, wo Sie es sagen! Nun, es freut mich, dass wir beide da auf einer Wellenlänge liegen.« Doktor Teichmann gluckste ein vertrauliches Lachen.

Lagen wir definitiv nicht, aber manche Menschen verdienten die Wahrheit nicht und ich brauchte tatsächlich noch einen lukrativen Nebenjob. »Wenn Sie allerdings gelegentlich einen fähigen *Deutschen* für Notarztschichten brauchen, wäre ich in der Tat Ihr Mann!«

»Selbstverständlich, Herr Kollege! Ich werde schauen, dass ich Sie ab nächsten Monat fest berücksichtigen kann«, bemerkte mein vermeintlicher Gesinnungsgenosse, und ich kam zu einer Notarztschicht pro Woche, die unserem neuerdings etwas schmalen Budget mehr als guttat.

Gummis und Geschichten

Tobi und ich waren am Abend zuvor in einem neuen Dönerjoint um die Ecke eingekehrt. Die Joghurtsoße auf dem Döner war mit Unmengen Knoblauch verfeinert. Ich hatte trotz gründlichem Zähneputzen einen fürchterlichen Geschmack im Mund und wollte mir in der kleinen Apotheke, die direkt neben dem *Heim des Grauens* lag, etwas zum Atem auffrischen holen. Als ich den Laden betrat, war niemand im Verkaufsraum. Ich suchte vergeblich nach Ständern, auf denen Kaugummis oder Pfefferminzbonbons ausgestellt waren, und stellte mich an den Tresen.

Nach einer halben Ewigkeit kam eine Apothekenhelferin Anfang sechzig mit dicker Brille auf der Nase aus dem Nebenraum und schrie mich unvermittelt an: »GUTEN MORGEN!«

»Guten Morgen!«, entgegnete ich in normaler Lautstärke.

»SIE WÜNSCHEN?«

»Haben Sie zuckerfreies Kaugummi mit Minzgeschmack?«, fragte ich einen Tick lauter.

»WAAAS?«

»ZUCKERFREIE KAUGUMMIS, DIE NACH PFEFFERMINZE SCHMECKEN?«, schrie ich.

»ICH KANN NICHT GUT HÖREN, ICH HABE MEINE OHREN AUSGEZOGEN«, brüllte die Lady.

»ICH MÖCHTE KAU-GUM-MIS!«, brüllte ich aus voller Lunge zurück und fragte mich, warum die Lady ihre *Ohren* ausgezogen hatte. »BATTERIEN LEER?«

»WIR HABEN KEINE BATTERIEN, DAS IST EINE APOTHEKE. NUR GUMMIS!«, belehrte sie mich und fuhr fort: »WELCHE GRÖSSE?«

»EGAL, HAUPTSACHE, SIE SCHMECKEN FRISCH.«

»WIR HABEN BANANE, ERDBEERE, ORANGE UND APFEL.«

»PFEFFERMINZE?« Es hatte etwas Befreiendes, sich frühmorgens gegenseitig anzuschreien, musste ich erstaunt feststellen.

»NEIN, DAS GIBT'S NICHT!«

»DANN ORANGE, ABER ZUCKERFREI, BITTE!«

»WIR HABEN NUR LATEXFREI!«

Ich verließ den Laden mit einer Packung *Durex Taste Me*-Kondomen mit Orangengeschmack für 9,49 Euro und überlegte ernsthaft, ob ich eines auspacken und drauf herumkauen sollte.

F<small>RAU</small> G<small>UTEMANN GING</small> tatsächlich auf Abstand, als wir die Patientenakten zusammen durchgingen. Ich versuchte möglichst flach und mit geschlossenem Mund zu atmen. Zum Glück gab es nur wenige Bewohner, deren Kurven so irregulär waren, dass wir darüber sprechen mussten.

»Was macht der Dekubitus von Frau Nowak?«, fragte ich, weil ich mich wunderte, dass ihre Akte nicht dabei lag.

»Das haben wir im Griff«, war die lapidare Antwort, die mich aber nicht zufriedenstellte.

»Kann ich mal einen Blick reinwerfen?«

Frau Gutemann suchte mir die dunkelblaue Plastikmappe aus der Hängeregistratur heraus und reichte sie mir wortlos. Ich schlug die erste Seite auf, auf der die Medikation der Patienten festgehalten wurde, und las mit einigem Erstaunen den Eintrag von letzter Woche in der Handschrift meines Kollegen. *Citalopram, Olanzapin morgens, Zolpidem abends.*

Man hatte Karla Nowak hinter meinem Rücken tagsüber Psychopharmaka und für die Nacht ein Schlafmittel verordnet. Ich war etwas angesäuert und legte die Akte zu den anderen.

»Das sehe ich mir an.«

»Wir können jetzt besser mit ihr umgehen. Sie hat aufgehört, sich zu wehren«, verteidigte die Pflegeleiterin sich.

»Aha, aha.«

Nach diesem provokanten Dialog konnte ich nicht anders. Ich musste mich auf der Personaltoilette des Heim des Grauens verewigen:

Wer schwankt, hat mehr vom Weg!

KARLA NOWAK LAG mit geschlossenen Augen in ihrem Bett. Die Brille lag auf dem Nachttisch, ein Bügel war gebrochen, auf dem TV-Gerät lief eine Hartz-IV-Sendung auf einem Privatsender ohne Ton.

Als ich die Patientin ansprach, öffnete sie träge die Augen einen Spalt, reagierte aber sonst nicht.

»Ich würde gern nach Ihrer Ferse sehen.«

Statt einer Antwort schüttelte sie kurz den Kopf und stöhnte abweisend.

»Was ist mit Ihrer Brille passiert?«

»Egal ... ich sehe auch ... mit Brille nicht mehr viel.« Im Gegensatz zur vorigen Woche kam die Antwort sehr verzögert und schleppend. »... ich schlafe immer ein.«

»Schauen Sie mich mal an«, bat ich.

Frau Nowak fehlte der freche Ausdruck, der sie um Jahre jünger wirken ließ, heute ganz. Somnolenz infolge der Psychopharmaka. Beide Linsen waren opak.

»Sie haben grauen Star in beiden Augen, deshalb sehen Sie so schlecht. Das kann man aber operativ korrigieren.«

»Wozu? Ich will das alles nicht mehr sehen … Dieses Zimmer … Diesen … Schwachsinn im Fernsehen … Ich habe früher fotografiert … mein gutes Auge und dass ich oft im richtigen Moment am richtigen Platz war … und den Auslöser im richtigen Moment gedrückt habe … damit habe ich mein Leben finanziert … Jetzt kann ich nicht mal mehr einen erwachsenen Mann, der vor mir steht, richtig erkennen.« Sie lallte wie nach dem zwölften Jägermeister und schloss die Augen.

»Was haben Sie fotografiert?«, fragte ich, damit die Patientin nicht einschlief.

Der Dekubitus am Calcarneus hatte sich akut entzündet. Ich würde wohl eine Antibiose beginnen müssen.

»Alles Mögliche, um es zu verkaufen … Für mich selbst: Gesichter … Mich haben immer nur Gesichter interessiert.«

»Das ist ja interessant, ich habe selbst eine Collage über meinem Bett hängen. Schwarzweißporträts von älteren Patienten während meiner Zeit in Afrika.« Alles Gesichter, aus deren Falten man die gelebten Jahre wie Jahresringe bei einem Baum ablesen konnte. Gesichter, so aufschlussreich wie Landkarten.

Jetzt schlug Karla die Augen auf. Es war wieder etwas Leben in ihren katarakttrüben Augen. »Wo in Afrika?«

»Gambia.«

»Welche Region?«

»North Bank Division. Essau. Sie scheinen sich gut auszukennen?«

»Ich habe viele Jahre in Kairo gelebt und den ganzen Kontinent bereist … Ich habe sie alle fotografiert, die großen Despoten, Tyrannen und Diktatoren Afrikas. Diese Schlächter ohne jegliches Gewissen und Schuldbewusstsein ...« Frau Nowak schloss die Augen einen Moment und fuhr dann fort: »Und die Frauen, die ihnen Kinder geschenkt haben und mit diesen Männern ein Leben in Luxus geteilt haben. Jedes Schmuckstück und jedes Paar Schuhe mit dem Blut anderer bezahlt.«

Ich legte eine Blutdruckmanschette an und pumpte sie auf.

Karla Nowak beobachtete mich verwundert, als hätte sie diesen Vorgang noch nie gesehen und fuhr fort: »Man sieht es den harten Gesichtern an, dass kein Funke ... Mitgefühl in diesen Männern steckt. Charles Taylor ... Bokassa ... Gaddafi ... al-Baschir ... Mswati ... Kagame ... Idi Amin ...« Nach jedem Namen folgte eine lange Pause.

»Sie waren Journalistin?«

»Können Sie mir das Rückenteil hochstellen, ich kann das mit meinen Fingern nicht.«

Ich drückte die Taste auf der Fernbedienung am Bett, bis Frau Nowak mir ein Zeichen gab zu stoppen.

»Freiberuflich. Ich habe meine Fotos und Geschichten verkauft und davon meine Reisen finanziert. Ich war eine Zigeunerin, bis mich Alter und Krankheit an dieses Bett gefesselt haben. Ich war ein paar Wochen im Kongo im Gefängnis und in Angola, als Luanda, die Hauptstadt, auf die Revolution gewartet hat und alle Portugiesen wegzogen. Ich habe aber auch die großen Widerstandskämpfer kennengelernt. Biko, Viktoria Mxenge, Aggett. Nur Nelson Mandela habe ich nie getroffen. Leider.«

Der Redefluss hörte einen Moment auf und ich hörte die Lungen und das Herz ab.

»In Luanda habe ich Ismael kennengelernt, den Mann an meiner Seite, bis er an Leukämie gestorben ist. Ich weiß also, was es heißt, eingesperrt zu sein. Glauben Sie mir, es ist kein Zuckerschlecken, als Frau in einem afrikanischen Gefängnis zu sitzen. Aber ich habe die Hoffnung nie aufgegeben. Jetzt allerdings gibt es keine Hoffnung mehr – aus diesem Gefängnis wird man mich in einer Kiste raustragen.« Die Worte kamen jetzt nicht mehr ganz so schleppend.

»Warum sind Sie nach so einem umtriebigen Leben ausgerechnet in Stuttgart gelandet?«, fragte ich – dieses Mal aus echtem Interesse.

»Weil mir die Schwester meiner Mutter, die keine Kinder hatte, eine Eigentumswohnung in Möhringen vererbt hat. Ich lebte damals in einer ziemlich heruntergekommenen Wohnung in Kairo. Ich konnte mit den arthritischen Fingern kaum noch arbeiten. Ismael war tot und in die Rentenversicherung habe ich nie einbezahlt. Ich bin mit meinem letzten Geld hierher geflogen und wollte die ganzen Antiquitäten und die Wohnung selbst verkaufen und zurück nach Kairo. Dort hätte ich mir einen schönen Lebensabend gemacht. Dann kam die erste Gallenkolik. Der Stein steckte fest, die Galle entzündete sich und ich bekam Gelbsucht. Ich war gerade wieder so auf dem Damm, als die zweite Kolik folgte. Es dauerte fast ein ganzes Jahr, bis man wusste, warum ich ständig Gallensteine hatte. Eine Nebenschilddrüse hatte eine Überfunktion. Auch das wurde operiert. Dann kam die Darmgeschichte dazu und jetzt liege ich hier und verwese bei lebendigem Leib.«

»Na, so weit ist es noch lange nicht.« Ich sah auf die Uhr und musste mich leider verabschieden.

AN EINER ROTEN AMPEL googelte ich im Wagen meine Patientin und bekam ein paar Hinweise auf Reportagen und Bücher, hauptsächlich aus den Siebziger- und Achtzigerjahren sowie einen Link zu einer Seite, die antiquarische Bücher vertrieb. Ich bestellte mir zu Hause alle drei noch erhältlichen Bildbände von Karla Nowak. Die alte Dame hatte stets in Schwarz-Weiß fotografiert und besaß einen Blick für Details, Stimmungen und Gesichter. Ihre Bildbände über Afrika erinnerten an die Reportagen Leni Riefenstahls über die Nuba im Sudan, nur hatten ihre Modelle wesentlich mehr an. Am interessantesten fand ich das letzte Buch, das sie veröffentlicht hatte, in dem sie Porträts afrikanischer Stammesführer, Präsidenten und Diktatoren mit den Gesichtern der Völker, über die sie herrschten, und denen der Freiheitskämpfer, die sie verfolgten, verglich. Ein Buch, das ohne jeglichen Begleittext die menschlichen Abgründe und die Verrohung der Despoten deutlich machte.

Ich war tief beeindruckt und lud Songs von Johnny Clegg herunter, die ich schon ewig nicht mehr gehört hatte. *Asimbonanga 'umfowethu thina (we have not seen our brother) laph'ekhona (in the place where he is) laph'wafela khona (in the place where he died).*

Mit meiner Hilfe signierte die Autorin bei meinem nächsten Besuch ihre Werke, die sie in meinen Augen unsterblich machten.

VIKINGS AND VAGINAS

TOBI HATTE UNTER Dobros Comicschätzen ein paar vergilbte Bände von Hägar, dem Schrecklichen gefunden und erklärte nun seiner *Rabenmutter* auf Englisch übers Internet, dass er später Wikinger werden wolle und sein Bär *Drachentöter* heiße. Woraufhin die dänische Walküre ihrem fünfjährigen Sohn einen englischen Wikipedia-Eintrag über Walhalla vorlas. Der hatte aber nach wenigen Absätzen keinen Bock mehr auf harte Fakten.

»Papa will auch noch mal mit dir sprechen. Tschüss, Mama, bis nächste Woche!«

Wollte ich nicht, aber der Ehrenkodex unter Männern ließ es nicht zu, dass einer den anderen hängen ließ, wenn der Hilfe brauchte.

»Hi!«

»Hi, Ben. Was gibt es?«

»Nichts!«

»Weil Tobi meinte …«

»War ein Missverständnis.«

»Könntest du Tobi nicht richtige Bücher über Wikinger besorgen? Warum liest er nur Comics? Dabei lernt er doch nichts.«

»Schon. Er weiß jetzt, wie man England erobert.«

»Blödsinn. Ich werde ihm ein paar bestellen und an euch schicken lassen.«

»Nimm aber welche mit vielen Bildern. Es wird dich jetzt erstaunen, aber dein Sohn kann noch nicht lesen.«

»Das weiß ich selbst. Du kannst sie ihm ja vorlesen, oder überfordert dich das?«

Mir lagen eine Million böse Erwiderungen auf der Zunge, die ich alle herunterschluckte, weil Tobi regelmäßig einen Heulanfall bekam, wenn ich mit seiner Mutter am Bildschirm stritt. Er war der Meinung, dass sich seine Eltern einfach liebhaben müssten.

»Zu Befehl, Brigitte. Ich werde gleich damit anfangen. Man spricht sich.«

»Ich weiß nicht, warum du immer gleich so feindselig wirst.«

»Viel Feind, viel Ehr! Alter Wikingerspruch.«

»Warum kann man mit dir kein vernünftiges Wort sprechen?«

»Kann man: Ein Mann ein Wort!«

»Ich gebe auf. Du bist eine solche Zicke.«

Na, wer sagt's denn? Ich hatte mal wieder gewonnen. Ich unterbrach die Verbindung und holte tief Luft, Gespräche mit Kia kosteten mich unvorstellbar viel Selbstbeherrschung. Die Frucht unserer Lenden, und der einzige Grund, warum Kia und ich überhaupt noch Kontakt hatten, saß auf dem Boden und baute friedlich vor sich hin summend eine Legoburg mit Wassergraben.

»Zeit für alle Wikinger, in die Koje zu gehen.«

»Meine Burg ist noch nicht fertig. Ich muss noch Wasser reinschütten.«

»Tobi!«

»Menno, immer wenn du mit Mama gesprochen hast, bist du so fies.«

»Was hältst du von einem gemeinsamen Männerbad?«, lenkte ich ein.

»Ja! In Drachenblut!« Tobi glaubte, der rote Badezusatz *Secret Beauty* sei Drachenblut und mache uns unverwundbar.

Tobi ließ das Badewasser ein und kippte so viel *Drachenblut* hinein, dass ihm der Badeschaum bis ans Kinn reichte. Wir bastelten uns lustige Kopfbedeckungen daraus. Das Kind musste so heftig kichern, dass es unfreiwillig Seifenschaum schluckte.

Tobi hustete und verzog das Gesicht. »Warum schmeckt das nicht wie Zuckerwatte? – Sieht doch genauso aus.«

»Weil das Leben nicht fair ist.«

»Papa, bekomme ich einen Hamster?«, wechselte Tobi das Thema.

»Mit Ketchup oder Mayo?«

»Orrr, Papa! Einen Lebendigen!«

»Dann nein!«

»Alle im Kindergarten haben einen!«

»Was willst du mit einem Hamster?«

»Experimente mit ihm forschen.«

»Was für Experimente?« Vor meinem geistigen Auge schwebten grausige Bilder, und ich sah uns wertvolle Lebenszeit in den Räumen eines Kinderpsychologen verschwinden.

»Ein *Legolabrünth* bauen und ihn reinsetzen. Wenn er rausfindet, ist er schlau.«

»Wenn er nicht rausfindet?«

»Dann verhungert er.«

Logisch denken konnte das Kind ja.

Nach dem gemeinsamen Bad waren wir zwar immer noch verletzlich, rochen aber unwiderstehlich. Tobi verzichtete auf eine Gutenachtgeschichte, weil er mit seinem Bären noch ein paar Experimente mit dem Hamster besprechen musste.

Ich hatte ebenfalls Pläne für die nächsten Stunden. »Tobi, wenn du aufwachst und ich sollte nicht da sein, bin ich unten bei Ylvi. Ich habe ihr versprochen, ein paar Bilder aufzuhängen. Mit Bohrmaschine und Dübel kann die nicht umgehen. Einfach auf den Boden klopfen, ich bin in wenigen Sekunden bei dir. Okay?«

»Schon wieder?« Tobi sah mich kritisch an.

»Ja, leider. Ich würde jetzt auch viel lieber schlafen, aber man will ja ein guter Nachbar sein.«

Mit einer Flasche Bardolino in der Hand klingelte ich bei Ylvi Krämer und ließ sie an meiner Unverletzlichkeit schnuppern.

IN DER DARAUFFOLGENDEN WOCHE lud uns Ylvi zu ihrer Wohnungseinweihung ein. Eine syrische Freundin hatte ein opulentes arabisches Buffet in der kleinen Küche aufgebaut. Ich konnte von Reis mit Huhn mit Joghurtsoße nicht genug bekommen und Tobi machte in reichlich Fett ausgebackenes Spritzgebäck und mehrere Portionen *Om Ali* nieder.

»Iss nicht so viel von dem Zeug, du musst dich übergeben«, mahnte ich ihn. »Nimm dir etwas Reis oder von dem Fladenbrot!«

Tobi antwortete: »*Sí, Señor!*« und kam kurz darauf mit einem frisch gefüllten Teller zurück, auf dem neben fünf Schmalzgebäckteilen exakt sechs Reiskörner lagen.

Ich rollte mit den Augen: »So wird dir trotzdem schlecht.«

Mein neunmalkluger Stammhalter setzte sich auf das Biedermeiersofa neben mich und sah sich kauend um. »Papa, weißt du, was komisch ist?«

Ich wuschelte durch sein dichtes, feines Haar und meinte: »Nope, keine Ahnung.«

»Hier hängt kein einziges Bild.«

»Aha, aha.« Ich fühlte mich ertappt und entgegnete schlagfertig: »Die muss die heimlich abgehängt haben«, und, ehe Tobi weiterdenken konnte: »Und alle Dübellöcher zugeschmiert. Unglaublich.« Ich schüttelte den Kopf.

Tobi warf mir einen abschätzenden Blick von der Seite zu und befand: »All die viele Arbeit für umsonst. Hast du Geld dafür bekommen?«

»Nein, das habe ich so gemacht. Nachbarschaftshilfe.«

»Blöd!«

Eine halbe Stunde später erbrach Tobi die ganzen unverdauten Leckereien auf Ylvis Parkett und die Party war für uns zu Ende.

Mein Sohn meinte im Bett: »Jetzt hat die auch mal Arbeit mit uns!«

TAGS DARAUF MACHTE ICH nach dem Dienst einen Abstecher bei Ylvis Lieblingsdesignerin in der Innenstadt und erstand einen Wollschal in Knallbunt als Wiedergutmachung.

»Das ist total lieb von dir«, meinte die Beschenkte und legte sich das Teil stolz um.

»Na ja, wer Liebe sucht, der muss auch Liebe geben.«

»Deine poetischen *statements* sind einfach *deep*.«

Als Belohnung durfte ich Ylvis Luxuskörper aus dem Tuch wickeln. Dass die tiefen poetischen *Statements* aus profanen Schlagern geklaut waren, behielt ich für mich. *Wissen ist Macht!*

NACH ZWEI VERSUCHEN, in Dobros Wasserbett Schlaf zu finden, hatte ich mit Tobi getauscht und pennte fortan im Wohnzimmer in *Hemmnis,* während der Zwerg sich auf einssechzig mal zwei Metern breit machte. Trotzdem verirrte er sich regelmäßig auf meine nur achtzig Zentimeter breite Matratze.

Das Handy zeigte exakt 2.37 Uhr, als die Toilettenspülung ging. Wenige Sekunden später kam Tobi unter die Bettdecke gekrochen. »Mach mal Platz für Zombie, Papa!«

Ich drehte mich von der Rückenlage auf die Seite und zog meinen Sohn an meinen Bauch.

»Papa, nachts ist es ultra *gemüterlich* bei dir!«

»Warte, ich schreibe mir das schnell auf.« Ich konnte die zehn Jahre kaum abwarten, wenn es so weit war, dass ich in Tobis Jugendzimmer schlurfen und genau diesen Spruch bringen würde, wenn er am Computer saß und mit seinen Freunden abhängen wollte, anstatt mit seinem alten Herrn Zeit zu verbringen. »Und dann machen wir einen Fingerabdruck von dir auf das Dokument.«

»Warum?«

»Weil ich eine Bestätigung haben möchte, für später, wenn du es vergessen haben solltest.«

»Ich vergesse nie nichts.«

»Du vergisst die falschen Dinge nicht. Schlaf weiter!«

»Willst du nicht wissen, warum mein Bär Zombie heißt?«

»Beim Frühstück reicht es auch noch.«

»Bis dahin habe ich es vergessen.«

»Ich dachte, du vergisst nie nichts!«

Das Kind schien von meiner Logik unbeeindruckt. »Ich sags dir einfach: Weil Zombies Angst vor Zombies haben!«

»Aha, aha.«

»Ja. Wenn die Zombies sehen, dass ich einen Zombie habe, hauen die ab.«

»Genialer Plan. Dann kann ich ja beruhigt schlafen.«

Dann war für einige Minuten Ruhe, bis ich kurz vorm Einschlafen war.

»Papa, kann ich ein Tattoo haben, so wie Dobro?«

Dobro hatte ein Herz über seinem richtigen Herzen tätowiert, um das Stacheldraht gewickelt war und aus dem Blut tropfte. Ein Schulterblatt zierte *Hermasus*, eine Mischung aus Hermes und Pegasus. Der Schriftzug *Elisa* mit Yin-Yang-Symbol war erst wenige Tage alt und ein sogenanntes Partnertattoo, wie uns Dobro aufgeklärt hatte. Alles meiner Meinung nach keine passende Option für ein Kindergartenkind.

»Nicht solange ich lebe.«

»Und dann?«

»Dann kannst du machen, was du möchtest.«

»Okay, dann warte ich eben. Dauert das länger als zwei Jahre?« Tobi dachte zeitlich in Jahren, drunter tat er es nicht. Für einen Fünfjährigen waren zwei Jahre fast ein halbes Leben.

»Hoffentlich.«

»Wenn Dobro mein Papa wäre, könnte ich bestimmt vorher eines haben.«

»Bestimmt. Ich frage morgen, ob er dich adoptieren möchte.«

»Das wäre *cool*.«

»Weißt du eigentlich, was adoptieren bedeutet?«

»Klar, dass er mich zu dir zurückbringt, wenn ich das Tattoo habe. So wie Gomez die kleinen Kokosnüsse, wenn ich sie geworfen habe.«

Manche Dinge, die Tobi falsch verstand, bedurften keiner Korrektur, wirklich nicht.

Das Frühstück verlief ohne jeglichen Stress. Ich war dank der nächtlichen Heimsuchung und des Platzmangels lange vor dem Weckerklingeln auf. Tobi trödelte nicht, sondern machte zügig bei der Morgenroutine mit. Von den Adoptionsplänen in puncto Dobro, beziehungsweise meines baldigen Ablebens, war nichts mehr zu hören, ich schien als Vater wieder akzeptabel zu sein.

Tobi war bis eine Stunde nach dem Aufstehen das schweigsamste Kind, das man sich vorstellen konnte. Sein Sprachmodul brauchte wohl so lange, bis es Betriebstemperatur hatte, aber dann lief es ohne Pause, bis er die Augen schloss.

Wir löffelten friedlich unser Müsli, ich beantwortete nebenbei Mails und Nachrichten und informierte mich über das aktuelle Weltgeschehen. Tobi malte Batman-Cartoons mit Filzstiften in seinen Taschenkalender.

»Papa, kannst du mir mal *Tobi* aufschreiben?« Er schob mir seinen Kalender und einen schwarzen Stift rüber.

»Klar. Wozu musst du das wissen?« Ich hoffte, mein Ableger würde nicht schon im Kindergarten in meine Fußstapfen als Klospruchschreiber treten.

»Weil ich es auf meine Bilder schreiben will im Kindergarten.«

Dagegen war nun wirklich nichts einzuwenden und ich malte TOBI in Großbuchstaben in dessen Notizbuch.

DER MORGEN IN DER PRAXIS war nicht sonderlich aufregend gewesen. Der Praxisinhaber war, nachdem er kurz hereingesehen hatte und das Wartezimmer fast leer war, nach einer Stunde abgehauen, weil er kurzfristig einen Abschlagtermin in seinem Golfklub bekommen hatte. »Sie packen das ja allein.« Wäre ich nicht erpicht darauf gewesen, die Praxis möglichst schnell und preiswert übernehmen zu können, hätte ich mit dem lieben Doktor Schneider ein ernstes Wort über mein Gehalt geredet. Ich fühlte mich ausgebeutet.

Auf dem Display wurde mir die nächste Patientin angekündigt: *Bettina Brenner, 33, 1,82, 59 Kilogramm.* Das klang nach lang und spindeldürr. Ich rief sie durch die Gegensprechanlage auf und wenige Minuten später stand eine jüngere Ausgabe von Cher mit schwarzer Mähne und hautengem Leopardenmaxikleid mit lässiger schwarzer Lederjacke vor mir, beide Hände mit extrem langen, spitz zugefeilten Fingernägeln bewaffnet. Frau Brenner hatte eine atemberaubende Figur und einen Busen, der nie im Leben echt sein konnte.

Sie sah mich schüchtern an und meinte: »Eigentlich wollte ich zu Doktor Schneider persönlich.«

»Tut mir leid, Doktor Schneider hat außer Haus zu tun. Sie müssen schon mit mir vorliebnehmen.«

»Ja gut, da kann man nichts machen.«

»Kann ich Ihnen jetzt helfen, oder wollen Sie morgen früh wiederkommen? Dann bin ich nicht da, sondern der Doktor Schneider. Ich habe ebenfalls Medizin studiert, nur zur Info.«

»Ich habe so Angst vor Spritzen und spitzen Nadeln und der Doktor Schneider weiß das.«

»Gut, dann weiß ich das jetzt auch. Wollen Sie mir nicht erst sagen, wo es bei Ihnen klemmt? Vielleicht müssen wir gar nichts *Spitzes* zum Einsatz bringen.« Dann fiel mir ein: »Außer meiner Zunge vielleicht.« Ich setzte mein Schwiegersohnlächeln auf. Vergeblich. Bettina sah mich völlig humorlos an. Sie hatte ein klassisch schönes Gesicht. Die Augen waren mit einem Lidstrich umrandet, die dichten Wimpern kohlrabenschwarz getuscht, der Mund lachsrosa geschminkt. Die Stirn erschien mir zu glatt und ich vermutete Botox im Einsatz. Ein Blick in die Patientenakte verriet mir, dass die Dame *selbstständig* und Privatpatientin war.

»Doktor Schneider würde mich rausschmeißen, würde ich eine seiner Privatpatientinnen kaputt machen«, versuchte ich erneut, die Stimmung aufzulockern.

Das Busenwunder lächelte endlich und dann passierte das, was im umgekehrten Falle bei Menschen oft der Fall war. Fast jeder wurde hübscher, wenn er lächelte. Bettina Brenner dagegen nahm das Lächeln absurderweise die ganze Schönheit. Ihre Zähne waren makellos und strahlend weiß, aber dem Ausdruck fehlte jegliche Wärme. Es war, als erlaubte der geöffnete Mund einen Blick in ein Inneres, das nicht annähernd so schön war wie das Äußere.

»Ich habe starke Ohrenschmerzen. Seit letzter Woche. Das klopft und pocht und wird immer schlimmer. Eine Freundin hat mir Globuli gegeben, aber die haben überhaupt nicht geholfen. Ich habe zweimal jeweils sechs genommen. Seitdem drückt das auch noch und ich höre immer schlechter.«

»Aha, aha.« Der Doktor Brandstätter war seit jeher kein Fan von Homöopathie. »Dann schau ich mir das eben mal an.« Ich holte das Otoskop und schaltete es ein. »Welches Ohr ist es denn?«

»Das rechte.« Frau Brenner klemmte ihr dichtes Haupthaar hinterm Ohr fest.

Beim ersten Blick wurde meine Selbstbeherrschung arg strapaziert. Ich biss die Zähne fest aufeinander, um nicht laut loszuprusten, dachte: »*Waschmaschinen leben länger mit Calgon!*«, und meinte dann sehr gefasst: »Die Globuli haben Sie nicht oral genommen, oder?«

»Was heißt das?« Bettina sah mich misstrauisch an und schürzte die Lippen. Offenbar wusste sie sehr wohl, was mit *oral* gemeint war, aber die synaptische Verbindung lag bei ihr anscheinend nicht im medizinischen Bereich.

»Auf der Zunge zergehen lassen oder geschluckt?«

»Nein, ich habe doch keine Halsschmerzen. Es ist ja nur das Ohr.«

Die Patientin hatte sich, ihrer Logik folgend, insgesamt zwölf Zuckerkügelchen brav ins Ohr gestopft. Die Globuli lagen gebettet in reichlich Cerumen und versperrten die Sicht auf das Trommelfell. Ich holte die Fremdkörper mit einer Pinzette raus, spülte das Ohr und verschrieb eine Antibiose. In der Notaufnahme hätte ich der Patientin erklärt, dass man eben doch die Packungsbeilage lesen sollte, damit selbst Mittelchen, die aus Zucker und jeder Menge Aberglaube bestanden, eine, wenn auch minimale, Chance hatten, eine Wirkung zu zeigen. In einer Allgemeinpraxis, wo ich mich für die Patienten nicht nur für eine Behandlung verantwortlich fühlte, sondern im besten Fall auf Jahre hinaus, mussten Sarkasmus und Ironie hinter Nachhaltigkeit zurückstecken. Ich informierte die Patientin in kurzen Sätzen über den bestimmungsgemäßen Gebrauch von

Globuli. Wobei man sie meiner Meinung nach da ließ, wo sie verkauft wurden. Wasser hatte kein Gedächtnis, sonst würde es mich seit meiner frühesten Jugend meiden. Ich hatte meine erblühende Männlichkeit nämlich gern unter der Dusche ausprobiert. *Mütze, Glatze. Mütze, Glatze. Mütze, Glatze. Schneemann!*

Selbst jetzt, wo Frau Brenner klar sein musste, welchen Blödsinn sie gemacht hatte, konnte die Lady nicht über sich lachen, sondern sah mich mit ernster Miene an und meinte, dass sie es beim nächsten Mal richtig machen würde. Ich seufzte, so machte das nicht wirklich Spaß. Ich verschrieb ein Antibiotikum und wies erneut darauf hin, dass dieses *oral* mit viel Flüssigkeit zu nehmen war. Wieder zuckte die Patientin bei der Erwähnung des O-Wortes verräterisch mit dem Mund.

Bettina Brenner, die mich trotz ihrer bewusst auf scharf getrimmten Optik an ein kleines Mädchen erinnerte, bedankte sich artig, ging aus dem Behandlungszimmer und ließ einen Mediziner zurück, der sich nicht mehr so wirklich sicher war, ob das mit der allgemeinmedizinischen Praxis eine gute Idee gewesen war. Ich seufzte.

Viktoria stand mit einem zu unterschreibenden Rezept neben mir und fragte mich: »Ist Ihnen heiß, Chef?«

»Nope, sollte mir heiß sein?« Der Frühsommertag war zu kühl für diese Jahreszeit.

»Mein großer Bruder würde viel dafür geben, wenn er die Burner mal in die Hände bekäme, meint er. Keine Ahnung, aber der findet die *hot*.«

»Burner?« Ich stand auf irgendeiner Leitung und wusste nicht auf welcher, wahrscheinlich auf dem Zündkabel.

»Echt jetzt, Chef, wo haben Sie die letzten Jahre gelebt?«

»Costa Rica, warum?«

»Oh, Mann.« Sie zog ihr Handy aus der Kitteltasche, strich ein paarmal darüber und zeigte es mir. »Da, bitte, die offizielle Facebookseite von Tina Burner. Model und Star auf YouPorn.

Kennt jeder in Stuttgart. Der ihrem Macker gehört das *Burn Out*, das ist *die* In-Bar. Alles megateuer und voll krass porno. Keine Ahnung. Da kommen nur Schöne und Reiche rein. Sie kommen auch nicht mehr viel raus, oder, Chef?«

Wie recht Viktoria doch hatte, auch wenn jeder zweite Satz von ihr *Keine Ahnung* war. Vor einigen Jahren war ich immer bestens darüber informiert gewesen, wo man in Stuggi so hinging am Abend und in der Nacht. Jetzt hatte ich Tobi und hörte zu, wenn Ylvi mir von ihrer Produktpalette, die sie neuerdings um biologische Pflege- und Hygieneprodukte für die naturbewusste Frau erweitert hatte, vorschwärmte. Schon allein der Begriff *Menstruationstasse* verursachte bei mir Erektionsstörungen.

Ich rief den letzten Patienten für diesen Tag auf. Erwin Jüsten, 75, der vor einem halben Jahr eine Darm-OP gehabt hatte und dessen künstlicher Darmausgang sich ständig entzündete. Ich warf einen Blick auf den überwärmten, eiternden Bauchschnitt, an dem ein Beutel voller Ausscheidungen hing, und vergessen war Bettina Brenner alias Tina Burner. Herr Jüsten musste dringend ins Krankenhaus, wenn er nicht an einer Sepsis sterben wollte. Ich begann eine Antibiose, bestellte einen Rettungswagen und machte Feierabend für diesen Tag. Ich war ausnahmsweise früh dran und fuhr Tobi abholen. Zu meiner Überraschung stand mein Sohn, das notorische Trödelkind, fertig angezogen an der Tür und wartete bereits auf mich.

»War was Besonderes?«, fragte ich misstrauisch.

»*No, Señor!*«

Am Ende des langen Flures, an dem die Kleiderhaken der Kinder hingen, stand eine Gruppe Frauen, die ich alle vom Sehen kannte, bei Conny und unterhielt sich angeregt. Eine Mittvierzigerin mit aschblonden Strähnchen im asymmetrischem Kurzhaarschnitt, der aussah wie ein explodierter Husky, drehte sich um und sagte den Satz, der aus einem Frauenmund nie etwas Gutes bedeutete: »Da ist er!«

Die Meute drehte sich geschlossen um. Conny rief: »Herr Brandstätter, würden Sie bitte kommen? Wir müssen dringend mit Ihnen reden!«

Der Ton klang nicht nach dem üblichen »Wir brauchen Waffelteig für das Sommerfest« oder »Leere Klorollen für Bastelarbeiten gesucht«.

Ich ging die paar Schritte aufrecht wie ein Mann und hörte aus dem *Off* den Titelsong aus *High Noon*. *I do not know what fate awaits me. I only know I must be brave. And I must face a man who hates me. Or lie a coward, a craven coward. Or lie a coward in my grave.* Ich warf einen Blick zurück. Mein Hilfssheriff, der sonst immer treu an meiner Seite schritt, kam nicht mit. Ich war mir sicher, das konnte kein gutes Zeichen sein.

Dann fielen die fünf Frauen wie Xanthippen über mich her. Ich verstand nur so viel, dass Tobi den Morgen dafür genutzt haben musste, die Schulterblätter von sechs Mädchen aus seiner Gruppe und einem aus der *Storchengruppe* mit einem *gezeichneten Herzen* plus seiner Signatur zu versehen.

»Genoveva! Komm her und zeig Tobis Papa, was er gemacht hat!«, forderte der weibliche Husky mit bierernstem Blick das Töchterchen auf.

Genoveva drehte sich um und zog ihr T-Shirt mit Disneys Eiskönigin hoch. Das vermeintliche *biventrikuläre Herz* war eine sehr eigenwillige Interpretation eines Yin-Yang-Zeichens und sehr ambitioniert gemalt. Das B von TOBI war verkehrt herum gezeichnet, aber bei dieser Beweislage war es zwecklos, zu leugnen, dass mein Kind dahintersteckte. Ich rief meinen Hilfssheriff zum Rapport.

»Kannst du mir bitte erklären, was das sollte?«

»Das sind Partnertattoos, Papa. Die wollten das so.«

Grundsätzlich ein sehr guter Spruch, wenn mit Mädels was schiefläuft, zu erwähnen, dass sie es doch auch wollten. Ich war etwas stolz auf meinen Nachkommen. Angesichts der weiblichen Übermacht behielt ich das jedoch für mich.

»Das heißt, du hast die Namen von sechs Mädchen auf deinem Rücken stehen?« Ich hoffte, sie hatten keinen Permanentmarker verwendet und es waren nicht allzu viele mit Doppelnamen darunter.

»Nein, er ist überhaupt nicht bemalt. Er hat nur unsere Kinder beschmiert. Mit einem nicht abwaschbaren Stift!« Ich wusste, Tobi würde keine halben Sachen machen.

»Bei allem Verständnis für Sie als alleinerziehenden Vater, das geht dann doch zu weit.« Die Explodierte schien die Rädelsführerin des Aufstandes zu sein. Alle anderen Mütter schwiegen mit vor der Brust verschränkten Armen. »Man muss seinem Kind deutliche Grenzen aufzeigen.«

»Wir sprechen uns zu Hause, mein Freund!«

»Warum? Ich habe gar kein Tattoo! Du hast doch gesagt, ich muss warten, bis Dobro mich adoptiert hat und du tot bist.« Tobi hatte die Arme vor der Brust verschränkt und sah so aus, als würde er gleich losheulen.

Dieser Satz erwies sich als brillanter Schachzug. Die vorwurfsvollen Mienen der Mütter verwandelten sich in pure Anteilnahme. Die Vorstellung, dass Tobis Vater dem Tode nah war und dem armen Waisenkind die Adoption drohte, ließ die Herzen schmelzen. Mit Ausnahme desjenigen von Constanze Winkelmann, die mir damals Pest und Cholera an den Hals gewünscht hatte.

Wir verließen den Kindergarten und ich zeigte Tobi meinen Lieblingsdönerladen, in dem ich als Notarzt oft zwischendurch was gegessen hatte. Fatih, der Besitzer, erkannte mich sofort wieder und lud uns beide ein. Tobi beschloss, als Erwachsener eine Dönerbude aufzumachen, weil man damit viel Geld machen konnte, und die Hände von den Mädels zu lassen, weil das nur Ärger gab. Damit war er schon zwei Schritte weiter als sein Erzeuger.

WÄHREND TOBI MIT seinem Bären, der immer noch *Drachentöter* hieß, in der Wanne saß und ein Lego-U-Boot auf Dichtigkeit prüfte, las ich meine E-Mails und Nachrichten auf dem Handy. Drei der Mütter aus der *UHU-Eltern*-WhatsApp-Gruppe hatten mir angeboten, Tobi und mir in diesen schweren Zeiten behilflich zu sein. Ich könne mich jederzeit melden, wenn ich Rat oder Trost brauche. Ich unterdrückte den Impuls, eine Gegenfrage zu stellen. Geschlechtsverkehr hatte keine erwähnt, das wäre aber genau die Art Hilfestellung, die ich momentan am meisten gebraucht hätte. Die gelegentlichen nächtlichen Begegnungen mit Ylvi, die mir deutlich gemacht hatte, dass sie nicht an »*sexuellen Dienstleistungen nach deinem Fahrplan*« interessiert war, waren nicht mehr als Tropfen auf den heißen Stein für einen Mann in der Blüte seiner Jahre.

Meinen Sohn schienen ähnliche Gedanken zu beschäftigen. Er erzählte mir beim Abtrocknen, dass alle Mädchen eine Vagina haben.

»Woher weißt du das?«

»Genoveva hat es gesagt und sie will mir ihre mal zeigen.«

»Was ist mit deiner Absicht, die Finger von den Mädchen zu lassen?«

»Ich guck doch nur, Papa, ich fass die doch nicht an!«

»Auch daran werde ich dich gelegentlich mal erinnern.« Ich seufzte. Eigentlich wollte ich meinen Sohn mit ein paar Tagen Legoverbot für die Tätowieraktion bestrafen, aber warum vorgreifen? Die Frauen würden ihn im Laufe seines hoffentlich sehr langen Lebens genug bestrafen für das, was er war, was er nicht war oder was er nie sein konnte.

Gebiss und Gericht

Dank Ylvi war mein Hormonhaushalt wieder einigermaßen in der Balance und ich absolvierte meine Dienste seit Tagen fröhlich pfeifend. Alle in der Praxis freuten sich über Dr. med. imp. (*improved*) Benny Brandstätter – mit Ausnahme der guten Margot, für die jedes einzelne Lächeln ein tiefgehender Dolchstoß mit heißer Klinge in ihr tiefgefrorenes Herz sein musste. Umso mehr freute sie sich, dass ich heute übel gelaunt mit Zahnschmerzen durch die Gegend lief. Das Pochen über dem oberen linken Weisheitszahn hatte mich mitten in der Nacht geweckt. Selbst die 800 mg Ibu, die ich daraufhin eingeworfen hatte, halfen nicht, den Schmerz komplett verschwinden zu lassen. Ich holte aus dem Schrank eine Musterpackung, legte zwei Tabletten auf die Schreibtischunterlage und bat Viktoria zwischen zwei Patienten, mir ein Glas Wasser zu besorgen.

»Da, bitte, Chef. Alles in Ordnung? Keine Ahnung, aber Sie gucken so ungechillt«, meinte das junge Mädchen, als sie mir das Wasser hinstellte, dabei lässig mit den Schneidezähnen auf einem blassrosa Kaugummi rumkaute.

»Ich habe Zahnschmerzen. Mein Weisheitszahn macht mal wieder Probleme.«

»Na, dann gehen Sie doch zum Arzt, Chef.« Viktoria war dazu übergegangen, permanent kleine Kaugummiblasen platzen zu lassen. Ich war zu angeschlagen zum Motzen, jedes Knallen wirkte wie eine Explosion in meinem gereizten Schädel.

»Ich kenne keinen in Stuttgart.« Ich war in der Vergangenheit immer in die alte Heimat gefahren und hatte Doktor Ebert, den Zahnarzt meines Vertrauens, aufgesucht, nur hatte der vor einigen Jahren aus Altersgründen seine Praxis geschlossen. In Costa Rica hatte der Health Post nach dem großzügigen Anbau eine kleine Zahnarztpraxis dazubekommen. Die Zahnwurzel entzündete sich seit Monaten intermittierend. Eine Zahnwurzelbehandlung bei einem Weisheitszahn war sehr schwierig und unser *Dentista* hatte mir angekündigt, dass der Übeltäter wohl früher oder später extrahiert werden müsse.

»Gibt ja auch kaum welche!« Viktoria drehte die Augen gen Himmel. »Chef, ey, hallo?! Wir haben doch einen direkt im Haus über uns. Noch nicht gesehen? Riesiges Schild an der Tür!« Sie zeichnete mit beiden Händen ein überdimensionales Praxisschild in der Luft nach.

»Doch das Schild schon, aber ich hatte es nicht mehr auf dem Schirm. Werde mich später mal um einen Termin kümmern.«

»Mache ich doch glatt für Sie, Chef. Meine Freundin arbeitet da oben. Da geht das schneller.«

»Dann mal vielen Dank.«

Mit den Worten: »Alles *easy*, Chef. Ich kann keine Männer leiden sehen«, verschwand Viktoria aus dem Zimmer.

DIE NÄCHSTE PATIENTIN war eine achtundfünfzigjährige Frührentnerin, die wegen einer Dysthymie, das heißt einer chronischen Depression, seit ihrem vierzigsten Lebensjahr nicht mehr erwerbsfähig war. Jutta Pfitzner, in weißen Leggings und einem *Casual Shirt* mit dem Emblem eines Colleges in

Manhattan, das sie sicher nie gesehen, geschweige denn besucht hatte, klagte über stechende Schmerzen im Steißbein beim Sitzen, Stehen, Stuhlgang und Sex.

Bei der Untersuchung zeigte Frau Pfitzner eine heftig schmerzhafte Reaktion beim Druck auf die Steißbeinspitze. Typisch bei einer Kokzygodynie.

»Ihr Steißbein scheint entzündet. Sind Sie neulich drauf gefallen?«

»Nein.«

»Sitzen Sie viel oder fahren Sie Rad?« Ein Auslöser von Steißbeinschmerzen können chronische Mikrotraumata sein, winzige Gewebeverletzungen, die durch Druck über einen längeren Zeitraum entstehen.

»Ich soll doch keinen Sport mehr machen, weil ich so hohe Ozonwerte habe, hat der Doktor Schneider letztes Jahr gemeint.«

»Hohe Ozonwerte? Sie? Oder Stuttgart?« Die Stadt war dank ihrer Kessellage umwelttechnisch ein Albtraum – Feinstaubalarm gehörte zur Tagesordnung.

»Nein, ich. Im Blut. Ich bin im Sommer nach dem Nordic Walking umgekippt und da hat der Doktor Schneider nach der Blutuntersuchung gemeint, das wäre kein Wunder, bei den hohen Ozonwerten.«

»Aha, aha.« Man lernt anscheinend nie aus.

»Ja, er hat nach der Ursache für meine Ohnmacht gesucht und Blut abgenommen. Da war der Zucker zu hoch und das Cholesterin, aber das ist immer zu hoch. Und an dem Tag waren die Ozonwerte auch hoch. Sonst waren die wohl immer normal bei mir.«

Ich sah die Patientin lange an. In meiner linken Gesichtshälfte pochte es unerbittlich. Ich schwankte zwischen Aufklärung, was etwas länger gedauert hätte, und aus dem

Fenster springen, was die schnellere Lösung für beide Probleme gewesen wäre. Der Profi siegte: »Sitzen Sie viel?«

»Ab und zu. Beim Essen immer. Halt auch beim Fernsehen und am Computer, wenn ich spiele oder Facebook mache oder telefoniere. Oder aufm Klo. Im Bus auch und wenn ich mich mit meinen Freundinnen im Café treffe. Sonst aber nicht.«

Ich übersetzte: Frau Pfitzner saß im Prinzip *immer* und hatte einen sogenannten *Television Bottom* – oder auf gut Deutsch *Fernseharsch*. »Wie viele Stunden am Tag?«

»Puh, da müsste ich mal nachrechnen.« Sie legte kalkulierend ihre Stirn in Falten.

»Okay«, unterbrach ich den Rechenvorgang. »Ich verschreibe Ihnen ein Schmerzmittel, das gleichzeitig entzündungshemmend ist, und manuelle Therapie. Ansonsten sollten Sie weniger sitzen und lieber wieder mit Nordic Walking anfangen.«

»Muss man nicht schauen, was die Ozonwerte machen?«

Ich wollte ansetzen, der Patientin zu erklären, dass Ozon nur in homöopathischer Dosis im Blut gelöst war. In höherer Konzentration kam das Gas höchstens in der Atemluft vor, und in Deutschland werden regelmäßig flächendeckend Immissionsmessungen durchgeführt, die man im Netz täglich aktuell einsehen konnte. Ehe ich mit meiner Erläuterung beginnen konnte, kam Viktoria herein und informierte mich, dass ein Patient im Wartezimmer umgekippt war.

Frau Pfitzner, die mitgehört hatte, meinte: »Bestimmt auch erhöhte Ozonwerte, wie bei mir damals!«

Dann hielt mich der Kreislaufstillstand mit erfolgreicher Reanimation eine ganze Stunde lang beschäftigt, bis er mit einem Notarztwagen in die Margarinenklinik gefahren wurde. In der Hektik der vorausgegangenen Stunde war mein schmerzender Zahn ganz in Vergessenheit geraten. In dem Zuge, in dem sich das Adrenalin abbaute, meldete sich der Schmerz überdeutlich zurück. Der Kollege Schneider war zwischenzeitlich auch eingetrudelt und griff aktiv in den Arbeitsprozess ein. Ich konnte mich der Agonie hingeben.

»Chef, Sie müssen sich beeilen, Rojina konnte Sie dazwischenschieben. Der Doktor Künzel ist nicht da, nur seine Aushilfe, die heißt Bender oder so. Keine Ahnung, ob die auch Doktor ist oder nur Frau. Aber ist doch egal, oder? Hauptsache, die kann was.«

Da musste ich Viktoria recht geben, ein akademischer Grad war kein Gütesiegel. Ich machte mich auf den kurzen Weg die Treppe hoch in die Zahnarztpraxis. Viktorias beste Freundin setzte mich nach den Aufnahmeformalitäten gleich in ein Behandlungszimmer, das anscheinend für Kinder gedacht war. Vor mir auf dem Spülbecken stand ein Glas mit Lutschern. Ich sah nach. Tatsächlich zuckerfrei. Die Wände waren ringsum mit Szenen aus Janoschs Buch *Oh, wie schön ist Panama* bemalt. Der kleine Bär mit Tiger auf dem Rücken und der Tigerente im Schlepptau, wie sie Richtung Panama wanderten. Ich hatte jetzt Schmerzen plus Heimweh. Von meinem Haus in Costa Rica war Panama in nur wenigen Stunden mit dem Auto über eine wackelige, steinalte Eisenbahnbrücke erreichbar. Jupp, Panama war definitiv schön!

Die Tür ging auf und eine schlanke Blondine im weißen Kittel und mit lässig im Nacken zusammengestecktem Haar kam herein. Wir sahen uns an und erkannten uns gegenseitig. Die Joggerin auf der Treppe neulich reichte mir ihr zierliches Händchen.

»Doktor Sarah Bender. Was kann ich für Sie tun?«

Doktor Benny Brandstätter musste nicht lange überlegen, ihm fiel spontan eine ganze Liste von Dingen ein, die die Zahnärztin für ihn hätte tun können. Aber er sagte lediglich: »Mein Weisheitszahn macht mal wieder Randale!«, und informierte die Ärztin um die dreißig über den rezidivierend periodischen Krankheitsverlauf des vermaledeiten Zahnes. Sie sah mir mit umwerfend pazifikblauen Augen in den Mund und probierte mit Trockeneis, ob der Zahnnerv abgestorben war. Er war definitiv noch am Leben und der Schmerz zog bis hinter den Augapfel. Sarah Bender, das höfliche Weichei, entschuldigte sich für die Aktion, bei der mir Tränen eingeschossen waren, und beschloss, dass geröntgt werden müsse.

Nach eingehender Betrachtung der Aufnahmen wurde ich darüber aufgeklärt, dass eine schwierige und umständliche Wurzelbehandlung oder eine Extraktion die Mittel der Wahl seien. Wir entschieden uns anhand der Tatsache, dass die Zähne im Oberkiefer eh sehr dicht standen – deshalb hatte ich auch viele unglückliche Jugendjahre eine hässliche Spange tragen müssen –, den Zahn zu opfern.

Die hübsche Ärztin zog eine Spritze mit *Articain* auf und setzte mit einer Injektion des Anästhetikums in die Wangenschleimhaut einen Gesichtsnerv vorübergehend außer Gefecht. Sie erklärte dabei jeden Schritt, den sie machte, ausführlich und versicherte mir x-mal, dass ich überhaupt nichts spüren würde. Anschließend wartete sie, die Hände im Schoß liegend, mit mir zusammen darauf, dass die entsprechende Mundregion gefühllos wurde. Frau Doktor Bender war anscheinend nicht die Gesprächigste, was gut war: Mir war nicht nach reden nach einem halben Tag mit rasenden Zahnschmerzen und einer kardiopulmonalen Reanimation nach einer Asystolie.

»Spüren Sie schon was?«

»Ich dachte, es geht darum, dass ich *nichts* mehr spüre?«, neckte ich die junge Frau, die daraufhin in ein etwas gewöhnungsbedürftiges Lachen ausbrach, das an die Brunftrufe eines rolligen Kamelhengstes erinnerte. Ich zuckte zusammen, was die aufmerksame Lady sofort bemerkte.

»Stimmt etwas nicht?«

»Ich sehe plötzlich nichts mehr.« Ich setzte den leersten Blick auf, der mir schlechtem Schauspieler zur Verfügung stand.

»Waaaas???« *Contenance* war nicht gerade Sarahs Stärke, wie mir schien. Sie hatte die Augen panisch aufgerissen. Ich konnte erkennen, dass sie Kontaktlinsen trug. »Warum das denn?«

Als versierter Anästhesist klärte ich die Kollegin aus der Zahnmedizin auf: »Bei einer Leitungsanästhesie des *Nervus alveolaris superior posterior* kommt es in seltenen Fällen zu einer Fortleitung des Anästhetikums vom betäubten zu einem anatomisch benachbarten Nerv. Das kann zu einer kurzzeitigen Blindheit oder zu Doppelsehen führen.« Ich lächelte voller Stolz über mein Fachwissen.

»Haben Sie sich gerade einen Scherz mit mir erlaubt?« Sie hatte den Kopf schief gelegt und sah mich leicht gereizt mit geblähten Nüstern an. »Ich finde das nicht besonders lustig.«

Was gut war, weil es uns ihr Lachen ersparte. »Sorry. Ich bin Anästhesist und habe einen manchmal schrägen Humor.«

»Diesen Zahn werde ich Ihnen wohl auch ziehen müssen.« Sarah lachte, sah wieder relaxed aus und zog kurz darauf ziemlich fachmännisch den richtigen Zahn.

Meine Frage, ob ich denn einen der Lutscher aus dem Glas bekäme, weil ich nicht geweint hätte, schmetterte sie mit den neckischen Worten, dass ich nicht brav gewesen sei, ab. Ich verließ die Praxis um einen Zahn ärmer, aber bestens gelaunt.

BEI DER NACHKONTROLLE vor dem Wochenende probierte ich mein Glück. Sarah Bender war Single und einer Tasse Kaffee mit mir in der Stadt am Sonntagnachmittag nicht abgeneigt. Sie wollte ins Café Planie eingeladen werden, das hätte sie sich verdient, weil sie meinetwegen beinahe einen Nervenzusammenbruch bekommen hätte, meinte sie keck.

Es stellte sich heraus, dass die Kosten für das Stück Erdbeersahnetorte und einen Eistee eine gute Investition in die Zukunft waren. Zwischen der Zahnärztin und dem Allgemeinmediziner in spe hatte es gefunkt. Wir verabredeten uns für den kommenden Freitag für ein Abendessen, das in ihrer Wohnung in Stuttgart-Süd einen krönenden Abschluss fand. Wir verabschiedeten uns mit dem lockeren Versprechen, dass wir uns nach der Rückkehr aus ihrem Windsurfurlaub auf Fuerteventura erneut treffen würden.

Wir begannen während ihres Urlaubs eine heiße Cybersexaffäre, die wir noch am Abend ihrer Ankunft in Stuttgart in die Realität umsetzten.

SARAH WAR EINE PRINZESSIN wie aus dem Märchenbuch. Sie war das einzige Kind einer Zahnarztdynastie im schönen Meersburg, wo eine gut gehende Praxis nur darauf wartete, dass sie einstieg. Die Lady besaß ein Reitpferd, das sie mit nach Stuttgart genommen hatte, und ein Voltigierpferd, das sie nicht mehr benutzte. Neuerdings voltigierte die baden-württembergische Jugendmeisterin gekonnt auf mir.

Sarah hatte Ballettunterricht gehabt, war im Gymnasium Klassensprecherin gewesen und durfte in der Theater AG die Julia spielen. Sie trug cremeweiße Cashmerepullover und Leinenhosen, wenn wir im Schlosspark auf der Wiese knutschten, und hatte danach keinen einzigen Grasfleck auf der Kleidung. Sie roch stets gut und epilierte ihren gesamten Körper regelmäßig. Ihr kunstvoll gesträhntes Haar saß wie in der Haarspraywerbung bei Wind und Wetter. Das Lächeln war von zwei perfekten Zahnreihen gekrönt. Ihre Haut war seidenweich, elfenbeinfarben und makellos wie Porzellan. Ohne ihre blau gefärbten Kontaktlinsen war sie zwar blind wie ein Maulwurf, sah aber mit diesem hilflos suchenden Blick, wenn sie ihre Umwelt nicht mehr richtig erkennen konnte, völlig reizend aus der Wäsche. Ein wunderbares Handicap.

Ihre Brüste waren wohlgeformt und passten in eine Hand. Die Nippel glichen Himbeeren und schmeckten auch so ähnlich. Sarah kam sehr schnell und ohne großes Gewese zum Höhepunkt und machte keine störenden Geräusche während des Beischlafs. Sie stöhnte leise und sachbezogen, selbst beim Orgasmus brachte sie ein dezentes *Oh!* über die Lippen, gefolgt von einem zufriedenen Lächeln. Sarah schlief unter Ausschluss der Öffentlichkeit. Sie warf sich vorm Zubettgehen eine Lorazepam ein, steckte sich Ohropax in die Ohren, zog eine Schlafmaske über die Augen und war zuverlässig für mindestens acht Stunden weggetreten.

Die Zuchtperlenohrstecker und die Breitling-Colt-Lady waren die einzigen, dafür erlesenen Schmuckstücke, die sie trug. Sarah freute sich über jede Kleinigkeit, die ich ihr schenkte, und trug das giftgrüne Freundschaftsband aus Plastik, das ich aus einem Überraschungsei gefischt hatte und ihr zum Scherz schenkte, stolz wie eine Trophäe, obwohl es ihr geschmackvolles Gesamtbild zerstörte. Die Zahnärztin war klug, umgänglich und wünschte sich eine Tochter, die genauso war wie sie selbst, aber möglichst mit meinen Augen. Ich führte Sarah ein paarmal zum Essen aus und sie bot jedes Mal an, die Hälfte der Rechnung zu übernehmen.

Kurzum, Sarah war die ideale Ergänzung für einen alleinerziehenden Mann in meinem Alter, der endlich zur Ruhe kommen wollte.

Ihr einziger Fehler war ihr schallendes Lachen. Sie ratterte dabei Maschinengewehrsalven tinnitusfördernder *Ohs* aus dem Rachenraum ungefiltert in meinen Gehörgang. Ich war gern mit Sarah zusammen, hoffte aber von Treffen zu Treffen mehr, dass sie mich nicht lustig fand oder meine Scherze *im Stillen* genoss.

Ich traf mich fortan regelmäßig mit Sarah. Bei der Zahnärztin sah ich wesentlich mehr Potenzial für eine weitergehende Beziehung als bei Ylvi, bei der ich permanent das Gefühl hatte, ich müsste ihr alles, was ich tat und dachte, erklären, damit sie es verstand. Wobei es erschreckend vieles gab, was sie trotz Erklärung nicht verstanden hätte. Sarah konnte sich viel besser in mich hineinversetzen und einfühlen und schien mich perfekt zu ergänzen. Ich war mir aber nicht sicher, ob ich nicht mal wieder bewusst die rosa Brille aufgesetzt hatte, die mir die Lady im falschen Licht erscheinen ließ, und ob die Augenhöhe die Anfänge der Beziehung, die Zeit, in der man sich noch entdecken und finden musste, überstehen würde. Wann würde der Moment kommen, ab dem sie mich langweilen, ich ihr nur noch mit halbem Ohr zuhören und Interesse vorgaukeln würde?

UNSERE WOHNUNG IN BOTNANG war noch immer von dieser sesshaften Anwältin besetzt. Irgendwie konnte ich Schreiben, die mit Maria O. Pavlidis unterschrieben waren, nicht so richtig ernst nehmen. Das sah mein Anwalt komplett anders, der war der Meinung, Maria O. wäre eine toughe Lady. Sie hatte der Kündigung widersprochen und behauptet, dass die Begründung des Eigenbedarfs mangelhaft und die ihr einberaumte Frist zu kurz sei. Praktisch habe sie alle Register gezogen, die man in so einem Fall ziehen kann, um noch möglichst lange in unseren vier Wänden hausen zu können. Für heute war die mündliche Verhandlung anberaumt, in der geklärt werden sollte, ob meiner Räumungsklage entsprochen werden konnte.

Mein Anwalt hatte empfohlen, Tobi zum Termin mitzunehmen, weil ein Kleinkind mit großen Augen und diversen Grübchen immer gut bei Richterinnen ankam, wenn es um Eigenbedarf ging. Aus diesem Grund saßen besagtes Mittel der Wahl und meine Wenigkeit nachmittags in einem Café in der Nähe des Amtsgerichts und studierten die Karte. Tobi hatte im Kindergarten zu Mittag gegessen und wollte nur etwas Süßes.

Er war immer noch fasziniert von der Auswahl an Kuchen und Gebäck in den hiesigen Bäcker- und Konditoreien. Ich hatte Hunger.

»Papa, was soll ich essen?«, fragte Tobi, sich die Haare verzweifelt mit beiden Händen raufend.

Woher mein Sohn sein schauspielerisches Talent hatte, war mir schleierhaft. Ricky hatte mich in ihrer unnachahmlich boshaften, liebevollen Art einmal so beschrieben: »Brandstätter, du hast das Gesicht eines Hollywoodschauspielers, aber die Ausdruckskraft eines schwedischen Pornodarstellers. Welche Verschwendung!« Nachdem ich sie nachdrücklich davon überzeugt hatte, dass ich noch andere, herausragende Fähigkeiten eines schwedischen Pornodarstellers hatte, war das Thema vom Tisch.

»Probier mal einen Berliner. Das ist wie Donut nur statt Loch in der Mitte mit Marmelade.«

»Warum heißt das dann Berliner und nicht Marmeladiner?«

»Wegen der Stadt. *Berlin*. Da können wir mal zusammen hinfahren, wenn du möchtest.«

»Will lieber nach Pizza fahren!«

Vom Nachbartisch kam ein unterdrücktes Lachen. Die Enddreißigerin im marineblauen Businesskostüm, die ich schon beim Hereinkommen bemerkt hatte, warf mir einen frechen Blick unter kohlschwarzen Augenbrauen zu und grinste. Ich zuckte mit den Schultern. Eine Geste, die ich, seitdem Tobi sprechen konnte, sicher eine Million Mal gemacht hatte.

Und richtig, das aufgeweckte Kind hatte sofort Blickkontakt aufgenommen und fragte wie aus einem Lehrbuch für gutes Benehmen im Lokal: »Was würden Sie mir empfehlen?« Das hatte ihm wohl meine Mutter hinter meinem Rücken beigebracht; von mir konnte er das nicht haben.

»Ich liebe die Schwarzwälder Kirschtorte.« Sie zeigte mit der Kuchengabel auf das halb gegessene Stück Torte, das neben einem Glas Chai Latte stand. Auf Kalorien achtete die Geschäftsfrau schon mal nicht.

Tobi rutschte spontan auf der durchgehenden Bank neben die Frau und warf einen kritischen Blick auf den Teller.

»Magst du mal probieren?«

Aha, aha. Dieses weibliche Wesen konnte definitiv kein eigenes Kind haben oder von Kuchenrezepten keinen blassen Schimmer, sonst hätte sie einem Fünfjährigen nicht angeboten, von einem Stück Kuchen zu probieren, in dem ordentlich Schnaps enthalten war. Mir war diese übertriebene Angst deutscher Mütter vor Kleinstmengen Alkohol in Nahrungsmitteln unerklärlich und völlig wurscht – ich mahnte trotzdem, um den Schein zu wahren: »Da ist Schnaps drin, Kind.«

»*Alter Falter*«, meinte mein Sohn und aß das Stück, das ihm vor die Nase gehalten wurde. »Voll lecker mit Schnaps!«

»Nicht mit vollem Mund!«

»Ja, ja, Papa.«

Ich sah meinen Ableger streng an.

Der schluckte brav und meinte dann: »*Si, Señor!*«

»Du darfst es gern fertig essen, wenn du möchtest«, meldete sich die freundliche Kuchenbesitzerin.

»Nein, danke. Ich bestelle mir ein ganzes und dann können wir zusammen essen. Das ist *gemüterlicher!*«, meinte das kleine Kontaktwunder mit meinen Genen und forderte mich auf: »Papa, rutsch mal rüber zu uns.«

»Du weißt doch gar nicht, ob der Dame das recht ist, dass wir uns zu ihr setzen. Da fragt man anstandshalber.«

»Okay, dann frage ich.« Tobi sah der Frau direkt in die Augen und fragte: »Anstandshalber?«

Das Lachen, das aus dem hübschen, ungeschminkten Mund mit der kecken Oberlippe kam, war ansteckend. »Na, wenn du so nett fragst. Sehr gern.«

Ehe ich den Platz wechseln konnte, störte die Bedienung. Tobi bestellte sich einen Kakao mit ganz viel Sahne drauf, ein Stück *Schwarzwalltorte*, ich wollte ein *Pulled-Pork-Sandwich*, das neueste *Must-Eat* in der Landeshauptstadt, und einen Cappuccino.

»Du bist nett«, schleimte sich mein Kind ein.

»Danke, du auch!«

»Mein Papa ist auch nett.«

Ich hoffte inständig, dass gerade jetzt die Größe meines Geschlechtsteils nicht ins Spiel kam. Ich war definitiv interessiert und bezweifelte, dass die Lady auf so subtile Hinweise hereinfiel. Sie trug nicht nur ein klassisches Businesskostüm, sondern schien auch sonst Klasse zu haben.

»Das glaube ich dir.«

»Aber er ist einsam.«

Der Blick, der mich aus flaschengrünen Augen traf, war warm und voller Mitgefühl.

»Das tut mir leid für ihn.«

»Meine Mama will ihn nicht mehr und Ricky ist tot.«

Ich überlegte, ob ich nicht Videoaufnahmen von Tobi auf YouTube stellen und meine Kontaktdaten darunter einblenden sollte.

»Bist du auch einsam?«

»Nö, ich hab doch Yoani und Fuchur.« Tobis Bär hörte aktuell auf den Namen des Glücksdrachens aus der *Unendlichen Geschichte*.

Tobi nickte wissend und formulierte offensichtlich die nächste Frage im Kopf vor, seine Nasenflügel blähten sich auf, wie sie dies immer taten, wenn er ernsthaft nachdachte.

»Aber die durfte nicht mit. Wir haben keinen Platz für sie. Wir sind nämlich bald *dächerlos*.«

»Das heißt obdachlos und ganz so schlimm ist es auch nicht«, warf ich ein.

»Doch, wegen der alten Hippe, die nicht aus unserer Wohnung rausgeht.«

»Oh!« Der Blick, der mich nach diesem Satz traf, war immer noch warm, aber intensiver. »Alte Hippe, sehr charmant.«

Dann kam unsere Bestellung und Tobi forderte mich auf: »Papa, jetzt setz dich endlich zu uns! Du brauchst keine Angst haben, dass sie stinkt. Die riecht sehr gut!«

»Nein, muss dein Papa wirklich nicht, die alte Hippe beißt nicht. Sie hat überdies heute früh geduscht und Deodorant benutzt.«

Ich hatte die Rechtsanwältin, die sich in meiner Wohnung eingenistet hatte, nie selbst zu Gesicht bekommen. Die Vermietung hatte eine Immobilienagentur für mich in die Hand genommen, aber das Leben hatte wohl Zufallsgenerator gespielt.

Ich rutschte samt Teller und Tasse an den Nachbartisch und reichte der tatsächlich sehr gut riechenden Lady die Hand: »Benny Brandstätter.«

»Alte-Hippe, Vorname Maria.«

»Ey, ey, ey!« Ich sog die Luft durch die Zähne und setzte mein charmantestes Lächeln auf. »Für eine alte Hippe haben Sie sich super gehalten.«

»Kein Problem. Bei mir laufen Sie unter arroganter ...« Den *Arsch* formte meine aufmüpfige Mieterin lautlos mit den Lippen und grinste kurz hämisch.

Tobi, der Torte in sich hineinschaufelte, bekam von all dem nichts mit und erzählte munter mit vollem Mund weiter: »Wir verklagen die Hippe.«

Einen Blick auf seinen Teller ließ mich aufatmen. Wenigstens war das Kind kein anonymer Alkoholiker – er aß sorgfältig um den Biskuitboden, der mit Kirschwasser getränkt war, herum. Von wegen, lecker mit Schnaps!

»Und jetzt?«, fragte ich. »Kann alles, was wir sagen gegen uns verwendet werden?«

»Oder *für* euch.« Die vollen Lippen umspielte seit unserem Outing ein amüsiertes Lächeln. Humor schien sie zu haben, die attraktive Hippe mit der üppigen, brünetten Mähne.

»Kannst du Waffeln backen?«, wollte Tobi wissen.

»Ich kann weder backen noch kochen. Tut mir leid. Bin talentfrei, was den Haushalt anbelangt.«

»Kannst du zaubern?«

»Nein, auch das kann ich nicht. Ich kann ganz gut zeichnen und Klavier spielen.«

»Kennst du Batman?«

»Klar, den kennt doch jeder.«

»*Cool.*« Tobi berichtete munter weiter, er sei auf der Suche nach einer geeigneten Partnerin für seinen armen Vater, die gleichzeitig die Mutterstelle übernehmen musste.

Die Gegenanwältin und ich hörten schweigend zu. Wir wussten beide nicht so recht, wie wir uns verhalten sollten. Mein Penis wurde tatsächlich kein einziges Mal erwähnt, dafür unser Haus am Meer, in dem wir wohnten, und dass wir hier auf Urlaub waren. »Yoani vermisst uns und Gwen und Gomez auch.«

Da es taktisch unklug war, gegenüber der Anwältin, die wir aus unserer Wohnung heraushaben wollten, anzugeben, dass wir nur eine Ferienwohnung suchten, korrigierte ich meinen Sohn: »Ich werde in Stuttgart eine Praxis übernehmen.«

»Eine Facharztpraxis. Privatpatienten bevorzugt?«

»Nein, Allgemeinmedizin mit Kassenzulassung. Nur zwanzig Prozent Privatpatienten. Mitten in der City. Zusammen mit meinem Bruder, der ist Internist.«

»Ist das nicht etwas für Romantiker, diese Schiene einzuschlagen?«

Noch während des Studiums hatte ich mich für die Anästhesie entschieden, weil ich keine Zeit auf Station verbringen und mich mit langwierigen, internistischen Behandlungen und Patienten plagen wollte. Leider war das berufliche Dasein eines Anästhesisten ziemlich eintönig und mir fehlten Weiterentwicklungsmöglichkeiten. Ich entdeckte die Notfallmedizin als Weg aus der Einbahnstraße. Ich fuhr mit wachsender Begeisterung Notarzt und arbeitete als Oberarzt in der Notfallambulanz der Margarinenklinik. Dann starb Ricky, meine Zwillingsseele, an einem geplatzten Aneurysma im Kopf. Dass ich meiner Frau nicht helfen konnte, ließ mich an meinem Beruf zweifeln und auf Weltreise gehen, die nicht lange dauerte, weil Costa Ricas Karibikküste mit seinem bunten Menschengemisch mich in seinen Bann zog und festhielt.

Der Health Post, in dem ich gearbeitet hatte, war mein Einstieg in die Allgemeinmedizin und die nachhaltige Dauerversorgung von Patienten gewesen. Ich hatte Feuer gefangen und aktiv geholfen, aus der maroden Einrichtung eine zuverlässige Anlaufstelle für Patienten zu machen. Ohne Druck von Kia säße ich heute nicht in Stuttgart und würde auch nicht mit der Anwältin, die ich aus meiner Wohnung schmeißen wollte, versehentlich Kuchen essen.

»Ich bin nun mal ein alter Romantiker.«

»Was ist ein Roman-Tiger?«, wollte mein neugieriger Ableger wissen. »So was wie eine Tigerente?«

»Genau, Tobi, das ist so was wie eine verliebte Tigerente.«

Meine Antwort schien Tobi nicht zu begeistern und er verkündete pragmatisch, er müsse dringend Pipi, wollte aber allein gehen, weil er selber groß war. Ich ließ ihn, weil es zum einen nicht mein Toilettenboden war, und ich die Ausgangstür im Auge hatte.

»Ich habe mir Benny E. Brandstätter als eiskalten Karrieretypen mit Schnösel im Aszendenten vorgestellt«, meinte

Maria lächelnd. »Und Tobias Magnus Mortensen klingt nach verzogenem Arztsohn.«

Der verzogene Arztsohn kam aus der Toilette gerannt, die offene Jeans vorn festhaltend. »Papa, ich schaffe das unmöglich, die Schüssel ist zu hoch, da verpinkle ich alles.«

»Soll ich mit dir gehen?«, fragte die Staranwältin zu meiner Überraschung.

»Man kann nur mit Penis aufs Männerklo.«

»Dann gehst du eben mit mir aufs Frauenklo, da kann man mit jeder Ausstattung drauf.«

»*Cool.*«

Der Sohn ging an der Hand einer Fremden auf die Toilette. Der Vater fand die Antwort ebenfalls cool und zahlte die Gesamtrechnung.

»Ich glaube, wir müssen los«, meinte ich, als Tobi fröhlich schwatzend mit Maria zurückkam. »Ich habe Ihre Rechnung gleich mitgezahlt, schließlich hat mein Kind die Hälfte gefuttert. Ich hoffe, das zählt nicht als Bestechung.«

»Ich werde es nicht gegen Sie verwenden, versprochen.« Frau Pavlidis packte ihre Aktentasche und die Robe. »Genauso wenig, wie ich vor Gericht erwähnen werde, dass der Sohn der klagenden Partei an meine niedrigen Instinkte als Frau appelliert hat.«

Das Corpus Delicti stand schon an der Ausgangstür und wartete, dass es los ging. Ich sog die Luft durch die Zähne. »Hat er meinen Penis erwähnt?«

»Er hat ihn mir praktisch angepriesen.«

»Entschuldigung, ich habe es ihm schon so oft verboten. Er ist in Wahrheit gar nicht sooo groß.«

»Wir sollten wohl nicht zusammen im Gerichtssaal einlaufen.«

»Sähe komisch aus.«

Aber wir hatten die Rechnung nicht mit Tobi gemacht, der geschickt sowohl meine als auch Marias Hand nahm und vorschlug, *Tobichen flieg!* zu spielen.

TOBI WOLLTE IM GERICHTSSAAL wissen, wann die *alte Hippe* endlich komme und warum Maria nicht am gleichen Tisch wie wir sitzen konnte: »Papa, schau! Maria ist Batwoman!«, meinte er strahlend, als die Anwältin die Robe anzog.

Nach der für mich enttäuschend sachlichen Darstellung meines Anwalts – ich hätte etwas mehr Drama erwartet, schließlich war Ben Matlock ein erklärter Held meiner Jugend gewesen – ließ *Batwoman* überraschend eine Bombe platzen und verkündete, dass sie freiwillig zu dem gesetzten Termin ausziehen würde. Die Richterin, die mich optisch an meine Oma Ruth erinnerte, erklärte die Sache daraufhin für erledigt. Ich wartete vergebens auf einen niedersausenden Hammer und den Spruch *case dismissed* – ich hatte zu viele amerikanische Anwaltsserien gesehen.

Mein Anwalt, ein Nägel kauendes Nervenbündel mit rasierter Glatze, wunderte sich: »Bei Weibern blickst doch nicht wirklich durch. Da veranstaltet die seit Wochen ein Riesentheater und haut mir reihenweise Schriftsätze und Entscheidungen um die Ohren und dann verzichtet sie über Nacht freiwillig auf die Wohnung. Aber letztlich haben wir erreicht, was wir wollten. So wie es aussieht, wird die Frau Kollegin auch die Kosten zu tragen haben, damit sind Sie fein raus. Schönen Tag noch!«

Tobi und die Anwältin verabschiedeten sich sehr herzlich voneinander und ich bekam eine Visitenkarte in die Hand gedrückt: »Wenn Sie mal eine gute Anwältin brauchen. Familien- und Erbrecht. Ich suche mir so schnell es geht eine andere Bleibe. Aber nicht Ihretwegen, ich mache das wegen Tobi, damit wir uns da richtig verstehen. Mein Vater war auch alleinerziehend mit zwei Kindern an der Backe und einer Gaststätte. Ich weiß, dass das nicht immer einfach ist.«

Tobi winkte und ich sah Maria Pavlidis, die mit einem äußerst aufreizenden Gang gesegnet war, bewundernd hinterher.

Mein pragmatischer Sohn zerstörte meine Seifenblase: »Papa, verdient man als Anwältin viel Geld?«

»Unmengen, Tobi.«

»*Cool!* Dann werde ich das. Maria kann es mir ja beibringen.«

Ich steckte die Karte in die Gesäßtasche meiner Jeans und verließ mit dem zukünftigen Staranwalt das Gerichtsgebäude.

KÄLBER UND KÄSE

SARAH SASS, NUR mit einem knappen Slip und BH bekleidet, neben mir auf ihrer weißen Designercouch. Sie hatte sich zuvor im Bad sämtliche Nägel mit burgunderrotem Lack angepinselt und trocknete nun. Sie pustete sich auf die Fingernägel und streckte mir beide Füße entgegen.

»Hilf mir mal trockenpusten«, forderte sie mich vertraulich auf. Zu vertraulich, wie ich fand.

»Nein, so weit sind wir nicht.«

Sarah lachte und nahm mich nicht ernst. Sie kannte mich noch zu wenig. Mir war das ernst. Mein Gesichtsausdruck musste letztlich doch überzeugend gewirkt haben. »Muschi lecken geht? Füße pusten nicht?«, fragte sie ungläubig.

Muschi lecken war Sex. Füße pusten wäre Liebe. Da wir noch nicht so weit waren, behielt ich diese Erklärung für mich. »Allerdings«, antwortete ich lakonisch und konzentrierte mich auf mein iPad. Ich hatte mal wieder eine akute *Dominations*-Suchtphase.

Sarah betrachtete mich eine Weile mit verstockter Miene und meinte dann ziemlich renitent: »Du bewegst dich gerade auf etwas, das mehr als dünnes Eis ist.«

Ich überlegte gerade, was mehr als dünnes Eis war, und kam nicht auf die Lösung. »War ein Scherz, Schatz«, log ich.

»Du immer mit deinen Scherzen.« Dann herrschte zwanzig Sekunden einvernehmliche Stille, die Prinzessin Sarah unterbrach. »Benny, kann ich dich mal was fragen?«

Ich war kurz davor, das nächste Level zu erreichen, und wollte nichts gefragt werden. »Hm.«

»Du hast doch gesagt, dass es Zeit wird, dass Tobi und ich uns kennenlernen.«

»Jupp!« Ich hatte gerade eine Truppenanfrage gesendet und wartete darauf, dass mir einer meiner Mitspieler zu Hilfe kam.

»Und dass er so begeistert war von dem Bauernhof in der *Wilhelma*.«

»Jau!« Wunderbar! *Tribalchief15* hatte mir eine Haubitze geschickt.

»Die Donna steht doch bei meiner Großtante Fritzi im Allgäu auf dem Hof und ich würde sie gern besuchen. Da dachte ich, ihr beide kommt einfach mit. Dann kann Tobi mal einen richtigen Bauernhof sehen. Die haben aktuell kleine Kälber. Übernachtungsmöglichkeiten gibt es in dem großen Haus ohne Ende. Was meinst du?«

»Schade, dass deine Nägel trocken sind, ich würde sie dir jetzt zur Belohnung trockenpusten.«

So kam es, dass wir drei am übernächsten Freitag direkt nach dem Frühstück in Sarahs vollbeladenem Mini Cooper nach Bayern aufbrachen und Tobi das erste Mal schneebedeckte Berge zu sehen bekam.

Die Familie Vierwald bewirtschaftete einen schmucken Aussiedlerhof in der Markt Scheidegg im Landkreis Lindau, also da, wo Schwaben aufhört und Bayern anfängt. Der Hof lebte ein wenig von der Milchwirtschaft und vor allen Dingen von Touristen, die Urlaub auf dem Bauernhof verbringen wollten.

Wir wurden herzlich von Tante Fritzi begrüßt, die völlig weg vom Klischee einer Allgäuer Bäuerin in olivgrünen Combat-Hosen mit Tarnmuster und dunkelblauer Anglerweste rumlief. Sie brachte uns in die geräumige Zweizimmer-Ferienwohnung unterm Dach des riesigen Bauernhauses. Wir traten zu dritt auf den riesigen, umlaufenden Holzbalkon und sahen auf satte grüne Wiesen und dunkle Nadelwälder, die die Berghänge krönten. Die Sonne schien und über allem lag der würzige Duft frisch gemähten Grases, untermalt von dem permanenten Geläut der Glocken der glücklichen Kühe auf den Weiden. Der nächste Nachbar bewirtschaftete einen der wenigen traditionellen Höfe, der noch nicht dem Modernisierungszwang der stolzen Allgäuer Landbevölkerung zum Opfer gefallen war. Einen Misthaufen hatte ich seit meiner frühesten Kindheit nicht mehr gesehen.

Tobi war aufgrund der Tatsache, dass man in der ansonsten so gepflegten Landschaft einfach so Kuhscheiße hinterm Haus stapeln durfte, sprachlos. Er schüttelte mit dem Kopf. »Das muss ich Yoani erzählen, die flippt aus.«

Ich drückte Sarah fest an mich. »Danke für all den Mist und so.«

Sie sah mich glücklich lächelnd an. »Ich wusste, es würde euch gefallen.«

Beim Rundgang über den Hof waren wir nach dem Laufstall, in dem die Nebenerwerbsbauern zehn Allgäuer Braunvieh-Milchkühe hielten, schließlich bei den beiden Kälbern in Aufzuchtboxen aus Plastik gelandet. Tobi freute sich, dass eines der beiden Kälbchen sofort auf ihn zukam und an seinen Fingern nuckelte. »Die mag mich, Papa.« Dann taufte er das Tier Veronika und stellte anschließend Tante Fritzi hochnotpeinliche Fragen, warum das *Kuhbaby* nicht bei seiner Mutter im Stall oder auf der Weide stünde. Die Bäuerin log das Blaue vom Himmel herunter und erklärte, dass die Mütter ausgerechnet dieser beiden Kälber bei der Geburt verstorben seien. Keiner getraute sich Tobi zu sagen, dass Veronika und das andere Kalb nur ein kurzes Erdendasein hätten, um schließlich auf der Schlachtbank zu landen.

Donna, Sarahs Voltigierpferd in Frührente, stand auf einer kleinen, umzäunten Weide ein Stück weg vom Haus. Auf der Weide nebenan graste eine Herde glücklicher Kühe, denen man ihre Kälber gelassen hatte. Dem in die Jahre gekommenen Sportpferd hatte die tierliebe Sarah zur Gesellschaft ein buntgeschecktes, namenloses Shetlandpony dazugestellt, das seine Tage damit verbracht hatte, auf Volksfesten Kinder im Kreis zu tragen. Die Stute kam sofort an die Umzäunung, als sie Sarahs Stimme hörte, und das Pony trabte hinterher. Tobi fütterte beide mit Karotten und wunderte sich über die samtenen Schnauzen der Tiere. Befand es aber als außerordentlich positiv, dass man Donna einen Gefährten gesucht hatte. Im Kampf gegen Zombies war man besser nicht allein, erklärte er sachlich.

BEIM ABENDESSEN IN DER großen Stube am quadratischen Tisch mit Eckbank und Herrgottswinkel lernten wir den Rest des Haushalts kennen. Karl, der neunzehnjährige Sohn des Hauses, machte im Nachbarort eine Ausbildung zum Tischler und hatte so nebenbei die Tochter seines Lehrherrn geschwängert. Lara, die achtzehnjährige Mutter saß mit am Tisch und fütterte den kleinen Randalf mit Spinat aus dem Gläschen. Tobi saß neben Probst, mit vierzehn der jüngste Sohn der Familie, seinem neuen Helden. Tobi beobachtete aufmerksam jede Geste und Bewegung des pickligen Teenagers, dessen Gesichtszüge hormonell bedingt gerade völlig unproportional waren. Tobi nickte wohlwollend bei jeder Äußerung, die der ältere Junge machte. Weil Probst Unmengen von Karamalz in sich hineinschüttete, hing mein Kind auch an der Flasche mit dem klebrigen Malzgebräu. Die Verehrung ging so weit, dass das Kind mit dem Milchgebiss fragte, wann er denn endlich auch eine Zahnspange bekäme. Sarah klärte ihn umständlich darüber auf, warum das noch nicht ginge und dass er mit etwas Glück überhaupt keine Zahnspange tragen müsse. Ich hätte mal wieder einfach nur *Nie!* und dass ich mir das nicht leisten könne gesagt. Benny Brandstätter, die hellste Pädagogikkerze auf der Torte.

Die Szene wie aus einem alten Heimatfilm, nur ohne Trachtenkleidung, wurde durch das Erscheinen des Hausherrn komplettiert: Onkel Joachim, der im Hauptberuf Finanzbeamter war und mit dunkelbrauner Cordhose und kleinkariertem Hemd auch so aussah. Er begrüßte uns mit festem, warmem Händedruck und wünschte uns in seinem schweren Dialekt einen angenehmen Aufenthalt, dann langte er zu. Es gab einen Eintopf aus Kartoffeln mit selbst gemachten Spätzle und angerösteten Zwiebeln, in dem ganz viel fettes Bauchfleisch schwamm. Zur Veredelung stand ein großer Topf mit saurem Rahm in der Tischmitte, den man sich auf dem Teller dazutat. Es schmeckte herzhaft und alle wurden satt. Ich fühlte mich in meine Kindheit zurückversetzt, an späte Abendessen in der Wohnküche hinter der Backstube bei Oma Ruth.

NACH DEM ABENDESSEN halfen wir beim Ausmisten des Kuhstalls. Auch hier stellte sich Prinzessin Sarah alles andere als divenhaft an. Ich pflückte einen Strohhalm aus ihrem Haar, als wir endlich auf den schweren Holzbänken vorm Haus das Feierabendbier in der Sonne genossen, und ich sah tatsächlich einen Moment meine zukünftigen Kinder in ihren Augen. Tobi war mit den Kindern der Urlauber unterwegs. Man hörte ihre lauten Stimmen aus der großen Scheune, in der die Landmaschinen standen und Heu und Stroh auf dem Dachboden lagerten. Sie spielten Verstecken, ganz so, als ob es keine Smartphones und Playstations gäbe. *Halleluja!*

Es war erstaunlich, welche Wandlung in der urbanen Tussi hier, wo sie oft die Ferien verbracht hatte, vorging. Sie mistete zwar den Stall immer noch in Designerjeans und Gummistiefeln von Burberry aus, aber das sonst so perfekt geglättete Haar wurde lässig in einem Pferdeschwanz zurückgehalten und der Schminkkoffer blieb unbenutzt. Ich war begeistert, zum einen, weil mich wippende Haarteile bei Frauen, schon seit ich denken konnte, wuschig machten, und zum anderen sah die lässige, ungeschminkte Sarah einfach wunderschön natürlich aus.

Die Familie ging früh zu Bett, weil der nächste Tag immer um fünf begann. Tobi fielen die Augen ohne Gutenachtgeschichte zu. Ich war dabei, das Licht zu löschen und die Tür zu schließen, als er leise fragte: »Papa, kann ich morgen bei Veronika in der Box schlafen? Ich glaube, die hat Angst so allein.«

»Nein, Tobi, lass mal lieber, die ist das gewohnt und das andere Kälbchen steht ja direkt daneben.«

»Dann muss ich mir was anderes einfallen lassen, das geht so nicht«, verkündete mein Kind und ich ging zu Prinzessin Sarah, die mich frisch geduscht und nach Sommer und Sonne duftend unter der Decke erwartete.

ICH WAR AM VORMITTAG beim Metzger im Ort gewesen, hatte kiloweise Rindfleisch besorgt, das ich jetzt in der Küche klein schnitt. Ich wollt mich mit einer Szegediner Gulaschsuppe für die Gastfreundschaft revanchieren. Nach Tobi waren die Rezepte herzhafter Eintopfgerichte ihrer ungarischen Großmutter das Beste, was Kia in meinem Leben hinterlassen hatte. Tante Fritzi, die kein Geld für die Ferienwohnung nehmen wollte, hatte mein kulinarisches Angebot dankend angenommen und sich eine Verwöhnstunde beim Friseur gegönnt, zu der sie Sarah mitgenommen hatte. Ich sah die beiden Frauen durchs Küchenfenster im betagten VW-Passat Kombi der Familie auf den Hof fahren. Dann widmete ich mich dem Anbraten des Fleisches.

Die vier Tage als Gast bei Sarahs Verwandten waren wie im Flug vergangen. Am Tag zuvor hatten wir bei der Heuernte geholfen. Tobi durfte auf meinem Schoß den Traktor mit dem Heuwender fahren und tat dies voller Stolz und mit vor Aufregung roten Bäckchen. Ich sah mein Kind nur zum Frühstück und Abendessen. Ansonsten war er mit den Urlauberkindern unterwegs, hing sich an Probst, wenn der ihn ließ, und bekam von Sarah Reitstunden auf dem Pony. Wir hatten Farbe bekommen und waren nicht mehr so blass wie in den ganzen vergangenen Wochen.

Ich genoss die gemeinsamen Mahlzeiten und Familienabende und dass ich nicht mehr der Alleinunterhalter sein musste, sondern mich mit einer Flasche Bier in der Hand entspannt zurücklehnen und dem munteren Geplauder anderer einfach nur so zuhören konnte. Man erwartete hier nichts von mir, schon gar nicht, dass ich jemanden verarztete.

Plötzlich stand mein Kind an meiner Seite und bot mir Hilfe beim Kochen an. Sein Gesichtsausdruck verhieß nichts Gutes.

»Hast du was angestellt, Tobi?«

»*No, Señor.*«

»Aha, aha.«

»Was soll ich machen?«

»Du kannst mir gerade nichts helfen. Ich bin schon so weit fertig.« Die Gulaschsuppe mit Rindfleisch und Sauerkraut musste nur möglichst lange bei niedriger Hitze vor sich hin köcheln. Gelegentliches Umrühren würde reichen. Ich hatte geplant, den Nachmittag hinterm Haus auf dem Liegestuhl lesend in der Sonne zu verbringen.

»Warum bist du nicht draußen? Es ist doch schönes Wetter.«

Tobi zuckte mit den Schultern.

»Hast du dich mit jemandem gestritten?«

»*No, Señor.*« Mein Ableger war für seine Verhältnisse extrem wortkarg und sah aus, als würde er jeden Moment zu heulen anfangen.

Ich wollte nachhaken, als Sarah zur Tür hereinkam und erst mich und dann Tobi ansah. »Die Veronika ist im Stall und trinkt bei der Cassandra. Die muss jemand rausgelassen haben.«

»Ich habe, glaube ich, Fieber, ich gehe ins Bett.« Tobi griff sich an die Stirn und wollte zur Küche hinaus.

»Moment, junger Mann!«, meinte ich.

Sarah kniete sich vor ihn hin und sagte: »Hast du sie rausgelassen?«

Tobi sah trotzig auf den Boden. »Nein, die ist bestimmt von allein abgehauen.«

»Sie hatte aber einen Strick um den Hals, den hat sie sich sicher nicht allein umgebunden.«

Tobi stand mit hängenden Schultern vor uns, die ersten Tränen rannen lautlos über seine Wangen, dann begann er schluchzend zu erzählen: »Ich wollte sie zu den anderen Kühen auf die Weide beim Nachbarn bringen und dort verstecken. Aber die hat so gehüpft und sich losgerissen und ist in den Stall gerannt.«

»Warum wolltest du sie denn verstecken?«, frage Sarah.

»Weil der Probst gesagt hat, dass sie morgen abgeholt wird und geschlachtet. Das geht doch nicht! Die hat ja auch schon keine Mutter und muss immer nachts allein schlafen. Die hat niemand, der sie vor den Zombies beschützt. Da wollte ich ihr helfen. Donna hat doch auch jemand bekommen, damit sie nicht allein ist. Veronika ist doch noch ein Baby! Die darf man überhaupt nicht tot machen!« Er klammerte sich an mein Hosenbein und benutzte es als Taschentuchersatz. Ich nahm ihn hoch und setzte mich mit ihm an den Küchentisch. Sarah besorgte ein Papiertaschentuch aus einer Küchenschublade und setzte sich uns gegenüber.

»Mag sein, dass das nicht schön ist, dass sie allein ist und morgen zum Schlachter kommt. Aber das Kalb gehört nun mal nicht uns und deshalb darfst du es nicht einfach nehmen«, wies ich ihn schweren Herzens zurecht.

»Ihr wisst gar nicht, wie schlimm das ist, wenn man keine Mutter hat.« Tobi hatte die Arme vor der Brust verschränkt und weinte hemmungslos. »Alle Kinder müssen immer eine Mutter haben, bis sie selbst groß sind. Sonst ist man Waise und traurig und alle fragen immer, wo die Mutter ist!«

Erneut einer dieser Momente, in denen ich einen abgrundtiefen Hass auf Kia verspürte, weil es den kleinen Mann ständig beschäftigte, dass seine leibliche Mutter nicht bei ihm war, sondern am anderen Ende der Welt ihrer Karriere nachging. Ich war sprachlos vor Wut.

Sarah mischte sich ein: »Tobi, weißt du was? Wir kaufen Veronika, und dann kann sie zu den Pferden auf die Weide und alt und glücklich werden. Donna ist bestimmt eine gute Ersatzmutter und freut sich, wenn sie ein Baby bekommt.«

»Aber das sind doch Pferde und keine Kühe.«

»Das spielt doch keine Rolle. Mutter ist Mutter. Komm mit raus, wir fragen Fritzi einfach, was es kostet.«

»Ich habe aber kein Geld nicht.«

Sarah war aufgestanden und hatte die Hand ausgestreckt. »Das macht überhaupt nichts, ich zahle einen Teil und den Rest leihe ich dir.«

Wir gingen zu dritt aus der Küche in den Stall und feilschten mit der Bäuerin um den Preis eines bereits an den Metzger verkauften Schlachttieres. Der Handel ging sehr professionell vor sich und wurde mit Handschlag besiegelt. Veronika war ein weibliches Nutzkalb, das 78 Kilogramm wog und somit für den runden Betrag von 300 Euro uns gehörte. Davon zahlte Tobi 50

Euro aus zukünftigen Einnahmen, Sarah legte die restlichen 250 Euro drauf und ich verpflichtete mich, die Haltungskosten bis an Veronikas seliges Ende zu zahlen. Von diesem Tag an besaß ich eine angehende Milchkuh und einen Sohn, der sich weigerte, Fleisch zu essen, wenn es von vierbeinigen Tieren kam.

Sarah hatte es damit in Tobis Ranking auf Anhieb in die Top Ten geschafft und bei mir war sie nach meinem Sohn die Nummer zwei geworden mit Aussicht auf einen Stammplatz.

Beim Abendessen wurde Onkel Joachim über Veronikas verändertem Status informiert. Auf seine Warnung: »Ihr könnts euren Kindern allweil net solche Ponyhoflösungen bieten, bei mir hätts des net geben!«, fiel mir prompt die Erwiderung ein: »Sonst schwängern sie noch, ehe sie den Führerschein besitzen, die Tochter ihres Arbeitgebers?« Aber wie so oft in meinem Leben schwieg ich.

Sᴀʀᴀʜ ʜᴀᴛᴛᴇ ᴜɴs vorm Haus abgesetzt und fuhr direkt zur Arbeit. Beim Betreten des Hofes flog die Haustür auf und Käthe Winterberg stand in ihrer Arbeitskleidung, der geblümten Kittelschürze, in der Tür und sprach uns an.

»Herr Doktr! Gut, dass Se endlich hoim kommet! In der Wohnung vom Herrn Beckr muass ein Läbäwäse verändet sein. Dieser Geschtank isch oarträglich. I wollt grad d'Feuerwehr arufe, damit die nachm Rechte gugget. Eigentlich müasst i schon lang aufm Friedhof sei und nach moine Gräbr gugge. Sie bringet mein komplättn Tagesplan durcheinandr.«

Ich fragte mich, was für ein lebendiges Wesen während der Woche Abwesenheit in der Mansardenwohnung gestorben sein könnte. Außer ein paar Spinnen und Staubmäusen fiel mir wirklich nichts ein. Tobi schien auch keine Idee zu haben, er schwieg an meiner Seite.

»Frau Winterberg, ich wüsste jetzt wirklich nicht ...«
»Kommet Se rein und riachet Se selbscht!«

Käthe hatte leider recht. Im Treppenhaus roch es ziemlich streng, aber nicht nach verwestem Fleisch, sondern so, wie ich mir den Geruch chemischer Kampfstoffe der NATO vorstellte. Tobi schien sehr müde zu sein. Sonst fiel ihm zu jedem Geruch eine äußerst gelungene Assoziation ein.

»Sind Sie sicher, dass das aus unserer Wohnung kommt?«

»Ja, freili! I han scho bei dr Frau Krämr klingelt. Die sagt, bei ihr wärs net. Abr sie moint, des wär koi totes Tier, sondern Käse, der da so schtinket. Abr i wüsst koin Käse, der so arg schtinket.«

Für Frau Winterberg war Schmelzkäse der Inbegriff und das Nonplusultra bei Käse, wie ich aus einem zufälligen Blick in deren Einkaufwagen im Supermarkt wusste. Der stank tatsächlich nicht. Bei mir machte es klick – ich kannte den Geruch und ich kannte Käse, der so stank. Schlimmer noch, ich besaß Käse, der so stank. Ich warf einen Blick auf das Kind an meiner Seite und kniff die Augen zusammen. Er lächelte mich scheinheilig an. Seit gestern Abend fehlte der obere rechte Schneidezahn. Er war der Zahnfee Sarah zehn Euro wert gewesen. Ich fand, sie versaute die Preise.

Das Zahnmonster hatte kurz vorm Urlaub auf dem Bauernhof angefangen, Asterix und Obelix zu *lesen*. Bei *Asterix auf Korsika* war er von der Stelle, an der einer der Piraten mit brennender Fackel in den Laderaum des Schiffes ging und dieses dank der Gase des korsischen Käses krachend explodierte, begeistert gewesen.

»Rabadawumm!«, machte er das Geräusch nach und fragte: »Papa, können wir Korsikäse kaufen und ich rieche mal dran?«

Da ich den Forscherdrang meines Sohnes seit jeher unterstützte – man wollte ja, dass das Kind möglichst viel lernte in seinem Leben –, waren wir tags drauf in eine edle Käsehandlung in der Calwer Passage gegangen. Käse aus Korsika gab es nicht, aber die freundliche Käsefachverkäuferin hatte uns Epoisses de

Bourgogne empfohlen, der würde übelst stinken, aber super schmecken.

»Der wird während der Reifung mit Marc de Bourgogne gewaschen und war der Lieblingskäse Napoleons. Möchten Sie mal probieren?«

Wir wollten, waren beide vom Geschmack und Geruch überzeugt und kauften einen kleinen Laib. Bereits auf dem kurzen Weg von der Stadtmitte in den Osten stank es in Dobros Pick-up nicht mehr nach Dope, sondern penetrant nach seit Generationen ungewaschenen Füßen. Zu Hause packte ich den Käse in mehrere Schichten Folie und legte ihn in den Kühlschrank.

Tobi hatte am Abend beim Skypen seine Mutter nach Napoleon ausgefragt. Diese berichtete sehr zaghaft von dem kleinen, großen französischen Feldherrn und ignorierte die Bitte ihres Kindes nach einem Bildband über den Kaiser. Bei all der Begeisterung für Napoleon und dem Packfieber vor unserer Abreise hatten wir den Käse völlig vergessen. Ich bezweifelte jedoch, dass der kühl gelagerte und gut verpackte Käselaib aus dem geschlossenen Kühlschrank heraus solche Duftsensationen im ganzen Haus verbreiten konnte.

»Ich werde gleich mal danach schauen«, versprach ich unserer Vermieterin.

»Ich bitte darum. I gang jetzt aufn Friedhof, i hoff, wenn i in zwoi Schdonde wiedr zrück be, hat sich des erledigt. Schönen Tag no!«

Mir war schleierhaft, wie man fast täglich zwei Stunden auf einem Friedhof, der um die Ecke lag, verbringen konnte, aber ich wollte nicht nachfragen.

Mit jeder Stufe nahm der scharfe Gestank zu. Ich fragte mich, ob ich vielleicht die Kühlschranktür offen gelassen hatte und der Inhalt in der Sommerhitze vor sich hin gammelte. Wäre denkbar gewesen, wäre da nicht das schweigsame Kind mit den mittlerweile vor Erwartung rot glühenden Wangen an meiner Seite die Treppe hoch gestapft.

Um die folgende Stunde kurz anzureißen: Tobi hatte vor unserer Abreise beschlossen, die Wohnung zombiesicher zu machen, und den ausgepackten Käselaib an prominenter Stelle, sprich Dobros Wagenradglastisch auszulegen. Der ehemals circa zehn Zentimeter im Umfang fassende Laib mit roter Rinde war platt wie ein Pfannkuchen und bedeckte fast die halbe Glasplatte. Der kleine Nachwuchsforscher fand die Idee, dass die mit Fackeln bewaffneten Zombies mit *Rabum* in die Luft fliegen würden, sobald sie die Wohnung betraten, genial. Ich kratzte mit einem Mundschutz vorm Gesicht die Überreste des edlen Rohmilchkäses von der Platte und ließ Tobi für Frau Winterberg ein Entschuldigungsbild malen. Er entschloss sich, beim Thema zu bleiben, und versuchte sich an einer Zeichnung von Veronika, die in seiner Fantasie zombieabtötende Milch geben würde, wenn sie mal groß war. Neben dem Kalb mit überdimensionalem Euter stand ein kleines Strichmännchen mit ausgemaltem Dreieck auf dem Kopf.

»Wer ist das, Tobi?«

»Napoleon, der hat gegen die Korsikäsen gekämpft und gegen Zombies.«

Mein Kind machte sich seine Welt, widde, widde, wie sie ihm gefällt, und ich war stolz darauf. So wie ich als Kind auf Pippi Langstrumpf neidisch gewesen war, weil sie das Leben führte, das der kleine Benny in der schwäbischen Provinz nie würde führen können, aber so gern geführt hätte.

Anwälte und Autohändler

Elisabeth Leitner war eine kleine, kompakte, altersblonde Sechzigjährige, der man ihre Jahre nicht wirklich ansah. Hätte sie nicht den Gesichtsausdruck und die Anmutung eines Velociraptors gehabt, wäre sie nicht unattraktiv gewesen. Frau Leitner klagte über starke Rückenschmerzen, die sie seit Tagen kaum schlafen ließen.

»Ich habe extra vor dem Schlafengehen eine Viertelstunde unter der heißen Dusche gestanden, bis ich es nicht mehr ausgehalten habe, aber es hat nichts geholfen, die Schmerzen sind noch schlimmer geworden.«

»Haben Sie ein Schmerzmittel genommen?«

»Ja, Ibuprofen. Aber das hat auch nicht geholfen.«

»Wie hoch dosiert?«

»Eine Tablette 600.«

»Das ist bei starken Schmerzen zu wenig. Sie können in dem Fall 900 oder sogar 1.200 Milligramm nehmen. Hauptsache, Sie nehmen täglich nicht mehr als 2.400 Milligramm zu sich.«

»Ich hatte aber doch nur die 600er zu Hause. Können Sie mir stärkere verschreiben?«

»Ähm?« Ich war ratlos. Wie macht man einer Patientin klar, dass anderthalb Tabletten mit 600 mg Wirkstoff nach Adam

Riese 900 mg Wirkstoff ergeben oder zwei eben 1.200 mg, wenn sie nicht selbst auf die Idee kam? Ich warf einen Blick in die Patientendatei. Frau Leitner war Buchhalterin, da dürften so einfache Rechenaufgaben kein Problem sein. Ich holte Luft und setzte zu einer Erklärung an.

Margot steckte ihren Kopf zur Tür des Behandlungszimmers herein. »Der Kindergarten Ihres Sohnes ist am Apparat. Es sei dringend.« Sie verdrehte die Augen gen Decke.

Ich entschuldigte mich bei der Patientin und nahm das Gespräch an. »Brandstätter.«

»Constanze Winkelmann vom UHU-Kindergarten.«

Ich stöhnte leise vor mich hin. Warum sich Conny weigerte, mich von früher zu kennen, war mir noch immer nicht klar. Aber bei Frauen war es immer besser, ihr Spiel mitzuspielen: »Frau Winkelmann, wie kann ich helfen?«

»Wir haben ein Problem mit Tobi.«

»Hat er wieder die Mädels mit Partnertattoos versehen?«

Frau Leitner sah mich entsetzt an. Ich grinste entschuldigend.

»Nein, er ist verschwunden.«

»Wie verschwunden?«

»Wir können ihn nicht mehr finden.«

»Er muss doch irgendwo sein, eure Anstalt ist doch ausbruchsicher für alle unter ein Meter zwanzig.« Der Griff an der einzigen Tür zum Kindergarten war in sicherer Höhe und dazu noch vertikal angebracht. Der Hebel war nur mit viel Kraft zu bewegen.

»Im Prinzip schon, aber er ist trotzdem spurlos verschwunden. Wir suchen seit einer halben Stunde mit allen Kindern.«

Mir war das Grinsen vergangen. »Ich bin sofort da.« Der Kindergarten war gleich um die Ecke. Ich entschuldigte mich erneut bei der Patientin, stellte ihr eine Krankmeldung für die Restwoche aus, erklärte an der Anmeldung die Situation, rannte die Treppen hinunter und auf die Straße. Tobi allein in einer

Großstadt war nicht unbedingt ein Film, in dem ich lange mitspielen wollte. Außerdem war es keine Komödie, sondern ein Drama, und ich war einer der Hauptdarsteller. In Costa Rica war Tobi regelmäßig ausgebüxt. Nach spätestens zehn Minuten rief jemand aus dem Nachbarhotel oder dem Ort an, um mir mitzuteilen, dass mein Sohn bei ihnen weilte. Wir hatten uns, nachdem ich ihm gedroht hatte, ihn in ein Internat zu stecken, darauf geeinigt, dass er sich bei mir abmeldete, wenn er wegwollte. Internat war Tobis Vorstellung von einer Hölle auf Erden, seitdem ihm eine Backpackerin aus Zürich, die ein paar Tage bei uns gewohnt hatte, Horrorgeschichten aus ihren Schuljahren erzählt hatte.

»Papa, schick mich bitte nie in ein Internat! Da sind alle Lehrer Zombies.«

Ich hatte daraufhin psychologisch äußerst raffiniert den respekteinflößenden Begriff *Zombienat* kreiert.

»Papa, ich geh zu Mama Mira in den Laden.«

»Nein, gehst du nicht.«

»Warum nicht?«

»Weil das zu weit weg ist. Ich fahr dich.«

»Orr Menno, Papa. Gomez und Gwen dürfen auch überall hingehen, wo sie wollen, ohne zu fragen.«

»Die können nicht fragen, das sind Hunde!«

»Schön blöd!«, trotzte das Kind. »Ich belle jetzt auch nur noch!«, waren die letzten Worte, die ich für sage und schreibe drei Minuten von meinem Kind hörte, das kläffend aus der Patiotür rannte und weiter am Strand entlang Richtung Ort. Ich rief ihm hinterher, er solle sich im Laden eine frische Zahnbürste mitnehmen, die würde er fürs *Zombienat* brauchen.

Tobi machte auf dem Absatz kehrt und nahm mit filmreifem Lächeln meine Hand. »Bin schon wieder brav!«

DER GANZE KINDERGARTEN war in Aufruhr. Die Türen zu allen Zimmern standen weit offen, die Kinder waren im Hinterhof mit den Sandkästen und Spielgeräten. Conny kam mir mit Ulrike Joachimsen entgegen.

»Wir sind ratlos. So was ist noch nie passiert«, meinte Ulrike und Conny fügte hinzu: »Es ist praktisch unmöglich, dass ein Kind hier ohne Hilfe eines Erwachsenen herauskommt.«

Unmöglich war für Tobi schon immer eine Herausforderung gewesen. Er konnte gerade so laufen, als er mich mit seinen Ausbruchskünsten verblüffte. Wenn er keine Lust auf allein schlafen hatte, warf er alles, was nicht niet- und nagelfest war, aus seinem Gitterbett heraus auf einen Haufen, sich hinterher und kam Daumen lutschend auf meinen Bauch gekrochen, wo meine kleine *Chillkröte* sofort einschlief.

»Wie lange ist er jetzt schon weg?«

»Eine Dreiviertelstunde, schätzen wir. Vielleicht auch länger. Da ist es uns erst aufgefallen.«

»Das heißt, er kann locker schon viel länger da draußen rumirren, Frau Joachimsen?«

»Unter Umständen schon.« Die Kindergartenleiterin rang sich ein verlegenes Lächeln ab, das total fehl am Platze war.

»Haben Sie schon die Polizei informiert?«

»Wir wollten jeglichen Aufstand vermeiden. Vielleicht ist er ja nach Hause gelaufen.«

Conny ergänzte: »Er muss das geplant haben, seine Hausschuhe stehen an seinem Platz und er hat die Straßenschuhe angezogen.«

»Der Junge ist allein in dieser Stadt unterwegs mit all den Gestörten, die in ihr rumgeistern. Ich denke, das ist genug Grund für Aufruhr«, meinte ich fassungslos und holte mein Handy heraus. »Wir wohnen im Osten, da fährt man mit dem Auto schon eine Viertelstunde. Das findet er nie selbst.«

Trotzdem rief ich vorsichtshalber Ylvi im Laden und danach Frau Winterberg an. Letzterer sprach ich auf den Anrufbeantworter, dass Tobi vermisst wurde. Die Kindergartenleiterin fand es schließlich doch angemessen, die Polizei zu informieren. Der Einsatzwagen war wenige Minuten später da, eine junge Polizistin begann sich Notizen zu machen und wollte ein Foto. Noch ehe das Foto weitergeschickt werden konnte, ging die Eingangstür auf und die vermisste Person hüpfte gut gelaunt an der Hand einer Frau in dunkelblauem Hosenanzug.

Als mein Kind mich sah, kam es auf mich zugelaufen und schmiss sich an mich ran. »Papa! Hast du schon frei?«

Ich hob ihn hoch und drückte ihn fest an mich, ehe ich antwortete: »Du kommst so was von ins *Zombienat!*«

»Vorsicht mit Drohungen gegenüber meinem Mandanten!«

Jetzt sah ich die Frau, an deren Hand Tobi eingelaufen war, das erste Mal richtig an und glaubte meinen Augen nicht zu trauen. Vor mir stand Maria Pavlidis, die brünette Mähne mit einer Klammer im Nacken zusammengehalten. Ich ließ Tobi herunter und fragte hilflos: »Was?«

Die Lady fischte eine Visitenkarte aus ihrer Jackentasche und zeigte sie mir: »Tobi hat die einem Taxifahrer gegeben und gesagt, er müsse zu seiner Anwältin. Das hat der gute Mann auch getan, ohne das Hirn einzuschalten, wie das Männer nun mal so machen. Ich habe in der Taxizentrale schon angerufen und Terror gemacht, dass die die Fahrt mit einem Kleinkind nicht der Polizei gemeldet haben. Die haben uns auf ihre Kosten hergefahren und die Rückfahrt ist auch frei.«

Ich schüttelte ungläubig den Kopf. Tobi hatte gestern auf der Waschmaschine Marias Karte entdeckt und gefragt, wie eine *Wiesenkarte* funktioniere. Ich hatte ihm erklärt, dass darauf die Telefonnummer und Anschrift einer Person, in diesem Falle der netten Anwältin aus dem Café neulich, stehen würden.

Dann schilderten Tobi und seine Anwältin wechselweise die Ereignisse der letzten Stunde. Tobi war auf einen Baum, der an der Grundstücksgrenze stand, über die Umzäunung des Kindergartenhofs geklettert, hatte sich in dem angrenzenden Hof einer Druckerei in einen offenen Altpapiercontainer fallen lassen, und dann stand ihm Stuttgart offen. Die Sache flog erst auf, als Tobi bei Fahrtende 36,80 Euro hätte zahlen sollen und nur fünfzig Cent einstecken hatte. Daraufhin hat ihn der Fahrer, ein arbeitsloser Schauspieler, in Marias Büro begleitet und wohl den Anschiss seines Lebens kassiert.

Die Kindergartenleiterin versprach, am folgenden Tag den Gärtner kommen zu lassen, um den Baum zurückzuschneiden, entschuldigte sich wortreich und ging zu ihrer Gruppe zurück.

Constanze bedachte mich mit einem speziellen *Du-bist-Abschaum*-Blick, den ich von unserer Trennung noch kannte. »Der Apfel fällt nicht weit vom Stamm, stimmt's?« Danach verschwand sie ebenfalls in einem Zimmer.

Die Polizisten verabschiedeten sich, als ich versichert hatte, dass ich nichts und niemanden wegen Tobis Ausbruch anzeigen wolle, und auch Maria musste zurück an ihren Schreibtisch.

»Sie schulden mir übrigens hundertzwanzig Euro.«

»Wofür das denn? Ich dachte, das Taxi hat nichts gekostet.«

»Ausgefallenes Honorar. So viel berechne ich stundenweise für nichtanwaltliche Tätigkeiten.«

»Wie wäre es mit Naturalien statt schnödem Hartgeld?«

»Kommt auf die Naturalien an.«

»Ich lade Sie zum Essen ein.«

Maria überlegte kurz, ehe sie antwortete: »Einverstanden. *[m]eatery* und das Neunhundert-Gramm-Porterhouse-Steak.«

Ich kannte die Preise in Stuttgarts bestem Steakhouse – es wäre definitiv billiger gewesen, ich hätte der Dame die hundertzwanzig Euro in die Hand gedrückt, aber ich war, wie mein Sohn, sehr gesellig.

»Klasse! Ich gehe mit!«, meinte dieser und reagierte auf mein Kopfschütteln mit trotzig vorgeschobener Unterlippe.

»Einverstanden. Ich melde mich später aus der Praxis, wenn ich meinen Terminkalender vor Augen habe«, erklärte ich dem Objekt unserer Begierde.

Maria ging von dannen. Ich sah ihr das zweite Mal in wenigen Tagen hinterher. Der Gang war tatsächlich sensationell.

Tobi, den ich die ganze Zeit an der Hand festgehalten hatte, meldete sich erneut: »Papa, ich gehe zu den anderen in den Hof!«, und machte sich los.

Aus dem schnellsten Spermium war ein verdammt schnelles Kleinkind geworden, dessen Erzeuger auch nicht gerade langsam war und seinen Nachwuchs an der Kapuze packte. »Du gehst nirgends mehr hin, ehe der Hof nicht ausbruchsicher gemacht worden ist. Und das Porterhouse-Steak ziehe ich dir von deinem Taschengeld ab.«

»Ich bekomme doch gar kein Taschengeld nicht!«, kam es vorwurfsvoll aus dem kleinen Schmollmund.

»Aus gutem Grund. Du schuldest mir so viel, dass ich dir erst kurz vor deinem achtzehnten Geburtstag was zahlen muss, mein Freund. Die fünfzig Euro für das Kalb, die ich ausgelegt habe, habe ich bis heute auch noch nicht zurückbekommen.«

»Das ist unfair!« Tobi verschränkte die Arme vor der Brust, das Schippchen wurde noch weiter vorgeschoben, die nächste Stufe war heulen.

»Zurück zum Thema. Was wolltest du bei Maria?«

»Sie Sachen fragen, weil ich doch auch Anwältin werden möchte.«

»Warum hast du nicht angerufen, wenn du mit ihr sprechen wolltest? Auf der Visitenkarte steht doch eine Telefonnummer. Da muss man doch nicht gleich vorbeifahren.«

»Ich kann doch keine Nummern nicht lesen, Papa!« Entrüstung beherrschte Tobi perfekt, das hatte er von seiner Mutter.

Ich deponierte meinen Sohn bei Viktoria an der Anmeldung, fertigte die restlichen Patienten ab und rief dann Maria an. Sie hatte leider nicht viel Zeit, weil sie einen Mandanten erwartete, aber es reichte, um einen Termin für das Abendessen auszumachen. Ich legte den Hörer auf, lächelte zufrieden vor mich hin und schnappte mir Tobi, der die Schreibtischunterlage bemalte.

»Wenn du noch ein einziges Mal irgendeine Wohnung oder umzäuntes Gelände ohne meine ausdrückliche Zustimmung verlässt, kommst du ohne Vorwarnung ins Zombienat, Tobi!«, drohte ich. »Aber ich schulde dir was. Also, wo möchtest du essen?«

»Dönerbude! Fatih!«

Zu Hause liefen wir Käthe Winterberg in die Arme, die den Blumenkasten im Flurfenster goss.

»So, so, des Kindle war muttrseeleelloi auf der Schdraß, derf der des?«

»Natürlich n...«

»No be i abr heilfroh, dass er wohlbehalte hoimkommet isch. Wartet Se oi Momentle, i han was für de Bua.«

Sie verschwand in ihrer Wohnung und kam kurz darauf mit einer Tüte Kartoffelchips und einer Trillerpfeife zurück. »So, da bitte. Mit der Pfeif koh er des näggschde Mal in dr Schtadt auf sech aufmerksam mache. I han als Mädle au immr oine mitghet. Mei Vatr war Bahnbeamtr, wisset se.«

Wir bedankten uns bei Frau Winterberg und ich war fünf Minuten später einem Tinnitus bedrohlich nahe, weil Tobi ausgiebig von seinem Notrufinstrument Gebrauch machte. In einem unbeobachteten Moment ließ ich das Utensil in meiner Hosentasche verschwinden.

»Wo ist meine Pfeife, Papa?«

»Keine Ahnung, Tobi. Wo hast du sie liegen lassen?«

»Genau hier!« Er zeigte auf den Wagenradtisch.

»Sicher?«

»Sicher!«

Er gab die Suche recht schnell auf, wollte aber, dass ich im Internet eine neue für ihn bestellte. Ich zauberte die Pfeife und einen Notizzettel beim Vorlesen der Bettgeschichte, dem ersten Teil der *Chroniken von Narnia,* hinter seinem Ohr vor.

»Wo war die und was steht da drauf?«

»*An Tobias Mortensen. Bitte die Pfeife nur im Notfall gebrauchen. Ich eile dann zu Hilfe. Dein Aslan.*«

»Boah! War die in Narnia?«

»Sieht so aus.«

Am Tag drauf durchforstete Tobias, wie er momentan genannt werden wollte – da das der bessere Name für einen Prinzen sei, der die Welt retten musste –, sämtliche Rückwände von Dobros Schrankungeheuer. Er wollte den geheimen Durchgang in das Königreich Narnia finden, fand bei der Gelegenheit jedoch nur einen Zauberwürfel, an dem der Weltenretter die nächste Stunde mit wachsender Verzweiflung drehte.

»Papa, kannst du den richten?«

»Nope, dazu bin ich zu doof.«

»Blöd. Ich brauche einen Schrauber oder Hammer.« Das Kind hatte feine Schweißperlen auf der Stirn.

»Wozu das denn?«

»Ich nehme das Ding auseinander und baue es noch mal zusammen. So geht das nicht.« Er wischte mit dem Ärmel seines T-Shirts über das Gesicht.

»Frag deinen Onkel Björn, der konnte das früher ganz gut.«

»Wann hat der Zeit?«

»Wir fahren am Wochenende hin.«

»So lange kann ich nicht warten, dann muss ich mir was anderes einfallen lassen.«

Eine halbe Stunde später war der Zauberwürfel *zufällig* beim Spielen aus dem Fenster gefallen. Tobis Enttäuschung darüber, dass er bei der Aktion nicht auseinandergefallen war, war grenzenlos und sorgte dafür, dass das Spielzeug wieder im Eichenschrank verschwand.

İch hatte genug davon, in Dobros verranztem Pick-up rumzugurken, nicht zuletzt, weil sich Prinzessin Sarah weigerte, auch nur einen Meter mitzufahren. Ich brachte Tobi an diesem Mittwochnachmittag nicht mehr in den Kindergarten zurück, sondern nahm ihn mit nach Waiblingen. Ich besaß die Visitenkarte, die mir ein ehemaliger Patient gegeben hatte, zwar schon lange nicht mehr, aber der Name des Autohauses und sein Besitzer waren mir in ewiger Erinnerung. Ich fragte mich, was aus dem prachtvollen Mann, der das Glück gehabt hatte, meine einzigartige Frau vor mir gekannt zu haben, geworden war. Hätte er Ricky damals nicht den Laufpass gegeben, hätten wir uns nie kennengelernt. Insofern war ich ihm dankbar. Ich beschloss, die investigativen Fähigkeiten aus meinem Fleisch und Blut gezielt einzusetzen.

»Tobi, wir gehen jetzt ein Auto kaufen. Du kannst den Mann dort alles fragen, was du wissen möchtest«, ermutigte ich den Jungen.

Der sah mich misstrauisch an: »Ich dachte, das gehört sich nicht, Papa. Sonst schimpfst du immer.«

»Doch, doch. Wenn ein Elternteil das erlaubt, ist das in Ordnung.«

»Was soll ich denn überhaupt fragen?«

»Alles, was du sonst immer wissen möchtest. Sternzeichen, Schuhgröße, Lieblingsessen, Kontakte ins Rotlichtmilieu, Vorstrafenregister, Geschlechtskrankheiten.«

»Was für *schlechte Krankheiten?*«

»Egal, wir interessieren uns für alles.«

»Ob er Sammelbilder tauscht?« Tobi beklebte gerade leidenschaftlich ein Album einer Supermarktkette mit lustigen Tierbildern und war stets auf der Suche nach Tauschobjekten.

»Fang am besten damit an, ob er auch Kinder hat.«

»Hm ...«

Ich merkte, es brachte nichts, dem Kind die Spontaneität zu nehmen. »Stell dir einfach vor, wir spielen Privatdetektive in geheimer Mission. Sherlock Holmes und Watson.«

»Darf ich Sherlock sein?«

»Watson wäre besser.«

»Okay. Soll ich schwören, dass ich nicht verrate, wie ich wirklich heiße?«

»Kann ja nichts schaden. Heb mal deine rechte Hand.«

Tobi hob die linke Hand.

»Die *andere* Rechte!« Ich seufzte. Dass mein Kind eine Rechts-/Linksschwäche hatte, kümmerte mich nicht sonderlich. Ricky hatte mit Ende dreißig noch auf ihre Handrücken sehen müssen, wenn ich sie bat, rechts abzubiegen. Auf dem rechten hatte sie nämlich einen auffälligen Leberfleck.

Mein *Partner in Crime* hob jetzt die richtige Hand und schwor, seinen echten Namen für sich zu behalten, so wahr ihm Gott *hülfe* und egal, ob man ihn foltern oder verhungern lassen würde. Wer jemals miterlebt hatte, wie knatschig Tobi sein konnte, wenn mehr als vier Stunden seit der letzten Nahrungsaufnahme vergangen waren, wusste, dass er für eine Pizza alles ausplaudern würde.

Ich stellte den pistaziengrünen Pick-up mit dem stumpfen Lack direkt vor dem Schaufenster neben blinkenden Autos europäischer Nobelmarken ab. Beim Betreten des Verkaufsraums war Tobi seine Skepsis über meine Worte noch deutlich anzusehen. Er traute dem Frieden nicht.

An einem Empfangstresen aus edlen Hölzern stand eine gepimpte Endzwanzigerin, die telefonierte, ohne uns Beachtung zu schenken. Sie hatte anscheinend gesehen, welch ärmlichem Fahrzeug wir entstiegen waren.

»Coole Autos!«, befand Tobi. Tatsächlich war der Verkaufsraum gefüllt mit edelsten Luxuskarossen. Van Damen Automotives war nichts für den Durchschnittsverdiener, aber ich hatte noch etwas Geld auf der Bank und vermisste meinen Jeep Laredo. Endlich hatte die Dame aufgelegt und schenkte uns ein halbherziges Lächeln. Ich nahm Tobi an der Hand und ging zu ihr rüber.

»Guten Tag. Ich würde gern mit Herrn van Damen sprechen.«

»David van Damen oder Gregor van Damen?«

»David van Damen.«

»Wen darf ich melden?«

»Doktor Brandstätter und Sohn.« Vielleicht konnte mein akademischer Titel unser Schrottgefährt wettmachen.

Tobi nickte einvernehmlich und sagte mit ernster Miene: »Watson Brandstätter«. Er sah mich an und fragte: »So richtig, Pap ... äh, Sherlock?«

Ich nickte voller Stolz auf meinen Abkömmling.

Die Frau vom Typ *Bulgarische Friseuse* wählte, sprach dann eine Weile mit dem Angerufenen und erklärte uns, dass der Autoverkäufer unseres Vertrauens in wenigen Minuten da sei. »Darf ich Ihnen einen Kaffee anbieten?«

»Ich darf doch keinen Kaffee nicht trinken!«, entgegnete Watson voller Entrüstung und bekam stattdessen eine kalte Fanta mit Röhrchen in die Hand gedrückt. Ich wollte nichts trinken.

Der große Mann, der mir im perfekt sitzenden, nachtblauen Maßanzug wenig später mit eingezogenen Schultern schnellen Schrittes entgegenkam, hatte nicht mehr viel mit dem muskelbepackten, attraktiven David van Damen zu tun, den ich vor gut zehn Jahren in der Notaufnahme behandelt hatte. Das volle dunkelblonde Haar war schütter geworden, über dem Hosenbund hingen ein dezentes Bäuchlein und unter den müden Augen mit schweren Lidern dicke Tränensäcke. Sein Blick war der eines Menschen, der all seine Träume im Stillen begraben hatte. Dieser Mann war alt geworden, ehe ihm zustand, alt zu sein.

»Sie wollten mich sprechen?« Der Ghettobass schien noch einen Ton tiefer zu klingen, die Augen mit der Iris-Heterochromie waren müde und ohne einen Funken Leidenschaft.

Eigentlich hatte ich geplant, mein Haus, mein Auto, mein Boot mit meinem Vorgänger zu spielen, aber nach dem schlaffen Händedruck war mir nicht mehr danach. Watson war jedoch bereits in seinem Element.

»Habe die Ehre, *Señor*. Haben Sie Kinder?«

»Entschuldigung, mein Sohn sieht zu viel Fernsehen.« Tobi hatte tatsächlich in der vorigen Woche im Frühprogramm eines dritten ARD-Programms eine Folge des ›*Königlich Bayrischen Amtsgerichts*‹ gesehen, eine Serie aus der Steinzeit des Fernsehens, die ihn mit ihren schablonenhaft dargestellten Figuren und dem gestelzten Bayerisch so begeisterte, dass er nicht mehr Anwältin, sondern Amtsgerichtsrat werden wollte. Sein Eisbär hieß derzeit Korbinian.

»Papa, soll ich jetzt fragen oder nicht?« Tobi verdrehte die Augen und sog geräuschvoll mit dem Trinkhalm den letzten Rest Flüssigkeit vom Boden der Flasche.

»Oder nicht«, entgegnete ich ihm.

David sah Tobi an und meinte tonlos: »Nein, ich habe keine Kinder.«

David hatte Ricky verlassen, weil sie keine Kinder bekommen konnte, während ihm das so ungemein wichtig gewesen war. Trotzdem hatte er bislang noch keinen Nachwuchs in die Welt gesetzt. Karma? Die Rache des Universums?

»Bin ich dann nicht mehr Watson, oder was?« Tobis Unterlippe schob sich einsatzbereit vor. Ich musste deeskalieren.

»Aber dafür viele Autos und das ist genau, was wir suchen«, brachte ich die Sache aufs Wesentliche. »Sie haben mir vor einiger Zeit Ihre Visitenkarte gegeben, falls ich einen Gebrauchtwagen suche.«

»Ja, damit kann ich Ihnen dienen.« David van Damen schien mich nicht zu erkennen. Die Nacht, in der er mein Patient gewesen war, lag anscheinend zu lange zurück oder war doch nicht so traumatisch für ihn gewesen, wie mein schlechtes Gewissen es mich glauben ließ. »Was haben Sie sich denn vorgestellt?«

»Was mit Panzerglas!«, meinte Tobi, und mit vernichtendem Seitenblick zu mir: »Das war keine Frage, Papa!«, und zu David: »Wegen der Zombies.«

Der Autoverkäufer unseres Vertrauens ging überhaupt nicht auf das Kind ein, sondern sah mich an. »Wenn Sie Familie haben, ist ein SUV das richtige Auto für Sie. Welche Preisklasse schwebt Ihnen vor, beziehungsweise wo ist Ihr Limit nach oben?«

»Wir müssen nicht sparen, mein Papa verdient viel Geld. Er gibt den Menschen Spritzen und danach sind die glücklich.« Es war doch ein Fehler gewesen, Tobi die Fragerei zu verbieten. Ob David sich jetzt daran erinnerte, dass ich ihn mittels eines genialen Medikamentenmixes ebenfalls glücklich gemacht und von seinen Schmerzen befreit hatte?

»Ah, ja.« Der gewiefte Autoverkäufer verzog keine Miene.

»Meine Mama hat sich in Japan an den Meistbietenden verkauft, hat meine Oma gesagt, und jetzt ist die auch reich.«

»Ich bin Arzt und Tobis Mutter arbeitet in Japan bei einem Softwareunternehmen«, erklärte ich, ehe Herr van Damen uns als Drogendealer und Mädchenhändler einstufte.

Herr van Damen zeigte immer noch keinerlei Emotionen: »Gut, das ist doch schon mal eine Ansage.«

Wir sahen uns eine Stunde diverse Luxuskarossen an. Tobi bestellte sich eine weitere Fanta und dann zogen wir unverrichteter Dinge ab.

Eine Woche später holte ich mit Björn Rickys 3er-BMW Cabrio, den diese im Begeisterungstaumel unserer ersten Ausfahrt Kevin-Hassan getauft hatte, bei meiner Mutter ab. Ich öffnete das Dach und tippte den kleinen Amor an, der am Rückspiegel hing. Ricky hatte das vor jedem Start des Motors getan. »Das bringt Glück, Hase!« Wahrscheinlich hatte sie dieses Ritual bei ihrer letzten Fahrt in dem Wagen einfach vergessen, sonst säße sie jetzt neben mir.

Ich wählte von einem USB-Stick, den ich in der Mittelkonsole fand, *Drive* von der Gruppe The Cars und fuhr los. »*Who's gonna tell you when it's too late? Who's gonna tell you things aren't so great. You can't go on, thinkin' nothing's wrong. Who's gonna drive you home tonight?*«

Sparstrümpfe und Pfandflaschen

An diesem Abend waren wir bei Fatima und Mustafa zum Essen eingeladen. Obwohl die beiden auf deutschem Boden geboren worden waren und die Türkei höchstens zu Familientreffen besucht hatten, kochte Fatima wie eine anatolische Großmutter und Mustafa war Meister im Baklava backen. Tobi hatte Spaß mit Elif, der Tochter des Hauses.

Ich fragte Fatima, ob sie nicht Lust auf geregelte Arbeitszeiten hätte und bei Björn und mir in der Praxis anfangen wolle, wenn wir so weit wären.

Ehe sie antworten konnte, meinte Mustafa: »Ja, darauf hat sie selbstverständlich Lust!«

Schichtdienste waren für die Familie oft schwerer zu ertragen als für den Betroffenen selbst.

»Ich überlege es mir, Benny.«

»Ich würde dir sogar was zahlen für deine Arbeit.«

»Wie ich dich kenne, kann das nicht allzu viel sein«, frotzelte Fatima.

Ehe ich etwas zu meiner Verteidigung sagen konnte, kam Tobi mit Elif im Schlepptau in die Essküche gerannt und knallte ein rosa Plastiksparschwein vor mir auf den Tisch. »Warum habe ich so was nicht?« Der verhinderte Entrepreneur sah mich vorwurfsvoll an. »Da kann man Geld drin sammeln, das man geschenkt bekommen hat.«

»Frag mich doch nicht. Deine Mutter ist für deine Finanzen verantwortlich. Ich nur für Erziehung, Hygiene und Gesundheit.«

»Machst du bitte ein Foto von mir und dem Sparschwein und schickst es ihr? Ich brauche so was unbedingt.«

Ich schoss ein Foto von Tobi und dem Schweinchen, ehe Elif es ihm entriss und in Sicherheit brachte.

»Wo ist mein gespartes Geld jetzt gerade? Ich muss das mal zählen.«

»Du hast nichts gespart, Tobi, du gibst dein Geld so aus, wie du es bekommst.« Tobi hatte keine ruhige Minute, wenn ihm jemand Bares in die Hand drückte, bis er den letzten Centimo ausgegeben hatte, was er meist in Hernandos Laden getan hatte, wo er dafür Süßigkeiten käuflich erwarb. Deshalb hatten alle die Anweisung erhalten, Tobi keine größeren Beträge als fünf Dollar zu schenken und den Rest heimlich mir zu geben.

»Gar nichts?«

»Nope. *Nada.*«

»*Ladifari.*« Damit rannte er zurück zu Elifins Kinderzimmer. Wir hörten, wie er Elif fragte, ob sie ihr Sparschwein für einen Kuss hergeben wolle.

»Einen Vaterschaftstest kannst du dir, glaube ich, sparen, Benny«, lachte Fatima.

TAGS DARAUF BESORGTE ich Tobi einen grünen Sparfrosch aus Keramik in einem Billigladen. Der Nachwuchs-Dagobert-Duck zwang mich noch im Auto, etwas hineinzuwerfen, damit es klapperte. Ich spendete drei Fünfzig-Cent-Stücke, mehr Kleingeld hatte ich nicht. Das Kind war glücklich und zufrieden und strahlte übers ganze Gesicht. Im Hausflur begegneten wir Frau Winterberg, der Tobi seine neueste Errungenschaft stolz präsentierte. Angesichts der großen, bettelnden Kinderaugen fasste sich unsere Vermieterin ein Herz und holte ihre abgewetzte Geldbörse aus der Küche. Sie kramte lange darin herum und warf schließlich eine einzelne Münze hinein. Tobi bedankte sich höflich und stellte den Frosch im Flur ab. »Damit ihn jeder Besucher gleich sehen kann und was reintut.«

Zwei Tage später schreckte mich beim Bettenbeziehen ein lauter Knall aus dem Wohnzimmer auf.

»Mist«, hörte ich Tobi fluchen und ging nachsehen, was los war.

Der Sparfrosch lag in fünf Teile zerbrochen vor dem Couchtisch. »Was ist passiert?«

»Ich habe ein Experiment geforscht. Der Frosch hüpft überhaupt nicht, wenn man ihn fallen lässt«, verkündete Tobi mit Sorgenfalten auf der Stirn.

Ich sammelte die Scherben auf und klaubte die Münzen raus. Außer meinen drei Fünfzig-Cent-Münzen lag ein Zehn-Cent-Stück dabei; so viel zu der Großzügigkeit der Großgrundbesitzerin. Ich erklärte Tobi, dass ein Sparstrumpf für neugierige Wissenschaftler wie ihn wahrscheinlich das bessere Geldaufbewahrungsmittel sei, und gab ihm eine alleinstehende Nike-Sportsocke, deren Partner die Waschmaschine gefressen haben musste. Das leuchtete Tobi ein und er spielte einen Tag lang *Geldstrumpfweitwurf* in der Wohnung.

WENIGE TAGE DANACH entwickelte Tobi, das umtriebige Kind, eine Geschäftsidee, mit der er/wir recht schnell zu Geld kommen könnten. Tobi war fasziniert davon, dass man in Deutschland für leere Flaschen, die in Costa Rica nichts als Müll gewesen waren, harte Währung im Supermarkt bekam.

»Papa, echt jetzt? Die geben uns Geld für den Abfall?«

Seitdem hatte er das Projekt »Pfandflaschen sammeln« zur Chefsache erklärt und auf dem kleinen Austritt vor der Küche eine gelbe Ikeatasche stehen, in der er die leeren Flaschen hortete. Die große Tasche schleppte er persönlich in den Supermarkt, schob jede Flasche mit überglücklichem Gesichtsausdruck in den Automaten und wartete voller Vorfreude, bis der Betrag auf dem Display erschien, ehe die nächste Flasche nachgelegt wurde. Den Rückgabebon gab er nicht aus den Händen, bis er ihn am Ende unserer Einkaufstouren voller Vorfreude mit roten Bäckchen der Kassiererin überreichte. Das Geld landete stets im Sparstrumpf.

Sein »Papa, wir müssen mehr trinken, wir brauchen Geld!« war leider nicht bis zum Ende durchdacht und es war schon etwas peinlich, wenn er in sämtlichen öffentlichen Müllkörben nach leeren Flaschen wühlte. Die Blicke der anderen Mütter auf den Bänken am Spielplatz waren vielsagend. Erst als mir eine Zwillingsmutter, die wir schon einige Male am selben Spielplatz gesehen hatten, einen Fünf-Euro-Schein zustecken wollte mit den Worten: »Kaufen Sie sich und Ihrem Sohn mal eine warme Mahlzeit!«, verbot ich Tobi das Durchforschen von Mülleimern.

Gegen sein vorwurfsvolles »So kommen wir nie zu was, Papa!« hatte ich keine Argumente und beschloss, mit Tobi keine Spielplätze mehr aufzusuchen.

DIE [M]EATERY WAR für Ricky und mich das Restaurant in Stuttgart gewesen, in dem wir unsere Jubiläen und Feste gefeiert hatten. Ich hatte nach der Beerdigung meines Vaters auf den Leichenschmaus im Kreise seiner zweiten Familie verzichtet und Ricky mit nach Stuttgart genommen. Hier waren wir das erste Mal gemeinsam essen gewesen. Meine aufgeschlossene Frau hatte sich spontan mit Karim, einem türkischstämmigen Kellner, verstanden – nach nur wenigen Minuten hatte das Lokal den Spitznamen *Mütürü*. Wir waren fortan VIPs mit

Sonderstatus und bekamen auch kurzfristig immer einen Tisch. Aber das war in einem früheren Leben gewesen. Ich war erstaunt, wie oft ich nach all den Jahren immer noch am Abgrund der Erinnerungen an meine gemeinsame Zeit mit Ricky stand.

Als ich mit zehnminütiger Verspätung ankam, saß Maria bereits an der Bar und trank einen Aperitif. Ich entschuldigte mich und bestellte mir einen Whisky Sour. Karim war nirgends zu sehen, ich kannte niemanden sonst vom Personal.

Ich hob mein Glas: »Sehr schön, dass unser Rechtsstreit so ein einvernehmliches Ende gefunden hat. Und noch mal Entschuldigung für die alte Hippe.«

»Sehe ich auch so und danke für die Einladung. Spricht etwas dagegen, dass wir uns duzen?«

»Nein, im Gegenteil.«

»Dann auf uns. Ich heiße Maria Olympia und lege Wert darauf, dass man mich mit vollem Namen anspricht.« Sie zwinkerte mir zu.

»Ich heiße Benny Elvis. Wenn du mich einmal Elvis nennst, stehe ich auf und gehe, ohne zu zahlen.«

»Dann wären die Fronten geklärt. Der *King* war tatsächlich dein Patenonkel?«

»Lange Geschichte von einem jungen Ehepaar, ABBA- und Presleyfans und ungeklärten Machtverhältnissen in der Partnerschaft.«

»Deine Jugend scheint auch nicht gerade einfach gewesen zu sein.«

»Frag nicht.«

Wir tranken aus und zogen an den reservierten Tisch um. Der Kellner brachte uns die großen Speisekartentafeln. Den Wein durfte ich allein auswählen und auch allein trinken. Maria mochte keinen Alkohol.

»Angst vor Kontrollverlust?«, scherzte ich.

»Trockene Alkoholikerin.«

»Aha, aha.« Ich schluckte meine sexistische Erwiderung, dass ich selbst trockene Alkoholikerinnen ziemlich schnell feucht bekam, herunter. »Der Aperitif vorhin?«

»War alkoholfrei. Ich trinke seit vier Jahren nicht mehr. Ich stehe dazu, will aber nicht darüber reden und ich habe kein Sendungsbewusstsein. Trink ruhig, wenn es dir schmeckt.«

»Aha, aha.«

»Kann es sein, dass dein Vokabular eher eingeschränkt ist?« Marias Augen blitzten frech. Ich war kurzfristig erregt. »Nein, war ein Scherz. Ich lasse die Hände vom Alkohol, weil ich gesehen habe, was das Zeug aus einem Menschen machen kann. Meine Mutter war abhängig und ist relativ jung an einer Leberzirrhose gestorben.«

»Aha, aha. Ich meine, tut mir leid.«

»Sie war unzählige Male auf Entzug. Zu Hause gab es keinen Alkohol, aber sie hat im Geschäft mitgearbeitet, und ein griechisches Speiselokal ohne Ouzo oder Retsina ist schwer vorstellbar. Also hatte sie das Gift permanent in Reichweite und es war ihr Mittel der Wahl, um Stress zu bewältigen.«

Das Problem war mir nicht unbekannt. Ricky, die ein Glas Rotwein und Cocktails geschätzt hatte, war für harte Sachen nicht zu haben, musste aber alles probieren, was ich trank. Ehe ich mit ihr zusammengezogen war, waren Alkoholabstürze gar nicht so selten gewesen. Ich hatte die Angewohnheit gehabt, nach dem Dienst zur Flasche zu greifen, um runterzukommen. Wenn Ricky zu Hause war, nahm sie mir den Drink regelmäßig ab, stellte ihn auf die Seite, setzte sich auf meinen Schoß und küsste mich: »Wenn du eine Ablenkung brauchst, dann nimm mich! Ich mache zwar auch abhängig, aber dafür habe ich nicht so üble Nebenwirkungen.«

Diese Art Entziehung funktionierte tatsächlich. Dank Ricky trank ich wesentlich weniger und hörte auf zu kiffen, weil das angeblich einen anderen Menschen aus mir machte. Ein

Joint gab mir das Gefühl, unfassbar glücklich zu sein und in mir zu ruhen. Von außen betrachtet machte es mich wohl eher unnahbar und phlegmatisch. Zwei Seiten der Medaille.

Rickys Tod änderte alles. Bis zu der Trauerfeier blieb ich nüchtern. Ich fuhr mit ihrer Asche in die Schweiz und Ricky wurde zu einem Diamanten. Nachdem daraus einzelne Brillanten herausgeschliffen worden waren, besuchte ich in Pforzheim einen Goldschmied, der aus unseren Eheringen einen Ring schmiedete mit Diamanten als mittlerem Band. Diesen Ring trug ich zusammen mit dem Siegelring meines Vaters und einem Amulett mit der Muttergottes drauf, das mir Yoani zum Abschied geschenkt hatte, ständig an einem Lederband um den Hals. Tobi hatte unsere Haushälterin einen Marienanhänger zur Geburt geschenkt, der verlor sein Amulett aber regelmäßig. Mittlerweile beschützte ihn Maria 12.0.

Zurück in Stuttgart packte ich die Packung Gras aus, die mir Dobro statt eines »*Kranzes oder Blumen oder anderem nichtsnutzigem Grünzeug*« geschenkt hatte, und versank eine ganze Woche in einem schmerzdämpfenden Rauschzustand. Danach versuchte ich wieder zu arbeiten. Ich schaffte es, die Dienste zu überstehen, und stürzte umso tiefer, wenn ich abends ohne Aussicht, dies gemeinsam mit Ricky tun zu können, in unserer gemeinsamen Wohnung saß. Es fiel mir schwer, ganz normale Dinge zu tun, weil alles, was ich machte, Rickys Spuren und letzte Lebenszeichen zerstörte. Der Salzstreuer sollte an genau der Stelle stehen, an der sie ihn zuletzt hingestellt hatte. Ihre Zahnbürste musste auf dem Waschbeckenrand, wo sie diese morgens hingelegt hatte, liegen bleiben. Ich hatte diese früher, fluchend über ihre Unordentlichkeit, fast täglich zurück in den Becher gestellt, wo sie meiner Meinung nach hingehörte. Rickys Laufschuhe standen, mit jeder Menge eingetrocknetem Waldboden an den Sohlen, im Flur überkreuz. Auf ihrem Kissen im Bett war ihr Kopfabdruck zu sehen und es lag noch ein einzelnes, langes Haar darauf. Die Strickdecke auf dem Sofa, mit der sie sich selbst im Hochsommer zudeckte, roch nach ihr. Kurzentschlossen kündigte ich meinen Job als Oberarzt, löste die Wohnung mit allen schmerzlichen Erinnerungen auf und ging auf Weltreise. An Costa Ricas Karibikküste, in meinem neuen Zuhause, fing ich mich langsam wieder. Nach Tobis Geburt war trinken bis zur Besinnungslosigkeit keine Option mehr. Ich musste Tag und Nacht für dieses hilflose Wesen da sein und funktionieren.

Es gab Frauen, mit denen ging man essen, und es war reine Nahrungsaufnahme oder Vorspiel zum Beischlaf. Dann gab es Frauen, wie Maria, die schon aus der Bestellung ein Fest machten. Wir einigten uns nach langer, lebhafter Diskussion auf Tartar vom Lachs orientalisch, Thunfisch mediterran, Rind klassisch und jeweils ein Filet Mignon.

»Teilen wir uns eine Portion Kartoffelchips? Ich schaffe das nicht allein.«

»Wie war das mit dem Neunhundert-Gramm-Steak? Ein wenig das Mündchen zu sehr aufgerissen?« Als die Bedienung uns mitgeteilt hatte, dass das Porterhouse-Steak heute nicht vorrätig war, war uns beiden die Erleichterung anzusehen gewesen – mir, weil es sauteuer war, und Fräulein Pavlidis, weil sie es niemals gepackt hätte.

Maria aß mit Genuss und Sachverstand und erzählte von ihrem Vater, der in Vaihingen ein gut gehendes griechisches Lokal betrieben hatte und der geborene Gastwirt gewesen war.

»Warum hat er das Restaurant zugemacht?«

»Weil ihn ein Hinterwandinfarkt in der Nacht vom 11. zum 12. November im letzten Jahr heimtückisch getötet hat.«

»Oh, das tut mir leid.«

»Und mir erst mal. Ich bin Vollwaise.«

Der Halbwaise spielte nervös mit dem Korken rum, den die Bedienung auf dem Tisch hatte liegen lassen. Die bis dahin ausgelassene Stimmung schien zu kippen. Maria sah mir schweigend zu.

»Kannst du zaubern?« Ihr Lächeln war mit einem Mal zurück.

»Aber ja doch!«. *The smiles returning to their faces!* Erstaunlich, wie viel kindisches Vergnügen man mit einem simplen Korken und einer Stoffserviette haben konnte.

Weil das Restaurant so beliebt war, dass die Tische in zwei Schichten vergeben wurden und wir die erste bis neun Uhr hatten, drängte die Bedienung etwas. Ich zahlte notgedrungen, aber gern die Rechnung. Der Abend war jeden Cent der zweihundertzwanzig Euro inklusive Trinkgeld wert gewesen. Ich hatte mich seit Langem nicht mehr so gut unterhalten und so viel und herzlich gelacht. Die Rechtsanwältin, die ich noch vor wenigen Wochen verflucht und der ich die Pest an den Hals gewünscht hatte, entpuppte sich als humorvolle, gebildete Frau mit einem strahlenden Lächeln und geheimnisvollen, flaschengrünen Augen. Vor dem Lokal wusste plötzlich keiner, was er sagen sollte. Ich wollte mich noch nicht trennen von diesem schönen Abend und der reizenden Begleitung, die ihn erst möglich gemacht hatte.

»Ich kenne eine Bar gleich um die Ecke, in der sie geniale alkoholfreie Cocktails und Longdrinks mixen. Lust auf einen Absacker?«, fragte ich.

»Ja, passt. Ich wollte sowieso noch etwas besprechen mit dir. Wegen der Wohnung und meinem Auszug.«

WIR LIEFEN DIE zehn Minuten ins *Zulu*, eine meiner Lieblingsbars in der Stadt, und setzten uns in eine Nische. Maria sah sich in dem schummrig beleuchteten Raum um.

»Hier war ich noch nie.«

»Schade, sonst wären wir uns hier bestimmt schon mal begegnet. Ich bin sehr oft hier.«

»Total modern alles, nur das Fabergé-Ei passt gar nicht dazu.«

Ich warf einen Blick auf das deckenhohe Regal, in dem schwach beleuchtete Spirituosenflaschen standen. Ganz oben, im letzten Fach, stand ein kitschiges Schmuckei aus Metall, über das sich jeder Besucher mindestens einmal wunderte, weil es aus dem modernen Gesamtbild herausstach.

»Das heißt Auberginenei«, bemerkte ich stotternd. »Und es *ist* wertvoll.«

»Wie kommst du denn auf den Begriff? Bestimmt ist es kein Original.« Maria lachte.

Ich erklärte es ihr nicht, meinte nur: »Es steht nicht umsonst in drei Metern Höhe. Sonst ist so manch einer versucht, das Ding zu klauen ...« Ich stotterte leicht und hing einen Moment meinen Gedanken an Ricky nach – wir hatten es Auberginenei genannt, nachdem uns die korrekte Bezeichnung nicht gleich eingefallen war.

Maria dachte kurz nach und ich sah in die Getränkekarte. »Wie das blaue Horn in der ersten Folge von *How I Met Your Mother*.«

Ich sah Maria eindringlich an. Sie hatte gerade ziemlich viele Pluspunkte bei mir gesammelt. Sie kannte die Geschichte um das legendäre blaue Horn, das Ted Mosby für Robin Scherbatsky in einem Restaurant geklaut hatte.

»Für mich hat noch kein Mann so etwas Romantisches gemacht. Würdest du das Ei stehlen für die Frau, die du liebst?«

Ich musste nicht lange nachdenken. Ricky hatte bei jedem Besuch des *Zulu* erklärt, dass sie darauf verzichte, dass ich das *Auberginenei* für sie entwendete. »Mir reicht zu wissen, dass du es tun würdest, Brandstätter!«

Ich schluckte und flüsterte leise: »Ohne mit der Wimper zu zucken.« Zum Glück war es so dunkel im *Zulu*, dass Maria die Pfützchen in meinen Augen nicht sehen konnte.

»Hey, du scheinst tatsächlich ein richtiger Roman-Tiger zu sein«, verwendete sie die Verballhornung, die Tobi im Café bei unserem ersten Treffen erfunden hatte. Es rührte mich ein wenig, dass sie sich daran erinnerte. »Man glaubt es gar nicht, wenn man dich so sieht.«

Dann unterbrach uns der Hipster-Kellner, der an einen Quäker erinnerte, und nahm die Bestellung auf. Die zauberhafte Stimmung war verflogen. Bei *White Russian* und einer *Virgin Mary* rückte Maria mit ihrem profanen Anliegen heraus.

»Ich habe ein klitzekleines Problemchen damit, mir eine neue Wohnung zu suchen.«

Aha, aha, wir waren beim Geschäftlichen angelangt. »Ich kann aber auch nicht mehr lange mit Tobi in Dobros kleiner Mansardenwohnung hausen. Schon gar nicht, wenn der demnächst zurückkommt. Tut mir leid, ich brauche meine Wohnung dringend.«

»Ich hätte ein Angebot zu machen. Sozusagen eine *Win-Win-Situation*.« Maria hatte die Angewohnheit, wenn sie unsicher war, am Ende eines Satzes die Augen ein Stück aufzureißen und die Lippen zusammenzupressen, so als fürchte sie sich vor der Antwort. Das gab ihr etwas Verletzliches und aktivierte meinen männlichen Beschützerinstinkt.

»Dann mal raus damit.« Ich nippte an meinem Getränk.

»Ich habe im Frühjahr auf Tauchsafari im Roten Meer einen Mann kennengelernt. Ihm gehört das Boot, auf dem wir unterwegs waren. Wir haben uns Hals über Kopf ineinander verliebt.« Marias Gesicht war mit einem Mal von einem grenzdebilen Strahlen erleuchtet. »Die *M/Y Devotion*, wenn du es mal googeln möchtest.«

Wollte ich nicht. Ich stöhnte innerlich. Urlaubsbekanntschaften hatten eine extrem kurze Halbwertzeit, die leider selten für beide Beteiligten gleich lang war.

»Ein Eingeborener?«

»Wie man es nimmt. Dean ist Engländer.«

Wenigstens das. Maria war keinem dieser windigen einheimischen, austauschbaren Guides-für-irgendwas-Surflehrertypen zum Opfer gefallen, die ich von meinen eigenen Urlauben an diversen Küsten und aus meiner neuen Heimat kannte. Die Jungs hatten es perfekt drauf, alleinstehende Touristinnen rumzukriegen und ihren Spaß mit ihnen zu haben. Die meisten Kurse waren nach spätestens fünf Tagen zu Ende und der nächste begann mit Frischfleisch. Wer hätte das besser wissen können als ich mit meinem Apartment an einer Traumküste, das ich tageweise an Backpackerinnen vermietete? Die Mädels verliebten sich im Hormonrausch regelmäßig in mich und die traumhafte Umgebung, heulten beim Abschied und vergaßen mich früher oder später. Noch keine war jemals zurückgekehrt.

»Wir wollen ausprobieren, ob wir auch im Alltag so perfekt zueinander passen.«

»Das heißt, er kommt hierher und …?«

»Nein, ich werde meinen Job aufgeben, mich am Boot beteiligen, und dann leben wir beide unseren Traum.« Das grenzdebile Glühen war einem Tausend-Watt-Strahlen gewichen. »So der Plan.«

»Aha, aha.« Vom Pläneschmieden war ich schon lange abgekommen, weil das Schicksal sich über meine bisherigen Pläne meist schlapp gelacht und sie als *nicht durchführbar* ständig durchkreuzt hatte.

»Dieses *aha, aha* nervt ein wenig, das weißt du?«

»Du musst schon zwischen den Zeilen lesen. Da stand: Hurra, dann brauchst du ja die Wohnung nicht mehr.«

»Ich habe leider nur Jura und keine Psychologie studiert. Ich kann nur Gesetzestexte und Urteile lesen. Ich brauche die Wohnung noch eine kurze Zeit, bis alles über die Bühne ist und ich aus der Sozietät raus bin, meine Mandanten abgegeben habe. Ein Umzug lohnt sich nicht mehr wirklich. Verstehst du?«

»Theoretisch schon. Du sprachst von einer *Win-Win-Situation*. Bislang haben Tobi und ich nur die Arschkarte gezogen.«

»Wir könnten ja bis dahin, also für längstens ein halbes Jahr, eine Wohngemeinschaft machen. Ich werde so oft wie möglich bei Dean sein und in der Zeit keine Einkünfte haben. Da wäre es schon günstig, ich müsste nicht mehr die volle Miete zahlen.«

»Aha, aha.«

»Hörst du bitte auf damit?« Maria lachte. »Ihr habt doch auch noch keine Möbel und alles.«

Möbel und alles standen im Haus meiner Mutter im Keller eingemottet, aber ich wollte Maria nicht die Illusion rauben.

»Zwischen Dean und mir war es von Anfang an, als hätten wir uns schon ewig gekannt. Er hat früher getrunken, ist aber trocken. Seit acht Jahren schon. Wir lieben das Tauchen und das Meer, und wann gibt es für mich eine zweite Chance, ein neues Leben zu beginnen? Ich bin fast vierzig, Dean ist achtundvierzig.

Wenn einer verstand, dass es ein zweites Leben und ein drittes und ein viertes gab, dann wohl ich. Aber ich kannte Maria noch zu wenig, um mein hochkomplexes Seelenleben vor ihr auszubreiten.

»Ich arbeite furchtbar gern als Anwältin und bin echt gut darin. Es ist mein absoluter Traumjob, ich wollte nie etwas anderes machen. Nur mein Privatleben hinkt dem Traum hinterher – ich bin seit zehn Jahren ohne festen Partner. Nicht, dass es keine Möglichkeiten gegeben hätte, aber ich wusste nach der Trennung von meinem Exfreund, dass der Nächste der Richtige sein muss. Man hat es als intelligente Frau bei euch Männern nicht leicht. Da lernst du einen kennen, der dich anbetet und anscheinend völlig geil findet.« Maria fuhr mit tiefer Stimme fort: »Ey, klasse, du bist Anwältin? Du hast was im Kopf und stehst deine Frau, bist dabei auch noch attraktiv, witzig, liebevoll, sexy, natürlich und hast Geschmack – dass es so was wie dich überhaupt gibt!«

»Wenn es doch stimmt.«

»Warte, bis ich zu Ende erzählt habe. Dann gewöhnst du dich langsam an den Typen, gehst mit ihm ins Bett. Alles scheint perfekt und irgendwann kommt unvermittelt eine SMS: *War echt toll mit dir! Aber ich habe eine zwanzigjährige Rechtsanwaltsgehilfin kennengelernt, die schluckt!*«

Ich verschluckte mich beinahe an dem Schluck, den ich im Mund hatte. Maria war eine begnadete Anekdotenerzählerin. »Ja, hm. Manche stehen da wohl voll drauf – ein Mann muss eben Prioritäten setzen.«

»Mach du dich ruhig lustig über mich. Egal. Schwamm drüber. Wie es aussieht, habe ich endlich den passenden Deckel gefunden. Möchtest du Dean mal sehen?«

Mochte ich nicht. Wirklich nicht. Aber ich nickte und betrachtete Fotos eines großen, breitschultrigen, sonnengebräunten Mannes, das mit Silberfäden durchzogene, dunkelblonde Haar in einem dicken Pferdeschwanz zusammengehalten. Seltsamerweise empfand ich Eifersucht auf den Fremden.

»Schick, schick.« Dean war mit Ende vierzig, also in meinem Alter, tatsächlich noch sehr attraktiv.

Dann berichtete Maria in den schillerndsten Farben von den Vorzügen eines Lebens mit diesem männlichen Sechser im Lotto und der Zauber des Abends war nicht nur erloschen, nein die Asche war erkaltet. Ich täuschte nach einer Stunde und einem weiteren Drink Müdigkeit vor.

»Oh, entschuldige, ich habe zu viel von mir erzählt«, kam es der Dame plötzlich in den Sinn.

»Ist schon in Ordnung. War einfach ein langer Tag.«

Wir liefen gemeinsam zum Taxistand. Maria zählte dabei fröhlich die Vorteile einer Wohngemeinschaft mit mir und Tobi auf. Ich war plötzlich stocknüchtern und desillusioniert, aber versprach, mir die Sache mit der WG durch den Kopf gehen zu lassen.

»Frag auch bitte Tobi, was er davon hält.« Maria roch dezent nach Parfüm, als wir uns mit Küsschen auf die Wange verabschiedeten.

»Logisch, der hat schließlich das letzte Wort in unserer Partnerschaft.«

AUF DER HEIMFAHRT fragte ich mich, warum Maria keine Kinder hatte. Alle Frauen, die mir in den letzten Jahren etwas bedeuteten, hatten auf die eine oder andere Art Probleme mit der Empfängnis. Ricky, meine Zwillingsseele, hatte mit mir Ann-Sophie in unnachahmlich erotischen Chats gezeugt. Unser virtuelles Wunschkind hatten wir über Monate lebendig erhalten, bis ich durch Zufall herausbekam, dass Ricky aufgrund einer Hysterektomie, nachdem bei ihr Gebärmutterhalskrebs diagnostiziert worden war, keine eigenen Kinder haben konnte. Wie sich herausstellte, verzeiht man einer Frau, die man wirklich liebt, auch so etwas.

Raya, meine temperamentvolle, verheiratete bolivianische Nachbarin in Costa Rica, hatte mich so lange beschlafen, bis Madalena gezeugt worden war. Meine wunderbare Tochter mit meinen Augen und dem Grübchen im Kinn, der ich geholfen hatte, auf die Welt zu kommen und die ich seitdem so gut wie nicht mehr sehen durfte. Anscheinend war meine Liebe für Raya nicht groß genug gewesen, um ihr das zu verzeihen.

Last and so far least Saskia Brigitte Mortensen, die dänische Amazone mit mehr Verstand als Herz, deren Eizelle in einer Nacht- und Nebelaktion vom schnellsten Spermium gekapert worden war. Leider ist nicht jede Frau mit ausladendem Becken, das anatomisch ideal geeignet ist, ein Kind auszutragen, auch eine geborene Mutter. Kia verzieh ich trotz allem unendlich viel, weil sie mir Tobi geschenkt hatte.

Ich hatte meinen Nachwuchs bei Tanja und Björn geparkt. Dobros Achtzigerjahre-Wohnwelt schien mich in dieser Nacht zu erdrücken. Nachdem ich genussvoll einen Oban getrunken hatte, nahm ich den Schlüssel und klingelte eine Treppe tiefer.

Ylvi öffnete in einem gerüschten Albtraum aus ungebleichter Baumwolle. Mittlerweile wusste ich, was sich unter ihren Horrorklamotten verbarg und ließ mich nicht davon abschrecken. Ylvi redete beim Sex und danach kaum. Sie war der seltene Typ Frau, der sich umdrehte und sofort einschlief. Sehr benutzerfreundlich, wie ich fand. Ich grübelte noch eine Weile über den Abend, Prinzessin Sarah, Maria Olympia und nicht zuletzt über den gestörten Benny Elvis nach, lauschte Ylvis leisem Schnarchen, bis ich selbst das nicht mehr hörte.

DIE LADENBESITZERIN HATTE lockere Öffnungszeiten, wohnte praktisch über ihrem Arbeitsplatz und war ein ausgeprägter Morgenmuffel. Ich täuschte Frühdienst vor und fuhr mit frischen Brötchen zu meinem Bruder. Dieser hatte wirklich Dienst in der Klinik und ich ein perfektes Familienfrühstück mit meiner Schwägerin und unseren kumuliert drei Kindern. Der Nachwuchs spielte nach dem Essen mehr oder weniger friedlich im Kinderzimmer *Dirty Dancing* auf einem Quadratmeter Luftpolsterfolie.

Tanja schrie: »Macht die Tür zu!«

Worauf die Kinderzimmertür krachend zuflog.

»Ich liebe meine Kinder über alles, aber ich hätte gern leisere gehabt.«

Ich lachte und half den Tisch abräumen.

»Dafür bist du so still heute. War deine Verabredung gestern nicht gut? Du hast noch überhaupt nichts erzählt.«

»Das Essen war phänomenal. Wir hatten Spaß ohne Ende. Beim Cocktail hat mir mein *Date*, die überzeugte Abstinenzlerin ist, gestanden, dass sie unsterblich in einen Engländer mit Schaluppe im Roten Meer verliebt ist. Er ist Ex-Alki und könnte mit seinem Körper eine Nebenrolle in *Gladiator* bekommen.«

Tanja kam mit Geschirrtuch in der Hand auf mich zu und drückte mich. »Du armer Kerl! So viel Triviales hast du nicht verdient.«

»Sie hat mir eine Wohngemeinschaft angeboten, bis sie für immer und ewig zu ihrem Seemann aufs Boot zieht.«

»Hey, wäre das nicht die ideale Lösung? Hauptsache, ihr kommt schnell aus Dobros Loch raus.«

Ich fragte mich, ob sie den abwertenden Begriff für Dobros Wohnhölle von Tobi hatte. »Ich bin kein Freund von Wohngemeinschaften, des woisch doch.« Im Gegensatz zu meinem Bruder, der sich in jede Umgebung mühelos einpassen konnte und noch nie allein gewohnt hatte, brauchte ich meine eigene Höhle, die ich mir selbst eingerichtet hatte.

Dann kam Tobi heulend aus dem Kinderzimmer gerannt, weil sich Thea-Sonia aus Versehen auf seine noch ungeöffnete Tüte Kartoffelchips gesetzt hatte. Mein Sohn war ein Gourmet. Wann immer er etwas Essbares geschenkt bekam, bewahrte er es auf, bis sich der geeignete Moment zum Genießen oder Auspacken ergab. Die Chips hatte ihm Frau Winterberg nach seinem Ausbruch aus dem Kindergarten geschenkt, und er wollte sie ursprünglich mit seinen Cousinen teilen. Woran dieser altruistische Plan gescheitert war, offenbarte sich mir nicht.

»Ich wollte die mit nach Hause nehmen und heute Abend mit dir essen, wenn wir fernsehen.« Tobi hatte den Punkt erreicht, wo er vor lauter Schluchzen beinahe keine Luft mehr bekam. Bis er zwei war, hatte er bei solchen Gelegenheiten gern mal kurz das Bewusstsein verloren.

»Das können wir trotzdem machen, die sind doch nicht weniger geworden.«

»Aber ich kann die doch nicht essen, wenn sie kaputt sind!« Tobi aß auch nur ganze Erdnüsse, die halben in den Dosen ließ er mir übrig.

Mit den Worten »Das bezahlt die mir!« rannte er zurück ins Kinderzimmer und fing lautstark Krach mit seiner Cousine an, die wie immer von ihrer Zwillingsschwester unterstützt wurde.

Ich warf einen Blick auf die geplatzte Tüte. Frau Winterberg hatte ihrem Ruf als Geizhals mal wieder alle Ehre gemacht. Das Ablaufdatum lag drei Monate zurück. Wahrscheinlich bei LIDL aus dem Abfallcontainer gefischt oder aus Kriegsbeständen. Ich schüttelte den Kopf und beschloss, dass es Zeit war zu gehen, ehe noch Blut floss.

Wir machten einen Zwischenstopp im Supermarkt, Tobi bekam eine neue, größere Packung und ich gönnte mir einen spanischen Gran Reserva. Am Abend sprachen wir bei Paprikachips, vollmundigem Rotwein und Multivitaminsaft über die Möglichkeit einer vorübergehenden Wohngemeinschaft mit einem weiblichen Wesen, das eine Niete im Haushalt war und nicht zaubern konnte.

»Ich weiß dann auch nicht, was wir mit ihr anfangen sollen, Papa.« Mein Sohn gab mir die fast leere Tüte. »Da sind nur noch kaputte drin. Die kannst du essen.«

Mir wäre da einiges eingefallen, wäre die Dame nicht *unsterblich* verliebt gewesen, also schlug ich vor: »Hören wir uns mal ihr Klavierspiel an?«

»Wozu soll das gut sein?«

»Wenn es mies ist, schreckt es Zombies ab.«

»*Cool.*«

EINE WOCHE SPÄTER stand ich mit meinem neuen Lebensinhalt an der einen Hand und einem Blumenstrauß in der anderen vor dem dreistöckigen Terrassenhaus in Botnang, in dessen Erdgeschoss ich mit meinem letzten Lebensinhalt die schönsten Jahre eben dieses Lebens verbracht hatte. Ich drückte die Klingel und mein Herz schlug wie nach der fünften Dose *Red Bull*. Das handgeschriebene Papierschild *Pavlidis* war verblasst. Das Messingschild mit *Ricky & Benny Brandstätter*, das meine Mama uns zum Einzug geschenkt hatte, lag bei den anderen Reliquien im mütterlichen Keller.

Ich hielt beim Betreten der Wohnung den Atem an. Es roch nach Kaffee und nicht nach Ricky, wie es das ihr Leben lang getan hatte. Es dauerte eine ganze Weile, bis ich in dem ganz in weißem Lack und lichtgrauen Stoffen eingerichteten Wohnzimmer, dessen Highlight ein weißer Stutzflügel war, durchatmen konnte. Zum Glück war Marias Einrichtungsstil absolut konträr zu unserem und nahm dem Raum alles Vertraute.

Über dem Sofa hing ein flächendeckendes Bild von Mark Rothko in dunklen Blautönen, die von innen zu leuchten schienen. Ich hatte noch nie einen so großen Druck eines Rothko gesehen und dann auch noch von so guter Qualität. Ich ging näher ran, man konnte die Textur der Acrylfarbe deutlich sehen – es war anscheinend kein Druck, sondern ein Replikat. Dass hier ein Original des abstrakten Expressionisten hing, war mehr als unwahrscheinlich – Mark Rothkos Gemälde erzielten bei Versteigerungen Preise im zweistelligen Millionenbereich.

»Guter Kunstgeschmack«, lobte ich Maria, die das Kompliment kommentarlos zur Kenntnis nahm.

Zum Kaffee gab es einen selbst gebackenen, staubtrockenen Kuchen mit Schokostückchen. Ich erkannte die typische Backmischung, die meine vielbeschäftigte Mutter schon zu unseren Kindergeburtstagen zusammengerührt hatte. Tobi tunkte kurzerhand seine Stücke in den Kakao. Ich beneidete ihn darum.

»Maria, kannst du mal Klavier spielen?«

»Jetzt gleich, Tobi?«

»Ja, wir müssen gucken, ob du es kannst, bevor wir herziehen.«

»Wenn das so wichtig ist.« Maria zuckte mit den Schultern und setzte sich an den Flügel. Sie schloss einen Moment die Augen und begann mit einem klassischen Stück. Ich kannte mich nur bei Musik, die nach dem Zweiten Weltkrieg geschrieben worden war, gut aus und die Melodie sagte mir nichts. Maria spielte aus dem Kopf und mit sehr viel Gefühl. Frauen, die mit Leidenschaft Musik machten, lösten in mir seit jeher nicht nur körperliche Gefühle aus. Ich schluckte und lächelte.

Tobi sah mich von der Seite an: »Und? Schlecht?«

»Nope. Sehr gut.«

»*Mierda!*«

Als der letzte Ton verklungen war, sah Maria uns verlegen an. Ich applaudierte. Sie stand auf und machte neben dem Flügel stehend ein paar gezierte Knickse. »Danke, danke.«

Tobi verzog den Mund.

»Dir hat es nicht gefallen, Tobi?«

»Tobi mag keine Musik.« Leider hatte mein einziger Sohn meine Begeisterung für Musik und mein Talent noch nicht mal ansatzweise geerbt. In dieser Beziehung kam er voll und ganz nach seiner Mutter, für die *Purple Rain* und *November Rain* einfach nur austauschbare Lieder über schlechtes Wetter waren.

»Warum sollte ich dann spielen?«

»Wegen der Zombies. Die haben nur Angst, wenn die Musik schlecht ist. Wir können hier nicht einziehen. *Demasiado peligroso.*«

Da hatte der Sohn die Rechnung ohne den Vater gemacht. Der wollte mit einem Mal unbedingt hier einziehen, Maria näher kennenlernen, ihr beim Klavierspielen mit einem Glas

Wein in der Hand zuhören, ihr den englischen Bootsbesitzer ausreden und in ihrer wilden Mähne wühlen.

»Ich kauf dir ein Schlagzeug, das müsste ausreichen, um die zu vertreiben.«

»Echt jetzt, Papa?«

Und so wurde beschlossen, dass der große Benny Elvis Brandstätter und der kleine Tobias Magnus Mortensen zu der netten Maria Olympia Pavlidis ziehen würden.

UNSER EINZUG MIT zwei Koffern, einem Stoffbären, einer Kiste Lego und einem Lichtschwert, das Dobro Tobi geschenkt hatte, verlief unspektakulär am folgenden Samstag. *Hemmnis* ließen wir in der Mansardenwohnung zurück. Tobi bekam das Gästezimmer, in dem ein schmales Bett stand, ich das Büro mit ausziehbarer Schlafcouch. Marias Schreibtisch räumten wir in ihr Schlafzimmer.

Es war ein eigenartiges Gefühl, das erste Mal seit Jahren das Zimmer zu betreten, in dem ich mit Ricky zusammen so viele Nächte verbracht hatte. Aber auch hier verscheuchten der komplett andere Einrichtungsstil sowie Marias Rumalbern, dass ich der erste Mann sei, der seit ihrem Einzug dieses Zimmer betreten, es sozusagen entjungfert habe, jeden Ansatz eines trüben Gedankens. Das ging so lange gut, bis ich beim Schließen der Tür die winzige *Skalpellmacke* im weißen Lack entdeckte.

Die *Skalpellmacke* war entstanden, als ich mich mit Ricky, dieser nervigen Zicke, mal wieder gestritten hatte. Sosehr ich diese Frau auch liebte, hatte sie eine Art, mich manchmal zur Weißglut zu treiben. Da aber neunzig Prozent unserer verbalen Auseinandersetzungen in Versöhnungssex gipfelten, waren diese Meinungsverschiedenheiten ein wichtiger Teil unseres Ehelebens. »Streitkultur haben wir, was, Brandstätter?« Worum es bei dem Zoff ursprünglich gegangen war, hatte ich im Laufe der Zeit vergessen. Ricky und ich hatten voller Inbrunst miteinander gestritten. Sie hatte wütend das Schlafzimmer verlassen und die Tür laut krachend hinter sich zugeworfen. Im Zorn warf ich den Skalpellhalter, der auf der Spiegelablage lag, hinterher. Die spitze Einmalklinge blieb zitternd stecken.

Ricky öffnete die Tür langsam wieder, sah das scharfe Instrument im Türblatt und ihre Augen verengten sich zu erotischen Schlitzen: »Du wolltest mich umbringen, du Sack!?«

»Ich bin doch nicht blöde und mache das so offensichtlich, du Nuss. Da habe ich ganz andere Möglichkeiten bei meinem Beruf.« Ich streckte den Arm aus, um die vermeintliche Mordwaffe herauszuziehen.

Ricky schlug mir auf die Hand. »Das bleibt als Beweismittel! Wehe, du machst das weg! Du Verbrecher!«

»Und ob ich das wegmache!« Ich hatte nicht umsonst viele Jahre Kampfsport gemacht, täuschte mit links an und zog es mit rechts ab.

»Gib das her!«

»Nein!« Ich schloss mich im Bad ein und überhörte das Hämmern zweier Frauenfäuste an der Tür, bis ich fertig rasiert war und die Zähne geputzt hatte. Ricky klapperte in der Küche verhaltensauffällig laut mit Geschirr. An der Schlafzimmertür hing ein gelber Post-It über dem Einstich. *17.09. Heimtückischen Mordanschlag knapp überlebt!*

Ich riss den Zettel ab, ging in die Küche, umarmte mein Weib von hinten und murmelte in die samtweiche, nach frischer Minze riechende Haut der Halsbeuge: »Friede?«

»Niemals! Du wolltest mich umbringen!«

»Du wiederholst dich!«

»Vergiss mich. Ich lass mich scheiden. Bei der Beweislage geht das ratzfatz.«

»Komm, sei wieder gut, Häschen. Ich kauf dir auch ein Paar Schuhe!«

»Größe neununddreiffig?«, parodierte Ricky einen unserer *Running Gags* und wir landeten zusammen im Bett.

Am folgenden Tag war um die *Skalpellmacke* mit rotem Permanentmarker ein Herz gemalt, aus dem Blut tropfte. Wir putzten fortan um das Herz herum. Erst die Firma, die die Endreinigung nach meinem Auszug übernahm, hatte es abgewischt – zurück blieb nur der Einstich, bei dessen Anblick sich die Kette um mein Herz so schmerzhaft zusammenzog wie schon lange nicht mehr.

Maria sah mich an und fragte: »Was habe ich gerade Falsches gesagt?«

»Nichts, warum?«

»Dein Gesichtsausdruck. Als hättest du ein Gespenst gesehen oder meine Worte hätten dich getroffen.«

Maria hatte keine Ahnung, warum ich die Wohnung aufgegeben und mit wem ich hier zusammen gewohnt hatte.

»Ich habe wohl was Falsches gegessen. Liegt mir schwer im Magen. Sorry, ich leg mich mal eben hin.« Dann schlief ich eine Stunde zusammengerollt auf meiner gemieteten Bettcouch, bis Tobi von Tanja gebracht wurde und mit den Zwillingen eine Wohnungsbesichtigung machte.

»Fasst hier bloß nichts an mit euren Fettfingern, das gehört uns noch nicht!«, mahnte mein Sohn seine Cousinen. Den verbindlichen Charme hatte er eindeutig von mir.

Ich lud Tanja und meine Nichten zum Italiener um die Ecke ein. Das Lokal hatte früher zu Rickys und meinen Stammlokalen gezählt und hieß nach einem Besitzerwechsel jetzt sehr kreativ *Eataly.* Maria wollte nicht mit, weil sie mit Dean zum Telefonieren verabredet war. Ich fuhr mit dem Daumen über die Narbe auf meiner Stirn. Die kleinen Wunden schmerzten oft am meisten.

Spielerfrauen und Schweinereien

TOBI SCHLIEF BEI meinen Schwiegereltern und ich hatte geplant, Ylvi mal wieder einen nächtlichen Besuch abzustatten. Diese hatte auf meinen Vorschlag per WhatsApp, bei ihr vorbeizukommen, sehr indifferent geantwortet. Von Dobro wusste ich, dass neuerdings ab und an ein fremdes Herrenfahrrad über Nacht im Hausflur stand, das nur zu Ylvis Wohnung gehören konnte. Ich fragte nach.

20.15 Nachricht an Dobro Dope
Hey! Bist daheim? Kannst mal nachsehen, ob
das Herrenfahrrad wieder da ist?

20.26 Nachricht von Dobro Becker
Muss ich nicht, Alter. Die haben immer
diese beknackte Norah Jones laufen, wenn sie es
miteinander treiben. Sorry, Bro.

20.27 Nachricht an Dobro Dope
Schon ok. War eh nichts für die Ewigkeit.
Was machst du mit diesem schönen Abend?
Lust auf ne Kneipentour?

20.28 Nachricht von Dobro Becker
Sorry, Alter. Würde ich liebend gern machen, aber Elisa hat Eisprung. Muss mich zur Verfügung halten. ;-)

20.29 Nachricht an Dobro Dope
Hartes Los! Gib alles!

MEINE TAGE MIT der kleinen, veganen Wölfin schienen gezählt. Ich seufzte, holte mein iPad heraus und tat das, was viele Männer machten, wenn ihnen langweilig war und sie Hormonstau hatten: Ich spielte Krieg.

DAS NÄCHSTE TREFFEN nach unserem gemeinsamen Urlaub auf dem Bauernhof zwischen Sarah und meinem Fleisch und Blut fand eher zufällig statt. Tanja hatte Tobi vom Kindergarten abgeholt und ihn mir in die Praxis vorbeigebracht. Viktoria und er verstanden sich blendend. Die Auszubildende ließ ihn *Angry Birds* auf ihrem Tablet spielen. Tobis »Sterbt, ihr dummen Schweine!« war in der ganzen Praxis zu hören und für einen überzeugten Quadrupedenvegetarier nicht gerade der passende Kampfspruch.

Als ich Tobi an der Anmeldung abholte, saß Sarah bei ihm. Tobi klärte sie gerade über sein neuestes Berufsziel, nämlich Profifußballer, auf. Diesen Floh hatte ihm seine erste *feste*

Freundin namens Genoveva Schwan ins Ohr gesetzt, die unter anderem davon träumte, Spielerfrau zu werden.

Sarah hörte sich alles mit ernster Miene an und meinte dann, sie kenne jemanden im Vorstand vom VfB Stuttgart und werde mal sehen, was sie für Tobi tun könne.

Wir beschlossen kurzerhand, zu dritt essen zu gehen, und verbrachten einen gemeinsamen Abend in einem argentinischen Restaurant bei Steaks und Tobi bei *Pommes Schranke*.

Eigentlich hätte ich Sarah gern mit zu uns nach Hause genommen, aber es erschien mir nicht angebracht, eine Frau, zu der ich sexuellen Kontakt hatte, in unsere kleine Wohngemeinschaft zu bringen. Sarah, der Tobi den ganzen Abend von Maria vorgeschwärmt hatte, sah mich enttäuscht an, als wir uns vorm Lokal mit Küsschen auf die Wange verabschiedeten.

Später bekam ich eine Nachricht.

23. 16 Nachricht von Dr. Sarah Bender

Warum habe ich so oft das Gefühl,
du bist nur geliehen?
Ich habe vorhin im Autoradio ein Lied
Von Anna Depenbusch gehört. Astronaut.
Beim Hören hat es mich gegruselt und
leider musste ich dabei an dich denken, Benny.
Ist dir alles egal und zu banal?

İch schützte schlafen vor und hörte mir den Song an. Es stimmte nicht, ich hatte viel riskiert und viel verloren. Mir gefiel sehr viel auf dieser Welt und mich hielt sehr viel auf dieser Welt. Ich hatte einen kleinen Sohn, für den es sich jeden Tag lohnte, aufzustehen. Ich antwortete erst beim gemeinsamen

Frühstück mit Maria und Tobi, die aus ihren Müslischalen jeweils die Rosinen und Haselnüsse raussuchten, um zu tauschen. Der Tisch zwischen den Schüsseln der beiden war voller Milchflecken, die bei den Übergaben von den Löffeln getropft waren.

07.10 Nachricht an Oralcare
Na, dann schauen wir doch mal, dass es
eine Dauerleihgabe wird. ;-)

Ich legte das Handy beiseite und fragte: »Warum kaufen wir nicht zwei unterschiedliche Sorten Müsli, um diese Schweinerei morgens zu vermeiden?« Ich aß sowohl Rosinen als auch Haselnüsse und hätte mir eine Mischung machen können.

»Papa!«, kam es entrüstet. »Das ist keine Schweinerei, das ist Liebe, davon verstehst du nichts!«

Ich zuckte zusammen. Der Stich ging tief. Gerade in dieser Wohnung hatte ich ausgesprochen viel Liebe kennengelernt. In dieser Wohnung waren nicht nur Körperflüssigkeiten und Zärtlichkeiten ausgetauscht worden. Mir fiel eine typische Frühstücksszene ein. Ich hatte drei Jahre lang Rickys Brötchen aufgeschnitten und ihr völlig altruistisch die obere Hälfte überlassen, die sie mir regelmäßig mit Schinken und Käse belegt auf den Teller gelegt hatte, genau so, wie ich es mochte.

Maria sah mich mit ihrem Röntgenblick an und lächelte verhalten. »Das glaube ich nicht, Tobi, dein Papa sieht in den stillen Momenten, wenn er nichts sagt, so aus, als würde er ganz viel von Liebe verstehen.«

Vater und Sohn ließen das unkommentiert stehen und aßen schweigend ihr Müsli fertig.

Hundebisse und Heimatlose

Frau Klingler, die nette Bäckereifachverkäuferin in der Filiale von Doktor Schneiders Schwiegereltern kannte mich mittlerweile schon und erzählte mir, seitdem sie erfahren hatte, dass ich praktisch alleinerziehender Vater war, von Larissa, ihrer zweiundvierzigjährigen Tochter, die mit Sohn, 14, und Tochter, 12, um die Ecke wohnte und jederzeit bereit wäre, mit mir mal einen Kaffee trinken zu gehen.

»D'Larissa isch so ein liebevollr Mensch un kocht un putzt für ihr Läbn gärn un meine zwoi Enkel send die liebschten Kindr von dr Welt.«

Ich hatte bereits Fotos der drei vom letzten Gran-Canaria-Urlaub sehen können und musste sagen, dass die Familie wirklich sehr sympathisch rüberkam. Trotzdem konnte ich mich nicht zu einem *Meet and Greet* aufraffen, obwohl Frau Klingler dazu übergegangen war, Bestechungsbackwaren in meine Tüten einzuschleusen. Zum Bestellten und Bezahlten fand sich immer eine kostenlose Dreingabe.

Frau Klingler bediente gerade einen Handwerker im Blaumann, der in breitestem Sächsisch »*Zwei Gworgdoschn*« orderte.

Die Verkäuferin sah den Mann abschätzend an, griff seufzend unter den Tresen und holte zwei Plastiktragetüten heraus. »Des macht no zwanzig Cent. Hättet Sie was kaufet, wäret die omesonschd gwäset«, meinte sie entschuldigend.

Der Handwerker sah betreten auf die beiden Tüten, fischte zwei Zehn-Cent-Münzen aus seiner Geldbörse und verließ grußlos die Bäckerei.

»Es gibt fei scho komische Leut«, bemerkte die Einzelhandelskauffrau meines Vertrauens. »Mir send doch a Bäckerei un koin Gemischtwarelade.«

»Wenn mich mein Sächsisch nicht täuscht, wollte der Gute auch zwei Quarktaschen und keine *Gugg*.« Ich verwendete den urschwäbischen Begriff für Tragetüten und zuckte mit den Schultern.

Frau Klingler riss die Augen auf. »Noi! Echt no? No soll er des doch au sage!« Sie rollte mit den Augen. Die Intoleranz des Schwaben gegenüber verbal eingeschränkten Minderheiten. »Außerdem hoist des bei uns *Quarkdäschle*.«

Mit zwei Quarkdäschle, einer Laugestange als Bonus und einem Zettel, auf dem Frau Klingler die Handynummer ihrer Tochter notiert hatte für den Fall, dass mir am Wochenende langweilig sein sollte, verließ ich das Geschäft und stieg die Treppe zur Praxis hoch.

Die Sprechstunde ging erst in einer Viertelstunde los, aber das Wartezimmer war bereits brechend voll. Ich ließ mir von Viktoria einen Kaffee bringen und verspeiste meine Backwaren nebenbei.

Gegen elf betrat Doris Wagner, 43, eine völlig kachektische Frau, die sich ein Taschentuch an die Unterlippe hielt, den Behandlungsraum. Sie hatte offensichtlich lange und ausgiebig geweint, ging man von den völlig roten Augen aus. Als sie jedoch den Mund aufmachte, musste ich meine Meinung revidieren. Die Patientin sprach undeutlich und schleppend wie eine völlig Besoffene. Ich sah zur Sicherheit nochmals auf meine Armbanduhr. 11.02 Uhr. Eigentlich keine übliche Zeit für ein Besäufnis. Frau Wagner nahm zum Sprechen das Taschentuch von der Unterlippe und legte eine dreieckige, zwei mal zwei Zentimeter große Wunde, die etwa einen halben Zentimeter tief war, frei. Ich stand auf und bat sie, sich auf die Untersuchungsliege zu setzen.

Ich trat vor die Liege und zuckte bei der letalen Geruchsmischung aus Alkoholfahne und Aschenbecher, die mir entgegenschlug, zurück. Ich versuchte, möglichst flach zu atmen. »Wie ist denn das passiert?«

»Ich habe versucht, den Hund meiner Freundin zu küssen. Die Jolly ist so süß. Tut mir leid.« Die Patientin lachte übertrieben und sah mich mit entschuldigendem Gesichtsausdruck an.

Ich reinigte und desinfizierte die Wunde und setzte eine Lokalanästhesie.

Die mitteilsame Patientin erklärte mir währenddessen: »Meine Freundin wohnt um die Ecke und ich bin zu Besuch. Ich habe meinen Mann verlassen, den alten Säufer.«

»Aha, aha. Und das haben Sie ausgiebig begossen?« Ich begutachtete die Tiefe und schaute nach, ob ein intraoraler Durchbiss vorlag, was nicht der Fall war.

»Ja, ich bin heute Morgen vorm Frühstück abgehauen und habe bei meiner Freundin zwei Flaschen Sekt und ein paar Kurze getrunken. Aus Verzweiflung. Meine Freundin heißt Claudia und ist Domina. Kennen Sie sie?«

»Nicht, dass ich wüsste.«

»Die ist keine Otto-Normalnutte. Die ist eine Edelhure und kostet richtig Geld. Ich werde jetzt auch als Domina arbeiten und lasse mich scheiden. Endlich bekomme ich mal Geld dafür, den Typen den Hintern zu versohlen. Ich lasse mich auch nie mehr schlagen von einem.«

Ich sah Doris Wagner genauer an. Sie hatte tatsächlich diesen verschämten Gesichtsausdruck, den geprügelte Menschen oft an sich hatten. Obwohl die Lady höchstens fünfzig Kilogramm wiegen konnte, war ihr Gesicht vom Alkoholkonsum aufgedunsen. Nase und Wangen waren von jeder Menge geplatzter Äderchen überzogen.

»Hat Ihr Mann Sie geschlagen?«

»Nicht nur der. Alle Männer, mit denen ich zusammen war, haben mich geprügelt. Mein Vater auch und mein Stiefvater später. Der ist mir auch an die Wäsche gegangen, wenn meine Mutter nicht da war. Deshalb bin ich zu Hause ausgezogen. Aber ich habe es nicht besser erwischt. Meine Fresse lädt wohl dazu ein, reinzuschlagen.« Frau Wagner lachte kurz auf und schloss die Augen. Dabei fing sie bedrohlich an zu schwanken.

»Legen Sie sich lieber hin.« Mir war überhaupt nicht zum Lachen. Körperliche Gewalt und Missbrauch Schwächerer und Abhängiger verursachte mir regelmäßig Magenschmerzen.

»Aber bei Claudia bin ich gut aufgehoben, die passt auf mich auf. Ich habe die Nase voll von Männern. Claudia und ich, wir lieben uns.«

Ich äußerte mich nicht zu der neuen sexuellen Ausrichtung der Patientin und wünschte ihr viel Glück in der neuen Beziehung und im neuen Job. *Bügeln und gebügelt werden, Frauenschicksal. Copyright Horst Schimanski, Kripo Duisburg.*

Einen Monat nachdem ich den Hundebiss an Doris Wagners Unterlippe versorgt hatte, wies ich die Patientin in die Chirurgische Abteilung der Margarinenklinik ein, weil ich unter einer frischen Platzwunde eine isolierte Jochbogenfraktur vermutete. Doris Wagner war im Vollrausch die Treppe runtergefallen, erzählte sie mir. Ich hatte die leise Vermutung, dass sie, ihrem Standard folgend, bei einer weiblichen Partnerin, die schnell mal handgreiflich wurde, gelandet war.

Ich zog Vergleiche zu Aitana Trochez, einer Patientin, die ich im Health Post in Costa Rica fast monatlich verarzten musste, weil ihr alkoholabhängiger Mann sie mal wieder misshandelt hatte. Im Gegensatz zu Frau Wagner hatte sie aber nie selbst zu trinken angefangen und sich vorbildlich um Haushalt und Kinder gekümmert. Ich würde Aitana, die mir tragischerweise unter den Händen weggestorben war, nie vergessen können.

Die Hölle ist das Paradies des Teufels. Tomi Ungerer

TANJA HATTE TOBI im Kindergarten abgeholt und ihm war danach, bei seinen Cousinen zu schlafen. Sarah hatte mich nach der Sprechstunde abgeholt und mir war danach, bei ihr zu schlafen. Wir waren in der Böblinger Straße bei einem Vietnamesen essen gewesen und schlenderten Richtung Marienplatz, auf der Suche nach einem Stadtwagen. Die Steigung hinauf zu der Straße, in der Sarah wohnte, wollten wir uns beide, satt wie wir waren, nicht antun. Vorm Supermarkt am Marienplatz fiel mir ein, dass ich keine Zahnbürste dabei hatte, und Sarah wollte noch Wein besorgen.

Am Eingang stand ein Obdachloser mit langem, verfilztem Haar, das unter einer wollenen Strickmütze herausquoll. Ein ungepflegter Bart verdeckte das halbe Gesicht, ein zwei Nummern zu großer Parka, die gebeugte Gestalt des Mannes. Er hielt eine prall gefüllte Plastiktüte mit dem Logo des Supermarktes in beiden Händen und blickte sich suchend um. Aus alter Gewohnheit sah ich ihn an. Zu meinen aktiven Zeiten in der Notaufnahme hatte ich so ziemlich alle Obdachlosen Stuttgarts persönlich gekannt.

Unsere Blicke trafen sich und der Mann fragte mit heiserer Stimme: »Entschuldigen Sie, könnten Sie für mich die Pfandflaschen abgeben? Ich habe Hausverbot, bräuchte das Geld aber dringend.«

Sarah antwortete für mich: »Nein, das können wir nicht! Sie haben bestimmt nicht umsonst Hausverbot. Wir wollen beim Einkaufen nicht belästigt werden!«

»Entschuldigung. Ich wollte niemand belästigen.« Der Mann drehte sich von uns weg und Sarah lief eilig weiter.

Ich blieb stehen und inspizierte sein Gesicht genauer. Beide Skleren waren gelb verfärbt, die Haut ebenso. Meine spontane Differentialdiagnose war Leberzirrhose aufgrund Hepatitis und/oder jahrelangem Alkoholabusus. Wer so aussah, gehörte in ein Krankenhaus und nicht auf die Straße.

Sarah war jetzt auch stehen geblieben. »Benny, bitte, lass uns gehen!«

Plötzlich kam Bewegung in den Bärtigen. »Doktor Benny? Mensch! Sie gibt es noch?« Das zahnlückige Lächeln ließ eine Erinnerung in mir hochkommen.

»Huggie?«

»Ja, Mensch! Wo haben Sie sich denn rumgetrieben?« Huggie kam einen Schritt auf mich zu.

Ich hob abwehrend die Hände: »Immer noch Pfeiffersches Drüsenfieber!« Huggie hatte seinen Spitznamen vom Personal der Margarinenklinik verpasst bekommen, weil er einen gern zur Brust nahm, um seine Sympathie zu beweisen. So weit ging meine Zuneigung nun auch wieder nicht.

»Benny, können wir bitte in den Markt gehen?«, quengelte meine Begleiterin und kam einen Schritt auf mich zu.

»Einen Moment, das ist ein alter Bekannter.«

»Oh Mensch, Doktor Benny. Sie haben so vielen geholfen und sich selber können Sie nicht helfen. Ein Kreuz ist das!« Die Handflächen waren ebenfalls auffällig gelb verfärbt. Er war kurzatmig und sein Atem ging rasselnd. Unter dem offenen Parka prangte der stattliche Bauch einer Hochschwangeren.

»Apropos helfen. Was ist mit deiner Leber?« Huggie hatte gleich zu Anfang unserer Beziehung klargemacht, dass ich Doktor Benny und *Sie* sei, er aber Huggie und *Du*.

»Was soll sein? An die Bauchschmerzen hab ich mich gewöhnt. Muss einfach mehr essen, dann wird's besser. Die Leber ist einwandfrei.«

»Du gefällst mir trotzdem nicht.«

Huggie lachte heiser. »Oh Mann, da sind Sie nicht der Einzige. Ich gefalle mir selber schon lange nicht mehr.«

»Wir werden alle älter, aber du gehörst ins Krankenhaus.«

»Vielleicht morgen. Jetzt brauche ich etwas Geld fürs Abendessen. Können Sie nicht doch die Flaschen für mich abgeben?«

Sarah stand jetzt direkt neben mir, hakte sich unter und schnaubte laut.

»Pass auf, ich gebe dir einen Zwanziger und du kaufst dir was zu essen, aber nur, wenn du versprichst, morgen früh in der Klinik vorstellig zu werden.« Ich schüttelte Sarah ab und holte meinen Geldbeutel aus der Hosentasche.

»Du wirst das doch nicht auch noch unterstützen, Benny. Der kauft sich doch nur Schnaps von deinem Geld!« Sarah mochte recht haben, aber Huggie war mir in all den Jahren ein wenig ans Herz gewachsen.

»Nein, nein, kein Alkohol. Ich möchte auch keine Almosen. Nur das Geld für die Flaschen, die habe ich nämlich eigenhändig gesammelt.« Huggie hob die zerknitterte Tüte hoch und streckte sie mir entgegen. Er hatte an fast allen Fingern chronische Nagelbettentzündungen.

Ich nahm die Plastiktüte und drückte sie Sarah in die Hand, die automatisch zufasste. »Sei so gut, Sarah, gib mal eben die Flaschen ab und bring uns das Geld. Ich muss mich mit Herrn von Zumwinkel kurz unterhalten.«

»Benny, wer weiß, wo die rumgelegen haben und was da dran hängt. Ich denke nicht daran.« Sarah ließ die Tüte fallen, holte ein Desinfektionsspray aus der Handtasche und sprühte ihre Hände damit ein.

»Ich möchte keine Umstände machen, Doktor Benny! Echt nicht!« Huggies freundlicher Ausdruck war einer tiefen Bekümmerung gewichen. Er hustete schwer.

»Machst du auf keinen Fall. Ich gebe die Flaschen gleich ab, aber erst rufe ich mal einen Rettungswagen. Du gehörst ins Krankenhaus und kein Widerspruch, ich bin der Arzt.« Ich bat Sarah, dass sie die Einkäufe ohne mich erledigen sollte, um sie aus dem Geschehen zu haben.

Mit den Worten »Toller Abend!« ging sie in den Supermarkt hinein.

Als Sarah zurückkam, war der Rettungswagen schon da. Ich hatte meinen alten Bekannten in der Margarinenklinik telefonisch bei Fatima angemeldet. Es gab eine kurze Meinungsverschiedenheit mit den Rettungsassistenten, die ich nicht kannte und die mir vorwarfen, ich würde ihren Wagen als Taxi missbrauchen. Hätte ich Huggie in ein Taxi gesetzt, wäre er niemals in der Margarinenklinik angekommen, sondern an der nächsten Ecke ausgestiegen, erklärte ich den beiden Herren, worauf sie ihn mitnahmen.

Ich versprach, am nächsten Tag nach Huggie zu sehen und ihm das Flaschenpfand zu bringen. Die zehn Flaschen ergaben einen Reingewinn von zwei Euro fünfzig. Eigentlich hätte ich Huggie bei meinem Sohn in die Lehre schicken können, der verließ keinen Supermarkt unter fünf Euro auf seinem Pfandrückgabebon. Sarah desinfizierte meine Hände großzügig, ehe sie mit mir in den Stadtwagen stieg.

»Hast du gesehen, der hatte Original-Chucks an. Ich frage mich, wie er sich die leisten konnte«, bemerkte sie.

»Keine Ahnung. Ich hatte nur Augen für die verfärbten Skleren, den Ikterus und die Onychie. Ich bin Arzt und kein Schuhverkäufer.« Ich war etwas angepisst. Sarahs makellose Oberfläche bekam soeben kleine faule Stellen.

»Du bist in Stuttgart anscheinend bekannt wie ein bunter Hund. Jedes Mal treffen wir jemanden, den du kennst«, überlegte meine Beifahrerin laut. »Aber immer die falschen Leute. Du müsstest mehr Leute mit Einfluss kennen, Benny.«

»Na ja, ohne Einfluss vielleicht, aber dafür mit Ausfluss«, scherzte ich, was bei der Prinzessin mit Aussicht auf eine gutgehende Praxis in idyllischer Lage am Bodensee nicht besonders gut ankam.

Sarah verlangte, dass ich alle Kleider auszog und duschte, ehe ich mich auf ihre reinweiße Designercouch von Guido Marelli setzen durfte. Ich ging ins Bad, schrieb meinem Bruder, verzichtete auf das exklusive Sofa und beglückte das Objekt meiner Begierde frisch geduscht auf ihrem Boxspringbett, ehe mich eine Nachricht von Björn erreichte, die ich Sarah laut vorlas.

23.18 Nachricht von Björn Brandstätter

Du musst unbedingt sofort dein Kind abholen.
Er hat geträumt, du wärst in den Fängen Skeletors,
und niemand kann ihn beruhigen. Er muss dich live
und in Farbe sehen.

SARAH MEINTE: »DEINE Patienten und deine Familie müssen aber irgendwann lernen, dass du nicht immer für sie da sein kannst. Du hast schließlich ein Privatleben.«

»Da hast du so recht, Schatz!«, log ich, zog mich an und nahm einen Stadtwagen in Dobros Wohnung, machte ein Bier auf, rief in der Margarinenklinik an und erkundigte mich nach Huggie.

Der Stationsarzt bestätigte meine Befürchtungen. Huggies ausladender Bauch war auf vermehrt Aszites zurückzuführen und wurde diagnostisch und therapeutisch punktiert. Der Punktatstatus zeigte eine spontan bakterielle Peritonitis. Die vermehrte Flüssigkeitsansammlung im Bauchraum und die Bauchfellentzündung waren klassische Komplikationen bei einer Leberzirrhose. Huggie wurde stationär aufgenommen und eine Antibiose begonnen.

Ich schnappte mir Dobros *Ovation*, suchte mir im Netz die Griffe für einen Song aus den Siebzigern und sang für alle Verlorenen und für mich selbst das Lied von den Straßen Londons: »*Have you seen the old man in the closed-down market, kicking up the papers with his worn out shoes? In his eyes you see no pride, hand held loosely at his side. Yesterday's paper telling yesterday's news.*«

Daunen und Desperados

Ich war eingeteilt für eine Zwölf-Stunden-Notarztschicht. Auf der Wache war mir bei Dienstantritt morgens um sieben Uhr Günter ohne H als Fahrer zugeteilt worden und, als kleine Draufgabe, der Neffe des Insektizids. Johannes schrieb eifrig an seiner Dissertation mit dem Thema »*Implementierung des thorakalen Ultraschalls bei kardiopulmonaler Reanimation*«. Um selbst mit dem Einsatz des Ultraschallgeräts in der Notfallmedizin Erfahrungen zu sammeln, fuhr er möglichst viele Schichten mit.

Der zukünftige Doktor Severin tippte fleißig auf seinem Notebook, Günter ohne H hatte ein Dreimonats-Sparabo bei einer Online-Partnerschaftsvermittlung aktiv und chattete seitdem auf Teufel komm raus mit irgendwelchen Ladys, die er meist einmal traf und danach nie wieder.

»Die schummeln alle beim Alter und beim Gewicht. Interessant, wie manche Frauen vom ersten Kontakt montags bis zur ersten Verabredung freitags zwanzig Kilo zulegen und in einer Woche um Jahre altern.«

Ich warf einen Blick über seine Schulter auf den Bildschirm. Günter lehnte auf seinem Profilfoto lässig an einem stahlgrauen Porsche Carrera GT.

»Schickes Auto. Deines?«

Günter sah kurz hoch. »Nein, wo denkst du hin. Das war im Autohaus, als meine alte Kiste in der Werkstatt war. Schon ein Traum, das Gefährt. Wurde nur drei Jahre gebaut. Bei meinem Verdienst wird's wohl ein Traum bleiben.«

Ich wollte dem Partnersuchenden gerade die Ironie seiner Worte in Bezug auf Alters- und Gewichtsangaben seiner Internetdates erklären, als mein Piepser ging. »Kreislaufstillstand«, las ich allen Beteiligten vor.

»Der ist doch schon steif, wenn wir ankommen«, meinte Günter mitfühlend.

Johannes, der seinen neu ausgeübten Beruf schon vor dem Studium sehr ernst genommen hatte, warf ihm einen vernichtenden Blick zu.

Es stellte sich heraus, dass Günter recht gehabt hatte. Der Vierundachtzigjährige lag in einer Buchhandlung in der Innenstadt zwischen den Regalreihen »*Küche*« und »*Kultur*« und hatte keinen fühlbaren Puls mehr. Beginnende Todesflecken zeigten, dass eine Reanimation zwecklos sein würde. Ich stellte die vorläufige Todesbescheinigung aus und wollte mich mit dem Team auf den Weg zurück machen, als einer der Rettungsassistenten mich ansprach.

»Wir haben eine Achtundvierzigjährige im Wagen, die über Übelkeit und Schwindel geklagt hat. Sie hat mitbekommen, wie der Patient umgefallen und blau angelaufen ist. Das war wohl zu viel für sie. Ehe wir was machen konnten, war sie ganz weg. Können Sie mal nachsehen?«

Die Frau, die im Rettungswagen lag, war inzwischen bedingt ansprechbar, aber noch ganz weit weg von auskunftsfähig und orientiert.

»Macht mal bitte einer die Weste auf, damit ich ein EKG ableiten kann.«

S. Schmidbauer, der Rettungsassistent, der mich gerufen hatte, versuchte den Reißverschluss der ärmellosen Steppweste einer Nobelmarke aufzuziehen. »Klemmt, das Teil.«

»Warte, lass mal eine weibliche Fachkraft ran«, meldete sich die Rettungsassistentin, die auf den hübschen Namen V. Vincetti hörte. Sie bekam die gefütterte Weste aber auch nicht auf.

»Da müssen wir wohl schneiden.«

Johannes hielt eine Verbandsschere einsatzbereit in der Hand.

Ich zögerte: »Ist das eine Daunenweste?«

»Sieht so aus«, meinte die Frau im Team. »Je teurer, desto feiner die Daunen.«

»Warum trägt die so was im Frühsommer?«, fragte Herr Schmidbauer.

»Weil's schick ist und angesagt«, verkündete Frau Vincetti.

»Hilft nichts, dann halt wieder raus mit ihr«, unterbrach ich die Diskussion und sah im Augenwinkel den Doktoranden eine schnelle Bewegung mit dem schneidenden Instrument machen.

»Nicht!« rief ich, Frau Vincetti: »Nein!« und Herr Schmidbauer: »Um Gottes willen!«. Aber Johannes war schneller als wir alle und hatte die edle Weste direkt neben dem Reißverschluss aufgeschnitten.

DIE WEITERE VERSORGUNG der Patientin fand in einem wilden Daunengestöber statt. Allerfeinste Federchen klebten in meinem gewachsten Haar sowie im Dreitagebart und gaben mir das Aussehen eines Weihnachtsmanns in der Mauser. Frau Vincetti verschluckte sich an einer Feder, Johannes hatte sie an den Brillengläsern haften – der säurefeste Stoff unserer Uniformen zog die Daunen magisch an.

Günter ohne H war mit dem NEF vorgefahren und hatte die Geschichte bereits auf der Wache verbreitet – wir wurden erwartet. Als wir mit der Patientin in der Notaufnahme eintrafen, ließen wir eine verräterische feine Spur Gänsefedern hinter uns. Alle Blicke waren auf uns gerichtet und wir sammelten spöttische Bemerkungen ein.

»Hey, Benny! Geteert und gefedert? Hat die Damenwelt endlich konzertiert zurückgeschlagen?«, meinte Frank Strunz, der an der Aufnahme saß.

Johannes schlich schweigend hinter uns her.

»Wäre doch ein Titel für deine Doktorarbeit. *Die prohibitive Auswirkung von Modetrends bei der Reanimation,* oder?«, neckte ich ihn, als wir uns beim Hausmeister absaugen ließen.

»Das ist so peinlich.«

»Ich an deiner Stelle würde den Rettungsassistenten was spendieren. Die brauchen Stunden, bis der Wagen wieder einsatzbereit ist.«

Die nächste Fahrt ging in einen Schnellimbiss, wo sich eine Kundin, die einen epileptischen Anfall gehabt hatte, an einem frittierten Hühnerteil verschluckt hatte. Der Manager des Ladens hieß Vogelbein und flatterte während des Einsatzes aufgeregt um uns herum. Der Tag des Geflügels, ohne Zweifel.

TOBI WAR SEIT einer guten Stunde im Bett. Das Wohnzimmer war ausnahmsweise eine legofreie Zone und man konnte nachts im Dunkeln ungefährdet barfuß laufen. Ich hatte meinen Ableger vorm Zubettgehen gebeten, er solle doch die Steine aufheben. Danach sah der Kindsvater amüsiert zu, wie das possierliche Wesen grinsend auf dem Boden saß und einen Legostein nach dem anderen in die Hand nahm und wieder hinlegte.

»Ich meinte: Räum deine Legos weg, du kleiner Klugscheißer!« Insgeheim war ich stolz auf meinen Abkömmling und darauf, dass er meine hervorstechendsten Charaktereigenschaften geerbt hatte.

»*Sí, Señor!*«

Meine Mutter hatte bei ihrem letzten Besuch einen Teil meiner alten Lucky-Luke-Hefte mitgebracht. Es war klar, dass das schnellste Spermium von dem einsamen Cowboy, der schneller schießen konnte als sein Schatten, dessen Pferd Jolly Jumper und Rantanplan, dem grenzdebilen Köter, begeistert war. Er hatte eine Decke auf die Sofalehne geworfen, den Gürtel von Marias Bademantel als Zügel geliehen und ritt fortan mit seinem Eisbären *Ramdamdam* im Gefolge durch den Wilden Westen, den legendären Strohhalm im Mundwinkel.

»Papa, ich bräuchte eine Knarre, Munition, einen Cowboyhut und so Stiefel mit Spuren dran.«

»Das heißt Sporen und nicht Spuren. Soll ich das auf deinen Geburtstagswunschzettel setzen?« Ich war froh, dass Luke keine Fluppe mehr hatte, sonst hätte auch eine Schachtel Zigaretten auf Tobis Wunschliste gestanden.

»Nein, ich brauche das dringend. Zu gefährlich, ohne Waffe durch den Wilden Westen zu reiten. Wenn die Zombies kommen.«

»Kannst du nicht so lange das Lichtschwert nehmen?«

»Orr Papa, das gehört doch in den Weltraum, nicht in den Wilden Westen!«

»Dann musst du eben noch warten.«

»Ich frage Mama, ob sie mir Geld schickt. Wie viel brauche ich?«

»Bloß nicht! Wenn deine Mutter erfährt, dass ich dich mit Waffen spielen lasse, bekomme ich Ärger.«

»Dann frag ich Oma, oder?«

»Das mach mal.« Ich knuddelte meinen Sohn, wie ich das jeden Abend tat, ehe ich sein Bett verließ, holte mir aus der Küche ein Glas Rotwein und setzte mich damit auf die Couch im Wohnzimmer. Ich verband mein iPhone mit dem Boseteil auf dem Sideboard, meine erste Anschaffung für unser neues Domizil, ließ Deezer für mich Songs auswählen und suchte im

Internet nach Fortbildungen. Ich durchforstete die Angebote im Bereich Sportmedizin, Akupunktur, Naturheilverfahren und Dopplerkurse.

Während ich Tobi vorgelesen hatte, musste Maria heimgekommen sein. Ihre Aktentasche stand im Flur, und an der Badezimmertür war das Ampelmännchen auf Rot gedreht. Erst nach fast einer Stunde, ich hatte zwischenzeitlich einen Fortbildungskurs über Reisemedizin in Berlin fest gebucht, hörte ich, wie sich die Tür zum Bad öffnete. Kurze Zeit später kam meine Mieterin im grauen Jogginganzug barfuß in das Wohnzimmer gelaufen und lächelte mich an.

»Wie war dein Tag?«, fragte ich und verschluckte den Zusatz *Schatz*, der mir auf der Zunge lag. Maria war mir in der kurzen Zeit sehr vertraut geworden. Brandstätter, konstatierte ich, du bist drauf und dran, dich zu verlieben. – Warum auch nicht? Es war Tradition, dass ich mir immer die Frauen aussuchte, die am schwersten zu bekommen waren. Einfach kann schließlich jeder.

»Durchwachsen. Ich hatte morgens eine Verhandlung und am Mittag musste ich mich mit einer nervigen Familiensache rumschlagen. Stell dir vor, der Typ ist zweiundachtzig, möchte die Scheidung und hat mir haarklein jede kleine Macke erzählt, die seine Frau in den sechzig Jahren Ehe entwickelt hat. Das Schlimmste war wohl, dass sie nie den Sitz im Auto zurückgestellt hat, nachdem sie damit gefahren ist. Er misst nämlich stattliche eins fünfundneunzig und die Holde nur eins zweiundfünfzig und er musste sich ein Eheleben lang immer hinters Steuer zwängen. Vergangene Woche hat er sich dabei einen Hexenschuss geholt, und das brachte das Fass zum Überlaufen. In dem Moment hat er beschlossen, sich scheiden zu lassen.« Sie seufzte und setzte nach: »Ich bin eh dafür, dass man mit achtzig den Führerschein abgeben sollte, das hätte mir viel Arbeit erspart. Und du so? Heute im Heim des Grauens gewesen und auch mit Oldies rumgeplagt?«

Ich überlegte kurz: »Mein Highlight war ein Sechsundzwanzigjähriger, der eine Hodensackverkleinerung wollte, weil ihn seine Freundin sonst nicht mehr in den Mund nehmen würde. Sie hätte Angst zu ersticken und er steht halt mal drauf.«

Maria blähte beide Backen auf, legte die Hände um den Hals und tat so, als würde sie qualvoll verenden. »Stört es dich, wenn ich etwas auf dem Flügel spiele? Das erdet mich nach einem Arbeitstag ziemlich schnell.«

»Nein, im Gegenteil. Mach ruhig.« David Draiman von Disturbed war gerade in den letzten Zeilen seiner stimmgewaltigen Version von *Sounds of Silence* angekommen. *And the sign said, ›The words of the prophets are written on the subway walls. And tenement halls‹. And whispered in the sounds of silence.*

Ich unterbrach den Kontakt zu Deezer. Maria übernahm die Melodie nahtlos und sang mit sehr leiser, ungeübter Altstimme den Text dazu. »Sorry, ich bin nicht die größte Sängerin der westlichen Hemisphäre.«

Das musste sie auch nicht sein. Ihr Klavierspiel war dafür umso besser. »Probiers ruhig lauter, das Gefühl stimmt.«

Maria schüttelte den Kopf und begann ein neues Stück. »*I heard he sang a good song. I heard he had a style. And so I came to see him and listen for a while. And there he was this young boy, a stranger to my eyes* ...«

Singen war meine Leidenschaft. Ich konnte nicht anders und fiel ein: »*Strumming my pain with his fingers. Singing my life with his words. Killing me softly with his song. Killing me softly with his song. Telling my whole life with his words* ..."

Maria unterbrach ihr Spiel nicht, öffnete aber kurz die Augen und warf mir diesen Blick zu, den ich oft erntete, wenn mich jemand zum ersten Mal ohne Vorwarnung singen hörte.

Wie man es drehte und wendete, ich war mit einer endgeilen Tenorstimme beschenkt worden, die ich in unzähligen Übungsstunden noch verfeinert hatte.

»Gib zu, du hast geübt«, neckte Maria mich, als wir fertig waren und sie weiter auf der Tastatur herumklimperte.

»Nope, ich bin ein Naturtalent. Hast du dich noch nicht gewundert, warum mich Tobi Troubadix nennt?«

»Soweit ich mich erinnere ist Troubadix ein miserabler Musiker und endet immer gefesselt und geknebelt am Rande der Gallierfestivitäten.« Ich war mittelschwer begeistert. Maria schien über ein breites Comicwissen zu verfügen. »Dann bin ich mal gespannt, ob das Naturtalent auch das hinbekommt. Pass auf. *Outside another yellow moon ...*«

Die erste Textzeile genügte mir meist, um zu wissen, um was für ein Lied es sich handelte. Ich kannte die Originalversion von Tom Waits und das Rod-Stewart-Cover. Seit der letzten Folge der Serie *How I Met Your Mother* gehörte *Downtown Train* in der melancholischen Interpretation von *Everything But The Girl* zu einem meiner Lieblingssongs.

»*I climb through the window and down the street. I'm shining like a new dime. The downtown trains are full with all those Brooklyn girls ...*«, sangen wir zusammen. Nach der Zeile »*They try so hard to break out of their little worlds*« musste ich allein weitersingen. Maria rannen die Tränen die Wangen herunter. Sie spielte den Song schniefend zu Ende und stand auf: »Entschuldige, ich gehe schlafen.«

»Ich hoffe, es lag nicht an meinen Gesangskünsten.«

Maria schüttelte den Kopf.

»Kein Problem. Wenn ich irgendwie helfen kann ... Ich lungere noch einige Zeit auf deiner Couch rum.«

»Gute Nacht, Benny.«

»Schlaf gut, Maria.«

Dafür, dass unsere Mitbewohnerin sich auf ein Leben mit ihrem Traummann vorbereitete, war sie meiner Auffassung nach sehr labil. Ich wartete noch, bis sie im Bad fertig und in ihrem Zimmer war, dann löschte ich alle Lichter aus, ging selbst zu Bett und schlief wie ausgeknipst ein.

MEIN ACHTZIGERJAHRE-RADIOWECKER, der mich auch in diese Wohnung begleitet hatte, zeigte 1.47 Uhr an, als ich durch das Geräusch der sich schließenden Badezimmertür geweckt wurde. Im Flur war alles dunkel. Kurz darauf öffnete sich die nur angelehnte Tür zu meinem Zimmer. Ich konnte vage eine Silhouette in der Dunkelheit ausmachen, ehe sich die Tür wieder schloss. Tobi nahm normalerweise nie sein Bettzeug mit, sondern schlüpfte unter meine Decke. Er roch normalerweise auch nicht nach *Simply* von Jil Sander.

»Kann ich bei dir bleiben heute Nacht? Ich kann nicht allein sein.«

»Klar, was ist los?«

»Nur schlafen, nicht reden. Bitte.«

Damit war die Nacht für mich zu Ende. Maria schlief zwar vollkommen leise und ohne sich jemals zu bewegen, aber mein Beschützerinstinkt ließ mich bei jedem irregulären Atemzug aufschrecken.

Um 2.56 Uhr hörte ich Tobi auf die Toilette gehen und überlegte, ob ich aufstehen sollte, um ihn zurück in sein Zimmer zu bringen. Ich überlegte zu lange und das schnellste Premium stand bereits im Türrahmen, *Ramdamdam* im Arm.

»Komm hinten rum, Maria schläft bei mir«, flüsterte ich.

Tobi tapste um die Bettcouch, kletterte über mich drüber, drückte sich zwischen uns und deckte sich mit beiden Decken zu. »Das ist voll *gemüterlich,* mit euch beiden im Bett.«

Meine Augen hatten sich an die Dunkelheit gewöhnt. Der schmale Streifen fahlen Mondlichts, der durch die Rollläden fiel, reichte aus, um Details zu erkennen. Maria drehte sich um. Wir sahen uns einen Moment in die Augen. Ich spürte, dass sie das Gleiche dachte wie ich. »*Wie eine richtige Familie.*«

Tobi unterbrach das Schweigen: »Maria, bist du auch verwirrt?«

»Sehr sogar, Tobi.«

»Dann ist doch gut, dass du uns hast. Papa passt auf uns auf, die ganze Nacht. Der hat Superkräfte wie der *Silver Surfer.*« Tobi war etwas von Batman abgekommen, als er gemerkt hatte, dass der Held im Fledermauskostüm keine wirklichen Superkräfte besaß, sondern nur reich und intelligent war.

Das war er, mein Traum seit so vielen Jahren, endlich mit Frau und Zwerg im gleichen Bett zu liegen und zusammen einzuschlafen. Mir kam ein Song von Tracy Chapman in den Sinn. »*But you can say, baby. Baby, can I hold you tonight? Maybe if I told you the right words. Uhhhhh. At the right time, you'd be mine.*«

Die Brandstätter'schen Träume waren in der Umsetzung keine einfachen Träume mehr, sie waren endlos kompliziert und manchmal sogar schmerzhaft. Ich hätte jetzt meinem Gefühl nachgeben und über Tobis Kopf Marias Hand nehmen und sie festhalten müssen. Wir hätten die Augen verdrehen müssen, weil Tobi uns davon abhielt, Sex zu haben, was nicht schlimm war, weil wir morgen oder übermorgen oder nächste Woche alles nachholen konnten. Im richtigen Leben würde Maria am Wochenende nach Ägypten fliegen, uns zurücklassen und auf diesem vermaledeiten Boot einen Engländer mit Stahlkörper pimpern.

Generäle und Großeltern

Frau Gutemann empfing mich im Stationszimmer des Heims des Grauens mit den Worten »Der *General* will einen Arzt sehen.«

»Kann das nicht warten, bis mein Kollege wieder da ist?«

Der *General* alias Bodo Jungfer war ein fünfundsiebzigjähriger Sonderling, der in seinen besten Jahren der Leiter des Bundesgrenzschutzes am Münchner Flughafen gewesen war, bis ein Schlaganfall ihn relativ früh arbeitsunfähig gemacht und an den Rollstuhl gefesselt hatte. Seine einzige Tochter war mit einem bedeutenden CEO einer Bank verheiratet, lebte in Stuttgart und hatte für den Vater eine der Luxussuiten im obersten Stockwerk des Pflegeheims angemietet.

Der Apoplex hatte eine linksseitige, schwere Gesichtslähmung hinterlassen, sodass Herr Jungfer sehr schwer zu verstehen war, was er durch Lautstärke zu kompensieren suchte. Er litt zudem unter Schluck- und Orientierungsstörungen und sah den ganzen Tag aus dem Fenster, auf der Suche nach Flugzeugen am Himmel. Er gab vor, anhand des Kondensstreifens den Flugzeugtyp bestimmen zu können.

Ich nahm den Fahrstuhl. In der fünften Etage war der allseits vorhandene dezente Uringeruch verschwunden, ein blumiges

Raumparfum lag in der Luft. Ich ging die paar Schritte bis zur Wohnung des Seniors und klopfte. Das »*Herein*« kam prompt und in zackigem Befehlston. Der Rollstuhl stand wie üblich am Fenster.

Der *General* drehte mir den Kopf zu. »Sie wünschen?«

»Sie wollten mich sprechen?«

»Nicht, dass ich mich erinnere. Kennen wir uns?« Es klang mehr wie »*Nchtssmcherinnre. Kennwrns?*« Aber ich war schon immer gut im Zwischen-den-Zeilen-Lesen gewesen und ein aufrechter Schwabe braucht keine Vokale.

»Ich habe Sie vor ein paar Wochen bereits einmal untersucht. Ich bin der Assistent von Doktor Schneider.«

»Doktor Wolfram Schneider vom BND?«

»Doktor *Wolfgang* Schneider aus der Arztpraxis.«

»Sie sind selbst Arzt?«

»Kann man so sagen.«

»Ich habe auch einen Doktortitel«, informierte der Greis mich. »Doktor der Jurisprudenz.«

»Aha, aha.«

»Und was wollen Sie von mir?«

»Das kommt ganz auf Sie an. Was fehlt Ihnen denn?«

»Ich habe meine Frau schon lange nicht mehr gesehen. Sie fehlt mir schon etwas. Sie konnte so gut kochen. Wissen Sie, wo sie geblieben ist? Sie ist vom Einkaufen nicht mehr nach Hause gekommen.« Bodo Jungfer blickte betrübt zu Boden.

»Nein, das tut mir leid, das weiß ich leider nicht. Aber ich kann ja unten mal Bescheid sagen, dass man nach ihr Ausschau hält.«

Der Patient nickte. »Einverstanden.«

»Dann kann ich ja gehen.« Ich hatte mich schon umgedreht, als mich Doktor Jungfer zurückrief.

»Wenn Sie schon mal da sind – ich habe ständig ein Druckgefühl im After.«

Ich holte tief Luft und schluckte. Für Anales war ich noch nie besonders zu haben gewesen. Ich stellte meine Tasche ab und sah in der Akte nach. Der Patient hatte einen äußerst langsamen Stoffwechsel und musste nur jeden dritten, vierten Tag aufs Töpfchen beziehungsweise machte die Windeln voll.

»Das mag daran liegen, dass Sie nicht jeden Tag Stuhlgang haben und wahrscheinlich zu wenig trinken, dann sind die Ausscheidungen sehr hart und das drückt gerne mal auf den Enddarm. Das ist kein Grund zur Besorgnis.«

»Ich sorge mich aber, junger Mann!« Dann sah er sich im Zimmer um und winkte mich zu sich heran. Er wedelte so lange weiter, bis ich mit dem Ohr fast direkt vor seinem Mund war. Dann flüsterte der *General* mir zu: »Ich werde hier überwacht und kann nicht frei sprechen. Fahren Sie mich ins Bad und lassen Sie das Wasser laufen.«

»Hören Sie, dazu fehlt mir leider die Zeit. Ich muss noch nach anderen Patienten schauen.«

»Sind das auch alles Privatpatienten?«

»Nein, Kassenpatienten.«

»In der Schublade meines Nachtschränkchens ist meine Geldbörse. Nehmen Sie sich hundert Mark und dann fahren Sie mich ins Bad. Ich werde gefoltert hier«, flüsterte mir der vorzeitig vergreiste Mann zu.

Wohl oder übel fuhr ich den Rollstuhl ins Bad, drehte den Wasserhahn auf und fragte: »Wer quält Sie denn?«

»Dieser homosexuelle Pfleger mit den Ringen in den Ohren. Er steckt mir nachts heimlich Dinge gegen meinen Willen in den After!«

Ich überlegte kurz, ehe mir der Name des einzigen Pflegers mit Ohrringen einfiel, der Doktor Jungfer entjungfert haben könnte: »Sie meinen Knut Holzwarth?«

»Genau der! *Schwulinette!* Empfindet ein perverses Vergnügen dabei. Ich höre immer sein Lachen! Wahrscheinlich ist er auch am Verschwinden meiner Frau schuld.«

Der junge Pfleger hatte mir erst in der vergangenen Woche Fotos seiner beiden neugeborenen Zwillingstöchter Mia und Leah gezeigt, die im Arm der Mutter lagen. Wenn einer nicht schwul war, dann wohl er. Nur würde es nicht viel nützen, zu versuchen, dies dem ehemaligen Grenzschützer zu erklären.

»Das ist unglaublich! Ich werde es unverzüglich der Heimleitung melden!«, versprach ich.

»Wollen Sie den Gegenstand nicht entfernen und als Beweismittel sichern?«

»Nein! Das erledigt sich viel schonender auf natürlichem Weg. Sammeln Sie den Inhalt Ihrer Windeln bis ich oder Doktor Schneider das nächste Mal kommen, dann können wir etwas dagegen unternehmen.«

»Sehr gut, junger Mann. Sie gefallen mir!«, lobte Doktor Jungfer mich. »Wir werden einen Präzedenzfall daraus machen. Ich bin sicher nicht der Einzige, der unter dem Perversling leiden muss.«

»Wir sehen uns dann nächste Woche«, verabschiedete ich mich in der Gewissheit, dass mein Kollege die nächsten vierzehn Tage die Heimbetreuung übernehmen musste, weil ich zu einer Fortbildung in Ulm sein würde.

Im Stationszimmer besprach ich den Fall mit Frau Gutemann. »Das stimmt schon. Knut hat ihm letzte Woche ein Klysma verabreicht. Bei der Verstopfung und dem harten Stuhlgang haben wir es mal ausprobiert. Das müsste aber in der Akte vermerkt sein.«

»Ist es leider nicht. Sonst wäre ich selbst auf die Idee gekommen, dass das der Stein des Anstoßes war.«

Frau Gutemann seufzte. »Wir mussten dem General auch das Handy wegnehmen. Er hat nach dem Klysma x-mal die

Polizei angerufen, dass er misshandelt und gefoltert wird. Die fanden das nicht mehr witzig. Wir auch nicht.«

Am Schwarzen Brett über Frau Gutemanns Schreibtisch stand ein Spruch, den ich in mein Repertoire aufnahm: *Vor einem Problem wegrennen vergrößert nur die Entfernung zur Lösung.*

Ich hatte Marias Convenienceküche in den letzten Wochen nicht nur gerätetechnisch aufgepimpt. Das lächerlich kleine Gewürzregal, auf dem neben gemahlenem weißen Pfeffer lediglich ein Salzstreuer und eine abgelaufene Fertig-Gewürzmischung für Braten standen, hatte ich durch ein wesentlich größeres ersetzt und alle gängigen Kräuter und Gewürze gekauft. Ich röstete klein geschnittenes Gemüse als Zutat für ein Ossobuco an und probierte von dem eleganten Primitivo di Manduria 14. Das Aroma reifer Pflaumen mit einer feinen Schokoladennote stieg mir in die Nase. Der im Barriquefass ausgebaute italienische Rotwein aus Apulien hielt auch dem Schlucktest stand und schmeckte lange nach. Ideal, um das Gericht aus Kalbsbeinscheiben zu veredeln.

Maria war vor wenigen Minuten vom Laufen zur Tür hereingekommen und stand jetzt in Socken, Sport-BH und Unterhose neben mir. Fräulein Pavlidis hatte für ihr Alter bemerkenswert gutes Bindegewebe, musste ich feststellen. Die kleine Speckschicht auf dem Bauch war nicht unattraktiv.

Sie nahm mein Glas und roch an dem Wein. »Schade, dass ich nicht trinke. Riecht nach mehr, das Stöffchen.«

»Einen Schluck würde der Arzt deines Vertrauens unter Aufsicht genehmigen.«

Maria schüttelte kurz den Kopf. Sie setzte das Glas mit einer verlegenen Geste ab, nahm das Schneidebrett mit der kleingehackten Petersilie hoch und schnüffelte ebenfalls daran. »Das riecht wie meine *Giagia*. Was ist das für Zeug?«

»Glatte Petersilie. *Giagia*?« Mein Kopfkino ging an. Ich hoffte inständig, *Giagia* war kein griechischer Kosename für Marias Intimbereich. Ganz so würzig musste meiner Meinung nach keine Frau riechen, mit der ich Sex haben wollte.

»Griechisch für Oma. Voll der Flashback. Kindheitserinnerung pur. *Giagia* hat auch ständig gekocht und gebrutzelt. Ihr Lieblingsspruch war: *Die Kinder der Vernünftigen kochen, bevor sie Hunger haben.*«

»Aha, aha.« Ich atmete auf. Es musste eine schöne Erinnerung sein, Marias Gesichtsausdruck zufolge. »Erzähl von deiner Oma.«

Maria holte sich eine Flasche Wasser aus dem Kühlschrank, setzte sich auf den einzelnen Barhocker an die Küchentheke und bekam einen verträumten Ausdruck.

»Ich bin aufgewachsen in einer Nachkriegssiedlung in Untertürkheim, die Großeltern haben einen Stock über uns gewohnt, die Schwester meiner Giagia und ihre Tochter im Nachbarhaus. Der ganze Kiez war mit Verwandten infiltriert. Ich war die Einzige, die aus dem Viertel aufs Gymnasium gegangen ist. Nicht, weil meine Eltern das wollten, sondern weil mein Lehrer in der vierten Klasse gemeint hat, ich sei zu intelligent, um wie alle meine Freundinnen in der Realschule zu landen. *Baba* hatte damals gerade das Restaurant aufgemacht und meine Eltern hatten weder Zeit noch Geld für mich. Meine Klassenkameradinnen hatten alle Klavierunterricht. Die kleine Pavlidis musste nach Zahlen *Für Elise* auf einer Bontempiorgel vom Flohmarkt spielen. Ich habe mir erst später, als ich eigenes Geld verdient habe, Klavierunterricht geleistet.«

»Hört sich aber an, als würdest du dein ganzes Leben schon spielen«, schleimte ich mich ein.

Maria reagierte nicht darauf und erzählte weiter: »Meine Freundinnen besaßen sämtliche Barbiepuppen, die es gab, ich musste mit den abgelegten meiner Cousine spielen. Nafsika ging nicht gerade zimperlich mit ihren Puppen um. Sie hatten alle Nagelscherenhaarschnitte, aufgemaltes Schamhaar und Kugelschreiber-Tattoos. Ihre Barbies wohnten alle am Strand, deshalb waren Röcke und Hosen ebenfalls mit der Nagelschere gekürzt. *Beachwear*, sozusagen.«

»Das Phänomen ist mir nicht unbekannt. Meine He-Man-Figuren waren mir heilig und sahen auch Jahre nach dem Kauf noch aus wie aus dem Laden. Meinem kleinen Bruder hatte ich bei Todesstrafe verboten, die Figuren ohne meine Erlaubnis auch nur anzusehen. Daraufhin hatte er in einer Bastelstunde sämtliche Monchichis, die ich ihm großzügig vererbt hatte, äußerst kreativ mit Hilfe von Leukoplast, Heißkleber, Alufolie und Lametta in martialische He-Man-Figuren verwandelt. Unser Mütterlein bekam beim Anblick der gepimpten Sammelobjekte beinahe einen Weinkrampf«, trug ich zur Unterhaltung bei und briet nebenbei die Beinscheiben in heißem Öl an.

»Mein Bruder und ich waren nach der Schule immer bei Oma Olympia. Das Lokal lag in Vaihingen, wie hätten wir da hinkommen sollen? Meine Großmutter trug tatsächlich noch ein Kopftuch, wenn sie aus dem Haus ging, und sprach kaum Deutsch. Ihre kleine, chaotische Wohnung war gespickt mit Textilien mit gewöhnungsbedürftigem, floralem Mustermix. Überall hingen und standen Ikonen, auf denen Heilige leidend gen Himmel geguckt haben. *Giagia* war der Mittelpunkt der Familie. Sie konnte genial kochen. *Baba* hat ihre Rezepte in der Wirtschaft nachgekocht.«

Maria nahm sich einen Marsriegel aus der Schale, die auf der Theke stand, und wollte ihn aufreißen.

Ich schlug ihr mit dem Kochlöffel auf die Finger: »Nicht vorm Essen, junge Dame, und geh duschen und dir was Anständiges anziehen! Hier ist potentes Mannsvolk anwesend, da rennt man nicht so unbekleidet rum!«

»Aua! Potentes Mannsvolk? Aha, aha«, machte sie mich nach, legte den Schokoriegel aber brav zurück. »*Giagia* war morgens um vier schon wach und stand in der geblümten Kittelschürze in der Küche. Gegen die Taschen von dem Teil war Hermines Handtäschchen ein Witz. Egal, was du gebraucht hast, meine *Giagia* hatte es dabei. Pflaster, Bonbons, Reißnägel, Wurzelbürste, Angelschnur, Briefmarken, Spalttabletten – was du dir vorstellen kannst. Hauptsache, es waren keine Batterien drin. Davor hat sie sich gefürchtet, vor Dingen, die mit Batterie liefen. Und vor Spinnen.«

Ich schmorte jetzt Tomatenmark an. Maria sah zum Verlieben aus mit diesem sanften Lächeln, das die Erinnerung auf ihr Gesicht zauberte. Statt des Schokoriegels fischte sie ein saures Fruchtgummi, das aussah wie ein vertrockneter Regenwurm, der sich in Zucker gewälzt hatte und schon Wochen rumliegen musste, aus der Schale und lutschte abwesend daran herum. Ich schluckte und sah weg. Alles, was Maria tat, löste in letzter Zeit in meinem Körper eine Palastrevolution aus.

»Über der Kittelschürze trug *Giagia* stets das gleiche kurze Strickjäckchen im Paisleymuster, den mittleren Knopf über dem rundlichen Bauch geschlossen. Die Jacke roch genau wie dieses Gewürz hier. Ich habe sie als Kind so oft angezogen. Es gab mir immer das Gefühl, aufgehoben zu sein. Meine *Mana* war nicht sonderlich mütterlich. Meine *Giagia* hat das perfekt kompensiert«, schmatzte sie.

Nicht mit vollem Mund, dachte ich automatisch und hatte konkrete Vorstellungen davon, wie der Abend enden sollte.

»Ich weiß noch, als ich das erste Mal meine Periode hatte. Man war ja durch die *Bravo* und Klassenkameradinnen theoretisch drauf vorbereitet und wusste Bescheid. Aber wenn dir das Blut das erste Mal die Beine runterläuft, wenn du im Sommer von der Schule nach Hause läufst, und du die merkwürdigen

Schlieren bemerkst, dann denkst du trotzdem, du musst sterben. Die Mütter meiner Klassenkameradinnen haben voll cool darauf reagiert, meine Mutter hat nur gemeint: ›Maria, du bist jetzt eine Frau und musst mit den Kerlen aufpassen! Lass keinen an dich ran, sonst wirst du schwanger.‹ Dann hat sie mir eine Packung Monsterbinden gekauft und mir mit den Worten ›Du musst die regelmäßig wechseln und dich waschen da unten, sonst riecht das‹ in die Hand gedrückt. Ich habe die Dinger gehasst. Das war wie Briketts zwischen den Beinen und du bist gelaufen wie John Wayne persönlich. Die Plastikeinlage hat bei jeder Bewegung geraschelt. Sport und Reiten ging in der Zeit auch nicht. Nicht, dass ich die Aussicht auf Reitstunden gehabt oder gerne Sport gemacht hätte – trotzdem ärgerte es mich. Die dummen Sprüche von den Jungs, wenn du auf der Seitenbank gesessen bist und zugeguckt hast. Ich habe euch damals alle gehasst. Es wurde besser, nachdem ich bei einer Freundin zu Besuch war und ich unverhofft meine Tage bekommen habe. Piroschkas Mama hat mir einen Tampon in die Hand gedrückt. Bis ich das erste Teil in mir drin hatte, bin ich beinahe gestorben und war danach völlig verschwitzt und fertig. Ich weiß nicht, wie man als Frau vergessen kann, die Dinger rauszunehmen. Ich spür das den ganzen Tag.«

Das hatte jetzt etwas gegen meinen Libidoüberschuss geholfen. Maria legte noch eines drauf.

»*Giagia* hat gemeint, Frauen müssten bluten, weil Eva Gott damals hintergangen hat. Das wäre die Strafe für die Erbsünde und dass Jesus auch für mich gestorben sei. Sie hat ihre Sätze mit ›*Maria, paidi tou Theou!*‹ angefangen und dann in einem gebrochenen Deutsch-Griechisch-Mix weitererzählt und mich unentwegt nebenbei gefüttert. Das Ergebnis: Maria, das Kind Gottes, war bis zu ihrem achtzehnten Geburtstag ein pummeliges, pickliges, unglückliches Mädchen. Dann ist ihre *Giagia* gestorben und Maria hat abgenommen.«

Ich löschte das Tomatenmark mit dem Rotwein ab und kratzte den Boden des Bräters ab, um die Röstaromen freizusetzen.

Maria verzog die Nase, was mich wieder auf Spur brachte. Ich hätte meine Mitbewohnerin mit Haut und Haaren zur Vorspeise verputzen können. »Das riecht lecker, Benny.« Der saure Wurm war aufgegessen. Fräulein Pavlidis leckte den Zucker von ihren Fingern. Mir war danach, um Gnade zu winseln.

»Samstagsmorgens sind wir immer mit dem Bus zu *Papous* Grab auf den Friedhof gefahren. Die schrecklichen Plastikblumen erneuern, ums Grab herum harken und für seine Seele beten. Ich kann mich an diesen großen Mann nur noch schwach erinnern. Er hatte ein breites, gutmütiges Lächeln und eine Halbglatze. Er hat mich immer in den Arm genommen und an sich gedrückt. Das Kratzen der Bartstoppeln auf meiner Haut kann ich heute noch fühlen. Mein *Papou* hatte mit meiner *Giagia* zusammen neun Kinder gezeugt, wovon nur sechs erwachsen wurden. Meine Großmutter hat mir einmal erzählt, dass sie sich kein einziges Mal nackt gesehen hätten. Unglaublich, oder? Über dem Ehebett hing ein riesiges kitschiges Bild mit Goldrahmen. Mit einem wunderschönen Jesus unter Schafen, der einem kleinen Mädchen mit Blütenkranz im Haar die segnende Hand auf den Kopf legte. Ich wollte immer so sein wie dieses kleine Mädchen – blond, mit seidigen Locken und blauen Augen.«

Die südländische Maria mit ihren erotischen dunkelgrünen Augen und der üppigen brünetten Mähne wollte wie Sarah sein, deren Blond aus der Flasche kam und das umwerfende Blau der Augen von Kontaktlinsen. Ich gab das Fleisch dazu, stellte den Bräter in den vorgeheizten Backofen und überlegte, inwiefern sich die Optik auf den Charakter eines Menschen auswirkte.

Mein Bruder Björn und ich hatten zwar ähnliche Gesichtszüge und den gleichen androgynen Körperbau – er war jedoch blond und hatte blaue Augen. Vom Wesen her waren wir so unterschiedlich, wie Brüder nur sein konnten.

Maria sprach in meinem Rücken ungebremst weiter. »Wenn man bei *Giagia* schlief, dann unter einem so dicken Plumeau, dass man als Kind das Gefühl hatte, erdrückt zu werden. Im Winter war das Schlafzimmer ungeheizt. Stavros und ich wollten dann immer miteinander kuscheln, um uns warm zu halten, aber Oma hat das strengstens verboten. Das gehörte sich nicht. Ich musste bei ihr unter der Decke schlafen und Stavros allein in Opas Bett.«

»Aus gutem Grund, weiß man doch, dass in kleinen griechischen Dörfern die Hälfte der Bevölkerung inzestuösen Begegnungen entstammt«, meinte ich.

»Ah ja, interessant. Aus welchem sehr, sehr kleinen Dorf kommst du dann?«

Ehe ich antworten konnte, dass man in meiner Familie stets bemüht war, das Blut durch die Heirat mit Auswärtigen aufzufrischen und dass ich deshalb so gut gelungen war, stürmte mein Kind, das aktuell auf den Namen Tobi Skywalker hörte, mit Lichtschwert bewaffnet in die Küche. Rechts trug er einen bei meiner Mutter konfiszierten hautfarbenen Wildlederhandschuh, der eine Handprothese darstellen sollte. Mein detailverliebter Stammhalter fuchtelte mit dem Schwert vor meiner Nase herum, meinte, er wäre die *Vorhaut* des Todesschwadrons, verkündete das Ende von Darth Vader und wollte wissen, wann es endlich was zu essen gäbe, ehe er verschwand. Maria verschluckte sich am Mineralwasser und hustete.

Ich nahm mein Glas und hob es: »Auf die Vorhaut des Todesschwadrons!«

»Ihr seid unbezahlbar.«

»Geh und erklär dem Kind, es muss die *Vorhut* heißen, sonst bekomme ich im Kindergarten die Hölle heiß gemacht«, bat ich Maria, um die Spannung zu nehmen und sie aus der Küche zu bekommen. »Und geh jetzt endlich unter die Dusche!«

»Zu Befehl, Benny Vader!«

»Die Macht sei mit dir!«, flüsterte ich und trank den kläglichen Rest des Kochweins.

Schuhe und Seele

Ich saß am Flügel, machte ein paar Fingerübungen und hörte, wie Tobi aus seinem Zimmer in den Flur gerannt kam, gefolgt von Genoveva. Es gab ein kurzes Handgemenge im Flur an der Garderobe. Dem Dialog zufolge ging es um »*Leuchtende Sneaker und Zombieangriffe*«. Tobi kam mit Genovevas Schuhen in den Händen an mir vorbeigelaufen, hielt an der geöffneten Terrassentür und warf das Paar in hohem Bogen über die gepflasterte Fläche ins Gebüsch. Ich wechselte zu *Spiel mir das Lied vom Tod*. Genoveva heulte. Tobi knallte die Terrassentür zu, verriegelte sie und drückte auf den Schalter, um den Rollladen herunterzulassen.

»So, das wäre erledigt.«

»Aber ich will meine Schuhe wiederhaben!«

»Ich habe es dir doch erklärt. Das ist zu gefährlich. Wenn die beim Laufen blinken, werden die Zombies aufmerksam und greifen an.«

Tobi und seine bis dato beste Freundin führten ihren Diskurs im Kinderzimmer weiter. An Tobis Stelle hätte ich keine Angst vor Zombies gehabt, sondern eher vor Genoveva. Die Fünfjährige verzog keine Miene, beobachtete mich immer mit dem gleichen unheimlichen Gesichtsausdruck und leeren

Blick. Sie erinnerte mich an eine schlechte Darstellerin einer Untoten in einem billigen Horrorfilm. Ob die Beziehung das Schuhmassaker überstehen würde, war spannend. Mein Sohn hatte unbestritten einen seltsamen Frauengeschmack. Weil ich mir im Schuhladen meiner Tante als Student etwas dazuverdient hatte, wusste ich: Mädels hatten oft schon sehr früh ein libidinöses Verhältnis zu ihren Botten. Ich holte im strömenden Regen die Sneaker herein, stellte sie im Flur auf die Schmutzfangmatte zum Trocknen und wurde von der Wohnungstür beinahe erschlagen. Eine verheulte Maria rannte grußlos an mir vorbei in ihr Zimmer und knallte die Tür hinter sich zu.

Ich war geflasht – Türen schlugen und zwei flennende weibliche Wesen auf wenigen Quadratmetern Wohnfläche, und ich war an keinem der beiden Nervenzusammenbrüche schuld. Ein absolutes Novum.

Ich setzte mich an den Flügel, suchte mit dem iPad im Internet die Noten und sang voller Inbrunst zu meinem Geklimper: »*But you see, it's not me, it's not my family. In your head, in your head they are fighting. With their tanks and their bombs. And their bombs and their guns. In your head, in your head, they are crying. In your head, in your head. Zombie, zombie, zombie. Hey, hey, hey. What's in your head, in your head? Zombie, zombie, zombie.*«

Nachdem Genoveva eine Stunde später von ihrem Vater ins Auto getragen worden war – die nassen Schuhe wollte sie nicht anziehen und barfuß laufen war nichts für die Prinzessin –, brauchte Tobi *seine Ruhe* und las einen Micky-Maus-Comic auf der Couch. Das Heftchen hatte er im Kindergarten unter der Hand gegen ein Duplo eingetauscht. Ich war der einzige Erziehungsberechtigte, der absolut keine Probleme damit hatte, wenn sein Kind neben Gemüse, Obst und Vollkornbrot in Maßen Industriezucker zu sich nahm. Somit war seine

Proviantdose ein seltener Schatz. Connys Mahnung, ich möge doch lieber Cerealienriegel ohne Schokolade und Zucker, aber dafür mit Vitaminen, Honig und Ballaststoffen reinlegen, überhörte ich geflissentlich. Ich war mit Laugenweckle aufgewachsen, zwischen deren Hälften ein Mohrenkopf gequetscht wurde, und war trotzdem kerngesund und gertenschlank.

Maria war seit ihrem Verschwinden nicht mehr aufgetaucht.

»Papa, warum hat Micky immer Handschuhe an?«

»Wegen der Fingerabdrücke. Der war früher Chef der Panzerknacker und hat ein ewig langes Vorstrafenregister. Wenn die ihn noch mal drankriegen, sitzt er für Jahre im Knast.«

»*Cool.* Was gibt's zu essen? Ich habe Hunger.«

»Karottensalat, Folienkartoffeln mit Joghurtdip, gegrillte Hühnerschlegel und als Nachtisch Panna Cotta.«

»Und sonst?«

»Reicht das etwa nicht?« Ich hatte Stunden in der Küche gestanden.

»Eigentlich schon.«

»Dann deck mal den Tisch und frag Maria, ob sie mitessen möchte.«

Den Tisch musste ich selbst decken, Tobi war in Marias Zimmer verschollen. Ich klopfte an die Tür und hörte ein zweistimmiges *Herein*. Mein Sohn und meine Untermieterin saßen auf dem Bett und lasen zusammen einen Asterix-Comic. Maria sah so aus, als hätte sie die letzten Stunden nur mit Weinen zugebracht. Ihre Lider waren ödematös und die Blutgefäße deutlich injiziert. Auf dem Bett lagen unzählige zusammengeknüllte Papiertaschentücher.

»Wollt ihr beiden was essen?«

»*Si, Señor!*« Tobi stürmte an mir vorbei.

Maria schüttelte den Kopf: »Ich bekomme nichts hinunter.«

»Meine Oma Ruth hat immer gesagt, essen hält Leib und Seele zusammen.«

»So viel kann ich gar nicht essen, wie meine Seele gerade kotzt.«

Fräulein Pavlidis drückte sich normalerweise nicht so direkt aus, ich hakte nach: »Was ist so Schreckliches passiert?«

Sie zog zur Antwort lediglich die Nase hoch.

»Meine Mama hat mich immer ermahnt, das nicht zu tun. Das bleibt für immer da oben«, zog ich Maria auf.

Das heulende Elend sah mich einen Moment aufmüpfig an: »Wie kann bei so lebensklugen Vorfahren so was wie du herauskommen? Regressive Genmutation?«

»Das war jetzt nicht nett«, bemerkte ich.

»Ich habe keine Taschentücher mehr.«

»Ich könnte aushelfen, wenn man mich nett bitten würde.«

»Dann ziehe ich es lieber weiter hoch!« Genau das tat sie äußerst geräuschvoll.

Ich schrie in den Flur: »Tobi, bring mal Tempos aus meinem Nachttisch.« Wozu hatte ich ein Kind, wenn ich es nicht benutzte?

»Dean kann nicht nach London kommen, das Boot musste ungeplant in die Werft und jetzt hat er kein Geld mehr für den Flug. Ich muss nächste Woche allein nach Hurghada fliegen.«

»Das tut mir leid für dich. Ihr seht euch dann eben eine Woche später. Ist doch nichts verloren.«

»Doch, ist es. Ich hatte mich so gefreut, seine Familie kennenzulernen und seine alten Freunde.« Sie schluchzte so, wie das nur Frauen und Kinder können. Männer verlernen das irgendwann. »Außerdem habe ich im ganzen Gesicht Stresspickel. Wie sieht das denn aus, wenn ich so in London rumlaufe? Die müssen doch alle denken, ich wäre in der Spätpubertät.«

Ich bemühte mich, nicht automatisch auf Marias Stirn zu starren, auf der tatsächlich eine beachtliche eitrige Pustel prangte. Konnte mir aber eine Bemerkung nicht verkneifen – lieber einen guten Freund verlieren, als auf einen schlechten

Witz verzichten: »In der Notaufnahme nennen wir das wissenschaftlich *Lochfraß*.«

Marias Blick war tödlich: »Ich hasse Ärzte und dich besonders!«

Inzwischen war Tobi mit der Packung Taschentücher eingetroffen. »Hast du immer noch *Heulschnupfen*, Maria?«

Ich hatte aufgegeben, meinem medizinisch total uninteressierten Sohn den Begriff *Heuschnupfen* zu erklären. »Du musst das falsch verstanden haben, Papa, es heißt doch auch Heulsuse und nicht Heususe.« Wahrscheinlich hatte ich in der Vorlesung tatsächlich geschlafen. Ich schlief damals sehr viel und gut in den Hörsälen der Uni Tübingen.

Die Heulsuse nickte und putzte sich geräuschvoll das Näschen.

»Komm, iss mit uns. Wir bringen dich auf andere Gedanken. Wetten?« Ich streckte die Hand aus.

Maria folgte mir an den Esstisch, murmelte aber in meinem Rücken. »Ich hasse dich trotzdem.«

Im Laufe von dreißig Jahren allein unter Frauen war ich resistent gegenüber diesem Satz geworden. Maria konnte das nicht wissen.

Tobi erzählte von den Gefahren, die von blinkenden Kinderschuhen ausgingen. Maria schob zwar ihr Essen mit der Gabel nur über den Teller, ohne einen Bissen zu sich zu nehmen, aber sie lachte und beteiligte sich am Gespräch.

»Papa, sind das wirklich die Beine von echten Hühnern?«, kam die Frage beim Abnagen eines Knochens.

»Jupp, das ist tatsächlich so.«

»Wie laufen die dann ohne Beine?«

Nach dem Essen entwarfen wir eine halbe Stunde lang Szenarien von beinamputierten Hühnern in Rollstühlen oder mit Holzbeinen und bauten mit Legosteinen fahrbare Untersätze. Maria lachte unbeschwert und ich wünschte mir, dass Dean mit seinem verfickten Dampfer im Roten Meer versinken würde.

DEAN WAR JEDOCH nicht spurlos mit seinem Boot verschwunden, im Gegenteil – der Wichser war erneut aufgetaucht. Maria hatte ihm das Geld für den Flug nach London und von dort zurück nach Hurghada vorgestreckt und verabschiedete sich am übernächsten Tag von uns.

»Schick mir Fotos vom Tower und Geköpften«, bat Tobi, der zwei Tage lang Marias Reiseführer für London auf Sehenswürdigkeiten und Souvenirs hin durchgesehen hatte.

Keine schlechte Idee, fand ich und hatte einen konkreten Vorschlag, wessen kopfloses Foto ich gerne geschickt bekommen hätte. Ich schwieg, drückte Maria zum Abschied und wünschte ihr alles Gute.

»So, Tobi, jetzt ist das endlich ein Männerhaushalt«, meinte ich, als das Taxi um die Ecke gebogen war.

»Was heißt das, Papa?«

»Das heißt: Ab sofort darf am Tisch gerülpst werden.«

»Pupsen?«

Mein Fleisch und Blut! Ohne jeden Zweifel!

Leichen und Zombies

Zusätzlich zu meiner Arbeit in der Praxis und den Notarztdiensten in der Margarinenklinik übernahm ich gelegentlich Schichten auf der Feuerwache in meiner alten Heimat in der schwäbischen Provinz. Tobi schlief dann bei meiner Mutter und verbrachte den Tag im Laden, den er beschlossen hatte zu übernehmen, sobald er mit der Schule fertig war.

»Damit Oma endlich mal zur Ruhe kommt«, meinte das Kind selbstlos und trieb seiner Großmutter Pfützchen in die Augen. Dass ihr materialistischer Enkel es in Wahrheit nur auf die Einnahmen abgesehen hatte, verschwieg ich ihr.

In Kleinstädten war der Notarztdienst wesentlich gechillter als in der Großstadt. Ich saß hauptsächlich auf der Wache in der Sonne oder bei den Feuerwehrleuten, die mich großzügig mitversorgten, und genoss zwischen den Einsätzen das Leben. Um kurz nach halb zwölf ging ein Notruf ein. *Frau, 68, ohne Bewusstsein.*

Wiegand Vogel, mein Fahrer, kannte sowohl die Adresse als auch die Bewohnerin. »Das ist ein Einfamilienhaus. Das kann nur die Tante Frieda sein. Da stimmt auch das Alter. Das ist eine Freundin meiner Mutter. Aber seit dem die noch mal geheiratet hat, habe ich die nicht mehr zu Gesicht bekommen.«

Aha, aha. *Google Earth* ist ein Scheißdreck gegen soziale Kontakte in der Kleinstadt. Wir hielten tatsächlich fünf Minuten später in der Innenstadt vor einem alten, heruntergekommenen Fachwerkhaus, das meiner Vorstellung eines Hexenhäuschens aus dem Märchen sehr nahe kam. Ich war als Kind auf dem Schulweg täglich daran vorbeigelaufen, hatte mir Gedanken über die Bewohner gemacht und darüber, wie ich, sollte ich je der Hexe zum Opfer fallen und eingesperrt werden, die Außenwelt auf mein Schicksal aufmerksam machen würde. Einen ganzen Sommer trug ich zwei Feuerzeuge und sechs Chinaböller der Marke *Nachbarschreck* in meinem Schulranzen, die mir mein Cousin Christoph letztes Silvester heimlich besorgt hatte.

Die Chinaböller waren laut Packungsaufdruck: *»Der Klassiker unter den Böllern! Weckt selbst Tote auf! Verbesserte Rezeptur! 110 Dezibel garantiert!«* Mit Luca, der fünf Häuser weiter wohnte und dessen Vater ein Schallpegelmessgerät besaß, hatte ich einen ganzen Nachmittag ausgetestet, ob die Herstellerangaben der Wahrheit entsprachen, bis seine Mutter die Packung genervt konfisziert hatte. Es hatte sich tatsächlich ein Nachbar bei ihr über den Lärm beschwert. Zu unserer Freude hatte Frau Hausmann die Knaller so schlecht in der Garage versteckt, dass wir sie wenige Stunden später wiedergefunden und unter uns aufgeteilt hatten. Geschäftstüchtiger Nachwuchsschwabe, der ich war, hatte mir Luca für seine dreißig Stück so viel bezahlt wie ich für die ganze Packung mit hundert.

Wiegand hatte den Motor ausgemacht, wir stiegen aus und packten die Einsatzkoffer.

An der einzigen Klingel stand: *Frieda & Dieter Auerbach.* Eine ganze Weile später machte ein ungepflegter Mann in den Sechzigern, dessen Haar ungewaschen am Schädel pappte, im senfgelben Trainingsanzug der Marke *Couchpotatoes* die Tür auf.

Der unverkennbare Verwesungsgeruch, der uns entgegenschlug, nahm uns kurzfristig den Atem.

»Gut, dass Sie so schnell gekommen sind. Der Frieda geht es nicht gut«, erklärte der Herr des Hauses und ging uns voraus.

Wiegand und ich sahen uns an. Wenn mich meine olfaktorische Wahrnehmung nicht täuschte, musste es Frieda schon länger ganz und gar nicht mehr gut gehen. Im engen Flur mit der niedrigen Decke war der typische Leichengeruch beinahe unerträglich. Entweder war Frieda vor Tagen dahingeschieden oder hier lag ein größeres Tier herum, das alles andere als lebendig war.

»Wir müssen die Stiege hoch.«

Die steile Holztreppe war so schmal, dass mein Fahrer und ich es mit den Notfallkoffern gerade eben so schafften. Mit jeder knarzenden Treppenstufe wurde der Gestank massiver. Ich überlegte, ob ich einen Mundschutz anziehen sollte.

Der ortskundige Fahrer erklärte: »Hier war ich oft als Kind. Meine Mutter und Frieda waren Freundinnen. Oben ist das Wohnzimmer, nicht?«

Dieter Auerbach nickte und öffnete eine niedrige Tür, bei der selbst ich das Gefühl hatte, mich bücken zu müssen. Ich stockte in der Öffnung und Wiegand lief auf mich auf. Da er mich um fast einen Kopf überragte, konnte er das Bild, das sich mir bot, zeitgleich sehen. Das Zimmer wurde dominiert von einem überdimensionalen Bett, das aus grobem Bauholz geschreinert war und auf dem zwischen zahlreichen Puppen und Kissen ein Wesen saß, das ich so auch noch nie gesehen hatte.

Wiegand Vogel brachte es auf den Punkt: »Heilige Scheiße! Was ist denn mit Tante Frieda passiert?«

Ich war sprachlos. Der Mitbewohner informierte uns: »Ich weiß es auch nicht. Sie spricht seit ein paar Tagen nichts mehr und essen will sie auch nichts mehr. Da habe ich lieber bei euch angerufen.«

Vor der Frau, die auf dem selbst geschreinerten Bett mit weit von sich gestreckten Extremitäten, erstaunt aufgerissenen Augen und einem grotesk geöffneten Puppenmund saß, stand auf einem Tablett eine riesige Portion Nudeln mit vier Scheiben Bratenfleisch übereinander getürmt. Die Soße war eingedickt und gräulich verfärbt. Tante Frieda erinnerte an die XXXL-Version einer aufblasbaren Gummipuppe.

»Sie isst doch sonst so gerne«, fügte Herr Auerbach hinzu. Angesichts der Körpermasse, die unbekleidet vor uns thronte, hatten wir keine Zweifel an der Richtigkeit dieser Aussage. Ich schätzte das Gewicht auf mindestens 300 Kilogramm.

»Die ist doch tot, du Spinner!«, bemerkte Wiegand ziemlich unprofessionell und öffnete das winzige Fenster.

»Woher willst du das denn wissen, du Schlaumeier? Ihr habt sie doch noch gar nicht untersucht«, wehrte der vermeintliche Spinner sich.

Er hatte recht. Es half nichts, ich musste näher an die Leiche ran, um eine unnatürliche Todesursache auszuschließen. Mir war von dem Geruch mittlerweile auch übel. Ich warf ein Kaugummi ein und zog schließlich doch einen Mundschutz über. Der frische Pfefferminzgeschmack ließ mich etwas aufatmen, die Wirkung hielt aber nicht lange vor. Ich zog Handschuhe an und sah nach, ob in Frieda Auerbach ein Messer oder Ähnliches steckte. Wobei es bei der Fettschicht eher unwahrscheinlich war, dass ein herkömmliches Messer irgendein lebenswichtiges Organ getroffen hatte. Der Körper wies an den Unterseiten beider Oberschenkel und Waden tiefe *Ulcera* auf und hatte deutliche Leichenflecken.

Ich trat einen Schritt zurück und sah mich im Zimmer um. Dem Bett gegenüber stand eine Videokamera, die an einen

Laptop angeschlossen war. »Ich denke, wir informieren besser die Polizei und die Feuerwehr.«

Die Feuerwehr war noch vor der Polizei da. Martin Schulz, der Zugführer, kam mit zwei Mann polternd die Treppe hoch. Ihnen ging es wie uns, sie standen sprachlos vor dem Bett und starrten mit offenen Mündern die Frauenleiche an.

»Bin ich bei *Verstehen Sie Spaß?*«, fragte Herr Schulz, ein gestandener Mann mit breiter Brust und dem Gesicht eines altgriechischen Vasenhelden.

»Schön wäre es«, antwortete ich und stellte eine vorläufige Todesbescheinigung aus.

Mit den beiden frisch eingetroffenen Polizeibeamten war das kleine Dachzimmer bis zum Anschlag gefüllt.

»Die ist jetzt wirklich tot, oder?«, fragte die junge Polizistin, die ganz grün im Gesicht war.

»Sieht ganz so aus.« In diesem Falle würden selbst Chinaböller der Marke *Nachbarschreck* die Verstorbene nicht mehr zum Leben erwecken.

»Was ist mit der Kamera?«, fragte einer der Feuerwehrmänner.

»Ihr wollt das nicht wirklich wissen«, bemerkte ein sehr junger Feuerwehrmann, der auf seinem Handy rumtippte und es anschließend rumreichte.

Unter dem Usernamen *@Fette_Frieda_Frisst* hatte der Gatte der Verstorbenen wohl die »Fütterungen« seiner nackten Frau ins Netz gestellt. Frieda Auerbach musste das nicht mal selbst tun. Der Herr Gemahl schob ihr Gabel um Gabel in den Mund und sprach dabei wie mit einem Kleinkind. Frieda machte nur Schluck- und Kaugeräusche und sagte kein Wort.

»Der hat die gemästet!«, bemerkte der Polizist fassungslos.

»Die war eine Freundin meiner Mutter. Die sah mal toll aus!«, heulte Wiegand.

»Was eine Sahneschnitte!«, bemerkte der junge Feuerwehrmann.

»Wie bringen wir den Pommespanzer hier raus?«, fragte M. Schulz.

»Kommt sie jetzt ins Krankenhaus?«, wollte Herr Auerbach wissen.

Wir sahen ihn alle erstaunt an und erklärten ihm, dass er einen Bestatter seiner Wahl informieren müsse, der seine tote Frau abtransportieren würde. Daraufhin brach der gute Mann völlig zusammen und überließ es dem Zugführer der Feuerwehr, sich um ein Bestattungsunternehmen zu kümmern. Zufälligerweise betrieb dessen Cousin eines direkt um die Ecke.

Um dem Übelkeit erregenden Gestank zu entgehen, suchte ich vor der Tür telefonisch einen Platz in einer psychiatrischen Klinik für den Mann. Als der Bestatter eintraf, gab es eine kurze Besprechung und dann erweiterte die Feuerwehr den Fensterdurchbruch im ersten Stockwerk mit schwerem Gerät. Das wurde verkompliziert durch die Fachwerkbauweise, auf deren Statik man Rücksicht nehmen musste, damit nicht das halbe Haus über den Rettern zusammenkrachte. Als der Rettungswagen mit Herrn Auerbach in Richtung Klinik abfuhr, schwebte seine Frau auf einer Korbtrage für Adipöse, die an einem eigens bestellten Schwerlastkran hing, sanft und schwerelos, gleich einer Feder zu Boden. Das strähnige schwarze Haar wehte wie ein letzter Gruß im Wind. Was für ein denkwürdiger Abgang für eine Frau, die die letzten Jahre ihres Lebens sicherlich nur noch wenige mühsame, atemlose Schritte hatte machen können. Der Bestatter hatte von einer Baufirma einen Lastwagen besorgt, auf dessen Ladefläche die Leiche, mit einer Plane verdeckt, abtransportiert wurde. Rings um uns war die gesamte Nachbarschaft zusammengelaufen und beobachtete mit uns das Spektakel.

Auf der Wache duschte ich ausgiebig und zog meine Ersatzklamotten an, die ich für alle Fälle immer im Auto hatte.

MEINE MUTTER KANNTE Frau Auerbach noch als Frieda Prinz, da diese früher bei ihr im Laden Baumwollgarn gekauft hatte, um daraus Kleider für ihre Puppen zu häkeln. Auch wenn die ärztliche Schweigepflicht mich nicht dazu verpflichtet hätte, hätte ich Mama die schmutzigen Details, wie wir ihre ehemalige Kundin aufgefunden hatten und wozu die Puppen gebraucht wurden, verschwiegen. Das Kind mit dem Hörvermögen eines Luchses und der Fantasie eines Drehbuchautors saß vor dem Fernseher, stopfte beidhändig MAOAM in sich rein und sah sich alte Folgen von *Wicky* an. Es reichte, dass Tobi Angst vor jeder Menge virtueller Zombies hatte, da musste ich ihn nicht auch noch mit real existierenden *Zombies* konfrontieren.

MARIA MELDETE SICH leider nur selten vom *Love Boat* und ich freute mich über jedes Wort von ihr.

22.15 Nachricht von Maria O.
Hi Benny! Es ist zum Kotzen!
Ich habe zum Lochfraß noch Herpes und einen
Scheidenpilz bekommen. So habe ich mir die Woche
mit Dean nicht vorgestellt. Mein Immunsystem hat
was gegen ihn.

BEI DER NACHRICHT überkam mich eine tiefe Schadenfreude. Unwahrscheinlich, dass die beiden Turteltäubchen bei dem Haut- und vor allen Dingen Schleimhautstatus ungezügelt Geschlechtsverkehr vollziehen würden. Ich gönnte Dean keine Sekunde Intimität mit Maria, die über Händchenhalten hinausging.

22.23 Nachricht an Oly Hippe
Dein Immunsystem weiß schon, was es tut.

Das ist die Dreifaltigkeit der karmatechnisch indizierten Krankheiten. Ich würde mir tiefgründige Gedanken drüber machen. ;-)

Marias Abwesenheit hatte ich genutzt, um Sarah endlich mal zu uns nach Hause einzuladen. Tobi hatte Genoveva eingeladen. Beide weibliche Wesen sollten bei uns übernachten, doch wie so oft im Leben ging der Plan nicht auf.

Ich hatte Parmaschinken auf Melonenschnitzen gezaubert, als Hauptgang gab es Penne arrabiata, wegen der Kinder nicht zu scharf, und als Nachtisch Crema Catalana, deren Zuckerkruste ich erst bei Tisch abflammte. Der kleine Pyromane mit meinen Genen war entzückt. Nachdem die Kinder im Bett waren, setzte ich mich mit Sarah auf Marias Couch und fühlte mich nicht sonderlich wohl dabei. Sarah sah mich verliebt an und näherte sich meinem Kopf bedrohlich. Mein Körper wollte mit jeder Faser mit ihr knutschen, mein Verstand ließ meinen Penis nach innen schrumpfen. Ich war verzweifelt, als sich Sarahs Gesichtsausdruck plötzlich veränderte.

Sie riß die Augen angstvoll auf, blickte in eine Ecke des Wohnzimmers und schrie: »Eine Ratte! Da hinten!«

Ich sah in die Richtung, in die ihr ausgestreckter Arm zeigte, und sah nichts außer einer Staubmaus unter dem Flügel. Ich musste unbedingt putzen, ehe Maria zurückkommen würde. »Da ist doch nichts!«

Aber Sarah ließ sich nicht beruhigen und verkündete, dass sie nie im Leben zusammen mit einer Ratte in der gleichen Wohnung atmen, essen oder gar schlafen könne. Sie packte ihre Handtasche und ließ mich mit den Worten zurück, dass sie erst dann wiederkäme, wenn das Tier aus der Wohnung sei. Für eine Frau, die in Reitställen groß geworden war, war eine Rattenphobie eine mehr als merkwürdige Reaktion.

AM NÄCHSTEN TAG kaufte ich in einer Zoohandlung eine Lebendfalle für Ratten und ließ mich beraten, was man da so als Köder nahm. Der Zoofachverkäufer, ein kleiner, rundlicher Mann mit Shorts und Brille, der aussah wie ein erwachsen gewordener Michel aus Lönneberga, meinte, es gäbe nichts, was Ratten nicht anlockte, aber ich sollte es mal mit Katzentrockenfutter probieren. Also nahm ich auch eine Minipackung Futter für Katzensenioren mit. Tobi stand derweil vor den Schaukästen mit possierlichen Hamstern und drückte sich die Nase platt.

»Na, Tobi, willst du immer noch einen Hamster?«, fragte ich und hoffte, dass er die Lust an Nagetieren verloren hatte.

»*No, Señor.*« Er packte meine Hand und sah mich glücklich lächelnd an. Ich kannte dieses Lächeln und diesen Blick und traute ihm nicht.

Zu Hause stellte ich das Teil strategisch geschickt in die Wohnzimmerecke und platzierte ein wenig von dem Katzenfutter an der vom Hersteller vorgesehenen Stelle. Dann begann das große Warten. Zu meiner Überraschung war das Katzenfutter jeden Morgen herausgeklaut, die Falle schnappte aber nicht zu. Tobi war nach wie vor merkwürdig desinteressiert an dem an sich spannenden Vorgang. Sarah wartete auf das Beweisfoto mit der gefangenen Ratte. Ich gab die Großwildjagd nach vier Tagen auf und stellte die leere Falle auf die Terrasse.

MARIA HATTE NICHT mehr auf meine Nachrichten geantwortet. Eine Woche später saß sie auf der Couch, als ich mit Tobi abends nach Hause kam; sowohl Lochfraß als auch Herpes waren verschwunden und die sonnengebräunte Anwältin sah zum Anbeißen aus – selbst eine vaginale Mykose hätte ich in Kauf genommen. Mir fiel ein Lied der Stranglers ein. »*Golden *brown texture like sun, lays me down with my mind she runs. Throughout the night, no need to fight. Never a frown with golden brown.«*

Nach einer kurzen Begrüßungsphase fragte sie mit zugekniffenen Augen: »Warum steht auf meiner Terrasse eine Mausefalle? Habt ihr Ungeziefer ins Haus geschleppt?«

Tobi verließ daraufhin das Wohnzimmer, um etwas nachzulesen, und ich erzählte die Geschichte mit der Ratte, unterschlug jedoch Sarah.

»Das Problem hat sich erledigt, die ist längst wieder bei ihren Kumpels in der Kanalisation«, beruhigte ich Maria.

AM FOLGENDEN SAMSTAG war gemeinsamer Großputz angesagt. Maria fand, dass die Wohnung während ihrer Abwesenheit übel gelitten hatte. Tobi hatte vorgeschlagen, Yoani einfliegen zu lassen, er hätte auch schon das Geld dafür zusammen. Beim Nachzählen waren nur 87,50 Euro in seinem Sparstrumpf und wir mussten selbst putzen. Tobi war für sein Zimmer zuständig, wir für den Rest der Wohnung.

»Hilf mir mal eben, die Couch vorzuziehen«, bat Maria, die als Soundtrack zum Putzen ihren geliebten George Michael gewählt hatte. Die CD hieß *Songs from the Last Century*. George legte eine hauchzarte Version von *The First Time Ever I Saw Your Face* hin.

Wir zogen das schwere Ecksofa auf *Drei* von der Wand weg und Maria machte sich mit dem Besen dahinter zu schaffen. Sie hielt plötzlich inne. »Benny, ich glaube, ich habe eure Ratte gefunden«, hörte ich ihr zartes Stimmchen.

Ich trat hinter sie und sah auf die Rückseite des Sofas, wo sich mittig unten ein kreisrundes Loch von zehn Zentimetern im Durchmesser befand, aus dem die weiße Füllung herausquoll. Ein putziges Nagetiergesicht mit kleinen, schwarzen Knopfaugen sah uns verschlafen an. Keine Ratte, ein Hamster.

»Tobi!«, riefen wir wie aus einem Munde.

Es stellte sich heraus, dass Tobi die kleine Jasmin im Kindergarten unter der Hand gegen eine Tafel Einhornschokolade eingetauscht hatte. Das Tierchen wurde in seiner Brotbüchse transportiert, die er hierzu extra am Vorabend hinter meinem Rücken mit einem Korkenzieher durchlöchert hatte, damit Jasmin Luft bekam. Leider war das flinke Tier beim Auspacken in seinem Zimmer geflüchtet und nicht mehr aufzufinden gewesen. Tobi beschloss, das Problem auszusitzen, und hoffte darauf, dass das Tierchen durch die offene Terrassentür in die Freiheit entfliehen würde. Jasmin war jedoch sehr häuslich und trächtig und so besaßen wir nicht nur einen Hamster, sondern einen ganzen Wurf junger Nagetiere.

Der freundliche Zoofachverkäufer erkannte uns sofort wieder und nahm die junge Mutter samt Nachwuchs in Zahlung. Tobi wollte den Gutschein gleich einlösen und fand in der Gartenabteilung eine fleischfressende Pflanze, die er laut seinen Angaben auf Zombies abrichten wolle. Ich war begeistert. Grünzeug nagte keine Möbel an und wurde nicht schwanger.

Wenn Maria auf dem Flügel spielte, dann hauptsächlich Klassik oder klassische Popsongs. Hörte sie jedoch Musik, dann waren das ausnahmslos grenzwertige Titel der Marke *Glamrock, Schmalz* oder *Disco Unlimited* aus den Siebziger- und Achtzigerjahren des letzten Jahrhunderts. Beim Öffnen der Tür waberten bislang ungehörte italienische Klänge durch die Wohnung. »*Tu sei sempre mia, anche quando vado via tu sei l'unica donna per me*«, sang eine dünne Männerstimme. Ich kannte weder das Stück noch den Interpreten.

Maria stand in der Küche und drehte sich um, als sie mich kommen hörte. »Hi, Benny, wie war dein Tag? Dein Kind ist bei Genoveva. Ich koche was Feines, möchtest du mitessen?«

»Lass mich raten: italienische Feinkost?« Mittlerweile schluchzte ein warmer Bariton unterstützt von einer E-Gitarre und einem herzergreifenden weiblichen Backgroundchor etwas von *Piccola e Fragile*.

»Wie kommst darauf? Nein, ich mache Moussaka.«

Maria konnte nur zwei Gerichte, eines war Bœuf Stroganoff mit Spätzle aus der Packung und das andere Moussaka. Ich hatte dem Schwiegersohn des schwäbischen Spätzlekönigs nach seinem Junggesellenabschied eine Platzwunde genäht, fiel mir jedes Mal ein, wenn ich eine Nudelpackung aus dem Hause Weißenbacher sah. Was wohl aus dem Bräutigam mit dem Waffelmuster auf der Stirn geworden war? »Kann ich vorher laufen gehen?« Ich hatte den ganzen Tag in der Praxis geschuftet und brauchte Luft und Bewegung, um den Kopf frei zu bekommen.

»Aber selbstverständlich. Du kannst sogar hinterher noch duschen und Unterbodenwäsche machen. Wer weiß, was noch passiert, wenn das Kind nicht da ist.« Maria lächelte breit. Ich konnte immer noch nicht einschätzen, wie viel Wahres in ihren semierotischen Neckereien steckte.

Als ich vom Laufen zurückkam, roch die Wohnung nach Auflauf und die gleiche Männerstimme wie vorhin schmetterte, unterstützt von ein paar fähigen Sopranistinnen, die zauberhaft summen konnten: »*Vado via, a casa tua!*« Maria deckte den Tisch.

»Wer singt da so schmalzig?«, fragte ich beim Öffnen der Weinflasche.

»Drupi. Wunderschön, oder?«

»Na ja, schmalzig halt. Könnten wir zum Essen anständige Musik hören, bitte? Dein Essen ist fettig genug.«

»Aber gerne doch, du bist schließlich der Herr im Haus.«

»Darf ich mir dann was wünschen?«

»Das nun auch wieder nicht.«
»Ich dachte, ihr Griechen seid so gastfreundlich.«
Maria legte kurz die Nase kraus. »Du darfst die musikalische Grundrichtung aussuchen. Will ja kein Unmensch sein.«
»Wie wär's mit was Anspruchsvollem zur Abwechslung?«
»Wird gemacht.«

ALS ICH AUS der Dusche kam, klagten die Jungs von T. Rex: »*No, you won't fool the children of the revolution. No way!*«

»Ein Protestsong gegen das Establishment«, meinte die Gastgeberin und intonierte: »*I drive a Rolls Royce because it's good for my voice.*«

»Aha, aha, bemerkte ich skeptisch und wir aßen, unterstützt von Marc Bolan – auch einer von denen, die viel zu früh die irdische Bühne verlassen hatten.

Maria hörte nie querbeet, sondern immer brav alle Alben von Anfang bis zum Ende durch. Zu meinem Ärger bekam ich die ganze Nacht und den folgenden Tag Textstellen wie *She's my woman of gold and she's not very old* nicht mehr aus dem Kopf und sang im Frühverkehr beschwingt: »*Wear a tall hat and a tatooed gown. Ride a white swan like the people of the Beltane.*«

Mich überkam urplötzlich die Lust, selbst Musik zu machen. Ich schickte Dobro eine Nachricht.

09.18 Nachricht an Dobro Dope
Wenn ihr einen fähigen Sänger
braucht – ich wäre zu allem bereit.

12.37 Nachricht von Dobro Becker
Alles für nächsten Sonntag arrangiert.

Warten seit Jahren drauf, dass du uns mal wieder die Ehre gibst, Caruso. Schick ne Playlist.

Ich hatte Maria eingeladen. Meine Mutter war zu Besuch gewesen und hatte ihren Enkel übers Wochenende mit zu sich genommen. Tobi schien der geborene Einzelhandelskaufmann zu sein und freute sich immer, wenn er einen Tag im Laden helfen durfte. »Ich bekomme Geld von Oma, wenn ich bei ihr arbeite. Das spare ich für meinen Rückflug.«

Ich hatte den Fehler gemacht und Tobi auf seine wiederholte Frage, wann wir denn endlich nach Hause gehen würden, erklärt, dass ich das Geld erst zusammensparen müsse. Jetzt hortete er jeden Cent in seinem Sparstrumpf und trug, gewissenhaft, wie er war, jede Einnahme mit Fantasiezahlen in sein Kassenbuch, den alten Sparkassenkalender von Frau Winterberg, ein. »Wie viel Euro brauche ich?«

Ich beschloss, nicht mehr zu lügen: »So um die drölfhundert dürften für dich reichen.«

»Du musst aber auch mit.«

»Ich spare für mich selber.«

»Papa, dir schenkt doch niemand Geld nicht. Oma schon gar nicht, weil du alles für Alkohol und Weiber ausgibst, sagt sie.« Mein Sohn trug, was die Fixierung auf Kapital anging, schwer unter einer doppelten Erblast. Väterlicherseits hatte er die Gene einer schwäbischen Dynastie von Einzelhändlern mitbekommen und mütterlicherseits die geldgeiler Nachfahren skandinavischer Seeräuber. Ich war der offensichtliche Freak und Lebenskünstler in der Familie.

Carlotta und Hans Wenzel, die bodenständigen Betreiber des *Bier & Bühne*, einer kleinen Hausbrauerei in Stuttgarts Westen mit einem großen Saal mit Bühne, in dem regelmäßig

Musiker auftraten und Jamsessions stattfanden, begrüßten mich überschwänglich. Ich hatte die beiden seit Rickys Tod nicht mehr gesehen und drückte sie gegen meine sonstige Gewohnheit. Ich bat Carlotta, sich so lange, wie ich auftrat, um Maria zu kümmern.

Hinter der Bühne war eine kleine, fensterlose Garderobe, die nach ungewaschenen Füßen und Dope roch und in der die anderen Musiker auf mich warteten. Dobro sah kurz von seiner Vintage-Sunburst hoch und nickte nur. Ich erkannte Chako Müller, einen sehr guten Sänger und Gitarristen, der von der Musik lebte, sowie Alexander Jung, der bei Unplugged-Sessions seinen Bass zu Hause ließ und uns auf der Mundharmonika begleitete. Beide waren etwas in die Jahre gekommen, aber wer war das nicht?

Den Schlagzeuger, ein junger Mann, der mir gerade bis zur Nase ging, kannte ich noch nicht. Er hob die Schlagstöcke zum Gruß: »Markus«, und das war's dann auch schon an Formalitäten.

»Brandstätter, altes Haus! Wieder mal im Land? Ich hoffe, deine Stimme ist mit dir gereift«, zog mich Chako auf.

Meine Haare waren nicht mehr nur von grauen Fäden durchzogen, das Grau hatte die Schläfen völlig in Besitz genommen, und mein Dreitagebart war noch zu Rickys Zeiten schon fast weiß gewesen.

Wir betraten unter Applaus zusammen die Bühne. Maria saß an der langen Bar neben Elisa, ein Bier vor sich stehend. Sie nickte mir zu und ich lächelte zurück. Es war immer etwas Besonderes, eine Frau im Publikum zu haben, für die man sang. Dementsprechend hatte ich die Songs ausgesucht.

»Wen willst damit beeindrucken, Caruso?«, hatte Dobro gefragt und den Kopf geschüttelt. »Alter, dein Frauenverschleiß über die Jahre ist legendär, echt. Ich würde blöd werden.«

Das erste Lied, das ich zum Einsingen ausgesucht hatte, war eine leichte Nummer von Bob Neuwirth mit gängigen Gitarrenpassagen. »*When the road to hell is paved with good intentions. It's by mistake, we make each other cry or break each others heart.*«

Nach dem Applaus stellte Chako in seiner launigen Art die Truppe auf der Bühne vor. »Die Stammgäste unter euch werden sich vielleicht an den singenden *Medicus* in unserer Mitte erinnern. Applaus für *The Voice of Stuggi* Benny Brandstätter, der eine Zeit lang im Exil war und nun wieder in der schwäbischen Heimat weilt, wenn ich bitten darf.«

Früher waren mir solche Ankündigungen peinlich gewesen, aber mit den Jahren hatte ich mich daran gewöhnt und nahm es lächelnd hin. Meine Mutter, die bei einem meiner ersten Auftritte auf einer Bühne dabei gewesen war, konnte sowieso niemand an Peinlichkeit toppen. Sie hatte damals begeistert mit applaudiert und lauthals gerufen: »Den habe ich gestillt!« Als hätte ich meine Stimme durch die Muttermilch aufgesogen. Vielleicht war Tobi deswegen so unmusikalisch, weil er nie die Brust bekommen hatte?

Der nächste Song war eine Liebeserklärung von Billy Joel an seine toughe Frau Elizabeth, die mit harter Hand seine Geschäfte gemanagt, aber trotzdem in seinen Augen nie das Weibliche verloren hatte. »*She can kill with a smile. She can wound with her eyes. She can ruin your faith with her casual lies and she only reveals what she wants you to see. She hides like a child. But she's always a woman to me.*«

Danach war eine Pause für mich geplant, in der Elisa singen sollte. Chako rief sie auf die Bühne. Ich gesellte mich zu Maria und bekam von Hans unaufgefordert ein Bier hingestellt.

»Du bist gut«, lobte sie mich.

»Das kommt davon, weil ich gestillt worden bin.« Ich erzählte Maria die Story meiner Mutter.

Maria lachte und meinte: »Das wurde ich auch, sogar recht lange, wenn ich meiner Mutter glauben darf, aber du hörst ja, was dabei rausgekommen ist.«

Wir hörten Elisa zu, die mit rauchiger Stimme ein Lied von Kaleo runterrotzte: *Way Down We Go*. Im Anschluss überraschte sie mich mit *Perlentaucher*, einem zuckersüßen Lied aus den späten Neunzigern von Rosenstolz, das ich ewig nicht mehr gehört hatte.

Ich driftete mit meinen Gedanken ab. Tauchen barg für mich unauslöschlich die Assoziation von Sex mit Ricky, zum einen, weil wir zusammen in eine andere Welt abgetaucht waren, in der es nur uns beide gab und in der wir uns gegenseitig zu beatmen schienen. Zum anderen, weil Sex mit Ricky eine der wenigen Gelegenheiten war, bei denen diese Frau nicht geredet hat. Mir fiel ein Nachmittag ein: Ricky lag postkoital als kleines Löffelchen an mich geschmiegt und murmelte vor sich hin.

Ich war müde und meinte: »Kannst du nicht einmal still sein, Weib?«

»Doch, kann ich, Hase, sogar sehr gut. Hörst du, wie ich schweige?«

»Du redest doch die ganze Zeit. Das ist nicht Schweigen.«

»Doch, das nennt man aktives Schweigen, Dummerle.«

Die Erinnerung ließ mich lächeln und ich fühlte, wie sich Marias Hand warm in meine schob. Ich hielt sie fest und drückte sie. Meinen Blick hielt ich starr auf die Bühne gerichtet, sah aber im Augenwinkel, dass sie mich beobachtete. Ich traute mich nicht, sie anzusehen, aus Angst davor, was danach passieren würde. Wann war ich so vorsichtig im Umgang mit Frauen geworden? Wann hatte die Angst, verletzt oder verlassen zu werden, die Oberhand gewonnen? Schließlich war Elisa fertig. Unsere Hände lösten sich voneinander und wir applaudierten.

»Ich muss«, entschuldigte ich mich und sah kurz in Marias Augen, die tief in mich hineinzublicken schienen.

Ich nahm auf dem Barhocker Platz. Markus zählte uns ein. Ich begann mit geschlossenen Augen und viel Sehnsucht in der Stimme eine wunderschöne Ballade von Cindy Lauper zu singen. »*We have no past, we won't reach back, keep with me forward all through the night. And once we start the meter clicks. And it goes running all through the night. Until it ends, there is no end.*«

Vor dem nächsten Stück machte ich gegen meine Gewohnheit eine Ansage: »Das nächste Lied widme ich meiner Vermieterin.« Der Saal lachte und Maria strahlte. Gab es etwas Schöneres, als andere Menschen mit seiner Musik und kleinen Gesten eine Freude zu machen. Wie viele Jahre hatte ich gebraucht, um das festzustellen? Dobro hatte bei dem Lied aufgemuckt: »Caruso, ist das dein Ernst? Ich hoffe, die Alte ist es wert, echt.«

Die Alte war es wert und das Lied und der Sänger waren es auch. George Michael war einer der besten Sänger gewesen, die die Popmusik je hervorgebracht hatte. Wenn man sich mit Musik auskannte, konnte man das nicht bestreiten. *Last Christmas* hin oder her.

Alexander spielte das Intro auf der Mundharmonika. Das Gestöhne am Anfang sparte ich mir. »*I feel so unsure as I take your hand and lead you to the dance floor ...*«

Maria hatte kapiert, dass ich gerade eines ihrer Lieblingslieder sang. Ihr Gesicht strahlte bis hierher. Sie klatschte frenetisch Beifall und ich war glücklich.

Ich schloss meinen Auftritt mit einem klassischen Rausschmeißer von Tom Waits, *Tom Traubert's Blues (Waltzing Mathilda),* und sang mir die Seele aus dem Leib. Musik war für mich Emotion pur, nur beim Sex konnte ich mich mehr fallen lassen. »*And it's goodnight to the street-sweepers, the night watchmen flame-keepers, and goodnight Maria, too. Goodnight Maria, too*«, wandelte ich den Text kreativ ab.

Chako sagte in den Applaus, der folgte: »*Folks*, jetzt wissen wir endlich, wem dieser Lobgesang den ganzen Abend über galt.« Dann stimmte er *a capella* ein Lied aus dem Musical *West Side Story* an »*The most beautiful sound I've ever heard, Maria ...*« Dobro kannte das Lied wohl auch und gab die Echo-Marias. Alexander ersetzte die schwülstigen Geigenklänge mit seiner Mundharmonika. Markus saß leicht genervt am Schlagzeug, zu jung und sich zu wichtig nehmend, um spontan auf der Bühne eine Einlage dieser Art zu geben.

»Komm, Caruso, sing mit, du weißt doch, wie es geht, und kannst es besser als wir alle«, forderte Dobro mich auf und ich schluchzte mit: »*I just met a girl named Maria and suddenly that name will never be the same to me.*«

Das Publikum war begeistert von unserer Zugabe. Meine Maria empfing mich mit Pfützchen in den Augen an der Theke und schwieg.

»Was? Hat es dir nicht gefallen?«

Sie biss sich auf die Unterlippe. »Das war das Schönste, was je ein Mann für mich getan hat. Danke, Benny.«

Mir war danach, ihre Hand zu nehmen und mit ihr nach Hause zu gehen, ihr und mir den Verstand, der uns beide trennte, aus den Köpfen zu vögeln. Elisa saß bei uns und ihr Freund kam dazu und bestellte sein Weizenbier mit Kirschsaft, das er hinunterstürzte, und wir blieben.

Maria und Dobro verstanden sich auf Anhieb prächtig und veranstalteten einen Wettkampf, wer die meisten billigen Witze im Format von »*Wo haben die Frauen die krausesten Haare?*« – »*In Afrika!*« oder: »*Was macht man mit einem Hund ohne Beine?*« – »*Um die Häuser ziehen!*« kannte. Elisa sagte wie üblich nichts, tippte aber fleißig Nachrichten an Dobro, die dieser mündlich beantwortete.

Im Taxi nach Hause war die alte Befangenheit zwischen uns beiden zurück. Ich las eine Nachricht von Dobro.

00.19 Nachricht von Dobro Becker
Die Alte ist echt stabil! Bleib dran!

Sophie B. Hawkins fluchte im Autoradio »*Damn I wish I was your lover.*« Besser hätte ich es auch nicht ausdrücken können.

CELLULITE UND CEREBRALPARESE

DER MORGEN IN der Praxis stand unter dem Motto »*Hypochonder aller Länder vereinigt euch*!« – ich hatte mir die geplatzten Äderchen an der strammen Wade einer siebenunddreißigjährigen Köchin ansehen müssen, die einen Arzt zum Venenstripping empfohlen bekommen wollte, weil sie mit diesen verunstaltenden *Krampfadern* nicht weiter leben wollte.

Ich sang ein paar Zeilen von Hubert von Goysern, als ich einen Pit Stop einlegte. »*Koa Hiatamadl mog i net, hot koane dick'n Wadln net. I mog a Madl aus da Stadt, wos dicke Wadln hat.*« Wie sich herausstellte, eine absolut gelungene Überleitung zur nächsten Patientin. Die sechsundvierzigjährige Gymnasiallehrerin befand, dass ihre, selbst im Liegen und bei schummriger Beleuchtung sichtbare, schwere Cellulite in Wirklichkeit ein Muskelschwund bedingt durch eine beginnende und rasch fortschreitende Dermatomyositis sei. Sie hatte die Symptome gegoogelt und in der großen Pause mit ihrer Kollegin, die zwei Semester Medizin studiert hatte, ehe sie sich fürs Lehramt entschied, besprochen und war jetzt zutiefst besorgt. Außer dem launigen Satz, dass Cellulite nicht immer nur eine Frage der falschen Beleuchtung war, fiel mir zu dem Fall nichts Sinnvolles ein. Das Celluliteopfer fand das nicht so lustig wie ich und wollte zu einem Facharzt überwiesen werden.

Im Anschluss entfernte ich eine prall gefüllte Zecke unter dem üppigen Hängebusen einer Hobbygärtnerin, die bereits erste Anzeichen einer Hirnhautentzündung zu spüren glaubte. Angesichts des üblen Sonnenbrandes, den das Dekolleté der Fünfzigjährigen aufwies, tippte ich eher auf Sonnenstich als auf FSME, was bei dem Ungezieferopfer nicht wirklich überzeugend ankam. Sie wollte vorsorglich zur Beobachtung in ein Krankenhaus eingewiesen werden. Die einzige Klinik, die mir für diesen Fall angewandter Hypochondrie geeignet schien, war die Psychiatrie in Bad Cannstatt. Ich überzeugte sie davon, dass sie die Nacht so oder so überstehen würde und sie einfach am folgenden Morgen wiederkommen solle, sollte sich ihr Zustand verschlechtert haben.

IM HEIM DES GRAUENS wartete ein Neuzugang auf mich. Frau Jadwiga Kaczmarek war zweiundneunzig und am Morgen von ihrer frisch bestellten Betreuerin ins Heim gebracht worden. Das Pflegeteam hatte es noch nicht geschafft, Frau K. aus dem schmutzrosa Baumwollnachthemd, das sie dem Geruch nach seit Wochen getragen haben musste, herauszuschälen, sie zu waschen und ihr frische Kleidung anzuziehen. Nach diesem Anblick und Angriff auf mein empfindliches Näschen sparte ich mir das Mittagessen und ging dafür lieber eine Stunde ins Fitnessstudio, wo mir Liane und Vaclav immer noch begehrliche Blicke zuwarfen.

Die Nachmittagssprechstunde brachte mir Dustin Stringer, der laut Akte seit seinem sechzehnten Lebensjahr Patient in der Praxis war und bis auf einen grippalen Infekt pro Winter, in dem er zwei Wochen krankgeschrieben worden war, kerngesund schien. Der sechsundzwanzigjährige Gipser saß im schwarzen

Sons-of-Anarchy-Hoodie mit weiblicher Begleitung, die er mir allerdings nicht vorstellte, aber ich vermutete eine *Daughter of Anarchy*, vor meinem Schreibtisch und rang mit den Worten.

»Ich hätte da ein Problem.«

»Aha, aha. Dann legen Sie mal los.« Mit einem aufmunternden Lächeln sah ich ihn an. Ich war vom Sport hormongeschwängert und glücklich. Die Mandelschleife, die ich mir in der Bäckerei geholt hatte, hatte mich mit genug Zucker versorgt, um bis zum Abendessen durchzuhalten.

»Ja, also. Ich hätte da ein Problem«, druckste er rum.

»Immer noch?« Ich konnte mir die sarkastische Bemerkung nicht verkneifen.

»Ja, das ist so. Ich bin mit der Jessica«, Dustin deutete auf die Frau an seiner Seite, die bei der Erwähnung ihres Namens bestätigend nickte, »seit einem Monat zusammen und es ist was Ernsthaftes.« Er ergriff Jessicas Hand und beide sahen sich verliebt lächelnd an.

»Aha, aha. Sehr schön. Das freut mich für Sie.« Das tat es wirklich. Der große, magere Dustin mit regressivem Haaransatz, das schüttere Resthaar auf dem Hinterkopf zur kümmerlichen Parodie einer Assipalme zusammengebunden, schien zumindest optisch sehr gut zu der hageren Frau mit dem burgunderrot gefärbten Haar zu passen, das aussah, als hätte sie es mit der Nagelschere selbst geschnitten. *Dustin & Jessica* würde auch ein wunderschönes Partnertattoo geben.

»Ja, und wir haben mit dem Sex bis zum dritten Date gewartet, weil die Jessica keine Schlampe ist.« Das kam so trocken aus dem Mund mit dem leichten Überbiss, dass ich keine Sekunde an der Ehrenhaftigkeit der jungen Frau zweifelte.

»Auch das freut mich. Dafür kann man als Mann nicht dankbar genug sein«, log ich als vertrauensbildende Maßnahme.

»Ja, das finde ich auch. Deswegen werden wir auch heiraten.«

»Ich gratuliere!«

»Meine letzte Freundin, die Jeanette, war nämlich eine Schlampe und hat mich betrogen. Mit meinem besten Freund.«

Ich schloss mit mir selbst eine Wette um eine Flasche *SCAPA The Orcadian* ab, dass dieser Freund entweder Kevin, Justin oder Dennis hieß.

»Marvin ist auch ein Vollassi!«, meldete sich Jessica zu Wort.

Verdammt! Diese Möglichkeit hatte ich nicht in Betracht gezogen. »Und wie kann ich jetzt dabei behilflich sein?«

»Wir waren halt öfter zusammen essen und danach bei mir. Die Jessica wohnt ja noch bei ihren Eltern.«

Was man an Dustins Zahnzwischenräumen sehr leicht nachvollziehen konnte.

»Und jetzt macht die Verdauung Probleme?« Ich hatte beschlossen, die Sache voranzutreiben.

»Nein, warum? Wir waren hauptsächlich bei Burger King und Kentucky Fried Chicken, da weiß man, was man bekommt für sein Geld.«

Dazu wollte und konnte ich meine Meinung nicht äußern, was auch gar nicht nötig war. Dustin fuhr von sich aus fort.

»Das Problem ist, dass ich keinen hochbekomme, wenn wir rummachen, die Jessica und ich.«

Dank jahrelangem, eisernem Training war meine Selbstbeherrschung so ausgereift, dass ich nicht spontan antwortete, dass ich beim *Rummachen* mit Jessica auch ausgeprägte Probleme hätte, einen Ständer zu bekommen. Ich wiederholte mein Mantra »*Waschmaschinen leben länger mit Calgon*« im Geiste und wartete ab, wie die Geschichte weiterging.

»Ja, und wir haben gedacht, die Jessica und ich, dass uns da ein Arzt weiterhelfen kann.« Erneut warfen sich die verzweifelt Verliebten einen rührenden Blick zu.

»Dann überweise ich Sie am besten zum Urologen, damit man eine organische Ursache ausschließen kann.«

Jetzt übernahm Jessica die Führung: »Können Sie dem Dustin nicht einfach *Vaiana* verschreiben?«

Auch ich war nur ein Mensch. Ich konnte jetzt nicht mehr schweigen. »Disneyfilme gibt's nicht auf Rezept.« Den Zusatz, dass ein Pornofilm wohl hilfreicher wäre, behielt ich für mich. Ich starrte in zwei ratlose Gesichter. »Kleiner Scherz am Rande. Jetzt schauen wir mal, was der Urologe meint, und dann kann man über eine medikamentöse Therapie nachdenken.«

Jessica und Dustin hatten mich fröhlich gestimmt und ich verließ nach der Sprechstunde pfeifend die Praxis. Viktoria beobachtete mich mit dem Unverständnis, das man mit siebzehn Lebensjahren Erwachsenen gegenüber besaß. Was sollte auch aus Menschen werden, die aus einer politisch überkorrekten Kindheit unter Termindruck und unter der Aufsicht von Helikoptereltern direkt und völlig losgelöst in eine hormongesteuerte Achterbahnfahrt schlitterten, ohne sich wie meine Altersgenossen in Freiheit ausgetobt zu haben. Für sie sang ich zum Abschied: »*But I'm only human after all. I'm only human after all. Don't put your blame on me!*«

DIESE WOCHE WAR es turnusgemäß an mir, die gemeinsamen Besorgungen für die Wohngemeinschaft zu erledigen. Maria hatte einen Zettel auf der Küchenarbeitsplatte hinterlassen, was alles einzukaufen war. Dass sie Tampons draufgeschrieben hatte, ließ mich lächeln.

13.12 Nachricht an Oly Hippe
Da steht keine Größe drauf, bei den Tampons.

13.15 Nachricht von Maria O.
Stimmt, du kannst es ja nicht wissen, nimm die kleinsten, ich bin verdammt eng :-P

Ich dachte: »Miststück!«, und erschrak. So hatte ich Ricky oft genannt und danach keine Frau jemals wieder. In meinem Kopf spielte *Frankie goes to Hollywood* »*The power of love. A force from above cleaning my soul. Flame on burn desire, love with tongues of fire purge the soul. Make love your goal*«.

An diesem Morgen hatten anscheinend sämtliche dynamischen Geschäftsleute, männlich, in den Dreißigern im Anzug mit rasierter Glatze, Schal, stylisher Brille, Designerschuhen und teuren Kopfhörern »Praxisbesuch« in ihren Terminkalendern stehen. Sie starrten nebenbei ständig auf ihre iPhones, während sie mir von ihren Burn-outs und anderen Trendkrankheiten berichteten. Wahrscheinlich hatten sie die Symptome gegoogelt und lasen sie jetzt ab.

Ich hatte mir in der Bäckerei eine Tafel Vollmilchschokolade mit ganzen Nüssen gekauft und überlegte krampfhaft, seit wann eine Tafel Schokolade nur noch siebenundachtzig Gramm wog, während das weibliche, kreative Pendant zu den smarten *Businessmen* in goldener Ballonhose, Ballerinas und mit messerscharf geschnittenem Bob, in deren Korbtasche die *Süddeutsche Zeitung* beim Feuilleton aufgeschlagen war, über Unwohlsein im Unterleib klagte, obwohl sie auf Gluten, Agglutinin, Histamin, Laktose, Fruktose, Zwiebeln, Industriezucker und kohlesäurehaltige Getränke gänzlich verzichtete. Trotzdem plagte die junge Editorin ihr Reizdarm. Bei näherer Befragung stellte sich heraus, dass die Gute seit einigen Wochen einen festen Freund und einen neuen Job in einem Großraumbüro eines Verlages hatte und sie schlichtweg kaum noch eine Möglichkeit hatte, ungestört zu pupsen. Die körperliche Untersuchung zeigte keine Auffälligkeiten. Die Schulmedizin war gegen Flatulenz und Meteorismus weitgehend machtlos, bei Reizdarm bot die Naturheilkunde wesentlich bessere Optionen. Meine Hilfe war in diesem Fall eher verbaler denn medikamentöser Natur. Also nichts, was die Patientin nicht selbst in der *Apotheken-Umschau* oder im Internet hätte nachlesen können.

ANSCHLIESSEND PACKTE ICH mein Köfferchen und machte mich zu Fuß auf den Weg ins Heim des Grauens. Frau Gutemann empfing mich mit einer Tasse Kaffee und selbst gemachter Haselnusstorte. Sie hatte am Vortag Geburtstag gehabt und Kuchen mitgebracht. Ich gratulierte und lobte ihre Fertigkeit. Die Buttercremetorte war fast so gut wie die, die mein Großvater in seiner Bäckerei gezaubert hatte. Dann machten wir zusammen die Runde.

Der Letzte auf der Liste war der *General*. Bodo Jungfers chronische Obstipation, an der er nicht erst litt, seitdem er im Rollstuhl saß, hatte zu einer massiven Divertikulitis geführt, und man hatte ihm kürzlich ein Stück entzündeten Dickdarm wegschneiden müssen. Nach dieser OP hatte sich die vaskuläre Demenz des Patienten fulminant verschlechtert. Es war, als hätte es die letzten fünfzig Jahre in seinem Leben überhaupt nicht gegeben. In mir sah er einen seiner Jugendfreunde und nannte mich Manfred, sprich: *Mmpfrd.*

Als wir das Zimmer betraten, saß der ehemalige Bundesgrenzschützer wie gewohnt mit dem Rücken zu uns im Rollstuhl am Fenster. Er sah jedoch nicht hinaus, sondern hatte den Kopf gesenkt. Ihn beschäftigte anscheinend etwas auf seinem Bauch. Mich beschäftigte der strenge Geruch und der ausgelaufene Stomabeutel, der nicht bestimmungsgemäß am Bauch des Patienten hing, sondern auf dem Boden in einer Lache aus flüssigem Kot lag.

»Hallo, Herr Jungfer! Wir sinds, der Arzt und ich«, kündigte Frau Gutemann uns an, damit der Patient nicht erschrak.

Bodo Jungfer drehte uns den Kopf zu und meinte, als er mich sah: »Gut, dass du da bist, Manfred, kannst du mal das Gekröse wegnehmen? Das stört doch sehr.«

Selbst die hartgesottene Frau Gutemann erschrak angesichts des Desasters, das Herr Jungfer mit seinen Innereien angestellt hatte. »Ach du meine Güte!«

In Herrn Jungfers Schoß lag tatsächlich ein guter Meter Dickdarm, an dem er ständig herumspielte. »Lassen Sie, Herr Jungfer, ich mache das gleich für Sie. Ich kann das besser.«

»Komisch, ich habe gar nicht mitbekommen, dass heute ein Schwein geschlachtet wurde. Wo kommt das Zeug plötzlich her?«

Während ich in der Margarinenklinik anrief und einen Patienten ankündigte, der sich durch die Stomaöffnung eine Darmschlinge herausgezogen hatte, und Frau Gutemann aufpasste, dass der alte Herr die Finger von seinen Innereien ließ, erzählte dieser von den Hausschlachtungen in seiner Jugend und wie gut ihm die Wurstsuppe geschmeckt hat. »Je mehr Würste geplatzt sind, desto besser war die Suppe.«

Ich hoffte inständig, dass das keine Prophezeiung war und die Darmwand intakt blieb, bis der General auf dem OP-Tisch lag und die Chirurgen alles ordentlich in ihm verstaut hatten. »Alles hat ein Ende, nur die Wurst hat zwei!«, versuchte ich den Patienten zu bespaßen, um ihn abzulenken.

»Papperlapapp! Was haben Sie denn für einen Unsinn im Kopf! Ich dachte, Sie seien Mediziner!«, schalt mich dieser. Was hatte ich falsch gemacht, um plötzlich nicht mehr Mmpfrd zu sein?

PILLOWTALK UND PEINLICHKEITEN

EIN UNGEWOHNTES GERÄUSCH in der Wohnung hatte mich aufwachen lassen. Mein Schlaf war schon, seit ich denken konnte, sehr leicht und störanfällig. Nicht gerade die besten Bedingungen, um auf Notarztwachen Ruhe zu finden. Von draußen kam das Quaken Hunderter Frösche, die im Teich des Nachbarn ihr unvermeidliches nächtliches Konzert gaben. Seltsamerweise störte mich das überhaupt nicht, im Gegenteil – das monotone Klangbild half mir beim Einschlafen. Im Flur hörte ich tapsende Schritte. Die nur angelehnte Tür zu meinem Zimmer öffnete sich und Marias Silhouette, mit Kissen und Decke bepackt, zeichnete sich im schwachen Licht der Notbeleuchtung ab, die ich auf Tobis Drängen neulich im Baumarkt gekauft hatte. »Papa, wir müssen die Wohnung zombiesicher machen!«

Der Rost knarzte, als meine nächtliche Besucherin sich aufs Bett legte. Ich drehte mich erst um, als Marias Atem ruhig ging.

Sie hatte aber noch nicht geschlafen. »Störe ich, Benny?«

»Nein, nein, ist schon okay. Warum schläfst du so schlecht?«

Nach Rickys Tod hatte mich monatelang der gleiche Traum

geplagt, in dem meine Frau in Flammen aufgegangen war.
»Hast du böse Träume?«

»Ich weiß nicht. Ich träume nichts oder kann mich zumindest nicht daran erinnern. Ich schlafe nie gut, wenn ich allein im Bett liege, dann grüble ich so viel. Dein Atmen ist beruhigend.«

»Aha, aha.«

»Ich wollte dich auch nicht wecken.«

»Schon gut, ich finde schnell zurück in den Schlaf. Alte Berufskrankheit.« Dass ich danach nicht mehr in den Tiefschlaf fand, behielt ich für mich. »Was grübelst du?«

»Über alles. Die Vergangenheit, die Zukunft. Ich denke immer, ich mache was falsch, und scheue mich davor, Entscheidungen zu treffen.« Nach einer Pause: »Benny, plagen dich nie Selbstzweifel? Du wirkst so unglaublich sicher in allem, was du tust und wie du mit Tobi umgehst. Das wirkt so locker und unbekümmert. Ich wollte, ich wäre ein bisschen so wie du.«

»Ach je, das habe ich auch noch nicht gehört.« Ich musste lachen. »Du musst schon sehr verzweifelt sein, wenn du mich zum Vorbild nimmst. Klar habe ich Selbstzweifel. Permanente eigentlich.«

»Tobi hat mir heute erzählt, dass du verheiratet warst und dass deine Frau gestorben ist und jetzt einer der Ringe an deinem Hals wäre. Der andere Ring sei sein Opa, der gestorben sei, obwohl er immer den Teller leer gegessen habe. Stimmt das oder ist das wieder eine seiner Fantasiegeschichten?«

»Kindermund tut Wahrheit kund, oder?«

»Na ja, Tobi behauptet auch, dass dein Penis riesig sei, und als du neulich aus dem Bad gekommen bist und ich gerade zur Wohnungstür reingekommen bin, tja …«

»Sprich ruhig weiter.«

»Ich trau mich nicht, die Wahrheit zu sagen …«

Ich setzte mich auf und zog Maria die Decke weg. »Die bekommst du erst wieder, wenn du den Satz zu Ende führst.«

»Das ist Erpressung.«

»Nenne es, wie du willst. Ich möchte den zweiten Teil hören.«

»Also, wenn ich ehrlich bin, wirkt das Ding nur deswegen relativ groß, weil deine Beinchen so dünn sind. Das ist eine optische Täuschung.« Maria grinste frech.

Ich zog ihr noch das Kissen weg und vergrub alles unter mir. »Jetzt kannst du dir überlegen, wie du das gutmachen willst.«

Es begann eine wilde Rangelei um Marias Bettzeug, in die wenig später das schnellste Spermium eingriff, das durch unser Lachen aufgewacht war. Was ich sehr bedauerte; ich war mir fast sicher, es hätte nicht viel gebraucht und ich hätte Maria davon überzeugen können, dass es in der praktischen Anwendung tatsächlich nicht auf die Größe, sondern auf die Technik ankam.

Ich hatte seit acht Uhr in der Früh Notarztdienst auf der Feuerwache meiner Heimatstadt und nutzte die Zeit, um den Stapel Fachzeitschriften, die sich aufgetürmt hatten, abzubauen.

Der Melder ging los und ich steckte das Handy weg. *Lumboischialgie* bei einem Fünfundsechzigjährigen, der in seinem Fahrzeug auf einem Feldweg festsaß. Die Jungs von der Feuerwehr rückten mit zwei Einsatzfahrzeugen ebenfalls aus. Wir hängten uns dran.

Wiegand klärte mich beim Fahren auf. »Der Notruf kam über die Kollegen von der Polizei rein. Liebespaar, das beim Poppen auf dem Autorücksitz einen Unfall hatte. Der Alte lag oben und bekam einen Hexenschuss und kommt nicht mehr runter.«

»Wie unromantisch.« Sex im Auto konnte ich noch nie etwas abgewinnen. »Warum muss die Feuerwehr mit?«

»Weiß ich auch nicht genau. Schauen wir mal.«

Der Feldweg ging direkt von der Bundesstraße ab und endete in einer Sackgasse direkt vor einer Waldlichtung, die in meiner Jugend bereits als Treffpunkt für Verliebte bekannt gewesen war. Außer den beiden Feuerwehrfahrzeugen versperrten noch zwei Polizeieinsatzwagen und drei Pkw die Sicht auf den Einsatzort. Das Hilfeleistungslöschgruppenfahrzeug, kurz HLF, hatte die Lichtmasten ausgefahren und leuchtete die Szene taghell aus. Wir stiegen aus und gingen um die ganzen Fahrzeuge herum. In den privaten Zivilfahrzeugen lagen auf allen Armaturenbrettern *Presse*-Schilder. Tatsächlich standen neben den zahlreichen Rettungskräften drei mit Profikameras ausgerüstete Männer herum.

»Hoppla, die Lokalpresse ist auch vertreten«, wunderte sich Wiegand, der anscheinend alles und jeden in Schwäbisch Gmünd kannte.

Was mich wunderte, war, dass alle nur herumstanden und keiner aktiv war. Lediglich Martin Schulz, der Kommandant der Feuerwehr, unterhielt sich mit einem der Polizisten. Ich trat dazu und bemerkte direkt am Waldrand einen weiteren Pkw. Bei dem kupferfarbenen Porsche Cayenne waren alle Türen mit Packband, das um die ganze Karosserie ging, verklebt. Aus den Tür- und Fensterfugen quoll dick der Bauschaum. Am hinteren Seitenfenster, das einen Spalt offen war, stand eine junge Polizistin und redete mit den Insassen des Porsche.

»Was ist Sache?«, fragte ich in die Runde.

Herr Schulz klärte mich auf: »Da drin sitzt unser ehrenwerter Bürgermeister auf der Frau vom Metzger Haberer und hat einen Hexenschuss. Der ist praktisch immobil.«

»Aha, aha. Und warum tut niemand was?«

»Tun wir doch. Wir haben den Einsatzort gesichert und machen jetzt eine Lagebesprechung, ehe wir eingreifen. Es ist ja keine Gefahr im Verzug.«

»Und wie komme ich an den Patienten ran?«

»Wir überlegen uns gerade eine Strategie.«

»Aha, aha.« Ich war mehr als verwundert, mir war nicht klar, warum die Jungs von der Feuerwehr über die Art der Rettung so lange nachgrübeln mussten. Sonst waren die nicht zögerlich damit, im Ernstfall Hindernisse mit brachialer Gewalt schnellstmöglichst aus dem Weg zu räumen. »Scheibe einschlagen geht nicht?«

»Das muss unserer Meinung nach gut überlegt sein, man will ja nichts falsch machen, wenn das nackte, ungeschützte Hinterteil und das Luxusgefährt des wichtigsten Mannes im Städtle involviert sind.« Dann schritt er mit seinen Männern sehr gemächlich zur Tat.

Ich ging ebenfalls näher ran. Während das Verbundglas der Frontscheibe mit einem *Glasmaster* aufgesägt wurde, klärte mich Fabian Steinrieder, der Polizist, der neben mir stand, auf.

»Wir wurden durch einen anonymen Anruf alarmiert. Da hat sich eine Gruppe Maskierter einen Spaß erlaubt und die beiden Turteltauben eingeschäumt beziehungsweise die Türen mit Packband verklebt, sodass diese sich von innen nicht öffnen ließen. Die Insassen haben uns zwar per Handy gerufen, aber bis wir da waren, war der Bauschaum ausgehärtet und die Übeltäter verschwunden. Das mit dem Hexenschuss war nicht geplant, aber setzt dem Ganzen wohl das Tüpfelchen auf das i.«

»Aha, aha. Aber die Feuerwehr scheint es nicht sonderlich eilig zu haben, die eingesperrten Personen zu befreien?«

Der Polizeibeamte warf mir einen Seitenblick zu. »Sie sind nicht von hier?«

»Nur hier aufgewachsen. Ich lebe schon lange in Stuttgart.«

»Der Herr Kleegarten, unser Bürgermeister, hat sich im letzten Jahr die Feuerwehr zum Feind gemacht, weil er einen Brandeinsatz öffentlich scharf kritisiert hat. Das verzeihen die ihm nie. Deswegen geht's wohl auch etwas langsamer mit der Befreiungsaktion, damit die Herren von der Presse ja alles gut mitbekommen und scharfe Fotos machen können.«

Er zwinkerte mir zu. Ich kletterte kurz darauf durch den Rahmen der Frontscheibe in den Wagen. Die Feuerwehr hatte über die Glasreste im Rahmen eine Decke aus schnittfestem Material gebreitet und ich konnte einen ungehinderten Blick auf das picklige Hinterteil des demokratisch gewählten Bürgermeisters meiner Heimatstadt werfen. Ich legte einen intravenösen Zugang, zog jeweils eine Spritze mit Midazolam und Ketamin auf und analgosedierte den Patienten. Dann machte ich den Feuerwehrleuten Platz, die den geschätzt hundertfünfzig Kilo schweren Ortsvorsteher langsam von der Frau des bekanntesten Metzgers am Ort herunterhoben und, ohne ihn abzudecken und vor den Kameras zu schützen, in den mittlerweile ebenfalls angereisten Rettungswagen hievten. Man sollte sich gut überlegen, wen man sich zum Feind machte.

Ich kümmerte mich als Nächstes um Frau Haberer, die schwitzend und leichenblass auf dem Rücksitz lag und heulte, was das Zeug hielt. »Ich kann mich doch nie mehr im Ort sehen lassen«, konstatierte sie schluchzend und ich konnte ihr nicht widersprechen. Ich redete beruhigend auf sie ein, während ich Blutdruck und Puls checkte.

Vor der Tür gab es einen Tumult. Der Gatte der Dame war angekommen und verlangte lauthals seine Frau zu sprechen, was ihm die Polizisten mit vereinten Kräften versuchten auszureden. Seiner Gemahlin fehlte nichts Körperliches; dass ihre Würde völlig desolat war, dagegen konnte ich nichts tun.

»Sie können sich jetzt anziehen«, meinte ich.

»Wo soll ich denn hin?«, fragte die Patientin.

Da war ich als Notarzt überfragt und verabschiedete mich. Die junge Polizistin, die mit dem Liebespaar durch die Scheibe gesprochen hatte, kam mit einer Decke auf den Rücksitz und hüllte die nackte Frau darin ein.

DER EINSATZ WAR das Gesprächsthema auf der Wache gewesen und im Laden meiner Mutter, der direkt gegenüber der Metzgerei in der Innenstadt lag, wohl auch.

Eine Stammkundin meinte kopfschüttelnd, als ich Tobi am nächsten Morgen abholte: »Dass die Frau Haberer so was macht, so eine feine Frau. Die armen Kinder und der arme Mann. Der hat die doch auf Händen getragen. Die hat alles bekommen. Allein die Kreuzfahrten auf der Arosa müssen ein Vermögen gekostet haben. Und wie hat sie es ihm gedankt?«

Meine ärztliche Schweigepflicht verbot mir zu erwähnen, dass ich der Notarzt gewesen war, der den Bürgermeister und die Metzgersgattin splitterfasernackt behandelt hatte.

Dafür zitierte ich Mark Twain: »*Jeder Mensch ist wie ein Mond: er hat eine dunkle Seite, die er niemandem zeigt.*«

Alle anwesenden Damen nickten bestätigend und meine Mutter sah mich mit einem merkwürdigen Seitenblick an – ihr blieb die dunkle Seite ihres ältesten Sohnes auch weitgehend verborgen.

Seeräuber und
Sekundentod

Mein Abkömmling hatte seinen Revolver umgeschnallt und ritt auf der Couch nach Laramy, um einen Bankraub zu verhindern. *Ramdamdam* durfte neuerdings vor ihm sitzen und wurde nicht mehr an der Leine hinterhergeschleppt. Maria saß im verwaschenen Jogginganzug und schreiend bunten Kuschelsocken in ihrem Lesesessel, die Beine auf dem kleinen Hocker, und tippte eifrig Nachrichten an den Bootsbesitzer. Fräulein Pavlidis hatte eine äußerst geschmackvolle Wohnungseinrichtung und verließ das Haus in der Regel perfekt durchgestylt, innerhalb unserer vier Wände lief sie jedoch herum wie die langjährige Bewohnerin einer geschlossenen Anstalt.

Ich hatte mir die Noten von *Use Somebody* von den Kings of Leon runtergeladen und versuchte das Stück zu spielen. Maria sah kurz hoch, aber wirklich kamen meine geschluchzten Zeilen »*You know that I could use somebody. Someone like you and all you know and how you speak ...*« nicht wirklich bei der Adressatin an. Die Unterhaltung mit Dean, dem Deppen, wie ich ihn frei nach Johnny Depp, dem besseren Darsteller eines Freibeuters, liebevoll nannte, musste wahnsinnig interessant sein. Ich wechselte zu *Desperado* von den Eagles. Lucky Tobi war zu beschäftigt, Jolly Jumper die Sporen zu geben, um den Sinn hinter *Oh, you're a hard one. But I know that you got your reasons. These things that are pleasin' you can hurt you somehow*, zu verstehen.

Von Marias Smartphone kam gerade wieder dieser nervtötende Harfenakkord, der eine Nachricht von Dean ankündigte. Ich wusste plötzlich, was die richtige Hintergrundmusik für diesen Abend war. »*Just cast away and I am lost at sea. Another lonely day and no one here but me. More loneliness than any man could bare. Rescue me before I fall into despair. I send an SOS to the world.*«

Ich wiederholte Stings *I send an SOS to the world,* bis Maria endlich auf mich aufmerksam wurde und mich fragend ansah.

»Was schreibt er so, der Held der Meere?«

»Das willst du nicht wirklich wissen.« Marias Bäckchen waren rot angelaufen, was sie ganz entzückend aussehen ließ. Ich stand auf und nahm auf dem Sessel neben ihr Platz.

»Doch, schon. Komm, lass mal sehen.«

Maria versteckte das Handy unter ihrem Sweatshirt. »Nein, das ist privat.«

»Papa, brauchst du Hilfe?«, mischte sich der einsame Cowboy ein.

Ich gab Maria einen Schubs, sie rutschte vom Sessel und wir balgten uns zu dritt auf dem dicken Teppich um das Handy, bis ich das Teil erbeutet hatte und hochhob.

»Wollen wir doch mal sehen, was die Verliebten sich so Schönes zu schreiben haben.«

Maria riss die Augen weit auf und schüttelte den Kopf. »Nicht vor dem K, I, N, D!«, buchstabierte sie.

Das Kind verstand nur *En-De* und fragte: »Was ist vorbei?«

»Aha, aha, nicht jugendfrei das Ganze?«, bemerkte ich.

Die Delinquentin schüttelte den Kopf.

»Ich fasse es nicht, du sitzt hier mitten unter uns und schreibst …«, ich musste überlegen, in welche Sprache ich das Wort *Schweinkram* übersetzte, damit mein multilinguales Kind es nicht verstehen konnte. Mir fiel keine ein. »Tobi, geh mal in dein Zimmer. Wir müssen Erwachsenengespräche führen.«

»Über Alkohol?«

»Nein, über Aktienfonds.«

»Das ist nicht fair! Ich will das auch wissen«, maulte der kleine Naseweis. »Wie soll ich da was lernen?«

»Du musst sowieso gleich ins Bett. Also, auf ins Bad mit dir!« Ich packte Tobi, legte ihn mir über die Schulter und machte mich auf den Weg aus dem Wohnzimmer. In der Tür drehte ich mich noch mal um: »Wir beide sprechen uns noch, junge Frau!«

Maria streckte mir die Zunge raus und daddelte auf ihrem Handy weiter.

»PAPA, WANN BIN ICH alt genug, um Alkohol zu trinken?«, fragte Tobi unvermittelt, als ich ihm aus *Momo,* unserer aktuellen Einschlaflektüre, vorlas.

»Nie.«

»Und *Aktienfohs*?«

»Die kann man nicht trinken.«

»Essen?«

»Das ist eher ein Thema, das du mit deiner Mutter, dem Mathematikgenie, besprechen solltest.«

»Schreibst du es auf meine Liste?«

»Aber gerne.« Es war immer ein Fest für mich, zuzuhören, wie die besorgte Kindsmutter ihrem Sohn selbst die schwierigsten Begriffe ernsthaft zu erklären versuchte. Damit Tobi auch kein Wort je vergaß, führte ich eine Liste auf Englisch für ihn, die er beim Skypen immer schön in die Kamera hielt und gewissenhaft abhakte.

Nachdem das Kapitel zu Ende war und ich *Equity Fund* unter *Procrastination* eingetragen hatte, schenkte ich mir ein Glas Rotwein ein und ging wieder ins Wohnzimmer. Maria hatte sich mittlerweile auf der Couch breitgemacht und hing immer noch an der unsichtbaren Nabelschnur zu ihrem Kapitän. Theoretisch konnte ich diese Fixierung verstehen. Ich hatte mit meiner verstorbenen Frau ganze sechs Monate nur vom Chatten und Telefonieren gelebt, ehe wir uns das erste Mal trafen. Praktisch nervte es mich, dass Maria ständig von diesem Vollpfosten in Beschlag genommen wurde.

Ich stellte mein Glas auf dem Beistelltisch ab und legte mich in den Sessel. Maria warf mir einen entschuldigenden Blick zu.

»Störe ich beim Cybersex?«

»Nein, nein. Ist schon okay. Wir haben uns eben verabschiedet für die Nacht.« Sie legte das Handy neben sich, zog die Beine hoch, umschloss die Knie mit den Armen, legte den Kopf darauf ab und sah mich nachdenklich an. »Kann ich dich um was bitten, Benny?«

»Kauf dir eine Karotte.«

»Du bist so ein Arsch!«, lachte sie fröhlich.

Erstaunlich, wie alle Frauen, an denen mir was lag, sich in diesem Punkt einig waren.

»Was willst du?«

»Fährst du mich zum Flughafen? Ich finde es immer so traurig, wenn ich mit dem Taxi fahren muss und ich niemanden zum Drücken und Hinterherwinken habe.«

»Klar, mache ich.«

»Danke.« Maria nahm ungefragt mein Glas Wein und nippte daran. »Schmeckt. Bekomme ich auch welchen?«

Ich musste schlucken. Ich hatte das unheimliche Gefühl, ein *Déjà-vu* zu haben. Genau das hatte Ricky in dieser Wohnung so oft gemacht, von meinem Tellerchen gegessen und aus meinem Becherchen getrunken und mich gefragt, ob sie auch was haben könne. Darauf folgte eine minutenlange Diskussion, dass sie das auch selbst könne, die ich schlussendlich immer verloren hatte.

»Ich mache auch eine Woche lang den Abwasch allein«, versprach meine Frau.

»Du lügst doch.«

»Nein, ich kann es dir schriftlich geben. Hol mal eben ein Blatt und einen Stift.«

»Dann kann ich auch gleich den Wein aus der Küche holen.«

»Du bist so klug, Hase, und multitaskingfähig.«

Mir fehlten diese Wortgefechte mit Ricky fast noch mehr, als mir ihre körperliche Nähe fehlte. Ich probiere mein Glück bei Maria. »In der Küche stehen noch eine ganze Flasche und ziemlich viele leere Gläser.«

»Ich sitze hier aber grad so schön. Außerdem ist es dein Wein.«

»Aber deine Gläser.«

»Ich bringe auch morgen früh Tobi in den Kindergarten, dann kannst du ausschlafen.«

Ich war geflashed. Diesen unsinnigen Tausch hätte auch Ricky anbieten können.

»Die ganze Woche.«

»Zwei Tage.«

»Drei.«

»Deal.« Ich stand auf, holte den Rotwein und ein Glas für Maria. Wir stießen an. »Auf weibliche Unlogik«, schlug ich vor.

»Auf männliche Schwächen.«

»Bin ich zu metrosexuell für. Das trifft auf mich nicht zu.«

»Kann ich dich noch was fragen?« Maria hatte das Glas beim Sprechen an der Unterlippe und sah mich mit ihren wunderschönen Augen an.

»Nein, ich halte die Karotte auf keinen Fall fest.«

Maria stellte das Glas ab, warf ein Kissen nach mir und verfehlte mich um einen guten halben Meter. Ich kugelte mich vor Lachen und breitete die Arme ganz weit aus: »Komm, nimm das andere, du hast noch einen Versuch.«

»Ich wollte dich eh nicht treffen. Dann heulst du nur wieder.«

»Mach schon. Ich werfe mich auch in die Schusslinie.«

»Brauchst du nicht, ich treffe, wenn ich möchte.«

»Du lügst doch. Was wolltest du fragen?«

Es folgte ein erneuter Blick aus tiefgründigen grünen Augen. Ich spürte ein vertrautes Ziehen im Unterleib.

»Aber nicht lachen.«

»Versprochen, ich werde keine Miene verziehen.«

»Warum müssen Männer immer Fotos von ihrem besten Teil verschicken?«

Ich warf mich lachend in den Sessel zurück: »Dean?«

Das zweite Kissen verfehlte meinen Kopf nur noch um wenige Zentimeter. »Du hast versprochen, nicht zu lachen.«

»Dann habe ich jetzt mal gelogen.« Ich warf das Kissen, das neben dem Sessel lag, zurück und traf Maria am Kopf. »Siehst du, so geht das.«

Maria hielt sich das Kissen fest an den Bauch gedrückt. Angeblich tun das Frauen mit unerfülltem Kinderwunsch. »Beantwortest du mir jetzt meine Frage?«

»Da kann ich nichts dazu sagen. Ich mache so was nicht.«

»Nie?«

»Nie, ich schwör. Noch nicht mal, wenn ich blau bin.« Ich schenkte uns Wein nach und reichte Maria ihr Glas. Unsere Hände berührten sich kurz. Ich hätte jetzt liebend gerne mit meiner Mieterin gekuschelt, riss mich aber zusammen.

»Macht es dich an, wenn dir Frauen Fotos oder Videos von ihren Genitalien oder Möpsen schicken?«

»Nein! Ich stehe drauf, das alles live und zum Anfassen zu haben, außerdem mag ich keine Hunde.«

»Sehr witzig!« Der Leidensdruck bei meiner Mieterin schien recht groß zu sein. Die Worte sprudelten jetzt aus Maria nur so heraus. Dean benutzte einen Selfiestick, um einschlägige Fotos und Videos von sich machen zu können, auf dem nicht nur sein Dödel, sondern auch seine Visage zu sehen war. Jetzt wusste ich auch, was in dem länglichen Paket von Amazon letzte Woche gewesen war.

»Da denkt man, man hat in Bezug auf seine Geschlechtsgenossen schon niedrigstes Niveau erlebt, dann kommt einer und tanzt locker Limbo drunter«, bemerkte ich.

»Warum spielst du da mit?« Ich trank einen Schluck Wein, der plötzlich nicht mehr nach schwarzer Johannisbeere schmeckte, sondern einen sauren Beigeschmack hatte. »Warum skypt ihr nicht wie alle anderen Gestörten?«

»Weil die Internetverbindung auf dem Boot nicht immer ideal ist.«

»Aha, aha.«

»Ich denke, für Männer ist es eben schwerer, ohne Sex auszukommen, wenn man getrennt ist, und da wir uns ja kennen, dachte ich, es ist nichts Schlimmes dabei …« Maria stockte mitten im Satz und lächelte verzerrt.

»Ist es aber doch?«

»Ich find's widerlich. Penisse sind so hässlich.« Maria sah entzückend aus, wenn sie ihre Nase kraus zog.

»Hör mal, wie sprichst du vom edelsten Teil eines Mannes? Der Penis ist die Antenne des Herzens.«

»Das wäre erklärungsbedürftig – obwohl ich es eigentlich gar nicht wissen möchte.«

»Seufz, wo soll ich da bei dir anfangen? Wenn man nie in den Genuß eines so sensiblen Körperteils gekommen ist, lässt sich ein derart komplexes Wunderwerk der Schöpfung unmöglich in wenigen Worten erläutern. Genau genommen ist dazu die menschliche Sprache insgesamt unzureichend. Wenn man die Antenne perfekt ausrichtet, kann man sogar Satellitenfernsehen empfangen.«

»Wozu brauche ich Satellitenfernsehen? Ich habe Netflix«, konterte Maria.

»Aha, aha, nennt man das neuerdings Netflix? Interessant.« Ich nahm einen Schluck und meinte: »Du musst ja nicht mitmachen bei dem Fotowettbewerb.«

Maria grinste mich verlegen an. »Dean fährt eben voll drauf ab.«

»Und? Musst du alles machen, was Captain Porno möchte?« Ich spürte, wie mein Ärger über Dean sich auf Maria übertrug.

»Nein, muss ich nicht, aber wenn man sich vertraut und liebt ...«

»... muss man sich trotzdem nicht selbst verleugnen und alles aufgeben für den anderen.«

»Du meinst, es sei ein Fehler, zu Dean aufs Boot zu gehen, nicht wahr?«

»Ich hoffe es nicht für dich.«

»Aber du glaubst es?«

Plötzlich stand das schnellste Spermium mit *Ramdamdam* unterm Arm weinend in der Tür und erzählte, er habe geträumt, dass im Gefrierfach ein Baby-Zombie liege, der versuche herauszukommen, um sein Unwesen zu treiben. Ich stand auf, ging mit meinem schluchzenden Sohn in die Küche und inspizierte den Kühlschrank auf Untote. Beim Anblick der Packung Karotten musste ich lächeln. Schön, dass es wieder eine Frau gab, die mich amüsierte, auch wenn sie dieses Mal nur ausgeliehen war. Ich trug meinen Sohn zurück in sein Bett, wo er sofort einschlief.

Aus dem Wohnzimmer tönte laut Discopop aus den Siebzigern. Maria kam mir hüftschwingend in einem *I-Love-New-York*-Shirt entgegen, in der rechten Hand hielt sie stolz die größte Möhre aus der Packung. Kopf und Gemüse wippten im Takt, als sie an mir vorbeitänzelte. »*Oh, that's the way, aha, aha. I like it, aha, aha. That's the way, aha, aha. I like it, aha, aha.*«

»Sieh an, da hat doch jemand aus meinem *aha, aha* einen ganzen Song gemacht«, scherzte ich. »Hätte mir das Copyright eintragen lassen sollen.«

»Bild dir bloß nichts ein, K.C. and the Sunshine Band gab's vor deiner Zeit. Ich geh jetzt ins Bett. *Love is hotter. Aha, I like it, aha. I can't get enough.*«

»Viel Spaß und vergiss nicht, deinem Seeungeheuer ein Video davon zu machen.«

»Neidisch? Aha, aha.«

»Nein, ich gönn dir den blöden Wichser.«

Maria, die sich bereits in den Flur vorgetanzt hatte, kam zurückgelaufen und fiel mir um den Hals. »Ich kann das nicht. Wenn ich nicht mehr aufwachen würde, wären das die letzten Worte, die du von mir gehört hast. Das Letzte, was mein Papa zu mir gesagt hat, war: ›Ich muss morgen tanken‹, bei meiner Mutter war es ›Was stinkt hier so, Maria?‹ Das bekommst du nie wieder aus dem Kopf.«

Die Kette um mein Herz zog sich zu. Die letzten Worte meines Vaters an mich waren: ›Mach es besser, Benny‹ gewesen und Rickys ›Ich sehe nur noch Grau und mir ist auch so kalt‹. So was vergaß man tatsächlich nie wieder. Ich spürte ihre Wärme durch das dünne T-Shirt und zog Maria an mich heran. Die Ringe am Lederband drückten sich in meine Brust. »Kuscheln?«, fragte ich, weil ich mich so sehr nach ihr sehnte, dass ich meine Deckung herunterließ.

»Das ist schon besser. Aber nein, das geht heute nicht. Ich mag dich, Benny Brandstätter.«

»Ich dich auch, Oly Hippe.«

Sie hauchte mir einen Kuss auf die Wange, löste sich von mir und verschwand im Flur.

»Ich hätte auch die Karotte gehalten«, rief ich ihr hinterher und hörte ein Knacken.

»Zu spät. Ich vernichte sie gerade. Oral.«

»Nicht mit vollem Mund!«

So viel zu *famous last words*. Ich drehte die Lautstärke runter und setzte mich an den Flügel. Ich wollte nicht Gefahr laufen, dass Discomucke aus dem vergangenen Jahrtausend die letzte Musik war, die ich vor meinem Ableben gehört hatte. Voller Inbrunst und leicht alkoholisiert schluchzte ich das passende Lied von Ronan Keating: »*If tomorrow never comes. Will she know how much I loved her? Did I try in every way to show her every day, that she's my only one.*«

Ich war auf dem Weg zur Toilette, als mir Viktoria hinterherrief: »Chef, der Herr Krieger ist am Telefon und möchte Sie sprechen. Haben Sie Zeit?«

»Ich rufe in einer Viertelstunde zurück.«

Bernhard Krieger war ein Patient, für den ich mir Zeit nahm und den ich unmöglich mit Harndruck abfertigen wollte. Der selbstständige Parkettlegermeister war gerade fünfzig geworden und sein Leben wurde seit fünf Jahren von Monat zu Monat beschwerlicher, ohne dass der Mann auch nur irgendetwas dafür konnte oder falsch gemacht hatte. Ihm versetzten das Schicksal und sein Körper mit schöner Regelmäßigkeit Nackenschläge, die einen schwächeren Menschen schon umgebracht hätten. Herr Krieger war letztes Jahr auf einer Palliativstation gelegen und hatte bereits die letzte Ölung erhalten, war dem Tod aber von der Schippe gesprungen, was dieser ihn übel büßen ließ.

Als der eins fünfundneunzig große Mann, der nur noch knappe sechzig Kilo wog, vor einer Woche das erste Mal mit

Sauerstoffflasche im Schlepptau in mein Behandlungszimmer gekommen war, schwer von Krankheit gezeichnet, hatte ich mich in einer Phase tiefen Selbstmitleids verfangen. Herr Krieger hatte eine Bauch- und Thorax-OP hinter sich, bei dem ein Teil der rechtsseitigen Rippen durchtrennt werden musste. Die Knochen waren gerade so am Zusammenheilen, als seine Frau ihm bei einer Auseinandersetzung im Zorn ein paar Schläge auf die Brust verpasst hatte. Ich untersuchte den bis aufs Skelett abgemagerten und vernarbten Oberkörper. Die Rippen schienen die Attacke unbeschädigt überstanden zu haben.

Nachdem ich mir die Leidensgeschichte des ehemaligen Bodybuilders angehört und die ganzen Arztbriefe und Befunde aus den diversen Kliniken kopfschüttelnd gelesen hatte, verwandelte sich das Mitleid mit mir selbst in Demut und ich beschloss, vorerst nicht mehr zu jammern.

Bernhard Krieger musste vor fünf Jahren operiert werden, da sein Magenverschluss nicht mehr zuverlässig funktioniert hatte. Bei einem Parkettleger, der ständig nach vorn gebeugt arbeiten musste, nicht nur unangenehm, sondern eine regelrechte Behinderung. Die permanent aufsteigende Magensäure hatte ein Ösophaguskarzinom verursacht, und ein Teil der Speiseröhre musste entfernt werden. Dabei ist so ziemlich alles schiefgegangen, was schiefgehen konnte. Die Chirurgen hatten den Dünndarm so gelegt, dass ein Syphon entstand, in dem sich der vorverdaute Speisebrei sammelte. Herr Krieger nahm immer mehr ab, konnte nur noch Kleinstmengen an Nahrung auf einmal zu sich nehmen und das möglichst in flüssiger Form, selbst Brei blieb hängen. Nach langem Hin und Her wurde er ein zweites Mal operiert. Der Dünndarm verwuchs mit dem Zwerchfell, zudem löste sich eine chirurgische Klammer, die in die Galle spießte. Herrn Kriegers postoperative Schmerzen wurden als irrelevant eingestuft. Die Peritonitis blieb so lange unerkannt, bis sich der künstliche Darmausgang löste und die im Bauchraum gesammelte freie Flüssigkeit aus der offenen Wunde herauslief. Nach einem weiteren operativen Eingriff, um die Ursachen der Entzündung chirurgisch zu beseitigen, lag mein Patient eine Woche mit hohem Fieber mehr tot als lebendig auf der Intensivstation. Er überlebte auch das, nur um Anfang des Jahres in einer Operation, bei der die Überlebenschancen bei mickrigen zwanzig Prozent lagen, den halben Magen und einen Teil des Dünndarms entfernt zu bekommen. Bernhard Krieger bekam laut Unterlagen der Klinik eine tägliche Morphiumdosis, die einen Elefanten hätte einschlafen lassen. Er hielt dennoch seinen Betrieb am Laufen, sorgte dafür, dass seine fünf Mitarbeiter Arbeit hatten und fuhr sogar Auto.

Als würde dieses Leben voll chronischer Schmerzen und physischer Rückschläge nicht ausreichen, litt seine Mutter, die auch Patientin bei uns war, an einem senilen Tremor und rasant fortschreitender Alzheimererkrankung. Herr Kriegers Vater, der ihm durch die schwere Zeit Trost und Hilfe war, schon allein dadurch, dass er sich während der langen Krankenhausaufenthalte seines Sohnes um das Geschäft kümmerte, hatte selbst gesundheitliche Probleme und lag seit vier Tagen in der Margarinenklinik, wo ihm zwei Bypässe gelegt werden sollten.

Es war ein heißer Sommertag, die Stadt stank erbärmlich aus der Kanalisation, weil es seit Wochen nicht geregnet hatte. Ich schwitzte und litt seit dem Aufwachen unter Kopfschmerzen, mein Urin war sehr konzentriert gewesen und ich brauchte dringend Flüssigkeit. Ich holte mir aus dem Kühlschrank eine Flasche Wasser, bat Viktoria, mich mit Herrn Krieger zu verbinden, und wartete am Schreibtisch, bis die Verbindung hergestellt worden war.

»Brandstätter. Herr Krieger, womit kann ich Ihnen helfen?«

Im Hintergrund hörte ich das typische Zischen, wenn Herr Krieger einatmete und Luft aus der Sauerstoffflasche gezogen wurde. »Herr Doktor, mein Vater ist heute Nacht in der Klinik gestorben. Sekundentod, haben die gesagt«. Seine Stimme brach.

Ich schloss die Augen, hielt mir die kalte Flasche an die Stirn und wünschte mich auf mein Surfbrett ganz weit weg von kranken Menschen, die meine Hilfe brauchten.

Ankunft und Abschied

Im ruhigen Terrassenhaus in Botnang herrschte seit dem Einzug einer neuen Mietpartei in der Wohnung über uns ein Guerillakrieg zwischen Maria und dem weiblichen, chilenischstämmigen Oberhaupt der Gegnerfamilie. Die Schlesingers bestanden aus den Eltern Ende dreißig und zwei Kindern, einem Mädchen von etwa sechs und einem kleinen Jungen, der auf seinen krummen Beinchen gerade so laufen konnte. Von der Konstellation eigentlich eine ideale Ergänzung zu meiner kleinen Patchworkfamilie, aber es handelte sich laut Maria nicht um normale Menschen, sondern um halslose Gnome.

»Solche Kreaturen leben normalerweise in Baumhöhlen im Wald und nicht in einer Stadtwohnung«, bemerkte Maria, die hassen konnte wie eine richtige Südeuropäerin.

Tobi war das *Missing Link* des Gnomenmädchens egal, er schmachtete Emilia heimlich an, die mit vollem langem Haar und glutvollen, braunen Murmelaugen gesegnet war.

Im Rückblick hatte der seit einer Woche dauernde Streit so begonnen: Die Schlesingers waren in der Nacht mit zwei Kindern, dem Kastenwagen und einem Opel Zafira von Münster nach Stuttgart gefahren und um halb sechs in der Frühe hier angekommen. Um diese Zeit war die enge Straße noch zugeparkt. Also stellten sie den Umzugswagen, strategisch völlig ungünstig, auf der freien Fläche vor der Zufahrt zur Tiefgarage ab. Frau Schlesinger ging mit den Kindern in die Wohnung und Herr Schlesinger fuhr mit dem PKW zum nächsten Supermarkt, um Frühstück zu holen. Als er zurückkam, standen seine Frau, zwei heulende Kinder und zwei erboste Mitbewohner, die dringend zur Arbeit mussten, vor dem Haus. Den Umzugswagen hatte niemand wegfahren können, da Herr Schlesinger den Schlüssel dabeigehabt hatte.

Eine der aufgebrachten Mitbewohner war Maria, die deswegen zu einer wichtigen mündlichen Verhandlung vor dem Amtsgericht eine halbe Stunde zu spät gekommen war. Hätten die neuen Mieter in den nächsten Tagen Reue gezeigt und eine Flasche Wein oder einen Blumenstrauß rüberwachsen lassen, hätten sich die Wogen höchstwahrscheinlich geglättet. Stattdessen zogen sie sich völlig in ihre Wohnung zurück und galten fortan nicht nur als rücksichtslos und unsozial, sondern auch als geizig.

Maria hatte *Short People* von Randy Newman in ihr Repertoire aufgenommen. Wir mussten ihre Partei ergreifen und sangen brav und voller gefaktem Hass mit: »*Well, we don't want no short people, don't want no short people, don't want no short people round here.*« Die zweite Strophe war bei Strafe verboten. Alle Schlesingers waren tatsächlich ausgeprägt kompakt – keiner der Sippe war größer als ein Meter sechzig. Sie grüßten konsequent niemanden im Haus oder in der Nachbarschaft. Hubert Schlesinger war zwar Niedersachse, aber die Familie sprach stets spanisch miteinander – laut Maria, damit wir nicht verstanden, wie sie über uns hetzten. Dafür hetzte die Griechin laut und deutlich in akzentfreiem Deutsch bei jeder Gelegenheit über die neuen Nachbarn. Ich beschloss, die Situation einfach auszusitzen, Maria würde ja nicht ewig bei uns bleiben und Tobi war nicht nur ein geborenes Trostpflaster, sondern auch ein ziemlich guter Friedensstifter.

Maria hatte Tobi im Kindergarten abgegeben und war anschließend in die Kanzlei gefahren. Ich genoss an diesem dienstfreien Freitag die ungewohnte Stille auf der sonnenüberfluteten Terrasse, trank meine dritte Tasse Kaffee, hörte den Spatzen zu, die sich in den Fliederbüschen an der Grundstücksgrenze um etwas zankten, und las in einem Fachbuch über manuelle Therapie. Danach war geplant, in die Stadt zu fahren und ein paar Einkäufe zu erledigen. Ich brauchte dringend neue T-Shirts für die Arbeit in der Praxis.

Man konnte von der Terrasse die Treppe, die von der Straße zum Haus hochführte, zwar nicht einsehen, aber wenn Javiera Schlesinger mit Emilia und Baby Cristobal das Haus verließ, bekam das die ganze Straße mit. Die halslosen Kinder brauchten dieses Körperteil offensichtlich nicht, um ausreichend Lärm zu machen, und Frau Schlesinger tippelte auf metallbeschlagenen Pfennigabsätzen unüberhörbar die dreißig Stufen hinunter. Sie hatte dabei stets das Louis-Vuitton-Täschchen in der Armbeuge und das Handy in der Hand und telefonierte für alle gut hörbar über Lautsprecher. Aktuell erzählte sie einer Frau namens Florencia, dass sie darauf warteten, dass Hubert endlich damit fertig sei, die Küche nach dem Frühstück sauber zu machen, damit sie zusammen Schuhe für die Kinder kaufen konnten. Hubert war offensichtlich bei nichts, was er tat, der Schnellste, erzählte seine Angetraute der guten Florencia. Beide Frauen hatten diese hochfrequente Sprechstimme, die typisch für viele lateinamerikanische Einwohner mit Menstruationshintergrund war. Plötzlich änderte sich Javieras jovialer Plauderton. Sie verabschiedete sich hektisch von ihrer Gesprächspartnerin, befahl ihrem Sohn, er solle sofort alles ausspucken, was er gegessen hatte, und rief ihren Mann an, dem sie völlig panisch erklärte, er müsse sofort runterkommen, das Kind hätte giftiges Gras gefressen.

Ich stand alarmiert auf und traf im Treppenhaus auf Herrn Schlesinger, der grußlos an mir vorbei zur Haustür hetzte, sie aufriss und die Treppe hinunterstürzte. Als ich Sekunden später ankam, schüttelten sie den armen Cristobal und holten mit dem Finger eine grüne, schleimige Masse aus dessen Mund. Das Kind schrie lauter als sonst, was ich fast nicht für möglich gehalten hätte, zeigte aber keinerlei Anzeichen einer Vergiftung. Ich stellte mich dazu und fragte, ob ich helfen könne.

Señora Javiera sah mich abschätzig an und meinte: »*No!*«, dann berichtete sie ihrem Mann erneut, dass der Sohn das giftige Gras, das in der Blumenrabatte neben dem letzten Treppenpodest wucherte, gegessen hatte und sie jetzt zusammen in die Notaufnahme fahren müssten. Hubert hatte den Autoschlüssel schon in der Hand und riss auf Geheiß seiner Frau ein paar Grasstiele ab, um sie mit in die Notaufnahme zu nehmen, damit die die vermeintliche Giftpflanze zuordnen konnten.

Ich sah zu der Stelle, wo das Gewächs stand, und schüttelte den Kopf. Der Gärtner, den die Hausgemeinschaft bezahlte, hatte an dieser Stelle einen kleinen Kräutergarten angelegt, an dem sich sämtliche Bewohner gerne bedienten. Der kleine Schlesinger hatte Schnittlauch gefuttert.

Ich sprach dieses Mal Hubert direkt an: »Hören Sie, ich kann Ihnen helfen, ich bin Arzt und das ist kein Gras, sondern Schnittlauch, davon stirbt man nicht, im schlimmsten Fall bekommt Ihr Sohn Blähungen davon.«

Er sah mich nachdenklich an, aber ehe er antworten konnte, ließ seine Frau in ihrem schludrigen Spanisch eine Salve übelster Beschimpfungen über mich ab, die meine Mutter, meinen Sohn und die *Puta*, mit der ich in wilder Ehe zusammenwohnte, mit einschloss. Ich tat so, als würde ich kein Wort davon verstehen, und ging in meine Wohnung zurück. Ich rief in der Zentralen Aufnahme der Margarinenklinik an, wo ich Fatima antraf, schilderte ihr den Fall und bat sie, die Familie Schlesinger mit ihrer Schnittlauchprobe möglichst lange in der Warteschleife hängen zu lassen.

»Mache ich doch glatt für dich, Benny!«

Beim gemeinsamen Abendessen auf der Terrasse erzählte ich Tobi und Maria die Geschichte. Wir tauften die Schlesingers in die Schnittlauchgnome um und führten fortan einen offenen Krieg mit den ungeliebten Nachbarn.

Ich recycelte einen meiner Klosprüche, Maria laminierte den Ausdruck und heftete ihn von außen an unsere Wohnungstür:

Wenn die Sonne tief genug steht, wirft auch ein Zwerg einen langen Schatten.

DIE MEISTEN SPRECHSTUNDEN waren öde und von Routine geprägt. An solchen Tagen war der angehende Allgemeinmediziner dankbar für jede Abwechslung, vor allem, wenn das karibische Meer nicht nur wenige Gehminuten vom Arbeitsplatz weglag, sondern viele Flugstunden. Stuttgart, das mir lange Heimat gewesen war, war mir etwas fremd geworden. Zum Glück gab es die täglichen Highlights, wie den distinguierten Architekten, Mitte fünfzig, der direkt vom Flughafen aus der Frühmaschine aus Mailand in die Praxis geschneit kam und von mir Viagra verschrieben bekommen wollte, weil er nach einer einwöchigen Geschäftsreise sein Weib beglücken wollte. Dafür hatte ich als Mann grundsätzlich Verständnis und wünschte Norbert Hochlehner alles Gute und viel Erfolg.

Die nächste Patientin war eine rundliche Frohnatur, die wegen eines Fersensporns eine radiologische Praxis besucht hatte und mit dem Befund des Orthopäden unzufrieden gewesen war. Ich sollte doch noch mal persönlich draufschauen. Während ich mir die Röntgenaufnahmen ansah, unterhielt mich Lore Drollinger mit launigen Sprüchen, die sie glucksend mit bebenden Speckschichten lachen ließen. »Ein Surfbrett ist ein Bügelbrett, das sich für die Freiheit entschieden hat!« *Lach, brüll, Schenkelklopf,* hätte Tobi den Zustand der Frau beschrieben. »Ein Deckenventilator ist ein Hubschrauber, der seine

Träume aufgegeben und sich für einen Bürojob entschieden hat!« Ich ließ alles unkommentiert, erklärte, dass ich der vom Orthopäden gestellten Diagnose voll und ganz zustimmte, und meinte, dass es bei einem Fersensporn angeraten war, die Dame würde etwas an Körpergewicht verlieren.

Die laut Patientendatei hundertdreiundzwanzig Komma fünf Kilogramm schwere und ein Meter achtundsechzig große Frau Drollinger meinte daraufhin fröhlich lachend: »Ach, wissen Sie, mein Mann steht auf Frauen mit Kurven, der wäre sehr enttäuscht, wenn ich auch nur ein Gramm verlieren würde.«

Ich sah die Patientin an. Kurven? Aha, aha. Bei Frau D. konnte man durchaus schon von einem Kreisverkehr sprechen.

Gegen Ende der Nachmittagssprechstunde wollte eine Ehefrau, deren Mann sie seit Längerem betrog, etwas zur Beruhigung, weil sie dem Stress nicht mehr gewachsen war. Sie erklärte mir lang und breit, warum sie den Gatten, einen IT-Spezialisten, nicht verlassen konnte. Ich stellte ein Rezept über Lorazepam aus und reichte es ihr.

»Sie müssen nicht denken, dass ich mich nicht insgeheim rächen würde für das, was mir Ulf antut. Aber ich bin nun mal finanziell abhängig von ihm. Ich habe jeden einzelnen Golfschläger in den Schraubstock gespannt und ein wenig verzogen, gerade so, dass er es nicht gemerkt hat. Er wundert sich, warum sein Handicap plötzlich so schlecht ist.« Sie zuckte entschuldigend mit den Schultern und verließ das Sprechzimmer.

Widerstand hat viele Formen, dachte ich und rief die nächste Patientin auf. Rosemarie Hochlehner. Den Namen hatte ich schon Mal gehört. Mir fiel aber nicht ein, wann.

»Mein Mann war heute früh bei Ihnen«, berichtete sie mir mit verlegenem Blick auf ihre Hände.

»Ah ja, ich erinnere mich.« Aufgrund der ärztlichen Schweigepflicht konnte ich nicht mehr zu dem Besuch ihres Gatten sagen.

»Also, er hat die Tabletten genommen und es war ja sehr schön, mal wieder etwas länger miteinander zu schlafen ... dann ist es passiert.«

»Aha, aha.« Ich hoffte, der Architekt lag nicht mit Herzversagen im häuslichen Bett und Frau Hochlehner war dank meiner Hilfe frischgebackene Witwe.

»Ja, ich habe seitdem starke Schmerzen und Norbert meinte, ich solle lieber nachschauen lassen.«

»Aha, aha.« Frau Hochlehner machte es ungemein spannend, aber der Gemahl schien die Orgie überlebt zu haben.

»Also, Sie müssten sich mal meinen Hintereingang ansehen.«

Genau das tat ich. Ich seufzte bei dem Anblick. Der dank medikamentöser Hilfe megapotente Herr Hochlehner hatte seiner Frau eine üble Analfissur beschert. Man sollte zu Risiken und Nebenwirkungen nicht nur die Packungsbeilage lesen und den Arzt oder Apotheker befragen, nein, man sollte seinen gesunden Menschenverstand ab und zu einsetzen. »*Wo rohe Kräfte sinnlos walten ...*«, zitierte ich im Geiste meinen Landsmann, verschrieb Lidocainsalbe und -zäpfchen, riet zu Kamillensitzbädern und erklärte der Dame, wie sie den Analdehner, den ich mit aufs Rezept schrieb, anwenden sollte.

Frau Hochlehner bekam exakt den gleichen Gesichtsausdruck wie Tobi, wenn ich ihm erklärte, dass Schluss mit Spielen war und er ins Bett müsse. Als ich geendet hatte, schluckte sie, holte tief Luft und erwiderte mit geröteten Wangen: »Das ist ja nie Absicht von Norbert. Der rutscht eben leicht mal ab im Eifer des Gefechts – gerade seit ich Gleitgel brauche, weil ich so trocken bin.« Man merkte jedem mühsam rausgepressten Wort den Schmerz an, den die Erinnerung an die *Ausrutscher* ihres Mannes in der Patientin auslösen musste. »Deshalb muss man da nichts dehnen. Sie verstehen?« Abschließend nickte sie bekräftigend.

Ich verstand, nickte und dachte mir meinen Teil. *Ausrutscher?* Interessant, wie viele Männer ihren Partnerinnen nicht erklärlich machen konnten, dass sie auf Analverkehr abfuhren. Nachdem ich Frau Hochlehner über ihren Irrtum aufgeklärt hatte, dass der Analdehner in diesem Falle nicht dazu gedacht war, dem lieben Gatten den Zugang zu der Tabuzone seiner Angetrauten zu erleichtern, sondern um die Analfissur schneller abheilen zu lassen, atmete sie erleichtert auf, nahm das Rezept und verließ mich.

Auf dem Nachhauseweg lief im Autoradio ein Song der Gruppe *Haddaway*, der in Gedenken an das Ehepaar Hochlehner plötzlich eine ganz neue Bedeutung hatte: »*What is love? Baby, don't hurt me, don't hurt me no more.*« Ich pfiff fröhlich die Melodie mit und traf mich voller Inspiration mit Prinzessin Sarah.

Maria hatte uns an ihrem letzten Abend in der Stadt ins *Eataly* eingeladen. Wir sollten vorgehen, weil sie in der Wohnung noch etwas richten musste. Es regnete in Strömen – leider kein warmer, erfrischender Regenschauer, wie wir ihn von Costa Rica gewohnt waren, sondern Nieselregen, der schon den ganzen Tag andauerte, die Temperatur trotz Hochsommer deutlich unter zwanzig Grad hielt und die Stimmung dämpfte. Wir liefen die paar Schritte zu Fuß. Tobi hatte seine neuen Gummistiefel mit Feuerwehrauto und *brennender Sohle* an, die ihm meine Mutter geschenkt hatte. Ich hatte einen Schirm aufgespannt. Tobi nahm mit in die Stirn gezogener Anorakkapuze jede Pfütze mit Anlauf und sprang mit zwei Beinen möglichst in die Mitte. Dann kam er zurück und nahm meine Hand.

»Papa, ich mag den Regen hier nicht. Wann ist unser Urlaub endlich vorbei?«

Es war sinnlos, Tobi zu erklären, dass wir jetzt in Stuttgart lebten und nur noch für kurze Perioden in unser Haus in Manzanillo zurückkommen würden, bis er einen vernünftigen Schulabschluss hatte. Er hörte sich meine Argumente, warum das so sein musste, stets an, ignorierte sie oder sah mich mit traurigem Gesichtsausdruck an: »Dann sind Yoani und die Hunde tot, wenn die so lange keiner vor den Zombies beschützt.«

»Barbra passt schon auf, dass nichts passiert.«

»Die kennt sich doch überhaupt nicht aus mit Zombies! Hat sie selbst gesagt.«

Ich hatte an Marias letztem Abend keine Lust auf eine noch miesere Grundstimmung und lenkte ab: »Regen ist nützlich. Ohne Regen würde nichts wachsen, weil wir kein Wasser hätten. Das Gemüse auf den Feldern braucht Wasser und die Tiere was zu trinken. Sonst hätten wir nichts zu essen.«

Tobi antwortete nicht, machte sich aber so seine Gedanken. Beim Vorlesen der Speisekarte verkündete er: »*Ladifari*, Papa. Es geht auch ohne Wasser. Oder muss man Pizza vielleicht gießen?«

Dann verwickelte er den Wirt mit seiner Standardfrage in ein längeres Gespräch: »Was würden Sie mir empfehlen?«

Mich wunderte, dass mein Sohn den Konjunktiv beherrschte. Maria platzte in die Diskussion, ob Lasagne al Forno oder doch lieber Pizza Tonno. Sie schlug salomonisch vor, beides zu bestellen und nach der Hälfte mit Tobi zu tauschen.

»Super! Papa, du musst auch was zum Tauschen essen«, meinte das Kind.

»Genau, Papa. Iss auch ein Tauschgericht«, neckte mich Maria.

Papa war betrübt und seltsamer Stimmung und anscheinend der Einzige, der keinen Hunger hatte. Er bestellte eine doppelte Portion Riesengarnelen mit Knoblauchbrot für seine Tauschpartner sowie eine Flasche *Porcone Butchers Reserve*, der dreißig Monate im Fass ausgebaut worden war und satte vierzehn Prozent Alkoholgehalt hatte, für sich selbst. Tobi fand das Weinetikett mit dem Eberschädel *cool,* wollte wissen, ob tatsächlich Schweineblut in der Flasche war, ob er mal probieren könne und ob das unverletzlich mache.

Es stellte sich heraus, dass mich der Wein tatsächlich noch verletzlicher machte, als ich es die letzten Wochen gewesen war. Ich scherzte und tat so, als würde ich das Essen genießen, obwohl ich litt. Ich wollte nicht, dass Maria für Wochen auf diesem Kahn mit dem saublöden Namen auf dem Roten Meer verschwand und Tag und Nacht in Reichweite eines notgeilen Engländers war.

Wir teilten uns zwei Portionen *Tiramisu,* der Wirt spendierte Tobi nach dem Essen einen *Kinderschnaps* mit einem Eiswürfel, ich trank einen Averna, auch auf Eis, und Maria einen doppelten Espresso.

Es hatte aufgehört zu regnen und Tobi wollte auf dem Heimweg *Tobichen flieg!* *s*pielen. Ich wollte nach Hause, in meine Wohnung, die mit Marias Dingen eingerichtet war. Ich wollte Tobi ins Bett bringen und mit Maria schlafen – hemmungslos und die ganze Nacht. Seit der Zeit, in der ich Ricky kennengelernt hatte und sie sich weigerte, mich zu treffen, hatte ich keine solche körperliche und vor allen Dingen mental unerfüllte Sehnsucht nach einer Frau mehr verspürt.

Wir zogen im Flur die Schuhe und Jacken aus. Tobi war als Erster fertig, weil er wieder mal alles nur hinschmiss und Richtung Wohnzimmer rannte. Ich brüllte ihm schlecht gelaunt hinterher: »Wie oft muss ich dir eigentlich noch sagen, dass du deine Sachen wegräumen sollst?«

Das Kind stoppte im Türrahmen. »Zehnmal Papa. Du sagst doch, du musst mir alles zehnmal sagen, bis ich es mache.« Damit rannte er weiter.

Maria lachte, räumte Tobis Sachen auf und ich brummelte: »Meiner Rechnung nach habe ich es bestimmt schon hundertmal gesagt.«

Dann folgte ein begeisterter Aufschrei aus dem Wohnzimmer. »Ein Pferd! Ein richtiges Pferd!«

Ich sah Maria misstrauisch von der Seite an: »Was hast du getan? Du weißt, du wohnst hier nur zur Miete und das Halten von Haustieren geht nur mit meiner ausdrücklichen schriftlichen Zustimmung.«

Sie zwinkerte mir zu. Mitten im Wohnzimmer saß Lucky Tobi auf einem braun-weiß gefleckten Pony und ritt einhändig wie ein waschechter Rodeocowboy durch die Prärie.

»Ich kann doch nicht zulassen, dass so ein cooler Cowboy wie du sein Leben lang auf einer Couch reiten muss.«

Tobi stieg ab, band das Schaukelpferd am Fuß des Wohnzimmertisches an und drückte Maria fest. »Danke, liebe Maria!«

»Bitte, gerne. Hast du den Karton schon ausgepackt?«

»Wie? Wo? Karton?« Das Kind sah sich hektisch um, hatte Schnappatmung und riss die Verpackung des Geschenkes, das neben der Couch stand, in Windeseile auf.

»*Alter Falter!* Ein Hut und 'ne Knarre!« Er hob beides in die Höhe und probierte die Kopfbedeckung sofort auf. Dann sah er noch mal im Karton nach. »Stiefel?«

»Barfuß geht auch.«

»Okay.«

Ich nahm Maria in den Arm und drückte sie. »Danke, du bist die beste alte Hippe aller Zeiten!« Kia hätte Tobi die Stiefel geschenkt, weil er sie auch so tragen konnte, das Pferd und den Hut vielleicht, die Pistole niemals.

»Ich habe für dich auch was.« Maria reichte mir ein flaches, rechteckiges Päckchen, das im gleichen hellblauen Bärchen-Geschenkpapier wie Tobis Karton verpackt war.

»Ganz reizend, vor allen Dingen die Verpackung. Absolut altersgerecht.«

»Manchmal bist du wirklich nicht älter als fünf. Dann passt das doch.«

Ich hatte mit einem Mal ein schlechtes Gewissen, weil ich nichts für Maria zum Abschied besorgt hatte. Ich war so in meinem Ärger über ihr Gehen verfangen, dass ich nicht daran gedacht hatte, was mich noch mehr ärgerte. Ich spürte, wie ich immer mehr zumachte, anstatt mich zu öffnen.

»Da ist ein Brief dabei, den machst du aber bitte erst auf, wenn ich im Flieger sitze. Versprochen?«

»Indianerehrenwort.« Ich schüttelte das Päckchen und hielt es ans Ohr. »Eine Schildkröte?«

»*Shit*, dass du aber auch alles erraten musst.«

Tobi war kurz verschwunden gewesen und kam mit *Ramdamdam,* der, seitdem er Hund war, eine Leine tragen musste, unterm Arm zurück. Er band sein Pferd los, saß auf und ritt los. »Wo soll ich hinreiten?«

»Mendocino«, schlug ich vor. »Da warten Mädchen in der heißen Sonne.«

»*Cool.* Echt jetzt?« Mein Sohn wartete die Antwort nicht ab und gab seinem Pferd die Sporen. Ich packte mein Geschenk, eine Biografie von Leonard Cohen, aus. Cohen war einer der größten Songwriter der letzten hundert Jahre und mein Vorbild in vielen Dingen. Mit achtzig noch auf der Bühne stehen, das Publikum begeistern und trotzdem die Bodenhaftung nie verlieren. *Dedudamdam, dedudamdam.* Ich drückte Maria.

»Schon wieder? Nicht, dass das zur Gewohnheit wird!«, scherzte sie.

»Keine Angst, ich bin nicht sonderlich anhänglich.« Das war gelogen, ich konnte anhänglich bis an die Schmerzgrenze sein. Ich hätte Maria gerne belagert und vereinnahmt und mit

Aufmerksamkeit zugeschüttet, aber ich würde mir lieber die Zunge abbeißen, als es zuzugeben.

Der einsame Reiter war inzwischen in Mendocino angekommen. Sein Erziehungsberechtigter fand, dass es Zeit fürs Bett war. Tobi maulte rum, aber als ich ihm sagte, er könne fortan mit dem Revolver unterm Kopfkissen schlafen, ging er widerstandslos in die Falle.

Ich holte mir ein Glas Wein aus der Küche, ging zurück ins Wohnzimmer und drehte Musik an. Alanis Morissette sang: »*A traffic jam when you're already late. A no-smoking sign on your cigarette break. It's like ten thousand spoons when all you need is a knife*«. Jupp, das Leben ist schon sehr ironisch. Ich hatte meine Traumfrau getroffen und dann hat sie mir Bilder ihres geilen Mannes gezeigt.

Dieser Traum wuselte aufgeregt durch die Wohnung, packte Koffer und hielt mir jedes Kleidungsstück, das er gedachte mitzunehmen, hin, um meine Meinung zu hören. Eine Stunde später ließ sie sich in die Polster neben mich fallen: »Uff, das wäre geschafft. Ich glaube, ich gehe endlich schlafen. War ein langer Tag.«

»Tu das«, sagte ich. »Bitte nicht!«, dachte ich.

»Okay. Dann schlaf mal gut.« Sie stand auf und lächelte ebenfalls.

»Du auch.« Ich blieb sitzen.

»Okay. Dann bis morgen früh.«

»Jupp!« Ich hob mein Glas. Maria ging aus dem Zimmer und ich ärgerte mich über mich selbst. Warum hatte ich sie nicht in den Arm genommen und festgehalten? Warum stand ich manchmal so verdammt *tough* über meinen Gefühlen? Warum wusste ich immer die richtigen Worte, aber warum brachte ich sie so selten über die Lippen? Warum war ich in puncto Liebe so ein hirnrissiger Idiot? Ich wusste es nicht zu erklären. Ich nahm den Brief, den ich erst öffnen sollte, wenn

Maria weg war, und wedelte mir damit Luft zu. Er war leicht. Maximal zwei Blatt. Ich war neugierig, las aber etwas in der Biografie von Leonard Cohen. Was hätte der alte weise Mann getan, der seine Gefühle in wunderschöne, unsterbliche Zeilen hatte fassen können, untermalt von melancholischen Melodien, gesungen in einem tiefen, warmen Bariton?

Cohen gefiel die Vorstellung, ein Lied zu schreiben, das dann seinen eigenen Weg geht, bis keiner mehr weiß, von wem es ursprünglich geschrieben wurde. Das Lied zieht um die Welt und irgendwann, viele hundert Jahre später, summen ein paar Frauen die Melodie, wenn sie an einem Flussufer ihre Wäsche waschen. Oder ein Arzt singt auf der Couch seiner Wohnung leise vor sich hin, das Rotweinglas auf dem Bauch balancierend. *»I have torn everyone who reached out for me. But I swear by this song. And by all that I have done wrong. I will make it all up to thee.«*

Besagter Arzt stellte das Rotweinglas ab, nahm den Umschlag und riss ihn auf. Zwei Blätter, dicht beschrieben in Marias winzig kleiner Handschrift. Ricky hatte mit großen, weit ausladenden Buchstaben fast unleserlich geschrieben. »Ein Zeichen von Intelligenz, Brandstätter!«, meinte mein Weib. »Oder eines Tremors«, neckte ich sie, aber ich wusste, sie hatte recht. Nur zugegeben hätte ich das nie im Leben, und dann war ihr Leben so abrupt zu Ende gewesen. Ich las.

Mein liebster Benny,
hier ein paar Gedanken, die ich mir neulich in der Wanne gemacht habe, vielleicht verrückt, aber als baldige Freibeuterin, der immerhin ein Anker und die Antriebswelle der M/Y Devotion gehören, dann doch gar nicht so weit hergeholt. Wenn man das Leben als Ozean nimmt, dann

sind manche Männer ein Fels in der Brandung, eine prachtvolle Segeljacht, ein mickriges Schlauchboot mit oder ohne Antrieb, ein riesiges Kreuzfahrtschiff, manche sind 'ne kleine Insel, andere ein ganzer Kontinent, manche ein Atoll, manche ein leckgeschlagener Kahn und einige leider nur ein Strohhalm – aber man hat als Frau die freie Wahl, mit wem man sein Leben verbringen möchte.

Ich habe meine Motorjacht gefunden, also ideal für mich, die leidenschaftliche Taucherin, dachte ich zumindest ... dann traf ich ganz unerwartet eine neue Männerform: den Flipper – sprich Benny Brandstätter!

Mit Dir muss man sein Leben lang Spaß dran haben, herumzuschwimmen, Deine Lieblingsplätze anschauen, Dir die eigenen Lieblingsplätze zeigen, Fischschwärme plündern, Bomben aus dem Zweiten Weltkrieg entschärfen, Haie vermöbeln und immer auf Achse sein, Abenteuer erleben.

Bei aller Verspieltheit: Wenn es hart auf hart kommt, kommst Du und stupst einen an oder bringst einen an die Oberfläche, bis man wieder von allein atmen kann. Das ist rührend und hat seinen eigenen Charme. Wem hat Flipper kein Lächeln ins Gesicht gezaubert? Du hast mich schon so oft aufgebaut, wenn ich richtig down war, und es immer geschafft, mich zum Lächeln unter Tränen zu bringen. Das schafft kein Fels und kein Schiff. Aber irgendwann ist gut, dann schwimmst Du ein Stück allein weiter und verlangst das auch von einem.

Aber: Man muss nur Flipper rufen und schon isser da, der kluge Delfin, den jeder liebt. ;-)

Also brauchst Du 'ne Partnerin, die auch ein Delfin ist und Spaß am gleichen Lebensstil hat – fest verbunden, aber locker nebeneinander her schwimmend und einander beschützend. Das ist alles andere als einfach. Aber irgendwann wirst Du sie finden, die Frau fürs Leben. Wollte ich Dir voller Überzeugung schreiben ...

Ich bin wohl leider nur eine Taucherin, die eine feste Basis an Land oder auf einem Boot braucht, aber ich bin so dankbar für die vielen Stunden unter Wasser, die ich mit Dir und Tobi verbringen durfte. Ihr wart die letzten Monate meine wunderbare Patchworkfamilie.

Voller Liebe und Zuneigung, Deine Oly Hippe

ICH LAS NOCH mal. Grinste, lächelte, schniefte und schüttelte ungläubig den Kopf. Mit Ricky war Sex wie Tiefseetauchen gewesen, versunken in eine komplett andere Welt, in der es nur uns beide gab. Das hatte ich zuvor und danach nie wieder mit einer Frau so intensiv erlebt. Maria lag mit ihrer Flipperthese gar nicht so falsch. Ich war verwirrt, nahm meinen Sohn als Vorbild, klopfte und öffnete die Tür zu meinem früheren Schlafzimmer einen Spalt. Maria lag lesend im Bett, die Brille auf der Nasenspitze.

Ich kroch unter die Decke, nahm sie fest in den Arm und drückte mich an sie. »Flipper will kuscheln«, flüsterte ich in ihr dichtes Haar.

»Du solltest den Brief doch nicht lesen! Du hast es versprochen!«

»Du solltest keinem Mann vertrauen. Wir sind alle Schweine und halten uns nicht an unsere Versprechen.«

»Und jetzt?«

»Und jetzt tauchen wir miteinander ab.«

Und genau das taten wir.

»Was machen wir nun?«, fragte ich Maria danach, leicht stotternd.

Sie lag mit so viel Abstand, wie es die Matratze zuließ, stocksteif neben mir auf dem Rücken und meinte, ohne mich anzusehen: »Am besten so tun, als sei nichts passiert.«

Das tat weh, aber ich war dank jahrelanger Übung sehr gut darin, Schmerz zu überspielen. »Ganz meine Meinung. Ich geh dann lieber in mein Bett, ehe Tobi aufwacht.«

»Ich schlafe auch noch ein wenig.« Maria hatte bislang an die Decke gestarrt und drehte sich jetzt von mir weg.

In meinem Kopf sang Philipp Poisel: »*Ich will einmal noch schlafen, schlafen bei dir. Dir einmal noch nah sein, bevor ich dich für immer verlier'.*« Wenigstens das hatte geklappt.

Tobi war in dieser Nacht nicht verwirrt und schlief durch, bis ich ihn um halb acht weckte. Er stürmte sofort in Marias Zimmer, eine Runde Kuscheln zum Abschied.

Nach einem Frühstück mit zwei betretenen Erwachsenen und einem überdrehten Kind fuhren wir Tobi in den Kindergarten und anschließend zum Flughafen. Im Wagen sprachen wir über alles, nur nicht über uns, und vermieden es, uns anzusehen. Der männliche und der weibliche Deutsche Meister im Verdrängen zusammen unterwegs. Wir drückten uns vor der Abflughalle kurz und verlegen.

»Flieg vorsichtig«, mahnte ich.

»Pass auf Tobi auf«, flüsterte Maria. »Ich habe euch lieb.«

»Wir dich auch, du dumme Nuss«, flüsterte ich, und Maria verschwand mit diesem sagenhaft wiegenden Gang in der Abflughalle.

DEMENTSPRECHEND ÜBEL GELAUNT fuhr ich weiter in die Praxis. Heute wäre der perfekte Tag, um Margot rauszuschmeißen. An einer roten Ampel auf der B27 in der Innenstadt sah ich auf mein Handy. Maria hatte geschrieben. Ich öffnete die Nachricht.

09.12 Nachricht von Maria O.
Ich habe das gehört!
Dumme Nuss ist ein beschissenes letztes Wort.

ICH SAH AUF DIE Uhr. Die Nachricht war vor zehn Minuten geschickt worden. Ich drückte auf wählen, bekam sofort die Ansage, dass der Anschluss nicht erreichbar sei, und verfluchte meine verdammte Unentschlossenheit.

09.30 Nachricht an Oly Hippe
Das sind genau genommen auch zwei Wörter ...
Vergissmeinnicht wäre eines gewesen oder Machkeinscheiß.

VIKTORIA SASS ALLEIN hinter der Anmeldung und schniefte. »Chef, die Frau Below-Walter hat sich krankgemeldet und mir geht's auch nicht besonders. Dafür ist das Wartezimmer gerammelt voll. Mein Kopf ist auch so voll, ey!«

»Das nennt man denken, gewöhn dich mal dran!«

Viktoria war sarkasmusresistent und zeigte keine Reaktion auf meine Spitze. Sie informierte mich über das nächste Drama dieses Morgens: »Kaffee konnte ich auch keinen machen, Chef.«

Ich seufzte. Gerade den hätte ich jetzt dringend gebraucht. »Dann fangen wir doch gleich an, oder gehst du auch nach Hause und wir machen den Laden dicht?«, erwiderte ich gereizt.

»Nee, ich bleib da. Aber ab morgen habe ich Schule. Ich glaube nicht, dass die Frau Below-Walter morgen wiederkommt. Klang nach was Längerem. Keine Ahnung. Sie geht später zum Arzt, sagt sie. Also zum richtigen Arzt, hat sie gemeint.«

Während ich mich umzog, sah ich alle paar Minuten auf mein Handy, um zu sehen, ob sich Maria doch noch gemeldet hatte. Ich wurde überrollt von leichten Sommererkältungen, die unbedingt Montagfrüh eine Krankmeldung für die Woche brauchten, wohl weil das Wetter so schön war, und den üblichen älteren Herrschaften, die ein langweiliges Wochenende hinter sich gehabt hatten und sehr mitteilungsbedürftig waren. Ich zickte alle an und Viktoria bekam das meiste ab. Ich verfluchte den Kollegen Schneider für seine nicht mehr schlanke, sondern schon magersüchtige Personalpolitik, aber der war mit der Gattin für eine Woche in Florida abgetaucht, das neue Boot von der Werft abholen. Man gönnt sich ja sonst nichts.

10.32 Nachricht von Maria O.
Ich wollte, ich hätte euch eher kennengelernt, wir
hätten so schön zusammen
durch die Weltmeere schwimmen können.

Ich ging in den EKG-Raum, wo Christine Biehnle auf dem Belastungsergometer schwer schnaufend strampelte. Frau B. hatte über Herzrhythmusstörungen geklagt, vor allem, wenn sie nach dem Sport oder Sex unter der Dusche stand. Es freute mich ungemein, dass die Patientin mit Ende siebzig noch Sport machte und Sex hatte und darüber hinaus auch noch sehr viel Wert auf Hygiene legte. Viktoria befreite sie gerade von den Elektroden. Ich sah mir die abgespeicherte EKG-Kurve direkt auf dem Display des angeschlossenen Laptops an. Ich stutzte und sah noch mal genauer hin.

»Hm«, murmelte ich. Die Werte zeigten einen absonderlichen Lagetyp des Herzens.

Die Werte der Herzachse liegen meist zwischen -60° bei einem überdrehten Linkstyp und +150° bei einem überdrehten Rechtstyp. Prinzipiell konnte eine Änderung der Herzachse auf eine Hypertrophie oder eine Lungenembolie hindeuten. Frau Biehnles Herz schlug laut EKG um +180° deutlich aus der Norm. Ein absolut ungewöhnlicher Wert beziehungsweise ein verdächtig hoher Wert. Bei diesem elektrischen Lagetyp musste man sich über Rhythmusstörungen nicht wundern, sondern eher darüber, dass der Herzmuskel überhaupt noch arbeitete. Ehe ich die Pferde scheu machte und eine transthorakale Echokardiographie anordnete, musste ich ausschließen, dass die liebe Viktoria Mist gebaut hatte.

»War das dein erstes EKG?«, fragte ich die Auszubildende.

Die strahlte daraufhin übers ganze Gesicht. »Nein, ich darf das von Anfang an schon machen. Die Frau Below-Walter macht das nicht so sehr gerne.«

»Aha, aha. Kann es sein, dass du heute etwas verdreht hast?« Die Elektroden des EKG-Gerätes werden wie eine Ampel geklebt: Rot / Gelb / Grün. Hätte Viktoria die Seiten vertauscht, würde die auf 180° gedrehte Lage Sinn machen, andernfalls müsste ich mir ernsthafte Sorgen um die Patientin machen.

Viktoria zuckte mit den Schultern und gab ihre Standardantwort: »Keine Ahnung.«

»Von was hast du denn dann überhaupt eine Ahnung?«, fuhr ich das Mädchen an. »Haare? Klamotten? Gelnägel? Ich kann doch wohl ein wenig Umsicht verlangen in dem Job. Dann machst du das Ganze eben noch mal und achtest darauf, ob du alles richtig machst.« Ich funkelte Viktoria böse an, ehe ich das Behandlungszimmer verließ.

»Frau Biehnle. Ich bin gleich wieder bei Ihnen«, entschuldigte Viktoria sich bei der Patientin und lief hinter mir her in das große Behandlungszimmer. »Chef. Moment, ich will Ihnen mal was zeigen.«

Ich drehte mich um und ehe ich's mich versah, hatte mich Viktoria mit einem geübten Judogriff auf den Boden geworfen und hielt mich fest, das rechte Knie auf meinem Brustkorb. Es huschte ein sanftes Lächeln über ihr Puppengesicht, ehe sie mich losließ: »Zwei Jahre in Folge Deutsche Jugendmeisterin U18.« Sie streckte mir die Hand hin, um mir hoch zu helfen.

Ich nahm die Hand und drückte sie: »Entschuldige. Nimm's einfach nicht persönlich, wenn ich heute rummotze. Ich hatte einen harten Morgen und vergiss den Doktor Brandstätter. Sag Benny. Im letzten Jahrtausend Deutscher Mannschaftsmeister in Karate, aber reichlich aus der Übung, wie es aussieht.«

»Alles klar, Chef. *Whoozah!*« Sie griff sich an die Ohrläppchen und rieb sie. »Jeder wird mal älter. Und sorry wegen dem EKG. Keine Ahnung, was da war. Wird nicht mehr vorkommen. Ich passe jetzt besser auf.«

Beim zweiten Anlauf stellte sich Frau Biehnles EKG absolut regelrecht dar. Von da an sah ich Viktoria mit etwas anderen Augen und sie mich wohl auch.

Ich rief meine Schwägerin an und fragte, ob sie Tobi abholen und bei sich behalten könne, weil hier die Kacke am Dampfen war. Tanja konnte und schrieb mir, ich solle mir keine Sorgen machen.

Um halb sieben machten Viktoria und ich die Praxis dicht. Das Mädchen war leichenblass und mich plagte ein nagendes Hungergefühl.

»Lust auf einen Döner um die Ecke?«, fragte ich die Auszubildende, die sich diese Mahlzeit mehr als verdient hatte.

»Sorry, bin mit meinem Freund verabredet. Der ist eifersüchtig. Ich habe ihm aber schon gesagt, dass Sie mir viel zu alt sind, Chef. Keine Ahnung, warum der so tillt.«

Auch wenn der dezente Hinweis auf mein Alter wehtat, fischte ich einen Fünfzig-Euro-Schein aus meinem Geldbeutel und gab ihn Viktoria mit den Worten: »Sonderbonus. Dann trinkt und esst was auf mich. Hast du dir mehr als verdient nach diesem Tag.«

Viktoria betrachtete den Schein: »Nee, der wird nicht verfuttert. Der kommt in die Sparbüchse fürs Brautkleid.«

»Aha, aha.« Ich zuckte mit den Schultern und fuhr meinen Sohn bei Tanja und Björn abholen. Björn fuhr Notarztwagen, seine Frau hatte noch Reste vom Abendessen, die sie mir aufwärmte, und unser Nachwuchs spielte hinter verschlossenen Türen *Doktorspiele*. Während ich eine riesige Portion Gulasch mit Bandnudeln verdrückte, erzählte mir Tanja, dass sie und Björn neuerdings zu einer Paar-/Elterntherapie gingen. Björn mangele es an Streitkultur, er ginge jedem Konflikt im Vorfeld schon aus dem Weg und jetzt würden sie unter Anleitung neue Kommunikationswerkzeuge aufgezeigt bekommen, um Konflikte zu bewältigen. Das Hauptproblem schien aber ganz woanders zu liegen.

»Benny, mit deinem Bruder kann man noch nicht mal mehr Versöhnungssex haben. Für ihn bin ich seit der Geburt der Zwillinge nur noch das menschliche Gefäß, das seine Kinder zur Welt gebracht hat. Dass man da etwas reinstecken muss, damit was herauskommt, hat er ganz vergessen.« Meine Schwägerin drehte die Augen gen Himmel und trank einen Schluck Prosecco. »Dazu kommt, dass das *Gefäß* langsam Bindegewebsschwächen bekommt.« Tanja kippte den Inhalt des Glases in einem Zug hinunter und schenkte nach. »Warum hat Björn nicht etwas von dir?«

»Was denn?« Im Prinzip war mir scheißegal, was Tanja an meinem Bruder vermisste. Ich war müde und wollte nach Hause, schlafen.

»Du spielst russisches Roulette mit Frauen und bist ziemlich glücklich dabei. Dein Bruder hat erst nach einem negativen Aidstest ohne Kondom mit mir geschlafen.«

So ganz stimmte das mit dem russischen Roulette auch nicht. Ich war vor und nach Ricky zwar promiskuitiv unterwegs gewesen. Allerdings hatte ich nur zweimal den Fehler gemacht, auf Gummis zu verzichten. Die Folgen dieser beiden Fehler liefen auf eigenen Beinen durchs Leben und hießen Madalena und Tobias. Richtig glücklich und unbeschwert war ich nur in der monogamen Beziehung zu Ricky gewesen. Ich schwieg, um Tanjas Weltbild von dem grüneren Gras auf der anderen Seite nicht zu zerstören.

ALS ICH MIT TOBI eine Stunde später vom Westen Richtung Botnang fuhr und dieser schlafend im Kindersitz hing, sang ich leise einen Song von Bruce Springsteen, der im Autoradio lief, mit, der diesen beschissenen Tag wunderbar umriss: »*Glory days well they'll pass you by. Glory days in the wink of a young girl's eye. Glory days, glory days!*«

Zu Hause angekommen, machte ich mein immer noch weggetretenes Kind bettfertig. Danach schenkte ich mir einen Ardbeg ein, lag dösend auf der Couch, dachte über das Leben nach und wurde hellwach, als eine Nachricht von Maria eintrudelte.

22.12 Nachricht von Maria O.

Bin gut angekommen. Wir legen morgen sehr früh ab.

Vier Tage Wracktauchen. Wir fangen bei der Carnatic an.

1869 gesunken. Tolles Tauchrevier.

22.12 Nachricht von Maria O.
Warum hätte ich es sagen sollen?
Ich habe Dean und du diese Frau(en?),
von denen du nie sprichst,
die aber permanent vorhanden sind und zwischen uns stehen.
Einen Mann wie dich hat man nun mal nie für sich selbst.
Das ist mir schon klar. Also habe ich mich zurückgehalten.
Nach so langer Zeit als Single möchte ich auf Nummer sicher gehen.
Ich möchte nicht immer teilen müssen. Das hatte ich schon.

22.40. Nachricht an Oly Hippe
Warum bestrafst du mich dafür, wer ich bin?

22.41 Nachricht an Oly Hippe
Ich hätte zumindest eine Chance verdient.
Was ist mit Captain Porno? Der ist doch auch ständig präsent.

Es dauerte drei ganze Tage, bis die Nachricht empfangen wurde. Erst das doppelte graue Häkchen, dann das blaue und dann kam lange nichts.

07.03 Nachricht von Maria O.
Ich bestrafe dich doch nicht. Ich schütze nur mich selbst.
Mit Dean ist es mir ernst. Für ihn bin ich wichtig. Als einzige Frau,
außer seiner Mutter. Für dich bin ich nur die alte Hippe,
bei der du wohnst und mit der du Spaß hast,
also austauschbar. Das möchte ich niemals wieder sein.

07.04 Nachricht von Maria O.
Ich habe so viele Jahre Trübsal geblasen,
jetzt möchte ich endlich was anderes blasen ;-)
Und jemanden, der sich nach mir verzehrt,
dafür nehme ich auch hässliche Penisfotos in Kauf.

Ich ging in die Küche und fand im Kühlschrank eine Karotte und zwei hartgekochte Eier, die ich schälte. Ich drapierte alles auf gefällig, machte ein Foto und schickte es Maria.

07.06 Nachricht an Oly Hippe
Guckst Du! Kann auch Schweinkramfotos
machen! Zum Verzehr geeignet.

Am folgenden Tag kam ein Foto, auf dem ein Gemüsesparschäler und ein Eierschneider abgebildet waren, und dann lange nichts mehr.

Frauen und Freundinnen

Ich sass im Foyer eines dieser austauschbaren, unpersönlichen Hotels einer großen Kette, bei denen man sich genau merken musste, in welcher Stadt und welchem Land diese standen. Man merkte es weder der Einrichtung noch dem Personal an, ob man in New York, Rom oder Langen-Mörfelden war, solange man das Gebäude nicht verließ. Ich befand mich in Berlin-Mitte – das stand zumindest auf der Menükarte, die vor mir lag. Ich checkte die Mails des Tages und wartete auf den bestellten Cappuccino. Ich brauchte dringend Koffein, ehe ich den zweiten Teil des Tages anging. Ich besuchte einen zweitägigen Fortbildungskurs über Reisemedizin.

Neben meinem bequemen Loungesessel aus dunkelgrauem Wildlederimitat stand händchenhaltend ein Paar in meinem Alter, das gerade dem Lift entstiegen war. Der Herr konstatierte in allerfeinstem Wienerisch: »Was für ein Dag! In der Sauna woar ma, im Pool ah, un Sex hab i ah ghabt. Geh ma no auf a Mineral?«

Die Dame äußerte sich nicht dazu, ob sie an allen Programmpunkten beteiligt gewesen war, sie stimmte nur dem exzentrischen Plan zu, diesem gelungenen Tag mit einem Glas

Mineralwasser die Krone aufzusetzen. Andere Länder, andere Highlights, dachte ich mir.

Ich hatte mich den ganzen Tag mit arthropoden-, sexuell und oral übertragbaren Krankheiten befasst. Es war geplant, den Abend und die Nacht zusammen mit meiner Reisebegleitung Sarah bei deren allerbesten Freundin und ehemaligen Studienkollegin Katharina zu verbringen. Diese residierte seit ihrer Heirat mit einem erfolgreichen Augenchirurgen in Potsdam direkt an der Havel.

Meine Mutter, bei der Tobi geparkt war, hatte mir ein Foto geschickt, wie dieser mit fachmännischer Miene an der Kasse im Handarbeitsladen stand und hochkonzentriert Scheine in die offene Schublade sortierte. Das Kind war fast psychopathisch auf Geld in jeglicher Form fixiert. Ich lächelte leise vor mich hin, trank meinen Kaffee und sah den beiden Österreichern zu, wie sie sich über die bestellte Flasche italienischen Mineralwassers hermachten. Sowohl die dekorative blaue Flasche als auch die dazu passenden bauchigen Gläser landeten nach der Leerung in der riesigen Handtasche der Lady. Beide Ösies verschwanden im Lift und ließen nur einen quittierten Beleg und einen ratlosen Kellner mit osteuropäischen Wurzeln zurück, der mich fragend ansah und politisch völlig unkorrekt äußerte: »Glaubän diesä Schluchtänscheißä, wir Bärlinä sind blödä? Das sätzä ich dänän auf die Zimmärrächnung.«

Die Taxifahrt von der Stadtmitte hinaus ins dörfliche Potsdam dauerte im Feierabendverkehr eine gute Stunde und kostete in etwa so viel, wie ich für ein Hotelzimmer hätte ausgeben müssen. Ich war am Morgen mit der ersten Maschine aus Stuttgart angekommen und mit Koffer in die Innenstadt zum Tagungshotel gefahren. Sarah hatte ausgeschlafen und war erst am Mittag geflogen. Die Havel bildete vor und in Potsdam zahlreiche kleinere oder größere Seen mit hohem Freizeitwert.

Katharina Hardtwald lebte mit Mann und vierjähriger Tochter nordöstlich von Potsdam am Wublitzsee. Dort stand das kernsanierte Barockhaus der Familie – fünfhundert Quadratmeter auf zehn Zimmer verteilt, umrahmt von einer denkmalgeschützten Parkanlage mit eigenem, privaten Seezugang, wie mir Sarah im Vorfeld erklärt hatte. Wir wollten drei Tage bleiben und würden in der Einliegerwohnung ganz ungestört von den Mitbewohnern übernachten können.

Der Taxifahrer hielt direkt vor dem großen Backsteinhaus mit hohen Sprossenfenstern und verspielten, zinnverkleideten Dachgiebeln, das früher ein Wirtschaftsgebäude eines Schlosses gewesen war. Ich hatte kurz vor Potsdam auf Sarahs WhatsApp-Anfrage, wann ich denn nun endlich käme, mit *Bin gleich da!* geantwortet. Deshalb stand ein Empfangskomitee vor der zweiflügeligen Haustür – bestehend aus Sarah, einer sehr großen Blondine in Sarahs Alter, einer sehr kleinen, zierlichen etwa Achtzehnjährigen mit umwerfender Figur und einem bildhübschen kleinen Mädchen mit Puppenaugen. Alle waren barfuß, winkten und lächelten mir zu.

»Da hattet einer aber jeschafft, wa?«, meinte der Taxifahrer, der auf der ganzen Fahrt kein Wort mit mir gewechselt hatte, beim Anblick von Haus und Bewohnerinnen. »Gleich 'n janzer Harem! Für Schuhe hattet nüscht mehr jereischt?«

»Leider nicht mein Harem«, erklärte ich, ehe ich die Tür öffnete. »Nur die kleinere der beiden Blondinen gehört zu mir.«

»Mein Mitleid hält süsch in Grenzen, Meister.« Er zwinkerte mir vertraulich zu.

Ich zahlte und wurde dann von Sarah mit Küsschen überschüttet. Sie stellte mir ihre Studienkollegin Katharina vor, die fast einen halben Kopf größer war als ich und mich sehr vertraulich an die Brust nahm. Ihre Tochter hieß Maja Luise und das dunkelhaarige Geschoss von Teenager war ein Au-pair-Mädchen aus Rio mit dem hübschen Namen Samantha.

Sarah nahm mich an die Hand und zog mich ums Haus auf die Terrasse. »Komm, setz dich zu uns. Wir malen Mandalas aus.«

Der riesige Terrassentisch aus weißem Kunststoffgeflecht und Glas war übersät mit Buntstiften und Malbüchern. Zwischen der sonnigen Terrasse und dem Seeufer stand eine gewaltige Trauerweide, deren Äste sich träge im sanften Abendwind wiegten. Ich deutete auf meinen Koffer und die Dringlichkeit, aufs Töpfchen zu müssen. Sarah führte mich durch den riesigen Raum, der früher Kutschen beherbergt hatte und aufwendig renoviert worden war, ins Dachgeschoss. Kaum hatte ich den Koffer abgestellt, fiel Sarah über mich her und sorgte dafür, dass wir beide duschen mussten, ehe wir uns wieder zu unseren Gastgebern gesellten. Sarah war eine ausgesprochene Liebhaberin von Quickies in jeder möglichen Situation, bei denen ich sie ihren Anweisungen nach von hinten nehmen musste, ohne dass sie dabei kam, weil sie den Kick mochte, über Stunden unbefriedigt wuschig an meiner Seite zu sein. Das war mir nach all den Jahren Sex mit Frauen, die orgasmusfixiert waren, ganz neu, aber ein Mann tut, was ein Mann tun muss.

Als wir zurückkamen, saß Katharina allein am Tisch, auf dem jetzt drei Weißweingläser und eine Flasche Chardonnay im Kühler standen. Katharina musterte uns unter dicht bewimperten Lidern mit wissendem Blick. Samantha und Maja Luise waren im *kleinen Esszimmer,* Abendbrot essen. Die Erwachsenen würden erst später speisen, wenn der Herr des Hauses nach getaner Arbeit gegen einundzwanzig Uhr zurückkommen würde. Ich hatte den ganzen Tag nichts gegessen und mein Magen meldete lautstark Hunger an. Sarah schenkte mir ein Glas Wein ein und ihre Freundin begleitete mich in die Küche, wo die Reste der Kindermahlzeit standen. Sie kratzte mir die Spaghetti Carbonara aus der Pfanne in einen Teller, rieb etwas Parmesan darüber und reichte ihn mir.

»Bitte schön. Lass es dir schmecken.« Katharina hatte mit Sicherheit eine Nasenkorrektur gehabt, die leider etwas schiefgegangen war. Der Nasenrücken war viel zu schmal ausgefallen und die Nasenflügel waren nicht gleich hoch.

Ich nahm ihr den Teller ab und lächelte sie an. »Danke.«

»Nachher gibt es was Richtiges.«

Ich probierte eine Gabel im Stehen und meinte: »Schmeckt doch schon ganz gut, die Vorspeise.«

»Apropos Vorspeise. Sarah und ich haben bislang alle Männer geteilt, das ist Tradition.«

Ich verschluckte mich beinahe an der Portion Pasta, auf der ich immer noch rumkaute. »Nein, das ist mir jetzt neu. Habe ich da auch was mitzureden?«

Die große Frau lächelte mir zu, sie hatte jede Menge unterschiedlich große Leberflecken auf Hals, Wange und Dekolleté, die dazu verleiteten, mit dem Finger Linien dazwischen ziehen zu wollen. »Da wärst du der Erste.« Mit diesen Worten ging sie mir voraus zurück auf die Terrasse, wo sie weiter mit Sarah Erwachsenenmalbücher ausmalte, während ich meine Nudeln fertig aß.

Nach dem *Kinderabendessen* verabschiedeten sich die Tochter des Hauses und das Au-pair-Mädchen, um ins Bett zu gehen. Sarah und Katharina verschwanden in der hochmodernen Küche, um das *Erwachsenenabendessen* zuzubereiten. Meine Teilnahme war nicht erwünscht und ich verzog mich mit einem Glas Wein an den See. Ich trat auf den kleinen Steg hinaus, an dem ein Ruderboot befestigt war, und sah mich um. Weit und breit war kein Mensch außer mir zu sehen. Ich zog mich aus, tauchte in das kühle Nass ein und schwamm eine Runde. Nackt schwimmen war einfach eine andere Baustelle, als dies bekleidet zu tun. Auch wenn es nur eine Badehose war, jedes Stück Stoff störte im Wasser. Zurück auf dem Steg zog ich vorsichtshalber meine Unterhose an und ließ mich in der untergehenden Sonne trocknen.

Ich beneidete kurzfristig den Augenarzt, der in Zehlendorf eine private Klinik betrieb, nach Aussagen von Sarah am Tag den Gegenwert eines VW-Golfs verdiente und sich dieses Stück Paradies leisten konnte. Ich wollte zurück zu meinem Stück Paradies, das dem hier in nichts nachstand, auch wenn es nur ein Zehntel dessen, was diese Prachtvilla gekostet haben musste, wert war. Mein Stück Strand mit Häuschen war schlichtweg unbezahlbar.

Ich musste eingeschlafen sein und wurde durch ein Knarzen des hölzernen Steges geweckt. Ein sehr großer Mann Ende fünfzig mit schütterem, grauem Haar, rahmenloser Brille und leichtem Vorbiss kam mir entgegen. Das musste Professor Doktor Jochen Hardtwald sein, der renommierte Augenchirurg, spezialisiert auf Katarakt-OPs, dessen zahlungskräftigste Patienten aus dem gesamten Nahen Osten angereist kamen und für die in der Klinik extra ein Flügel angebaut worden war, damit die Klientel mit der ganzen Entourage standesgemäß untergebracht werden konnte.

Der Arzt hatte teigige, leichenblasse Haut und wässrige, fast farblose blaue Augen, aus denen er den kleinen Mann in Unterhose auf seinem Bootsanleger abschätzig betrachtete, ehe er mit tiefer Bassstimme verkündete: »Ich bin Jochen. Wenn du dich anziehen und zum Essen kommen würdest – unsere Frauen haben aufgetischt.« Nach diesen Worten drehte er sich um und ging unter der Trauerweide, deren Äste auf Kopfhöhe abgeschnitten waren, zum Haus zurück.

Katharina und Sarah hatten keine halben Sachen gemacht. Die Malutensilien waren verschwunden, der Tisch auf der Terrasse war geschmackvoll und detailverliebt gedeckt. Überall brannten Windlichter und Laternen. Das dreigängige Menü aus Vitello Tonnato, kanadischem Wildlachs mit frischer, glutenfreier Pasta und selbst gemachtem Erdbeersorbet mit Minzblatt schmeckte ebenfalls hervorragend. Zu jedem Gang gab es den passenden Wein, mit dem sich der Gastgeber zuschüttete. Keine Flasche blieb ungeleert.

Den Abend über wurden weder Sarah noch Katharina müde, ihre Kochkünste gegenseitig zu loben und sich ewige Freundschaft zu versichern. Als wir zu Bett gingen, küssten sie sich innig auf den Mund. Ich war seltsamerweise nicht erregt beim Anblick dieser semi-homoerotischen Vorstellung. Bei dem Augenchirurgen sah das etwas anders aus. Er hatte glänzende Augen, als er mit seiner Gattin im Arm Richtung Schlafzimmer abzog.

Während ich Prinzessin Sarah das zweite Mal an diesem Abend auf persönlichen Wunsch vor einem Sessel kniend *von hinten* nahm, fragte ich im Hormonrausch leichtsinnig, ob der liebe Herr Professor denn auch dazugehöre, wenn die beiden Damen sich mich teilen würden.

Woraufhin meine bis dahin sehr aktive Sexualpartnerin erstarrte und fragte: »Wie kommst du darauf?«

Ich war kurz davor zu kommen, wollte meine Tätigkeit nicht unterbrechen und meinte keuchend: »Ich dachte, es wäre Tradition, dass ihr eure Männer teilt.«

Daraufhin stieß mich Sarah rüde weg, stand auf und zog sich ein T-Shirt und ein Höschen über. »Dich nicht! Das habe ich dieser Schlampe gesagt!«

So kam es, dass wir den Rest dieser Nacht und die ganze folgende nicht in einem barocken Traumhaus am Seeufer verbrachten, sondern in einem winzigen Low-Budget-Hotelzimmer in der Nähe des Ostbahnhofs.

Ich hatte mich am Abend zuvor mit Kia am Telefon gestritten, weil sie unbedingt auf Besuch kommen wollte, um ihren

Sohn zu sehen, und nicht verstehen wollte, warum sie nicht bei uns wohnen konnte.

»Warum lebt ihr mit einer Frau zusammen? Hast du eine Freundin?«

»Das ist nicht meine Freundin, sondern die Mieterin der Wohnung. Man kann in Deutschland niemanden so einfach auf die Straße setzen. Ich bin froh, dass wir bei ihr wohnen können, bis sie endgültig auszieht. Sie ist eben in der Zeit, in der du kommen möchtest, hier, da ist dann nicht genug Platz.« Es wäre auch nicht genug Platz für Kia, wenn Maria nicht da sein würde. Es gab keine menschliche Behausung, die seit ihrem Abgang nach Japan groß genug für uns beide sein konnte. »Du müsstest dir ein Hotelzimmer nehmen. Willst du das?«

»Ein Hotelzimmer, um mein Kind zu sehen? Das ist doch wohl nicht dein Ernst.«

Tobi zuliebe hatte ich Kia in Costa Rica immer im Haus wohnen lassen und war so lange ins Gästeappartement gezogen. In einem Bett konnte ich mit dieser Frau beim besten Willen nicht mehr schlafen. Yoani, die seit ihrem Umzug nach Japan keinen Ton mehr mit Kia, auf die sie früher große Stücke gehalten hatte, sprach, weigerte sich zu putzen und zu kochen, wenn diese da war. Tobis Mutter brachte regelmäßig unser Leben durcheinander und alle waren froh, wenn sie nach ein, spätestens zwei Wochen wieder ihre Koffer packte.

Selbst Tobi fand: »Mama ist echt anstrengend. Die will mir immer was beibringen. Dabei kann ich doch schon alles.«

Später hatte Kia mir eine Mail geschickt. Sie hatte beschlossen, mit Tobi zu ihren Eltern nach Dänemark zu fahren und die gemeinsame Zeit dort zu verbringen. Das war alles andere als recht, aber was sollte ich machen? Ich fürchtete mich insgeheim vor dem Tag, an dem meine Exfreundin auf die Idee kommen würde, dass ihr Sohn jetzt groß und umgänglich genug für ihre hohen Ansprüche sei und sie mehr als ein, zwei Wochen im Jahr mit ihm verbringen wollte.

Entsprechend missmutig fing ich die Sprechstunde an. Viktoria war in der Schule und Margot hatte einen ihrer schlechten Tage, was ich daran erkennen konnte, dass sie keinen Kaffee gemacht hatte. Wenn der heilige Doktor Schneider in der Praxis weilte, gab es immer frischen Kaffee.

Mir war nach Provokation: »Kein Kaffee heute, Frau Below-Walter? Ist uns das Wasser ausgegangen wegen der Trockenheit?«

»Sie brauchen sich nicht über mich lustig zu machen. Ich muss keinen Kaffee kochen, ich habe mich erkundigt«, presste sie mit Nachdruck zwischen ihren schmalen Lippen heraus.

Ich wandte mich ab und rollte mit den Augen. Mir würde bei passender Gelegenheit auch einfallen, was ich als zukünftiger Arbeitgeber so alles nicht musste, da war ich mir sicher.

Ich rief die erste Patientin auf. *Beate Krieger, 43, 1,72, 55 Kilo, Drogeriefachverkäuferin.* Die Patientin war viel zu dünn, die Muskulatur zurückgebildet. Es war abzusehen, dass sie ab fünfzig wie ein laufendes Skelett aussehen würde, mit einer kleinen Speckrolle als Notration.

Frau Krieger war wohl selbst die beste Kundin in ihrer Drogerie und schon morgens um acht so geschminkt, als würde sie auf ein Fotoshooting gehen. Die blondierten Haare waren mit einer Spange am Hinterkopf zusammengehalten, man konnte den dunklen Haaransatz deutlich erkennen.

Beate Krieger betrat nervös das Zimmer, sah sich hektisch um, als würde sie etwas suchen. Ich begrüßte sie, sah zu, wie sie geziert Platz nahm und mich mit dem gehetzten, ängstlichen Blick eines überzüchteten Yorkshire-Terriers ansah.

Ich begrüßte die Dame und fragte, was denn so anliege. Dann wurde ich mit Informationen über das zerrüttete Nervenkostüm, das in diesem mageren Körper wohnte, überschüttet. Es fielen sämtliche einschlägigen Begriffe wie

Fibromyalgie und Reizdarm, die seit Jahren unter der deutschen Bevölkerung geläufig waren, gekrönt vom unvermeidlichen *Burn-out*. Bei solchen Schilderungen verfiel man als Arzt recht gerne in einen Schlummermodus und hörte nur mit halbem Ohr hin. Ich blätterte die elektronische Patientendatei nebenbei durch und stellte fest, dass die liebe Beate in jedem Quartal mindestens zwei Wochen krankgeschrieben gewesen war. Die Gründe waren meist psychosomatischer Natur. Ich assoziierte frei: Frau Krieger hatte einen an der Klatsche.

Die kinderlose Frau hatte insgesamt ein schweres Leben, an dem ihr Chef, der sie ausbeutete, ihre Kolleginnen, die sie mobbten, weil sie so oft krank war, mit schuld waren. Darüber hinaus war ihre Ehe am Ende, weil ihr Gatte, selbstständiger Handwerker und bei der Hochzeit vor fünfzehn Jahren wohlhabend und in Vollbesitz seiner Manneskraft, die Frechheit besessen hatte, krank zu werden und sich mehr um sich als um sie zu kümmern. Dazu nahm ihre Schwiegermutter, die eine böse Hexe gewesen war, bevor sie an Alzheimer erkrankte, mittlerweile auch viel Zeit des Sohnes in Anspruch, seitdem ihr Schwiegervater ohne Vorwarnung an einem Herzinfarkt gestorben sei. Sie hätte daraufhin die Konsequenzen gezogen und sei ausgezogen, leider viel zu spät. Ich wurde plötzlich hellhörig, diese Geschichte kannte ich doch von einer gänzlich anderen Seite.

»Sie sind die Frau von Bernhard Krieger?«

»Noch-Frau. Ich war beim Anwalt, ich will die Scheidung. Ich bin in dieser Ehe zerstört worden. Wissen Sie, wann mein Mann das letzte Mal mit mir geschlafen hat?«

Ich schüttelte den Kopf. Weil ich es zum einen nicht wusste, zum anderen nicht wissen wollte – Frau Kriegers Wortschatz war mir insgesamt zu ichlastig.

»Vor fünf Jahren, vor seiner ersten Operation. Das ist doch nicht normal. Ich stehe in der Blüte meines Lebens. In zehn Jahren will mich doch keiner mehr.«

Ich hatte das handtellergroße Hämatom, das ihre Schläge auf dem Brustkorb ihres frisch operierten Mannes hinterlassen hatten, dessen gebrochene Rippen gerade so zusammengewachsen waren, gesehen. Herr Krieger war ein Mann, der seine Leidensgeschichte mit sehr viel Understatement und einem bewundernswerten Gleichmut erzählte, deshalb hatte ich keine Zweifel, ihm zu glauben. In Costa Rica hatte ich fast täglich mit Frauen zu tun gehabt, die von ihren oft alkoholabhängigen Männern geschlagen worden waren. Die andere Seite der Medaille zu sehen, war auch nicht viel schöner.

»Ich habe Ihren Mann am Tag nach Ihrem Auszug untersucht. Was ich da sehen musste, hat mir überhaupt nicht gefallen.«

»Geht es jetzt schon wieder um Bernhard? Seit fünf Jahren geht es immer nur um ihn. Bernhard kann dies nicht, Bernhard kann das nicht. Er ist zu krank. Er ist zu schwach. Selbst die Firma hat er vernachlässigt und wir mussten uns einschränken. Wir können uns keinen Urlaub mehr leisten und ich muss eisern sparen.«

»Sie arbeiten die ganze Woche?«

»Allerdings, ich arbeite jeden Tag vier Stunden. Mehr geht nicht mit Haushalt. Bernhard hilft ja überhaupt nicht mehr.«

Ich räusperte mich und sah die überarbeitete Frau an. »Sie wissen schon, dass Ihr Mann schwer krank ist, bei jedem Atemzug heftige Schmerzen hat, kaum etwas essen kann, starkes Untergewicht hat, Unmengen von Medikamenten täglich zu sich nehmen muss, um einigermaßen den Tag zu überstehen, und trotzdem noch Vollzeit in seiner Firma arbeitet?« Bei all dem wäre selbst mir nicht mehr nach Sex, sondern eher nach

Selbstmord, vor allem, wenn dann eine Frau wie Beate zu Hause wartete, dachte ich mir.

»Das ist es doch, immer dieses ›*Ich bin so krank und so wichtig!*‹ – das hält man als Partnerin nicht aus. Wer kümmert sich um mich? Ich bin reif für eine Kur, das sagt meine beste Freundin auch. Ich bin depressiv und kann auch kaum noch was essen. Wollen Sie mir jetzt vorwerfen, dass ich ihm die Meinung gesagt habe, wo ich ausgezogen bin?«

Ich spürte, wie der Ärger in mir hochstieg. Wäre das bereits meine Praxis und nicht noch die des Kollegen Schneider, wäre ich jetzt an die Decke gegangen und hätte Frau Krieger meine Meinung *gegalgt* beziehungsweise gegeigt und die Patientin anschließend rausgeschmissen. Aber ganz auf sich beruhen lassen konnte ich die Sache nicht: »Wie gesagt, ich habe das Hämatom auf seiner Brust gesehen. So was kommt nicht von reden oder eben mal schubsen. Da muss man schon fett zuschlagen. So was kann lebensgefährlich sein, mit frisch gebrochenen Rippen.«

»Dann wäre er halt gestorben und ich hätte endlich meine Ruhe. Ich bin so fertig, ich kann keine Tränen mehr lassen.« Beate heulte, ihre eigenwillige Wortkreation als Lüge entlarvend, in ein Papiertaschentuch.

Ich hatte die Nase voll von Mitmenschen, die einem das Leben unnötig schwer machten. »Ich verschreibe Ihnen ein Antidepressivum, schauen wir mal, ob es hilft.« Ich musste Beate Krieger schnellstmöglich loswerden, sonst hätte ich die Fassung verloren, und wenn ich einmal über den Punkt war, konnte ich ziemlich distanzlos werden. Ich war nicht mehr wirklich sicher, ob das meine Zukunft sein würde, eine Allgemeinmedizinische Praxis in Stuttgarts City. »Wenn Ihr Zustand nicht besser wird, sollten Sie einen Psychologen aufsuchen, der kann Ihnen dann auch eine Empfehlung für eine Kur in einer psychosomatischen Klinik ausstellen. Auf Wiedersehen.« Ich drückte Frau Krieger das Rezept in die Hand und ging aus dem Zimmer, nur um von Margots missgünstigen Blicken verfolgt zu werden.

Ich fühlte mich gefangen und sehnte mich nach der Weite des Atlantischen Ozeans, wo ich gechillt auf das perfekte Wellenset hätte warten können, bis ich wieder runtergekommen war. Selbst bei der Arbeit im Health Post hätte ich mich jetzt mit einer geschnorrten Zigarette von Barbra in den kühlen Schatten auf die Veranda gesetzt, den Kindern im Hort zugehört, mit jemandem ein Schwätzchen gehalten und neue Kraft gesammelt. Hier war ich eingesperrt auf vierhundert Quadratmeter mit Aussicht auf gegenüberliegende Hauswände. Mein Leben entwickelte sich in eine Richtung, die ich als Rückschritt empfand.

In Ermangelung einer Klowand kritzelte ich auf die noch jungfräuliche Schreibtischunterlage ein Zitat von Albert Einstein: *Die Distanz zu negativen Menschen verbessert die Gesundheit!* Am nächsten Morgen war das oberste Blatt der Unterlage abgerissen. »Der Herr Doktor Schneider mag es nicht, wenn man die Schreibtischunterlage vollschmiert. Der ist da sehr eigen«, wies mich der weibliche Ostimport zurecht und lächelte hämisch. Daraufhin bestellte ich mir im Internet zwei T-Shirts mit dem Spruch darauf und trug sie siegessicher lächelnd fortan als Dienstkleidung. Die Patienten waren begeistert und ich hatte wieder eine Schlacht gegen die Intoleranz gewonnen.

Gärten und Geschenke

Die Jungs auf der Feuerwache in meiner schwäbischen Heimatstadt waren ausgezeichnete Gastgeber. Ich genehmigte mir einen Cappuccino, aß eine frisch gebackene Waffel mit reichlich Zimt und Zucker und hörte den wilden Geschichten der Männer zu.

Es ging um die Urnenbeisetzung eines letzte Woche verstorbenen Kameraden, der sich vor jedem Dienst zur Einstimmung zwei kleine *Jägermeister* von der Tanke genehmigt hatte. Der offiziellen Trauerfeier ging eine inoffizielle, geschlossene Veranstaltung unter Feuerwehrleuten in einem Nebenraum der Leichenhalle voran. In einer feierlichen Zeremonie hatte man zwei der kleinen grünen Schnapsfläschchen zu den Überresten des Verstorbenen in die Urne gestellt. Jeder der Anwesenden hatte auf den Kameraden angestoßen und sich ein Minifläschchen hinter die Binde gekippt. Ich lachte leise vor mich hin. Ein Hoch auf bestechliche Bestattungsunternehmer mit Herz, die das baden-württembergische Bestattungsrecht eher als Empfehlung denn als Gesetz sahen. Einem einsichtigen Herrn dieser Zunft verdankte meine verstorbene Frau ihr zweites Leben als Diamantring. Rickys Asche war in einem grünen Plastikeimer gelandet, mit dem ich in die Schweiz gefahren war. In der Urne befand sich die verglühte Holzkohle eines Grillabends. Ich behielt meine Geschichte, die sicher gut angekommen wäre, für mich und beschloss, mir noch eine zweite Waffel zu gönnen.

Der Melder ging los. *Krampfanfall.* Wiegand Vogel, mein Fahrer, hatte das NEF gerade ausgesaugt und wartete bereits mit laufendem Motor auf mich. Wir fuhren die kurze Strecke zu einem großen Schrebergartengelände am Rande der Stadt, in dem ich als Kind oft gewesen war, weil es in der Gaststätte das beste selbst gemachte Eis gegeben hatte. In eben dieses Vereinshaus führte uns der Einsatz. Wiegand fluchte laut, als er von dem befestigten Feldweg in die Zufahrt abbog. Ein Getränkelaster versperrte die Feuerwehrzufahrt, der Fahrer war weit und breit nicht zu sehen. Es half nichts, wir mussten unsere Koffer nehmen und das letzte Stück laufen.

Als wir gute zwanzig Minuten nach dem Eingang des Notrufes die Gaststätte betraten, stand der Wirt hinter dem Tresen und zapfte zwei Pils. Am Stammtisch saßen die üblichen Verdächtigen: Männer Anfang siebzig, die sonst nicht mehr viel zu tun hatten, als hier zu sitzen. Sie hielten sich an ihren Pilsgläsern fest und sahen sehr gechillt aus.

»Hat hier jemand einen Notarzt gerufen?«, fragte ich in die Runde.

Der Wirt meldete sich zu Wort: »Ja, scho. I wollt ehne grad arufe und sie abbschdelle. Der Egon, dem gots wiedr bessa. Der isch grad heimglaufet.«

»Aha, aha. Und was war los?«

»Der Kerle isch vorhin urplötzlich vom Stuhl gfallet und het so zuckt, abr des isch ganz schnell wiedr vorbeiganget und er musst hoim, weils freitags immr Dampfnudla geit und sei Frau, die Else, die verschtoht koin Schpaß net, wenn er zschpät kommt unds Esse kalt wird.«

Die Stammtischbrüder nickten zustimmend und lachten.

»Noi, des hät der it übrlebt, wenn der it pünktlich gange wär«, meinte der Herr mit kariertem Hemd und Cordmütze.

»Der konnte tatsächlich laufen nach dem Krampfanfall?«

»E bissle gschwankt het er scho, abr der isch hier scho oft auf alle viere nauskrabbelt un häts no übrlebt«, meinte der Wirt und alles grölte.

»Ich würde ihn mir dann doch mal gerne ansehen. Wo wohnt er denn?«

»Mit hoimgange moin i hier aufm Glände in sein Garte. Herbert, was für 'ne Nummr het dem Egon sei Parzell?«

»Drei–sechsundzwanzig. Nebbe unsre.«

»Schtimmt. Sie ganget etzt hier raus und no links de Weg na. Dann kommts glei auf der linke Seit.«

»Wartet Se, i gang mit ehne mit. I trink nur no mein Bier gschwind aus.« Herbert schüttete das noch fast volle Glas in sich hinein, ohne zu schlucken, wischte sich den Schaum mit dem Handrücken vom Mund, stand auf und ging uns voraus.

»Brandstätter?«, fragte er nach wenigen Schritten und einem Seitenblick auf mein Namensschild auf der Jacke. »Der Sascha, mein Enkel, der het ä Frau gheiratet, die het au Brandstätter ghoise. Send Se verwandt oder verschwägert mit der Iris?«

Die Kleinstadt war ein Dorf. »Zufällig. Sie ist meine Halbschwester.« Nach dem Tod meines Vaters war der Kontakt zu meiner Stiefmutter Sabine und ihrer Tochter, die zehn Jahre jünger war als ich, ganz abgebrochen. Sabine hatte mir eine Zeit lang zu Weihnachten und meinem Geburtstag Glückwunschkarten geschickt. Das hatte jedoch nach meinem Umzug nach Costa Rica aufgehört.

»Ja, so?« Mehr schien Herbert zu dem Thema nicht mehr zu sagen zu haben. Dafür blieb er vor Parzelle 3/24 stehen. »Gugget Se doa noa, mein Reich. Vorbildlich gepflägt, obwohl i elles elloi mache muas, wo mei Brigitte gschtorbe isch.«

»Doch, ja, sehr schön.« Das kleine Grundstück entsprach dem landläufigen Klischee eines Schrebergartens ohne Abstriche. Weder Gartenzwerg, Vogelhäuschen, als Steine getarnte Solarleuchten entlang des Wegs noch messerscharf abgestochene Rasenkanten fehlten. »Bei mir ka ma übrall vom Bode esse!«

Warum war es in Deutschland so verdammt wichtig, dass man überall vom Boden essen konnte?

»So, und des wär der Garte vom Egon.« Herbert öffnete das eiserne Tor, in dessen Mitte die Initialen EH kunstvoll in einem eisernen Blütenkranz geschmiedet waren. »Au schee!«, gestand er dem Nachbarn zu und kündigte uns dann lautstark an: »Egon, de Doktr isch doa, der moint, er muas nach dir gugge.«

Die beiden Parzellenbesitzer saßen auf ihrer überdachten Terrasse vor dem Schrebergartenhäuschen. Jeder hatte einen Teller Kartoffelsuppe vor sich und in der Mitte stand eine Schale mit frischen Dampfnudeln.

»Ja, warum des jetzt? Mir gots do wiedr guat.«

»Wenn wir schon angerückt sind, dann wollen wir auch was tun für unser Geld«, meinte ich. »Können Sie mir schildern, was vorhin passiert ist?«

»Des war do garnix. I han mei Glas abgsetzt un no be i aufm Bode aufgwacht. Abr mir tut fei nix weh.«

»Ukraut vergot it!«, meinte die Gattin.

»Haben Sie öfter Krampfanfälle?«, wollte der leicht genervte Notarzt wissen.

»Noi! Mein Ma isch kerngsund«, mischte sich Else ein und fragte: »Mechtet Sie vielleicht ä Kleinigkeit mitesse? I han wiedr für oine ganze Armee kochet.«

»Nein, danke. Ich würde mir nur gerne Ihren Mann ansehen.«

Else und Egon sahen sich kurz an und stimmten per Kopfnicken unisono in die Untersuchung ein.

»Muass i mi freimache, Herr Doktr?«, wollte der Ehemann wissen. »Abr no it hier em Freie. It, dass die Nachbarsfraue Gfühle kriage.« Er lachte über seinen Joke.

Seine Frau meinte: »Du Grasdackl, du kohsch froh sei, dass i dir it davolauf! Da kommt fei koine meh noch!«

»Ja, bitte, ich würde Sie gerne abhören und eventuell ein EKG ableiten. Haben Sie sich beim Krampfen auf die Zunge gebissen?«

»Des war do koin Krampf, mir war schwendelig.« Der Grasdackel schüttelte den Kopf, stand auf und zog sein stramm sitzendes Poloshirt über den Kopf. Angesichts des blassen, wie bei einer Schwangeren vorstehenden Bauches bezweifelte ich, dass eine der Nachbarinnen spontan feuchte Höschen bekommen würde. Ich leuchtete mit der Pupillenleuchte in beide Augen. Die rechte Pupille war geweitet und nicht lichtreagibel. Mögliche Ursache konnte ein Tumor im Kopf sein, was auch den Krampfanfall erklären würde. Ich setzte das Stethoskop an und hörte die Herz- und Lungengeräusche ab. Keine Auffälligkeiten.

Else versuchte ihr Gekochtes anderweitig an den Mann zu bringen. »Herbert, magsch du au Süpple?«

»Ja, freili, warum it?« Er setzte sich behäbig auf einen Stuhl. Else verschwand im Innern des massiven Holzhäuschens. Herbert rief ihr hinterher. »Woisch, wo der Bua nahghört?«

Else kam durch den Vorhang aus bunten Plastikstreifen zurück, stellte einen mitgebrachten Teller vor ihren Gast, schöpfte großzügig ein und fragte: »Welchr Bua?«

Herbert deutete mit dem Kopf auf mich. »Der Herr Doktr.«

»Noi!« Sie beäugte mich kritisch mit in die Hüften gestemmten Händen.

»Des isch der Halbbrudr von unserm Sascha soinr Iris. Brandstättr. Woisch no?«

»Des sagt mir etzt niax.«

Ich bat Egon, sich anzuziehen, und erklärte ihm, dass wir ihn in ein Krankenhaus bringen würden, weil die Ursache für die unterschiedlich großen Pupillen per MRT möglichst rasch geklärt werden musste.

»Etzt? Glei?«, wollte er wissen.

Herbert klärte seine Frau über meine Abstammung auf: »Der Iris ihrn Vatr war do zerscht mit der Siagrid von der Bäckrei Riegr zamm.«

»Ja, jetzt gleich«, antwortete ich.

»Des got it. I han mir vom Gert den Vertikutierer ausgliehe. Des muas I heid scho ausnutze. Morge könnt i dann ins Krankehaus komme, da han i nix andres vor.«

»Morgen müsste dann eben ein anderer Arzt den Totenschein ausstellen«, dachte ich mir. »Nein, das sollte gleich sein.«

Herberts Frau meinte: »Des isch so oin Jammr, dass die Bäckerei zuagmacht het. Die hend des beschte Broat im Ort ghet. Abr i gang immr zu eahna Muttr zum Hoar schneide und Farb auffrische.« Sie strich sich mit der rechten Hand über die praktische Kurzhaarfrisur in einem auffälligen Kupferton.

»Der Frisörladen gehört nicht meiner Mutter, das ist meine Tante.«

»Was? No isch Ihre Muttr die mit dem Schuagschäft? Fei eine nette Dame, Ihre Frau Mama.«

»Noi, meinr Muttr ghört der Handarbeitslade.« Langsam verfiel ich auch ins Schwäbische.

Else schien ein Geistesblitz getroffen zu haben. Sie riss die Augen weit auf und meinte: »Waaas? Noiii!? No send Se der Sohn von dem Vatr, der sechs Lebe gnomme het vor e paar Joahr in Schduagard?« Sie fasste sich entsetzt an ihren Hals, aus dessen üppigen Hautfalten man locker fünf normale Hälse hätte machen können. »Hättet Se des do glei gsait! Mei herzlichs Beileid!«

»Ja, danke. Aber zurück zum Thema. Wir nehmen Ihren Mann mit. Der Rettungswagen müsste gleich da sein.«

»Se send jetzt richtigr Arzt?«

Auf meiner auffällig gelb-orangen Jacke stand zwar in riesigen Lettern Notarzt auf dem Rücken und vorne drauf klebte ein Schild mit meinem Namen »Doktor Brandstätter«, aber anscheinend war das nicht genug. »So richtig. Mit Abschluss auf der Doktorschule, Facharztausbildung und sonst auch allem.«

»Gibt's des? Dr Enkel von Riegers isch Arzt.« Sie schüttelte den Kopf und fuhr fort: »Wenn Se de Egon mitnehmet, no muas i ehm gschwänd ä paar Sache eipacke fürs Krankehaus.«

Else verschwand im Gartenhäuschen. Ich hörte, wie sich auf dem gekiesten Weg langsam ein Fahrzeug näherte. Der Rettungswagen hielt direkt vor der Parzelle. Die Assistenten stiegen aus. Ich klärte sie kurz über den Sachverhalt auf und nahm die Daten des Patienten auf, der mit vollem Namen Egon Unverfehrt hieß. Während dessen unterhielten sich Wiegand und Herbert über die richtige Zeit, um Rasenflächen zu vertikutieren. Dass er jeden Moment dahinscheiden konnte, schien dem Kleingartenbesitzer und allen Beteiligten außer meiner Wenigkeit vollkommen gleich zu sein.

Frau Unverfehrt kam mit einer gepackten Reisetasche zurück. »So, des Kärtle vom Egon han i au glei mitbracht.« Sie drückte mir die grüne Versicherungskarte der AOK in die Hand und verschwand nochmals im Häuschen. Egon stieg selbstständig in den RTW. Wiegand und ich nahmen unsere Koffer, um uns auf den Fußweg zurück zum Auto zu machen. Wir verabschiedeten uns von Herbert, der jetzt am Tisch saß und seine Kartoffelsuppe auslöffelte.

Else hielt einen Brotkorb vor sich, in dem einige rundliche Alupäckchen lagen. »So, die Herrn. I han für jedn zwoi Dampfnudla eipackt. Damit Se mir it vom Fleisch fallet.« Die Türen des Rettungswagens waren bereits geschlossen und sie reichte den Assistenten die Päckchen kurzerhand durch das offene Fenster. »Meim Ma gebet Se bitte au oins, der het ja kaum was gesse zu Mittag.«

Es war einfacher, die Päckchen zu nehmen, als eine Diskussion mit der resoluten Frau anzufangen. Im Notarztwagen wickelte ich meine Ration aus und biss herzhaft hinein, bis auf die eine Waffel hatte ich den ganzen Tag noch nichts zu mir genommen.

»Schmecken tatsächlich, die Teile«, lobte ich die Mehlspeise.

»Ich hätte lieber von der Kartoffelsuppe probiert«, meinte mein undankbarer Fahrer und schenkte mir seinen Anteil, den ich am Abend Tobi überreichte. Mein Kind erweiterte seinen deutschen Wortschatz kichernd um ein neues Wort: »*Mampfnudel!*«

NACH EINER WOCHE Funkstille erreichte mich eine Mail von Maria. Ich war mit Sarah in meinem Studio Badminton spielen gewesen und wartete an der Bar, bis auch sie mit Duschen fertig war. Vaclav stellte mir mit lüsternem Blick das bestellte Mineralwasser vor die Nase und musste zum Glück gleich den nächsten Gast bedienen. Ich öffnete die Mail voller Vorfreude.

> *Mein lieber Benny!*
> *Sorry, dass ich mich nicht mehr bei Dir gemeldet habe. Ich habe lange nachgedacht über uns und diese eine Nacht … Mein Gewissen plagt mich … lass sie uns einfach vergessen, ja? Ich hätte nicht schwach werden dürfen und falsche Hoffnungen in Dir wecken. Dean ist meine Zukunft und ich möchte sie nicht gefährden oder verraten. Wenn Du den Brief gelesen hast, wirst Du mich verstehen. Lass uns dennoch Freunde bleiben, bitte! Sei nicht traurig oder enttäuscht. Es war dumm von mir.*

Dean hat etwas unglaublich Romantisches getan, was mich noch mehr an ihn bindet. Er hat mir ein völlig zerlesenes Exemplar eines Buches geschenkt, von dem ich ihm erzählt habe, das es aber nicht mehr zu kaufen gibt. Es ist ein Liebesroman, den ich als dicker, pummeliger Teenager verschlungen habe. Dean hat es im Internet gesucht und eine Ausgabe für mich besorgt. Als Lesezeichen lag ein Gutschein für eine Nilkreuzfahrt darin.

Warum das alles so wichtig ist, wirst Du verstehen, wenn Du meine Lieblingsstelle daraus kennst: Das kann kein Zufall sein, das ist Bestimmung. Da will uns jemand ein Zeichen geben, dass wir nicht den gleichen Fehler machen wie die Protagonisten. Verstehst Du, Benny?

›Mit der Barke der Nacht gelangten die Seelen von Isis und Phiops ins Jenseits, das sich ihnen jedoch nicht so darbot, wie sie es erwartet hatten. Es gab weder den Totenrichter Osiris noch den schakalköpfigen Anubis, weder die Waage der Gerechtigkeit noch den krokodilköpfigen Höllenhund. Das Jenseits war antlitzlos und klagte. Das Höchste, was dem Menschen anvertraut werden kann, wurde euch gegeben: die Große Liebe. Ihr aber habt sie verraten.‹ (C. C. Bergius / Das Medaillon)

Am nächsten Tag haben wir von Luxor aus eine Nilkreuzfahrt gemacht. Auf einem Luxusdampfer bis Kairo. Es war einfach traumhaft. Unsere eigene Barke der Nacht, mit der wir auf dem Nil geglitten sind. Maria und Dean in Theben im Karnaktempel. Wir sind händchenhaltend sieben Mal um die große Skarabäusstatue gelaufen und haben uns was gewünscht.

Aber das war noch nicht alles. Im Tal der Könige im Grab von Tut-Anch-Amun (Dean hat dem Wärter ein Bakschisch gegeben und wir waren ganz allein am Sarkophag) hat er mir ein ägyptisches Medaillon geschenkt, genau so eines, wie es in dem Buch eine wichtige Rolle spielt. Ich bin verliebt wie nie zuvor. Es ist alles wie ein Traum, aus dem ich nie erwachen möchte.

Ich hoffe, dies zeigt Dir, dass er es wirklich ernst mit mir meint. Ich habe keinen Vater mehr, der mir seinen Segen geben könnte. Könntest Du das nicht tun? Deine Vorurteile begraben und mir und Dean Glück wünschen? Es würde mir so viel bedeuten.

In aller Freundschaft, Deine Oly Hippe

P.S. Du interessierst Dich doch so für Gesichter: In den Gesichtern der heutigen Ägypter kann man die Gesichter in den jahrtausendealten Totenmasken erkennen. Gänsehautfeeling!

Ich las die Mail den Tag über bestimmt drei Mal und bestellte mir das Buch, das es nur noch antiquarisch gab. Ich las die Geschichte über zwei Menschen, die über die Jahrhunderte immer wieder geboren werden, aufeinander treffen und es doch nie schaffen, das, was von ihnen erwartet wird, zu erfüllen. Das Paar findet im modernen Zürich, in der Französischen Revolution, im Spanien zur Zeit der Inquisition, Neros Rom und dem Ägypten unter Pharao Echnaton immer wieder zueinander, wie vorbestimmt.

Dean war zweifellos der romantischste oder raffinierteste Stecher, der mir in die Quere gekommen war. Ohne ihn je live und in Farbe gesehen zu haben, war es schwer zu bewerten. Aber wer war ich, Marias Glück, auch wenn es auf männlichem Kalkül beruhte, im Wege zu stehen?

19.21 Nachricht an Oly Hippe
Liebe Oly. Ich habe mir das Buch besorgt und gelesen.
Damit Du siehst, dass ich mich auch ernsthaft mit Dir beschäftige.
Voll der Kitsch, aber hat was. Muss ich zugeben.
Klar können wir Freunde bleiben, wäre schade, wenn es
Dich nicht mehr gäbe in meinem Leben. Ich wünsche Euch alles
Glück auf Eurem Love Boat.
Ich habe meine große Liebe bis zur letzten Sekunde gelebt und
genossen. Ich weiß, wie erfüllend das sein kann. Genieße es, dass
Arme da sind, die Dich auffangen, und lass Dich fallen.
Dicke Freundschaftsbussis, Dein Benny alias Flipper
P.S. Der kleine Delfin und ich vermissen Dich trotzdem.

Der unschlagbare Vorteil von Smartphones gegenüber Festnetztelefonen war, man konnte mit Handys nebenbei Mails und Nachrichten beantworten, wenn man sein großes Geschäft verrichtete. Da mein Leben in Stuttgart in Fünfzehn-Minuten-Abständen getaktet war, nutzte ich diese Funktion gerne. Multitasking war die Devise. Ich wollte Barbra schreiben, die mir wöchentlich einen bebilderten Bericht über den Zustand von Haus, Küste und der Klinik schickte, die immer mit den gleichen Worten endeten: »*Cetero censeo, you should come back ASAP!*«

Ein lautes Klopfen an der Toilettentür riss mich aus meinen Gedanken.

»Ich weiß, ich darf nicht reinkommen, wenn das Ampelmännchen auf Rot steht. Aber ich sterbe, Papa!«

Wer sich so deutlich artikulieren und laut schreien konnte, war in der Regel nicht akut gefährdet. Tobi starb mindestens einmal pro Woche oder begab sich in irgendeine Situation, in der er leicht hätte umkommen können. Der Satz »Papa, guck mal, was ich kann!« ließ mein Notarztgehirn automatisch alles, was es über die Erstversorgung offener Frakturen gespeichert hatte, abspulen.

Mein Kind schien mehr Leben als ein ganzer Wurf junger Katzen zusammen zu haben. Da kam er nach seinem Vater, der schon in frühen Jahren den R4 der Mutter zerdeppert hatte. Die hatte den Wagen in der steil abfallenden Zufahrt zur Garage geparkt, um den vergessenen Geldbeutel zu holen. Es gab zu der Zeit zwar schon Kindersitze, aber meine Eltern machten sich offensichtlich keine großen Gedanken darüber, ob ihr Erstgeborener bei einem Autounfall ums Leben kommen konnte. Sie hatten zwischenzeitlich ein zweites Kind produziert, das wir vor wenigen Wochen mit großem Gewese in der Klinik abgeholt hatten. Ich hatte mir einen Hund aus dem Tierheim gewünscht, aber laut meinen Eltern gab es momentan keine herrenlosen Hunde, deshalb das Baby als Ersatz. Ich fand, Björn war kein gleichwertiger Ersatz für einen Hund. Man konnte mit ihm weder toben noch an der Leine spazieren gehen wie mit dem Golden Retriever des Nachbarsjungen. Mein kleiner Bruder schlief die ganze Zeit und wachte nur zum Füttern und Wickeln auf. Er war an diesem Morgen mit Oma Ruth im Kinderwagen spazieren und ich freute mich auf einen Stadtbummel und Eisdielenbesuch mit meiner Mutter.

Ich rutschte vom Beifahrer- auf den Fahrersitz, lenkte, schraubte am Hebel für die Gangschaltung herum, machte das Motorengeräusch nach, betätigte die Scheibenwischer und löste wohl versehentlich die Handbremse. Der Wagen rollte erst langsam und den letzten Meter sehr schnell auf die offene Kellergarage zu und setzte satt an die Rückwand. Ich schlug mir am Lenkrad die Stirn knapp unterm Haaransatz blutig. Was wohl meine Rettung war, denn meine Mutter vergaß angesichts eines blutüberströmten Kindergesichts ganz, dass ihr *Heiligs Blechle* ziemlich kaputt war, und fuhr darin mit mir zum Arzt. Ein Eis bekam ich trotzdem, konnte es aber nicht wirklich genießen.

»Blutest du?«, fragte ich jetzt meinen eigenen Sohn.

»Innerlich wahrscheinlich.«

Es half nichts, ich brach die Sitzung unverrichteter Dinge ab. »Komm halt rein.«

Mein Stammhalter öffnete blitzschnell die Tür, stellte sich vor mich hin und streckte die Zunge raus. »Oder ich verbrenne. Guck!«

Ich konnte auf den ersten Blick keinerlei Verbrennungen oder Rötungen auf der Zunge oder im Rachenraum feststellen. »Was hast du angestellt?«

»Ich hab von deinem Rotwein probiert und jetzt brennt alles.«

»Wie viel hast du getrunken?«

»Nicht viel, höchstens einen Schluck. Aber ich habs gleich ausgespuckt. Das schmeckt doch überhaupt nicht. Warum trinkst du so was Ekliges, Papa?«

Ich stand von der Kloschüssel auf und zog die Hose hoch.

»Weil Alkohol mein einziger Trost ist.«

»Nimm doch lieber so ein Pflaster.«

Tobi hatte das mit dem *Trostpflaster* immer noch nicht richtig verstanden. Ich musste den Begriff auf die Liste für seine Mutter setzen. Ich ging mit ihm an der Hand in mein Zimmer und holte eine Pupillenleuchte aus der Arzttasche. »Mund auf!«

»Muss ich Ah sagen?«

»Nein, einfach still sein.«

»*Si, Señor!*«

»Da ist nichts. Alles okay.«

Noch ehe ich die Lampe ausgeschaltet hatte, war Tobi zurück ins Wohnzimmer gerannt. Ich ging hinterher und hörte, wie er Jolly Jumper und *Ramdamdam* erzählte, dass er doch nicht sterben müsse und sie keine *Vollblutwaisen* werden würden.

»Stimmt doch Papa, oder? Ich muss nicht sterben.«

»Wenn Maria sieht, was du mit ihrem Sofa gemacht hast, wahrscheinlich doch.«

»Dann geh ich ein Bild malen, damit sie sich nicht aufregt.«

»Bei der Schweinerei musst du schon ein ganzes Bilderbuch für sie malen.« Tobi malte zwar gerne, aber seine Zeichnungen waren extrem minimalistisch, maximal zweifarbig und sehr übersichtlich im Gegensatz zu denen seiner Auserwählten, deren Gemälde flächendeckend waren und die Fülle des jeweiligen Farbenangebots voll ausschöpften.

Ich holte Salz und Mineralwasser aus der Küche und versuchte die Rotweinflecken aus dem hellen Stoff herauszubekommen.

Tobi kam eine halbe Stunde später zurück und reichte mir ein Blatt, auf dem er seinen Namen geschrieben und mittig eine einzelne Tulpe gemalt hatte. »Kannst du mal drüber schreiben: ›*Ich hab dich lieb! Verzeih mir!*‹?«

Es war wohl der Rotwein, der regelmäßig nicht nur meine Zunge, sondern auch meine Gedanken löste, der mich schreiben ließ: *Wir haben dich lieb! Verzeih Tobi!*

Tobi platzierte das Bild sorgfältig auf dem großen Fleck in der Couchmitte, den ich nicht ganz wegbekommen hatte, und sah mich zufrieden an.

»*Zombienat*, Tobi!«

Das Kind griff nach meiner Hand und fragte: »Bist du nicht froh, dass ich nicht sterben muss?«

Doch, das war ich. Ich war jede Minute überglücklich darüber, dass Tobi auf dieser Welt und mein zuverlässigstes Trostpflaster war.

»Komm mit, wir gehen ein paar richtige Blumen für Maria kaufen. Ich fürchte, dein Bild reicht nicht aus.«

Im Blumenladen um die Ecke war Tobi beeindruckt von den riesigen gelben Sonnenblumen, und wir kauften den ganzen Eimer voll.

Ich hatte ein Foto von Tobis Bild an den Blumenstrauß gelehnt gemacht und an Maria geschickt.

21.25 Nachricht an Oly Hippe
Reg Dich nicht auf, wenn Du heimkommst
und das Sofa siehst. War ein Unfall. Deine Mitbewohner.

22.12 Nachricht von Maria O.
Sas agapao …

Ich googelte, was Maria uns geschrieben hatte, und freute mich darüber.

22.23 Nachricht an Oly Hippe
Efcharistoume.

Am Abend versuchte Kia ihrem Sohn auf Englisch das deutsche Wort *Trostpflaster* zu erklären, was ihr offensichtlich nicht sonderlich gut gelang.

»Mama hat nur gelabert, ey!«, befand das Kind, das eine Woche zur Strafe nicht ausreiten durfte. Jolly Jumper wurde im Keller deponiert und sein Reiter suchte Trost bei Asterix und Obelix. Der pferdelose Cowboy fand, dass er ab sofort Druide sei, und wünschte sich zum Geburtstag einen Kupferkessel, eine Sichel und einen Mistelbaum. *Ramdamdam* hieß jetzt Idefix und landete am nächsten Tag in Marias elektrischem Fußbad, wo er unter Mitwirkung einer Badebombe *Beerenspaß* und eines Basilikumzweiges Zauberkräfte erlangen sollte. Ich wischte die Schaumwolken klaglos vom Boden des Badezimmers und freute mich über die Kreativität meines Kindes.

Tobi zählte am Küchentisch seine neuen Wachsmalstifte. *Eins, drei, vier, gelb.* Er schien das mathematische Ausnahmegenie seiner Mutter definitiv nicht geerbt zu haben. Er malte zu dem Verzeih-mir-Bild ein Willkommensbild für Maria und benutzte dafür nur Stift fünf, schwarz. Er wollte einen Umschlag und eine Briefmarke für das fertige Gemälde, das ihn auf Jolly Jumper zeigte, den treuen Ramdamdam im Schlepptau.

»Umschlag ist okay, aber du brauchst doch keine Marke für einen Brief, den du nicht in den Postkasten wirfst.« Im Kopf machte ich eine Notiz: Auf die Erklärliste für die Kindsmutter unbedingt das deutsche Postbeförderungssystem schreiben.

»Ich will aber, dass es gut aussieht und wie ein echter Brief. Bitte gib mir doch eine, ich gebe dir auch Geld dafür.«

Ich sah das Schwabenkind, das an jedem Cent wie eine Klette hing, misstrauisch an, als es mit dem prall gefüllten Sparstrumpf vor mir stand, und tauschte schließlich eine Siebzig-Cent-Briefmarke gegen ein Fünf-Cent-Stück. Die außerordentliche Mühe, die Tobi sich beim Ablecken der Marke und Aufkleben gab, entlohnte mich für den finanziellen Verlust. Es gab Momente, da hätte ich dieses Kind vor Liebe verspeisen können. Ich musste noch Adresse und Absender auf den Umschlag schreiben. Tobi legte den Brief zu dem Sonnenblumenstrauß, direkt neben mein in glitzerndes Disney-Prinzessinnen-Papier eingewickeltes Präsent.

»Was ist da drin, Papa?«

»Eine Überraschung.«

»Ja, aber doch für Maria und nicht für mich ...«

Die Türklingel unterbrach die angehende Diskussion. Tobi stürmte zur Tür und öffnete sie. Fräulein Pavlidis stand mit Seesack und Reisetasche braun gebrannt und vor Freude strahlend in der Tür. Mein Sohn hing Sekunden später an ihrem Hals, die Beine um ihre Hüften geschlungen, und ich beneidete ihn darum, dies tun zu können. Wir lächelten uns nur an und mussten mit der körperlichen Begrüßung warten, bis Tobi genug hatte und Maria an der Hand ins Wohnzimmer zog.

»Wir haben eine Überraschung, Sonnenblumen und einen richtigen Brief mit Marke und Umschlag für dich.«

Maria ließ sich auf die Couch plumpsen, direkt auf die Rotweinflecken, und verlor kein Wort über den Vandalismus. Tobi kniete sich direkt neben sie und ging auf Tuchfühlung. Sie öffnete den Brief und hatte Pfützchen in den Augen. Tobi bekam einen fetten Kuss auf die Stirn und glühte vor Freude.

»Die Briefmarke habe ich selbst gekauft«, bemerkte das kaufmännische Nachwuchstalent voller Stolz. »Hat nur fünf Cent gekostet.«

»Toll, Tobi. Keine Unkosten gescheut. Ich bin echt gerührt.«

Tobi nahm das Päckchen hoch und reichte es Maria. »Das ist von Papa. Ich weiß nicht, was drin ist, er wollte es mir nicht sagen.« War klar, dass das Thema noch nicht beendet war. Tobi trat wie seine Mutter gerne nach.

»Welch reizendes Geschenkpapier. Alle Disney-Königinnen.« In dem gebräunten Gesicht kamen die grünen Augen viel besser zur Geltung als in dem blassen Stadtgesicht vor ihrer Abreise. Die brünetten Haare waren sonnengebleicht. Ich hatte heute eindeutig kannibalistische Tendenzen, nach meinem Kind hätte ich auch die Frau auf dem Sofa anknabbern können.

»Prinzessinnen«, verbesserte ich sie.

Sie entfernte vorsichtig das kitschig bunte Papier, faltete es sorgfältig zusammen und drehte die Schachtel mit kritischem Kopfnicken. »Hm, eine elektrische Kaffeemühle. Toll. Echt. Ein prima Geschenk für eine überzeugte Teetrinkerin. Gratuliere!«

»Gerne doch!« Ich strahlte übers ganze Gesicht und Maria betrachtete mich mit kritischen Denkerfalten auf der Stirn.

»Pack sie doch mal aus«, meinte mein neugieriges Kind. »Wir können ja was mühlen damit.«

»Mahlen«, korrigierte ich ihn pädagogisch wertvoll.

»Schon wieder?«, seufzte er theatralisch. »Dann hole ich meine neuen Stifte und ein Blatt.«

Tobi verschwand in der Küche. Maria packte ihr Geschenk richtig aus und fiel mir nach einer Schrecksekunde heulend um den Hals.

»Das Auberginenei«, hauchte sie in mein Ohr. »Du bist für mich straffällig geworden.«

Das stimmte so nicht wirklich, ich hatte dem Besitzer des *Zulu* das türkisfarbene, goldüberladene Schmuckei nach zähen Verhandlungen abgekauft. Es hatte mich jede Menge Beharrlichkeit, fünf Barbesuche, etwa zwanzig Cocktails und zweihundert Euro in bar gekostet.

Derweil war das Kind mit dem Malzeug zurückgekommen und fingerte an dem Geschenk rum. »Sieht aber ganz anders aus als auf der Verpackung. Ah, da geht es auf, muss da der Kaffee rein?«

Das Ei war eine mit Samt ausgeschlagene Schmuckschatulle, deren Spieluhr beim Öffnen *Für Elise* klimperte. Maria sah lange auf das Ei, dann auf mich, dann rannen ihr die Tränen die Wangen hinunter.

»Papa, ich glaube, dein Geschenk ist nichts für Maria. Die heult ja.«

Weder Papa noch die Beschenkte äußerten sich dazu. Beide wussten, dass es genau das einzig richtige Geschenk gewesen war. Volltreffer und versenkt.

Ohnmacht und Organe

Tobi weilte mit seiner Mutter seit einer Woche bei den Großeltern in Dänemark, war entsetzt, dass das Meer so kalt war und seine Großmutter so mies kochte.

»Papa, ich erfriere hier oder verhungere«, kündigte er mir an.

Ich tröstete ihn, dass die Woche ganz schnell rumgehen und ich ihn nach der Ankunft am Flughafen sofort zu Fatih in die Dönerbude mitnehmen würde und er sich bestellen dürfe, was immer er wolle.

»Darf ich dann Whisky dazu trinken?«

»Ginger Ale.«

»Au ja!« Tobi kam es allein auf die passende Farbe an und darauf, dass er aus *Erwachsenengläsern* trinken durfte. Bei unserem Stammitaliener bekam er seinen roten Traubensaft von Lorenzo, dem Wirt, immer in einem bauchigen Rotweinglas serviert, das er mit beiden Händen halten musste, weil seine Finger so kurz waren. Mein stilbewusster Nachkomme freute sich wie ein Schneekönig über die Sonderbehandlung. Die tadelnden Blicke der Umsitzenden, die denken mussten, Tobi schüttete Wein in sich hinein, ignorierte ich achselzuckend.

Maria arbeitete Tag und Nacht in der Kanzlei, um ihre anliegenden Fälle vor ihrem endgültigen Abschied noch abzuwickeln beziehungsweise an Kollegen abzugeben. Sarah war auf einer Fortbildung und unerreichbar.

Mrs. Schüttgut und ich hatten uns in den vergangenen Wochen nur noch selten getroffen. Ehrlich gesagt, war nur der Sex mit Ylvi schön. Wenn wir etwas anderes zusammen taten, dann endete das in Chaos und Unverständnis. Ylvi hatte das Dilemma neulich erst so ausgedrückt: »Ich spüre ein *Ich*. Ich spüre ein *Du*. Ich spüre kein *Wir*! Das ist nicht wirklich *deep*.«

»Da haben wir doch immerhin schon eine Gemeinsamkeit«, bemerkte ich.

»Wenn wir zusammenbleiben wollen, dann wäre es gut, wenn wir einen Mediator hätten, der uns hilft, unsere gemeinsamen Bedürfnisse, Emotionen und Wünsche zu finden und unsere Konflikte zu lösen.«

Aha, aha. War ich in einer Nicht-Beziehung genauso weit wie mein Bruder und seine Frau nach vielen Jahren Ehe und der Geburt von Zwillingen? Was mich konkret an Ylvis Ausführungen störte, war, dass Tobi in ihrer Gedankenwelt überhaupt keine Rolle spielte. »Wollen wir es nicht mit Yoga probieren?« Meine Frage war pure Ironie, die Fräulein Krämer wie so oft nicht registrierte.

Sie dachte kurz nach: »Einverstanden, es kann ja nichts schaden, wenn wir erst *Body and Soul* in Einklang bringen, ehe wir *deeper* gehen.«

Meiner Meinung nach war Geschlechtsverkehr eine wunderbare Möglichkeit, Körper und Geist in Einklang zu bringen plus in die Tiefe zu gehen, aber Ylvi hätte diesen Einwand sicher als sexistisch abgeschmettert. Sie wollte wissen, wie ich mich nach dem Gespräch fühlte.

»Ich gehe mit einem positiven Gefühl aus unserem Gespräch heraus«, log ich und machte, einem spontanen Impuls folgend, einen Umweg zum Metzger meines Vertrauens. In meiner verlassenen Küche briet ich mir aus Trotz ein Dreihundert-Gramm-Rumpsteak von frei laufenden Angusrindern aus dem Nordschwarzwald und kam mir vor wie ein Widerstandskämpfer. *Ein richtiger Mann trinkt keine Milch, er isst die Kuh,* sozusagen.

Meine vegane Sexualpartnerin schickte mir tags drauf den Link zur Webseite eines Yogastudios. Ich sah mir die Fotos von dekorativ arrangierten Klangschalen, Steinhaufen und Lotusblumengestecken mit Bambus an und versprach, es mir zu überlegen. Mir war nicht nach komplizierten Verrenkungen in geschlossenen Räumen. Mir war nach Surfen in der Sonne, die Gischt im Gesicht, das Rauschen der Brandung in den Ohren und mein Häuschen unter Palmen im Hintergrund. Ich hatte definitiv Heimweh.

ZWEI TAGE SPÄTER besuchte ich Ylvi im Laden und erfuhr, als sie mir eine Müslimischung abwog, dass es bereits seit einigen Wochen Frieder in ihrem Leben gab, der einen kleinen Bauernhof hatte und vom Verkauf frei laufender Hühnereier und selbst gefärbter Wolle lebte. Das war ein Lebensentwurf, mit dem ich gedankenloser Allesfresser nicht konkurrieren konnte.

ZU MEINER ÜBERRASCHUNG hatte mein costaricanischer Freund und Bananenmogul Manuel Higuera seinen Besuch zwei Tage zuvor telefonisch angekündigt. Seit dem Abschied von meinem Traumland hielten wir den Kontakt durch regelmäßige Nachrichten und eher seltene Telefonate. Diese Woche hatten ihn die Geschäfte nach Hamburg verschlagen.

»Wie sieht es aus, *hermano,* hast du Zeit, dich Donnerstag mit mir auf einen Männerabend zu treffen?«

»Wo? In Hamburg?«

»Nein, ich würde in deine Stadt kommen. Ich bin neugierig, wo es dir besser gefällt als bei uns zu Hause. Reserviere bitte einen Tisch in einem landestypischen Restaurant, ich werde pünktlich da sein.«

Genau das tat ich, wobei ich Manuel keine Linsen mit Spätzle zumuten wollte. Wir trafen uns um neunzehn Uhr im Ess-Bahnhof, einem abgehobenen Stuttgarter *Edelimbiss*, der in einer ehemaligen S-Bahn-Station untergebracht war. Die schweren, schwarz lackierten Stahlträger mit Nieten waren geschickt in die Inneneinrichtung eingebunden worden. Die Küche war experimentell angehaucht, das überteuerte *Fingerfood* wurde tatsächlich auf Papptellern serviert und mit Bambusstochern gegessen. Das Personal machte mehr Gewese, als mir lieb war, aber ich wollte meinem weitgereisten Gast und bekennenden Feinschmecker etwas Besonderes bieten. Ich war überpünktlich. Mein Puls raste vor Aufregung, als ich meinen Seelenverwandten aus meiner zweiten Heimat nach so langer Zeit endlich wieder in die Arme schließen konnte. Manuel war trotz seiner knapp eins neunundsiebzig eine imposante Erscheinung, der jeden Raum beherrschte, sobald er ihn betrat. Was Auftreten und Charisma doch ausmachten!

Der Ober brachte uns an den Tisch, von dem aus man einen ungehinderten Blick auf die belebte Königstraße hatte. Manuel sah sich im Lokal um und meinte anhand der Vintage-Siebzigerjahre-Ausstattung in Orange und Giftgrün und dem großflächigen Pop-Art-Wandgemälde: »Sehr schwul, mein Freund.«

»Apropos, was macht die Liebe zu Jesus?«

Der Tico zögerte einen Moment mit der Antwort. »Wir haben uns getrennt. Ich bin jetzt mit einem britischen Schauspieler zusammen.« Manuel zeigte mir ein Badezimmerspiegelselfie auf seinem Handy, für das ein Großteil der weiblichen Weltbevölkerung über sechzehn getötet hätte.

Ich pfiff anerkennend durch die Zähne: »Hoppla, da hat aber jemand einen großen Fang gemacht.« Manuels neuer Freund war kaum größer als er selbst, aber die beiden waren zugegeben ein Aufsehen erregendes Paar.

»Ich kann nicht klagen. Darf ich fragen, was bei dir so läuft? Wie geht es meinem kleinen *rico*? Ich habe im Hotel auch noch ein Geschenk für ihn. Ich hoffe doch, dass du mich nach dem Essen noch begleitest und wir in Ruhe etwas trinken können. Mir fehlen die Abende mit dir, Benny.«

»Das muss noch etwas warten, ich habe nämlich auch noch eine Überraschung für dich. Wir müssen vorher noch einen Zwischenstopp einlegen.«

Der Obstgroßhändler hatte ohne eine Taufzeremonie die Rolle von Tobis Patenonkel übernommen und ein Händchen dafür, sowohl für meinen Sohn als auch für mich auf der ganzen Welt die passenden Mitbringsel auszugraben. Dann störte uns die Bedienung, die uns nach der Bestellung direkt den Sommelier auf den Hals hetzte.

Wir aßen zum Dessert High-End-Schaumküsse und Baisers in verschiedenen Pastelltönen und Geschmacksrichtungen und tranken Espresso dazu. Danach verlangte ich die Rechnung, um die ich mich mit meinem Besucher streiten musste.

»Du weißt schon, dass ich an einem Tag etwa so viel verdiene wie du in einem Monat?«

»Dann will ich mal nicht so sein, aber die nächste Rechnung geht auf mich.«

Ich musste Manuel nicht lange zu einem Absacker in meiner Stuttgarter Lieblingsbar überreden. Unter einer Tiefgarage hinter einer unspektakulären, sandbeige lackierten Stahltür tat sich ein Paradies für Freunde edler Spirituosen auf. In langen Regalreihen standen hinter dem Tresen Whisky- und Rumflaschen vom Allerfeinsten und warteten auf Kundschaft.

Mein Stammplatz auf einem altenglischen Ledersofa war frei und ich nahm mit Manuel Platz. Wir begannen mit mildem, süßem dominikanischen Rum *Oliver's Exquisito*. Auf dem Etikett war handschriftlich die Seriennummer geschrieben. Flasche 1234 von insgesamt 1500 Abfüllungen. Manuel war von dem Geschmack nach Bratapfel, gebrannten Nüssen, unterlegt mit einer würzigen Kaffeenote, begeistert. Ich ebenso.

Weil Manuel mein Seelenverwandter war und ich mehr als dringend mit einer vertrauten Person über mein Dilemma sprechen musste, erzählte ich von Maria, Dean, Sarah und meinem Wunsch, mein Leben mit einer Partnerin teilen zu können.

Wie Steve Winwood war ich auf der Suche nach der *Höheren Liebe*. »*Worlds are turning and we're just hanging on, facing our fear and standing out there alone, a yearning, and it's real to me, there must be someone who's feeling for me.*«

Ich berichtete von Kia und meinem Kind, das nicht bei mir, sondern in Dänemark war. Kurzum, ich schüttete meinem Freund mein Herz ohne Wenn und Aber aus. Was unheimlich gut tat und befreiend wirkte.

»Weißt du, Manuel, wie sehr ich mich davor fürchte, dass sie ihn irgendwann nicht mehr zurückbringt? Ich hätte null Handhabe, etwas dagegen zu tun. Rechtlich gesehen habe ich keinerlei Anspruch auf Tobi.«

»Du hast ihn nie adoptiert?«

»Kia will das nicht, die weiß schon, warum. Vor sämtlichen Gerichten und Instanzen ist sie die alleinige Erziehungsberechtigte. Ich muss jedes Dokument, das ihn betrifft, von ihr gegenzeichnen lassen. Er hat einen eigenen dänischen Pass und ist nicht bei mir eingetragen.« Ich trank mein Glas leer. »Wenn er wenigstens das Bedürfnis hätte, seine Mutter zu sehen, würde ich dem Ganzen nicht im Weg stehen. Für Tobi ist schon die halbe Stunde skypen langweilig. Er erzählt Kia nie von realen Ereignissen oder Personen, sondern nur von

Batman und Zombies oder andere Geschichten, die er erfunden hat. Sie schien es noch nicht mal zu bemerken, dass ihr Kind sie vollkommen aus seinem wirklichen Leben heraushält. Wenn sie konkret nachfragt, lenkte er geschickt mit bedeutenden Fragen wie: ›Haben in Japan Nasenpopel Ohren und Augen?‹ ab. Yoani steht ihm näher als seine genetische Mutter.«

Der Barkeeper brachte uns den nächsten Rum, einen dreißig Jahre alten *Centenario*, ebenfalls eine limitierte Ausgabe, dessen würziger Aromakörper rund und geschmeidig über die Zunge lief. Manuel schwieg lange und sah mich dann mit sehr ernster Miene an: »Komm zurück nach Costa Rica. Dein Sohn wird mein Land niemals ohne deine Zustimmung verlassen.«

»Schöne Aussicht. Aber was soll ich tun, wenn Kia ihn abholt und vor der Tür steht?«

»Wenn du nicht möchtest, dass sie vor deiner Tür steht, wird sie Costa Rica nie mehr betreten. Das verspreche ich dir, *hermano*. Bei allem, was mir heilig ist. Ich werde nie ein eigenes Kind haben und Tobi ist mehr als nur mein Patenkind, und er wird, solange ich lebe, immer da leben, wo du es möchtest oder er selbst.«

Das war kein leeres Versprechen. In Mittelamerika gingen viele Dinge, die in Europa undenkbar gewesen wären, ich hatte das im kleinen Stil selbst erlebt und mich daran gewöhnt. Wer das Geld besaß, der hatte die Macht, und Manuel besaß ziemlich viel Geld. Ich war wohl schon wieder zu lange in Deutschland und antwortete: »Das wäre dann Kindsentführung und ich lande irgendwann im Knast dafür.«

»Es gibt sicher legale Mittel und Wege, diese *puta* von Tobi fernzuhalten. Lass mich nachdenken und mich mit Randall beraten. Der hat noch für jedes Problem eine Lösung gefunden.« Manuel sah mich über den Rand seines Glases an. »Du weißt, du bedeutest mir sehr viel, wahrscheinlich mehr, als dir lieb ist.« Diese Augen machten mich seit ich denken konnte unsicher.

Ich musste lachen: »Vielleicht überlege ich es mir doch noch. Die Versuchung, einem international begehrten Teenieschwarm den Lover auszuspannen, ist schon groß. Täte meinem angeschlagenen Ego bestimmt gut.«

Manuel sah auf seine Hände: »Für dich würde ich viel aufgeben, Benny. Ich hoffe, das weißt du.«

Ich hatte bislang eine vage Ahnung davon gehabt, wollte es aber nie wahrhaben, aus Angst davor, dass diese einseitige Zuneigung unsere Freundschaft gefährden würde.

»Im nächsten Leben?« Ich hielt mein Whiskyglas, gefüllt mit bernsteinfarbenem Kilchoman Single Cask Release – wir waren mittlerweile bei Islay Whiskys gelandet – hoch. Manuel hatte einen Port Askaig 100 Proof gewählt.

»Wenn du denkst, ich finde dich nicht, dann hast du dich getäuscht, *mi amor.*«

»Dann such mal schön unter den wirbellosen Tieren. Ich habe in diesem Leben mein Karma dermaßen versaut, dass es im nächsten Leben nicht mehr für ein Rückgrat reichen wird.«

Manuel setzte sein rätselhaftes Lächeln auf und verlangte nach der Rechnung, die ich ihm wegschnappte. Auch ein Schwabe hat eine Ehre zu verlieren.

DER MULTIMILLIONÄR HATTE im ersten Haus am Platz die größte Suite reserviert. Jorge, sein Butler, öffnete kurz nach zwei Uhr in der Nacht die Tür, als hätte er den ganzen Abend dahinter gewartet, bis er die Schritte seines Chefs vernahm. Ich hatte gelernt, dass es sich nicht gehörte, einen Butler wie stinknormales Personal zu begrüßen, und nickte nur kurz mit dem Kopf. Jorges Augen blitzten auf und er neigte minimal seinen Kopf. Damit war alles geklärt, wir freuten uns beide diebisch, uns zu sehen.

Ich verbrachte die ganze Nacht bei meinem Freund. Wir hatten viel zu erzählen und ich erfuhr einiges über seinen neuen

Partner, den aufgehenden Stern am Firmament der ganz großen Filmstars. Wir frühstückten zusammen in der Suite und ich fuhr erst gegen Mittag in die Wohnung zurück, Manuels letzte Worte im Ohr: »Kommt nach Hause, da seid ihr in Sicherheit.«

Zum Abschied schenkte mir Manuel eine Flasche Millonario XO aus Peru.

»Der beste Rum, den es meiner Meinung nach gibt«, meinte er und mir war jetzt klar, warum er ihn in der Bar nicht probieren wollte.

Für Tobi hatte er einen Star Wars Millennium Falcon von Lego – ein Sammlermodell mit über dreitausend Teilen – besorgt. Meine nächsten Monate waren ausgefüllt.

SARAH WAR AUF einer Fortbildung in München und schlief bei einer Studienkollegin. Maria war zwar zu Hause, aber seit einer Stunde in ihrem Zimmer verschwunden. Ich sah nach. Bingo! Die Seemannsbraut war online, Captain Porno hatte wohl eine stabile Internetverbindung und war in Küstennähe. Anscheinend hatten heute Abend alle Sex, außer mir. Ich stöhnte pro forma vor mich hin.

Für einen Plan B war der Abend schon zu weit fortgeschritten, und allein auf gut Glück auszugehen, war noch nie mein Ding gewesen. Ich suchte Marias Netflix-Account auf neue Serien durch, als ich die Schlafzimmertür gehen hörte. Maria kam mit ihrem Laptop in der Hand ins Wohnzimmer und setzte sich neben mich auf die Couch.

»Hast du mal eine Sekunde für mich?« Sie trank einen Schluck aus meinem Rotweinglas.

»Soll ich dir eines holen?«

»Nein, lass mal. Ich muss im Vollbesitz meiner geistigen Kräfte sein.«

Ich warf einen kritischen Blick auf ihr Äußeres. Ihr Haar war in einen wirren Knoten am Hinterkopf zusammengefasst.

Sie trug ein hellblau kariertes Pyjamaunterteil, ein grellgelbes XXL-T-Shirt, pinkfarbene Flauschsocken mit Antirutschsohle und Tweety auf dem Knöchel, eine beige, ziemlich ausgeleierte Strickjacke, die ihr bis in die Kniekehlen ging, und als Accessoire einen zimtfarbenen Grobstrickschal. In dem Outfit hätte sie jederzeit eine Statistenrolle im Remake von *Einer flog übers Kuckucksnest* bekommen können.

»Hm, dein Aufzug und Vollbesitz der geistigen Kräfte ist eine kontradiktorische Antonymie.«

Maria sah mich an und sagte etwas auf Griechisch, das sicher nicht nett gemeint war, beachtete man die Geste, die sie mit dem rechten Mittelfinger dazu machte.

Ich grinste. »Machst du dein Testament?«

»Ja, irgendwie schon.«

»Irgendwie?«

»Ich habe ja keine Angehörigen mehr und Dean will noch nicht heiraten. Wenn was sein sollte mit mir, dann könnte er mich noch nicht mal besuchen im Krankenhaus, deshalb mache ich eine Patientenverfügung und eine Vorsorgevollmacht und setze ihn ein. Ich bräuchte deinen Rat als Fachmann, was den medizinischen Teil anbelangt.«

Marias endgültiger Abschied von Deutschland und uns war für Ende des Monats geplant. Ich hatte ihr eine Abfindung für die Möbel, die sie uns ließ, angeboten. Sie wollte nur zweitausend Euro für den kleinen Flügel, die ich ihr gerne gab. Ich hatte Gefallen daran gefunden, mich beim Singen darauf anstatt auf der Gitarre zu begleiten. Der falsche Rothko sollte als Leihgabe bei mir bleiben, bis Maria wieder eine eigene Wand besaß, die groß genug war, um das Bild aufzuhängen.

Wir gingen auf der Couch zusammen den Fragebogen des Justizministeriums durch. Bei der Frage, ob Organspende ja oder nein, zögerte Maria einen Moment, zog die Beine an sich heran, die Strickjacke ganz fest um sich herum und vergrub das

Gesicht im Strickschal. Marias Gesten erreichten zuverlässig einen Teil von mir, den ich ganz tief in mir verborgen, sicher vor den Angriffen weiblicher Wesen, dachte. Ich war beunruhigt.

»Hast du einen Spenderausweis, Benny?«

»Natürlich. Sind ja alles tipptopp Organe, wäre doch eine Schande, die vergammeln zu lassen.«

»Ist doch sicher eine komische Vorstellung, wenn ein anderer Typ mit deinem Penis weiterpoppt, oder?«

Ich lachte. »So weit geht die Nächstenliebe auch nicht. Wenn ich eines meiner Organe mit ins Grab nehme, dann meinen Schwanz. Wir haben schon so viel zusammen durchgemacht. Da kann uns der Tod nicht trennen.« Ich dachte kurz nach. »Wir sind sozusagen gemeinsam durch dick und dünn gegangen.«

»Zusammen in der Scheiße gesteckt? Sprichwörtlich?« Fräulein Pavlidis sah mich mit einem umwerfend aufreizenden, aufmüpfigen Gesichtsausdruck an.

»Nein! Igitt! Wo denkst du hin?« Ich amüsierte mich köstlich.

»Ach hör auf, du bist doch die Verkörperung des Ausdrucks: Dreck am Stecken haben! Außerdem denke ich, dass du anal fixiert sein musst, bei deinem Reinlichkeitswahn.«

»Nicht frech werden! Ich bin Arzt. Ich kann dich einweisen lassen, wenn mir danach ist. Denk immer dran.«

Maria gluckste noch ein paarmal und fragte. »Was meinst du? Kann man von mir noch was verwenden?«

»Na ja, bis aufs Hirn und das Herz wohl so ziemlich alles«, neckte ich sie.

»Hey! Das ist eine Unverschämtheit, mein Hirn ist allererste Qualität und das Herz funktioniert auch einwandfrei.«

»Dann hoffe ich, Captain Porno bricht es dir nicht.«

Maria sah mich lange an. »Warum hast du so wenig Vertrauen in meine Fähigkeit, Menschen einzuschätzen?«

Ich zuckte mit den Schultern. »Immerhin hast du mich und Tobi hier ohne großen Check aufgenommen. Und jetzt sieh dir deine Möbel an.« Die Rotweinflecken auf der Couch waren nie ganz rausgegangen und die Tapete im Kinderzimmer war auch nicht mehr unbefleckt.

Genoveva war letzte Woche einen halben Tag von meinem Sohn schwanger gewesen, lief mit Sofakissen in der Strumpfhose stolz durch die Wohnung und hatte nachmittags um 16.23 Uhr in unserem Bad eine völlig schmerzfreie Sturzgeburt.

Ich war dabei, Mails zu beantworten, als ich aus dem Flur Genovevas Engelsstimme rufen hörte: »Tobi, das Kind kommt. Ich muss in die Klinik! Hol meinen Koffer!«

Ich war dankbar, dass Genovevas Hang zu Authentizität nicht so weit ging, dass sie im Flur eine geplatzte Fruchtblase nachgestellt hatte und ich hinterher wischen musste. Die stolzen Eltern lehnten mein Angebot, bei der Geburt behilflich zu sein, ab. Sie brauchten keinen Arzt oder eine »*Hebemama*« und verzogen sich nach der Entbindung meines ersten Enkels in Tobis Zimmer.

DER FRISCHGEBACKENE KINDSVATER kam nach einer Stunde zu mir, kuschelte sich an mich und meinte schniefend: »Papa, Genoveva sagt, ich muss sie jetzt heiraten und so heißen wie sie. Ich will aber nicht Schwan heißen, das ist ein Mädchenname.«

»Wie heißt euer Kind denn?«

»Lilly Perdita Schwan.«

Aha, aha, ein Mädchen. Während ich mein Fleisch und Blut tröstete, der in dieser Beziehung eindeutig Charlie Brown war und sich mit Genoveva eine verschärfte Form von Lucy van Pelt eingehandelt hatte, verschönerte Letztere mittels Sammelklebebildchen einer Supermarktkette die Wand über der »Wickelkommode« kindgerecht. Ihr Vater, Maler und Lackierer von Beruf, hatte zwar versprochen, die Tapete demnächst zu erneuern, aber war bisher noch nicht dazu gekommen.

»Das sind jetzt deine Möbel und Tapeten. Ich möchte dann doch ein Glas Rotwein, Opa«, neckte mich Maria.

Ich kam mit einem Glas zurück und füllte von dem samtigen Rioja ein. Wir stießen an und Maria legte ihren Kopf auf meine Schulter. »Aber nicht ausspucken!«, warnte ich sie.

»Wenn du die Hintergründe kennen würdest, würdest du mich verstehen, Benny.«

Ich seufzte. »Dann erklär sie mir doch endlich einmal. Mit mir kann man doch reden. Ich würde nichts lieber, als dich verstehen, Oly.« Mir war es nach wie vor ein Rätsel, wie eine intelligente Frau, die ein Jurastudium durch sämtliche Instanzen bis zum zweiten Staatsexamen bewältigt hatte und erfolgreich seit Jahren in diesem Beruf arbeitete, für einen windigen Bootskapitän alles aufgeben konnte.

Sie zog ihre Beine hoch, das T-Shirt darüber und umklammerte die Knie mit den Armen. »Meine Mutter hat nicht grundlos getrunken. Sie hatte Chorea Huntington und Angst davor, dass die Krankheit ausbricht. Das hat sie aufgefressen. Sie meinte, die ersten Anzeichen zu spüren, und hat sich mit Alkohol betäubt.«

»Wodurch sich die Symptome nicht verbessert hatten?«

»Nein, im Gegenteil. Aber des Menschen Wille ist sein Himmelreich.«

Ich stellte stotternd die unvermeidliche Frage, vor deren Antwort ich mich fürchtete: »Bist du Träger?« Man konnte seit den frühen Neunzigerjahren das mutierte Gen auf dem vierten Chromosom bereits bei Ungeborenen nachweisen.

»Nein, bin ich nicht.«

Ich war erleichtert und trank einen Schluck Wein. Chorea-Huntington war ein Arschloch unter den Krankheiten.

Maria fuhr fort: »Aber mein Bruder Stavros war Träger. Die Krankheit hatte bei ihm einen sehr schnellen Verlauf und er ist mit dreißig daran gestorben. Ich bin praktisch die einzige Überlebende einer stolzen griechischstämmigen Familie.«

Ich hätte Maria in diesem Moment in den Arm nehmen sollen und festhalten, aber grenzautistischer Schwabe, der ich nun mal war, konnte ich mich nicht zu dieser Geste aufraffen.

»Mein Bruder war Kirchenmaler und ein echtes Talent. Der Rothko, auf den du so scharf bist, den hat er gemalt.«

»Hör auf!« Ich warf einen Blick auf das Gemälde über der Couch, das ich für die Replika eines Rothkos gehalten hatte.

»Doch, das ist ein echter Pavlidis. Das einzige Bild, das von ihm übrig ist. Alle anderen hat er großzügig verschenkt und ich weiß nicht, wo sie rumhängen. Also pass gut auf ihn auf. Vielleicht möchte ich ihn zurück, wenn Dean und ich vielleicht mal eine Wohnung zusammen haben werden.«

»Ich werde ihn hüten wie meinen Augapfel«, versprach ich.

»Das allein ist schwer genug zu tragen. Dann hat mein Schicksal, dieser miese Verräter, beschlossen, mir noch eine weitere Bürde aufzutragen. Dean hat auch Chorea Huntington, die Krankheit ist noch nicht bei ihm ausgebrochen. Aber als er es erfahren hat, hat er auch mit Trinken angefangen. Ironie pur, oder?«

»Hm.« Ich wusste, der Schuss konnte leicht nach hinten losgehen, zur unbegründeten Eifersucht des Mannes kam das fundierte Wissen des Mediziners, dass die Prävalenz von Chorea Huntington sehr niedrig war. »Wer hat zuerst von der Krankheit erzählt, du oder Dean?«

»Ich. Ich hatte von Anfang an so großes Vertrauen in ihn, dass ich ...« Maria stutzte mitten im Satz und sah mich mit Zornesfalten über den Augenbrauen an. »Moment! Möchtest du behaupten, dass er das alles nur erfunden hat, um mich rumzukriegen?«

Ich wollte definitiv, aber ich traute mich nicht, es auszusprechen. Das musste ich auch nicht. Maria packte wütend ihren Laptop und verschwand im Schlafzimmer. Ich schlich ihr hinterher und klopfte an die geschlossene Tür. Es kam keine Antwort und die Tür ließ sich nicht öffnen.

»Oly! Mach bitte auf! Das war dumm von mir. Klar hat Dean Chorea Huntington, so was erfindet doch niemand.«

Die Tür blieb verschlossen.

Ich nahm mein iPhone zur Hand und checkte es. Maria war online. Ich drehte mir den ersten Joint seit Langem und setzte mich damit auf die Terrasse. Der Mond stand tief und schien durch ein paar dünne Wolkenfetzen hindurch. Mir fiel ein Lied von Supertramp ein, das ich schon ewig nicht mehr gehört hatte. Ich suchte mir Text und Noten im Netz und übte eine Stunde lang. *»Even in the quietest moments I wish I knew what I had to do. And even though the sun is shining, well I feel the rain, here it comes again, dear. And even when you showed me, my heart was out of tune, for there's a shadow of doubt that's not letting me find you too soon. The music that you gave me, the language of my soul.«*

Mental und physisch völlig erschöpft öffnete ich einen Kontakt, dem ich immer noch gelegentlich – in der Hoffnung, dass das einzelne, graue Häkchen irgendwann mal zu einem doppelten blauen wurde – eine Nachricht schickte.

21.22 Nachricht an Ricky Brandstätter
Ricky???

21.38 Nachricht an Ricky Brandstätter
Riiiiiiiickyyyyyyyy??????

Versehen und Versprechen

Auf dem Heimweg von der Geburtstagsfeier meiner Nichten erzählte mir Tobi, dass er seine Cousinen auf keinen Fall heiraten wolle, weil es Unstimmigkeiten wegen des gemeinsamen Haustieres gab. Tobi wollte einen Hund, die beiden Mädels ein Einhorn beziehungsweise ein Minischwein.

»Minischweine stinken und Einhörner gibt's überhaupt nicht!«, sagte das Kind, das sich vor Zombies fürchtete. »Ich bleib dann doch bei Genoveva. Das ist einfacher.«

Was sollte ich zu dieser Erkenntnis sagen? Mein Sohn schien die Affinität zu komplizierten Beziehungen von mir geerbt zu haben.

Marias Jeansjacke hing an der Garderobe, in der Wohnung war es dunkel und still. Die Tür zu ihrem Zimmer war zu.

Tobi war im Schnellverfahren bettfertig gemacht. Ich gönnte mir noch etwas Musik und ein Glas Merlot und chattete mit Barbra, die nach Dobros Abreise Housesitter bei uns spielte.

Ich musste auf der Couch weggenickt sein und wachte durch eine Berührung am Arm auf. Tobi stand vor mir und hielt mir seinen Eisbären vor die Nase.

»Papa, kannst du mir zeigen, wie die Waschmaschine funktioniert? Ich muss Donatello waschen.«

Ich warf einen kurzen Blick auf die antike Wanduhr. »Tobi, es ist zwei Uhr nachts, da darf man in Deutschland keine Waschmaschine anschmeißen.«

»Der stinkt aber.« Er hielt mir den Bären direkt vor die Nase. Der saure Geruch von Erbrochenem stieg mir in die Nase.

Ich setzte mich auf. »Was ist los? Hast du dich übergeben müssen?«

»Ich nicht, Maria.«

»Hast du dich in ihr Bett verirrt?«

»Ja, aber ich konnte nicht schlafen, weil sie so gestöhnt hat. Ich habe ihr Donatello neben den Kopf gelegt, damit er sie tröstet, aber sie hat ihn vollgekotzt.«

»Was hat sie denn? Was Falsches gegessen?«

»Ich habe sie gefragt, ob sie *Heulschnupfen* hat, aber die wacht nicht auf. Die hat im Schlaf gekotzt.«

Nach diesem Satz ging alles sehr schnell. Nachdem ich das Deckenlicht in Marias Schlafzimmer angemacht hatte, erfasste ich das Szenario mit einem Blick. Ihr Kopf lag in einer Lache Erbrochenem, die leere Flasche Millonario XO und eine Packung Schlaftabletten auf dem Nachttisch. Mir flogen wirre Bilder aus der Vergangenheit durch den Kopf. Mein Vater in einer ähnlichen Situation in einem Hotelbett, Ricky mit geschlossenen Augen in ihrem Cabrio. Ich hätte schreien können, aber in Krisensituationen übernahm der ausgebildete Notarzt die Kontrolle. Aus der Packung fehlten lediglich zwei Tabletten, die Maria mit einer Dreiviertelflasche vierzigprozentigem Rum runtergespült haben musste. Die dekorative, mit viel Gold verzierte Flasche hatte heute früh noch fast voll in der Küche gestanden.

»Schöne Schweinerei, oder, Papa?«

»Tu mir das nicht an!«, flüsterte ich und sah nach, ob der Rachenraum und somit die Atemwege frei waren. Negativ. Maria hatte Erbrochenes im Mund und es war wahrscheinlich, dass sie etwas davon aspiriert hatte.

»Tobi, hol mir mein Handy, aber schnell. Maria muss ins Krankenhaus.«

Das schnellste Spermium war in Windeseile mit dem Handy zurück. Ich rief direkt in der Leitstelle an, damit sie einen Rettungswagen schicken würden.

Der RTW war innerhalb von zehn Minuten da. Ich kannte die beiden Rettungsassistenten und musste nicht lange und viel erklären. Tobi durfte auf dem Beifahrersitz mitfahren und erzählte Pierre Illinger während der kurzen Fahrt, dass er und Donatello Marias Leben gerettet hätten, was ausnahmsweise mal nicht übertrieben war. Maria war mittlerweile stark eingetrübt und hatte keine Schutzreflexe mehr, sodass ich noch im Wagen intubierte und sie bebeutelte.

AN DER ANMELDUNG der Notaufnahme saß zum Glück Fatima. Ich meldete Maria direkt auf der Intensivstation an. Fatima nahm mir Tobi ab. Nachdem er Maria in guten Händen wusste, galt seine ganze Sorge dem versifften Bären. Ich hörte ihn im Gehen fragen: »Fatima, kann ich Donatello hier endlich waschen? Der stinkt zum Himmel.«

»Sicher ...« Mehr hörte ich von ihrer Antwort nicht, weil ich dem Team hinterher rannte, das Maria auf die Intensivstation schob. Ich holte sie am Fahrstuhl ein. Auf Station beschrieb ich dem diensthabenden Arzt Marias Zustand.

»Sie sind wer genau?«, fragte der große dünne Mann mit den schwarzen Augenringen mürrisch. Auf seiner Wange waren frische Falten, wie man sie nur vom Schlafen bekommen konnte. Wir hatten ihn wohl aufgeweckt.

»Doktor Brandstätter. Ihr Mitbewohner. Mein Sohn hat sie gefunden. Ich habe auf dieser Station auch mal ein halbes Jahr gearbeitet.« Und dabei auch nicht viel besser ausgesehen, erinnerte ich mich.

Doktor Andreas Otto, laut Klinikausweis, zog zur Antwort die Augenbrauen hoch. Die weitere Untersuchung zeigte, dass Maria, wie vermutet, Erbrochenes aspiriert und der saure Mageninhalt die Lunge angegriffen hatte. Es war zu einer generalisierten inflammatorischen Reaktion des Organs gekommen, wodurch in Folge die Kapillaren, also die kleinsten Blutgefäße um die Lungenbläschen, durchlässig geworden waren und so proteinreiches Blutplasma in das Gewebe und die Alveolen gelangte. Das Resultat des Lungenödems war, dass der Körper nicht mehr ausreichend mit Sauerstoff versorgt wurde.

Man würde sie lungenprotektiv beatmen, das heißt, bei nicht zu hohem Maximaldruck wurde beim Ausatmen ein positiver Druck in den Lungen belassen, um gegen die Flüssigkeitsansammlungen zu pressen. Ich besprach mit dem Kollegen die weitere Behandlung. Maria würde intermittierend auf dem Bauch gelagert werden, damit sich die Flüssigkeit in den Lungen in den vorderen Bereichen sammelte und die hinteren Abschnitte entlastet waren und sich so besser regenerieren konnten.

Ich prüfte die Monitoranzeigen und Beatmungsparameter und überflog die Werte der Blutgasanalyse. Die Werte waren insgesamt nicht allzu schlecht. Da Maria keine Vorschädigungen hatte, würden sich ihre Lungen mit großer Wahrscheinlichkeit vollständig erholen und man würde sie in wenigen Tagen aus der Narkose aufwachen lassen.

MARIA WAR BESTMÖGLICH versorgt und ich konnte langsam wieder durchatmen. Ich stand allein neben ihrem Bett. Der blasse Doktor Otto und die Nachtschwester waren mit anderen

Patienten beschäftigt. Das Beatmungsgerät machte ein einschläferndes, gleichmäßiges Geräusch. Wenn mich während der Monate, in denen ich selbst in dieser Station gearbeitet hatte, in den frühen Morgenstunden die Müdigkeit überkam und alle Patienten stabil waren, erinnerte mich die Stimmung an *In the Deep* von Bird York, den ich den Koma-Song nannte. »*Life keeps tumbling your heart in circles till you let go. Till you shed your pride, and you climb to heaven, and you throw yourself off. Now you're out there spinning …*«

Ich dachte darüber nach, was Marias letzte Worte gewesen waren, ehe sie in der Tiefe des Komas versunken war. Ich konnte mich tatsächlich nicht mehr daran erinnern. Mir gingen Szenen aus *Leaving Las Vegas,* einem der intensivsten und bedrückendsten Liebesfilme, die ich kannte, durch den Kopf. Unsentimental und deprimierend bis an die Schmerzgrenze. Ich hatte den Spielfilm kurz nach seinem Erscheinen mit Anfang zwanzig im Kino gesehen und es bis dahin kein zweites Mal fertiggebracht, dieses cineastische Meisterwerk noch mal anzuschauen. Die schmerzvolle Erinnerung an einen Abend machte sich wie eine Reihe von Standbildern in meinem Frontallappen breit. Ich war mit einstündiger Verspätung vom Spätdienst nach Hause gekommen. Ricky hatte mir um kurz nach zwanzig Uhr eine Nachricht geschickt, sie säße auf der Couch, Taschentücher, Marshmallows und Rotwein lägen bereit.

Ricky kam mir im Flur entgegen und klammerte sich an mich wie eine Ertrinkende an einen Rettungsring. »Lass mich nie allein, Brandstätter! Nie! Schwöre es!«

Ich hatte es geschworen und hatte in dieser Nacht den intensivsten Sex mit Ricky, an den ich mich erinnern konnte. Leider hatte ich versäumt, mir von ihr schwören zu lassen, dass sie mich nie alleinlassen würde. Vielleicht hätte es geholfen.

Meine Frau schenkte mir eine Woche später einen Flachmann, in dessen mattschwarze Beschichtung das

Rilke-Zitat: *Darin besteht die Liebe: Dass sich zwei Einsame beschützen und berühren und miteinander reden*, eingraviert war.

Ein lautes Piepen ließ die Bilder von Ricky wie eine Seifenblase platzen. Ich sah auf den Monitor. Die Sauerstoffsättigung war auf fünfundsiebzig Prozent gesunken. »Hey, Lady. Mach dich bloß nicht vom Acker. Ich tue mich schwer, neue Menschen in mein Leben zu lassen und lasse sie dann auch ungern gehen. Du hältst gefälligst durch.«

Ich stellte den Alarm ab und beobachtete den Wert eine Weile. Wenn die Fingerdurchblutung nicht berauschend war, leitet der Sensor gerne mal falsch ab. Nach wenigen Sekunden war der Wert tatsächlich wieder auf zweiundneunzig Prozent gestiegen.

Dann musste ich Maria schweren Herzens allein lassen, weil ich am nächsten Tag Dienst in der Praxis hatte und Doktor Schneider erst am Nachmittag erscheinen würde.

AN DER ZENTRALEN ANMELDUNG hatte Fatima mittlerweile alle Hände voll zu tun, weil es eine Schlägerei zwischen einer Gruppe Obdachloser und Jugendlichen gegeben hatte. Alle Kabinen waren belegt. Vor ihr saß ein pickliger Teenie mit ausrasierten Seiten und Springerstiefeln. Vom linken Ohr des arischen Nachzüglers tropfte Blut auf das einschlägige schwarze Poloshirt.

»Tobi ist im Bereitschaftszimmer und schläft. Ich habe hier gerade übel Stress. Sorry, dass ich mich nicht weiter um euch kümmern kann. Kommt doch morgen Abend vorbei, ich habe frei und würde was kochen.«

»Ey, ist hier fremdländisches Familientreffen oder deutsches Krankenhaus?«, mischte sich der Heranwachsende mit dem grenzdebilen Gesichtsausdruck und dem stark blutenden Ohr ein.

Ehe ich antworten konnte, meinte Fatima: »Halt die Klappe, du Otto, wenn du an deinem Ohr hängst!«

»Drohst du mir, du Hure?«

Ich holte Luft, um dem Idioten eine passende Antwort zu geben, aber Fatima kam mir zuvor. »Geh nach Hause, Benny, dein Tag war beschissen genug. Ich werde mit diesem Vollhorst allein fertig.«

Schweren Herzens ließ ich Fatima zurück und sah nach meinem Kind. Tobi schlief mit dem in ein Handtuch gewickelten Donatello im Arm. Als ich meinen Sohn hochhob, um ihn ins bestellte Taxi zu tragen, wachte er auf.

»Ist Maria wieder gesund?«

»Nein, Tobi so schnell geht das nicht. Die wird noch ein paar Tage schlafen und dann wird sie aufgeweckt und wieder fit sein.«

»Dörte hat mir geholfen, Donatello zu waschen und ihn zu *infizieren*. Jetzt riecht er wieder gut. Ist aber noch nass.«

»Wir stecken ihn einfach zu Hause in den Trockner.«

»Papa, das kann man doch nicht machen!« Tobias Magnus Mortensen konnte auch hundemüde um drei Uhr nachts entrüstet sein. »Da kotzt der doch auch! Und wir können von vorn anfangen!«

Tobi schlief im Taxi weiter und ging erst ins Bett, als sein Bär geföhnt und in ein trockenes Badetuch gewickelt war. Um kurz vor vier Uhr in der Nacht konnte ich endlich schlafen. Um halb acht klingelte der Wecker erbarmungslos.

WÄHREND MARIA IM KOMA LAG, konnte ich mich nicht aufraffen, Sarah zu besuchen. Die Tatsache, dass erneut ein mir wichtiger Mensch versucht hatte, sich das Leben zu nehmen, bedrückte mich und ließ mich in eine tiefe Schwermut sinken und mich in mich verkriechen. Nur für Tobi funktionierte ich in dieser Woche, machte alle Dienste und sah danach

nach Maria. Ich telefonierte mit Sarah, erklärte ihr kurz die Situation, musste mich fragen lassen, ob ich wirklich für meine Mitbewohnerin verantwortlich sei. Ich meinte, das wäre ich sehr wohl. Ich empfahl Prinzessin Sarah den Film *Leaving Las Vegas* anzusehen, da ginge es gerade um das Thema Suizid und darum, wie weit Liebe gehen kann.

21.38 Nachricht an Oralcare
Die heißen Sera und Ben,
wenn das kein Zeichen ist. ;-)

DIE FRAU, DIE IHR zukünftiges Leben mit mir teilen und Kinder mit mir in die Welt setzen wollte, hatte eine detaillierte Meinung zu dem großartigen Werk über zwei tragisch verlorene Menschen, die über die einzig echte Liebe zueinander finden – die ohne Ansprüche und Forderungen an den anderen.

22.49 Nachricht von Dr. Sarah Bender
Der Film ist so 90er!
Furchtbare Klamotten und die Musik nervt.
Die Shue ist ein Zwerg und hat viel zu dicke Waden,
was trainiert die? Kugelstoßen? Cage unerotisch.
Man kann niemand so sehr lieben,
den man erst so kurz kennt
und dann schenkt man einem Alk doch keinen Flachmann!?!
Total U-N-R-E-A-L-I-S-T-I-S-C-H

ICH SETZTE MICH an Marias Flügel, suchte mir per iPad die Noten für James Bays *Scars* und sang für Maria und mich und gab den Zeilen einen neuen Sinn: »*Your lion's heart will protect you under stormy skies. And I will always be listening for your laughter and your tears. And as soon as I can hold you once again. I won't let go of you, I swear. We live through scars this time, but I've made up my mind. We can't leave us behind anymore.*"

NACH REDUKTION DER Narkosemedikamente war Maria seit zwei Tagen zunehmend zur Spontanatmung zurückgekehrt und benötigte nur noch wenig Unterstützung durch das Beatmungsgerät. Nachdem der Kreislauf stabil war und keine Entzündungszeichen vorlagen und sie mit dreißig Prozent Sauerstoff in der Beatmungsluft gut zurechtkam, hatte man die Narkosemittel vor einer halben Stunde ganz absetzen können. Die Ärzte hatten das Procedere in meinem Beisein bereits zweimal probiert. Bei beiden Versuchen hatte Maria panisch und agitiert reagiert, woraufhin die Aufwachversuche abgebrochen worden waren.

Maria schlug die Augen auf. Sie sah mich ängstlich an, aber ohne die Symptome eines Delirs, die mich bei den letzten Versuchen, sie zurückzuholen, an eine Drogenabhängige auf Entzug erinnert hatten.

Ich lächelte, legte den Kopf schief und sagte: »Hey, wieder bei den Lebenden?«

»Was ist passiert?« Ihre Stimme klang heiser und brüchig.

»Du hast dich abgeschossen mit Schlaftabletten und meinem guten Rum aus Peru. Alkoholvergiftung wie aus dem Lehrbuch. Gratuliere! Für eine überzeugte Abstinenzlerin großes Kino.«

»Ich glaube, ich erinnere mich schwach. Es tut mir leid, dass ich die teure Flasche Rum geklaut habe. Aber billiger Fusel schmeckt mir nicht.«

»Und mir erst mal, du dumme Nuss!«

»Ich ersetz dir die Flasche.«

»Ist schon gut, ich ziehe es von deiner Kaution ab.«

Maria zeigte den Hauch eines zerbrechlichen Lächelns.

»Wenn du dich das nächste Mal umbringen möchtest, Tipp vom Fachmann: Nimm anständige Drogen und nicht nur zwei Schlaftabletten. So hast du dich nur ins Delirium gesoffen, Erbrochenes aspiriert, deine Lungen platt- und mir und den Ärzten hier jede Menge Sorgen gemacht.«

»Tut mir leid, werde mir nächstes Mal mehr Mühe geben.«

»Warum hast du es überhaupt probiert? Hätte ich nicht verdient gehabt, dass du mich um Hilfe bittest? Egal, was es war. Ich bin doch für dich da.«

Maria versuchte mit ihrer Zunge die Lippen zu befeuchten.

»Hast du Durst?«

Sie nickte und schloss die Augen. »Mein Hals tut furchtbar weh.«

»Das kommt vom Beatmungsschlauch. Hat immerhin eine Weile in dir gesteckt. Wir haben zweimal versucht, dich aufwachen zu lassen, aber du hast uns jedes Mal einen Strich durch die Rechnung gemacht. Erst beim dritten Anlauf hast du nicht mehr wie ein Junkie auf Entzug reagiert. Warte, ich hole dir was.«

Nachdem Maria mit meiner Hilfe ein paar Schluck Wasser getrunken hatte, sprach sie weiter: »Ich wollte mich nicht umbringen, ich wollte nur schlafen.«

»Dazu hätte eine Tablette voll und ganz genügt und mit Wasser lassen die Dinger sich genauso gut runterspülen.«

»Ich wollte schnell und lange schlafen, sonst nichts.«

»Warum, Oly?«

Sie legte den Kopf zur Seite und wich meinem Blick aus. »Ist das Tobis Bär?«

»Jupp, er wollte selbst rund um die Uhr hier Wache schieben, aber da das nicht ging, hat er dir Donatello dagelassen. Dem dämlichen Bären verdankst du übrigens dein Leben.

Hättest du nicht darauf gebrochen, wäre Tobi neben dir eingeschlafen und du hättest die Nacht vermutlich nicht überlebt.«

»So schlimm, hm?« Sie lächelte mit einem verzweifelt wirkenden Ausdruck und fragte: »Wo ist mein Handy?«

»Zu Hause. In deinem Zimmer. Da, wo du es zuletzt hingelegt hast. Ich habe es nicht genommen.«

»War das gestern?«

»Vor genau sechs Tagen.« Ich gab Maria einen Abriss der letzten Tage.

»Oh!«, kam es leise zwischen den rissigen Lippen hervor. »Habe ich so lange nicht geduscht? Ich muss ja stinken. Wie sehen meine Haare aus?«

Ich lachte und schüttelte den Kopf. Frauen waren wirklich gestörte Wesen, sprangen dem Tod von der Schippe und machten sich als Erstes um ihr Aussehen Sorgen. »Ich habe dich gewaschen. Mit einem Lappen.«

»Überall? Wie bei Kill Bill?«

»Ich sage nur *Tramp Stamp*!« Ich hatte Maria zwar nie gewaschen, aber beim Umlagern geholfen und dabei die beiden kleinen Tattoos entdeckt. Die sonst sehr konservative Frau hatte sich am lumbosakralen Übergang an den Eckpunkten der Michaelisraute, wo Hauteinziehungen über den Processi Spinae iliacae posteriores superiores diese hocherotischen kleinen Grübchen auf dem unteren Rücken bildeten, jeweils einen winzigen Violin- beziehungsweise Bass-Notenschlüssel stechen lassen.

»Jugendsünde.« Sie wich meinem Blick erneut aus. »Hat Dean sich gemeldet?«

»Bei mir nicht.« Ich hatte mir tatsächlich Gedanken darüber gemacht, ob ich versuchen sollte, mit ihm Kontakt aufzunehmen für den Fall, dass er sich Sorgen um seine Zukünftige machte, aber die Absicht nie in die Tat umgesetzt.

Maria, die bis jetzt ziemlich gefasst mit ihrem Schicksal der letzten Tage umgegangen war, rannen nun Tränen die Wangen herunter.

»Aha, aha. Daher weht der Wind. Ist Captain Porno schuld an dem Schlamassel? Habe ich mir doch glatt gedacht.«

Maria schloss die Augen. »Er hat mir eine WhatsApp-Nachricht geschickt, die nicht für mich bestimmt gewesen war.«

»Was stand drin?«

»Lies selber. Der Sperrcode für mein Handy ist 2929. Lösch die ganze Unterhaltung mit Dean, bitte. Ich schlafe noch ein wenig.«

NACHDEM ICH TOBI bei Tanja und Björn abgeholt hatte und wir der Einfachheit halber bei ihnen mit zu Abend aßen, brachte ich Tobi ohne Gutenachtgeschichte ins Bett.

»Ich muss dringend noch was für Maria erledigen«, entschuldigte ich mich. Meine Neugier darauf, was dieser Vollpfosten geschrieben haben konnte, damit die Frau, die für ein Leben an seiner Seite alles aufgeben wollte, sich gegen ihre sonstigen Gewohnheiten dermaßen brutal abschießen wollte.

»Ist klar, Papa. Kann ich sie morgen besuchen?«

»Machen wir.«

»Dann male ich noch ein Trostpflaster, oder?«

»Superidee, Tobi.«

Ich scrollte mich in Marias Handy rückwärts durch eine Unmenge Nachrichten von Dean, in denen er erklärte, dass er jetzt die Schnauze voll habe und überhaupt nicht verstehen könne, warum Maria ihn ignoriere, über hohe Erklärungsversuche, dass alles ganz anders sei, als es sich angehört habe. Bis ich endlich zu der Nachricht von vor sechs Tagen kam.

14.27 Nachricht von Dean Harper
Honey, sei nicht traurig. Ich bin auf jeden Fall um den Termin an Land. Ich werde doch nicht die Geburt meines Wunschkindes versäumen.
Kann es kaum abwarten,
den Kleinen in Händen zu halten.

Maria hatte darauf geantwortet.

15.20 Nachricht von Maria O.
Ist das so? Was mache ich in der Zeit dann, oder darf ich mitkommen und auch zusehen?
Patentante werden?

16.49 Nachricht von Dean Harper
Maria, die Nachricht ist nicht von mir,
ich habe das Handy an Osama, den neuen Tauchguide ausgeliehen. Er hatte kein Datenvolumen mehr.

Maria hatte auf diese Nachricht nie geantwortet.

AM FOLGENDEN TAG schleuste ich Tobi auf die Intensivstation ein. Ich hatte ihm in den letzten Tagen zwar lang und breit erklärt, was medizinisch mit Maria nicht stimmte, aber der Forscher brauchte Hintergrundinformationen und war missionarisch drauf. »Maria, du musst langsamer trinken, sonst verschluckst du dich wieder. So geht das nicht. Wir haben uns Sorgen gemacht, Papa und ich. Ich durfte im Rettungswagen vorn mitfahren und die Sirene anmachen.«

»Wow! Toll! Mach ich, Tobi, versprochen, von jetzt an werde ich alles richtig machen.«

Tobi gab ihr das Bild, das er ihr gemalt hatte, und erklärte es. »Da ist der Wagen drauf und drüber schwebt die andere Maria, die alle beschützt. Auch dich.« Mein Sohn war nicht getauft, aber dank unserer erzkatholischen Haushälterin in Costa Rica mit sämtlichen Schutzheiligen und Märtyrern von klein auf vertraut. Ich ließ die beiden sich eine Weile unterhalten und schob Tobi später in die Stationszentrale ab, wo eine Schwester auf ihn aufpasste.

»Ich muss noch ein ernstes Wort mit Maria sprechen, ehe wir nach Hause fahren.«

»Soll ich mir das nicht mit anhören? Dann lerne ich was dabei.«

»Dafür bist du noch zu jung, um das zu lernen. Außerdem ist es eine Sache zwischen mir und Maria.«

»Dann geht es um Alkohol und *Aktienfohs*, ich weiß schon.« Tobi seufzte und setzte diesen altklugen Blick auf, bei dem ich ihn regelmäßig am Wachsen und Älterwerden hindern wollte.

MARIA SCHLUG DIE Augen auf, als sie mich kommen hörte. Sie lächelte mit rissigen Lippen. »Hi, mein Retter!«

»Hi, olle Hippe! Ich habe mit den Kollegen gesprochen. Du kannst morgen auf Normalstation und nächste Woche nehmen wir dich mit nach Hause.«

Maria sah mich verwundert an. »Das klingt schön, wenn das jemand sagt, dass man mit nach Hause genommen wird. Das habe ich als Kind zum letzten Mal gehört, nach einer Mandeloperation.«

»Ist es doch noch, unser gemeinsames Zuhause, oder?«

»Ja, auf eine seltsame Art und Weise ist es das wohl tatsächlich.«

»Das Leben geht eben verschlungene Wege. Nur geradeaus wäre auch langweilig.« Ich stimmte leise das passende Lied der Beatles an, drehte nur die Person um. »*The long and winding road that leads to my door, will never disappear. You've seen that road before. It always leads you here. Leads you to my door.*«

Sie lächelte erneut zaghaft. »Du singst so schön.«

»Dann schätze dich glücklich, dass du einen verkappten Troubadour und das schnellste Spermium als Wegbegleiter hast. Captain Porno kannst du ja wohl vergessen.«

»Schaut so aus.«

Ich räusperte mich: »Du weißt, ich halte nicht viel von dem Arsch, aber warum hast du nicht mehr auf die Nachricht geantwortet und nachgefragt? Ich meine, es könnte ja wirklich die Nachricht eines anderen gewesen sein.«

»Ich habe einen der *Guides*, Hossein, gefragt, wie sich der Neue so macht. Er wusste nicht so richtig, wen ich meinte, und eierte rum. Ramona, die ukrainische Importschlampe, die aufgrund fortgeschrittener Schwangerschaft nicht mehr tauchen konnte, sei schon eine Weile an Land und durch niemanden ersetzt worden, weil der *Captain* die Personalkosten niedrig halten müsse. Hossein hätte auch schon länger kein Geld mehr bekommen und war wohl insgesamt nicht gut auf Dean zu sprechen und hat etwas aus dem Nähkästchen geplaudert.«

»Aha, aha.«

Marie verdrehte die Augen. »Dieses *aha, aha* nervt einfach entsetzlich. Das muss in den Untermietvertrag rein, dass das aufhören muss.«

»Sei lieber froh, dass du es überhaupt noch hören kannst, du dumme Nuss. Außerdem ist nichts mehr mit Untermiete. Ab nächstem Ersten gehört die Bude offiziell mir und wenn du dich noch einmal ins Delirium säufst, fliegst auf die Straße zu den anderen Pennern.«

»Ich werde dann doch noch eine Weile länger in der Wohnung bleiben müssen, es ist nicht gerade einfach, in Stuttgart was Vernünftiges zur Miete zu finden. *Jetzt*, wo meine ganzen Ersparnisse vorerst weg sind, kann ich mir eh nichts Großartiges mehr leisten. Einen Job muss ich mir auch suchen.«

»Hm, dann müssen wir die Bedingungen neu aushandeln. *Jetzt*, wo du abhängig von uns bist.« Ich lächelte Maria breit an.

»Was wären das für Bedingungen?«

»Du bringst Tobi jeden Morgen in den Kindergarten.«

»Abgemacht.«

»Hände weg von meinem Alkohol.«

»Nichts leichter als das.«

»Du putzt das Bad bis zu deinem Auszug freiwillig und ohne zu meckern.«

»Meinst du nicht, dass du übertreibst? Das klingt eher nach einem Sklavenvertrag als nach einem erweiterten Mietvertrag. Einverstanden, aber längstens für zwei Monate.«

»Drei Monate und die Frist läuft ab dem Zeitpunkt, an dem du wieder einsatzbereit bist. Nicht, dass du denkst, ich akzeptiere eine Krankmeldung. Außerdem stehst du deinem Vermieter einmal wöchentlich für sexuelle Gefälligkeiten seiner Wahl zur Verfügung und das bis zum Ende des Mietverhältnisses.«

»Verstößt gegen die guten Sitten, da kann ich ruhig zustimmen, das wirst du vor Gericht nie durchbekommen. Noch was Perverses?«

»Keine Discomucke aus den Siebzigern mehr, wenn ich anwesend bin. Das würde zur fristlosen Kündigung führen.«

»Seelische Grausamkeit, auch unzulässig.«

»Du setzt sämtliche Verhütungsmittel ab und trägst für mich mindestens vier Kinder aus, maximal sechs.«

An Marias Blick erkannte ich, dass ich mit diesem Scherz direkt in ein Fettnäpfchen getreten war. Sie antwortete nicht und schloss die Augen. Warum hatten alle Frauen, in die ich mich verliebte, Probleme mit der Empfängnis?

»Ich lass dich mal allein. Wir kommen morgen wieder, dann dürftest du schon auf Normalstation liegen. Brauchst du irgendwas? Soll ich jemanden benachrichtigen?«

Maria sah mich an. »Wen denn? Ich habe niemand mehr außer euch.« Dann kullerten erneut dicke Tränen die Wangen hinunter.

»Deine griechische Familie?«

»Schwierige Geschichte. *Manas* und *Babas* Familien waren die Montagues und Capulets in dem kleinen Dorf auf Korfu. Zwischen den beiden Clans herrschte eisiges Schweigen wegen ungeklärter Besitzverhältnisse hinsichtlich einer trächtigen Eselsstute in der Antike. Mein *Baba* hat ohne den Segen seines Schwiegervaters eingeheiratet und damit Schande über meine *Mana* gebracht, zumindest nach Meinung der lieben Verwandschaft. Sie haben ihn alle dafür verantwortlich gemacht, dass *Mana* getrunken hat und sie und Stavros so früh gestorben sind. Ich habe zu *Baba* gehalten, das haben sie mir wiederum übel genommen.«

»Keine Freundin?«

»Sind alle weggezogen oder ich habe den Kontakt verloren, als ich damals mit Christian zusammengewohnt habe. Der wollte mich ganz für sich und reagierte furchtbar eifersüchtig, wenn ich was ohne ihn unternommen habe, aber zusammen ging auch nicht. Er war Physiker und fand meine Mädels zu oberflächlich und dumm.«

»Das hast du mitgemacht?«

Maria zuckte mit den Schultern.

»Was Männer angeht, musst du noch viel lernen, Oly.« Ich strich ihr eine verschwitzte Haarsträhne aus dem Gesicht. »Du hast mich und Tobi – wir bringen dich schon auf Vordermann. Bis morgen.«

»Ihr seid unbezahlbar. Was würde ich nur ohne euch tun?«
Endlich huschte ein verzagtes Lächeln über ihr blasses Gesicht.

»Nicht mehr leben«, dachte ich und sah es Marias verlegenem Gesichtsausdruck an, dass sie wohl das Gleiche dachte.

NACH ZWEI TAGEN auf Normalstation konnten wir Maria nach Hause holen. Tobi hatte mit Genovevas Hilfe aus zehn Bildern, die Marias Leidensgeschichte darstellten, eine Girlande gebastelt, die im Flur hing. Maria heulte beim Anblick der naiven Kunst aus Kinderhand.

»Du musst nicht traurig sein, Maria. Donatello und ich schlafen ab sofort immer bei dir, dann kann dir nichts passieren.«

Daraufhin schluchzte Maria los und klammerte sich an Tobi, der mich irritiert ansah. Mein Handy klingelte. *Oralcare* rief an. Ich drückte den Anruf weg und rief erst zurück, als Maria, Tobi und Donatello im Bett waren. Sarah plapperte fröhlich drauflos und erzählte von ihrem Tag und von ihrem Pferd, welches ein Hufeisen verloren hatte, und dass der Schmied erst morgen Zeit hätte und der Preis fürs Unterstellen auf dem Hof ab nächsten Monat um fünfzig Euro steigen würde. Ich schenkte mir einen *Kilchoman* ein und machte leise Musik an.

Alexa Feser sang: »*Der Weg von A nach B ist leicht. Oh Oh Oh Oh Oh. Nur hat dir leicht noch nie gereicht – Bau dir 'nen Bagger aus Geduld, mit Fantasie als Katapult. Dein Segel in den Gegenwind. Du spielst auf Zeit und Zeit gewinnt.*«

»Was war das Schlimmste, das du in deinem Leben bisher erlebt hast?«, unterbrach ich den Redefluss an der Stelle, an der der Bauer, dem der zum Luxus-Pferdeparadies umgebaute Hof gehörte, erklärte, dass die Kosten für das Futter extrem in die Höhe geschossen seien.

Sarah schwieg einen Moment. »Süßer, da muss ich nicht lange überlegen, das war definitiv, als mein Kaninchen tot im Gehege lag. Ich werde den Tag nie vergessen. Ich habe

Konstantin nach der Schule gefunden und stundenlang nur geheult.«

Ich seufzte und hörte mir die Geschichte von der Karnickelbeisetzung im engsten Familienkreis mit Pappdeckelsarg im elterlichen Garten geduldig an. Für dieses Ereignis wurde extra der Gärtner bestellt, um die Grube auszuheben. Ich beneidete die junge Frau darum, dass das Schicksal sie bisher verschont hatte und sie noch keine Narben und Kerben in der Seele hatte.

»*Wenn dich das Leben wieder niederstreckt und du liegst mit dem Gesicht im Dreck, fang an zu graben, denn dort ist es verborgen. Genau da findest du das Gold von morgen.*« War die Zahnärztin das verborgene Gold von morgen? Ich merkte, wie ich wegdriftete und langsam einschlief, bis ich Sarahs Stimme nicht mehr hörte.

Enkel und Ekel

Genovevas Eltern hatten die vergangenen Wochen mehrfach erwähnt, dass Tobi nun doch schon so oft bei ihnen über Nacht war, und so fühlte ich mich genötigt, ihre Tochter auch einmal bei uns übernachten zu lassen. Ich war gespannt, in was sich das unheimliche Kind um Mitternacht verwandeln würde.

Während ich in der Küche meine berühmte Bolognesesoße und als Nachtisch Crème Caramel köchelte, räumte unser Besuch ihre Reisetasche und den Schminkkoffer aus und stritt mit Tobi, wer auf welcher Bettseite schlafen sollte. Im Bad stand bereits ein pinkfarbener Zahnputzbecher mit Einhorn drauf und mit Bürste und Himbeerzahnpasta drin, auf der Waschmaschine die Windeltasche für Lilly-Perdita. Meine Schwiegertochter war eine Perfektionistin.

Tobi kam zur Küche herein und meinte: »Papa, du sollst was Intolerantes kochen, wegen dem Kind.«

»Wegen Genoveva?« Das laminierte DIN-A4-Blatt, auf dem stand, was Fräulein Schwan essen durfte und was nicht, hing seit ihrem ersten Besuch bei uns an prominenter Stelle in der Küche, direkt neben der geweihten Ikone von Marias *Giagia*. Wobei Genovevas Unverträglichkeiten eher auf dem psychischen Zustand der Mutter als auf dem physischen der Tochter beruhten. Ich respektierte Tobis selektiven Vegetarismus, bei der italienischen Soße beschiss ich ihn jedoch eiskalt und jubelte ihm das Rindergehackte als Tofumasse unter.

»*Ladifari*, Papa, die ist doch kein Kind nicht mehr. Die ist doch jetzt Mama!«

»Aha, aha.«

Bei Tisch saß Lilly-Perdita auf dem Schoß ihrer Mutter, die mich mit ihrem kritischen Röntgenblick durchleuchtete: »Ist da Glut drin? Lilly-Perdita ist empfindlich.«

»Du meinst Gluten? Negativ«, log ich, weil ich keine Lust hatte, für eine Puppe eine Extrawurst zu braten.

Die fürsorgliche Mami fütterte erst ihr Baby und schob sich dann die triefende Gabel mit Spaghetti in den eigenen Mund. Nach jedem Bissen lobte sie die Kleine, wie brav sie aß, und tupfte mit einer Windel gelegentlich den Puppenmund sauber. Wenn Genoveva mit ausdrucksloser Miene und von der Tomatensoße blutroten Lippen ihre Puppe dabei auf den Kopf küsste, sah es aus, als würde sie das Leben aus ihr heraussaugen.

»Warum stillst du sie nicht? Das ist doch das Beste bei Unverträglichkeiten«, fragte ich, als wir den Nachtisch aßen.

»Warum soll ich sie stillen? Die schreit doch nicht.«

»Stillen heißt die Brust geben«, erklärte ich.

Tobi prustete neben mir. »Papa! Genoveva hat doch keine Brust nicht! Das haben nur Frauen.«

»Jedes weibliche Säugetier hat eine Brust beziehungsweise ein Gesäuge und füttert seinen Nachwuchs mehr oder weniger lange mit selbst produzierter Milch«, klärte ich die Kinder auf. »Daher der Name *Säugetier*.«

»Dinosauger!«, warf Tobi kreativ ein und wurde von seiner besseren Hälfte sofort ungeduldig korrigiert: »Das heißt Dinosaurier!«

»Kühe zum Beispiel haben ein großes Euter, in dem Milch produziert wird. Die trinken nicht nur die Kälber, sondern die verwenden auch wir Menschen. Zum Beispiel um so einen leckeren Nachtisch zu machen.« Ich wollte Tobi an seine Befreiungsaktion in Scheidegg erinnern und dass wir selbst eine Milchkuh besaßen, als ich den pikierten Gesichtsausdruck meiner Schwiegertochter bemerkte.

Genoveva presste die Lippen zusammen und ihr Blick wurde eisig. »Kühe machen keine Milch, sondern Schokolade. Das weiß doch jeder!«

»Nur die lilafarbenen«, erwiderte ich und hatte die Schlacht gewonnen, meinte ich zumindest.

»Lilly-Perdita ist müde. Bring sie ins Bett, Tobi«, befahl die Helikoptermutti. »Du musst sie auch wickeln!«

»Oh, immer ich! Ey! Das ist langweilig.«

»Du wolltest sie doch auch!«

Daraufhin zog mein Sohn mit meiner Enkelin ab und ließ mich mit seiner unheimlichen Freundin allein zurück. Diese starrte mich wortlos mit ihren leeren Augen an.

»Das klappt ja super bei euch mit der Aufgabenteilung. Ich hoffe, Tobi ist ein guter Vater.«

»Ich muss Tobi immer alles dreimal sagen, bis er es macht.«

»Aha, aha. Warum soll es dir besser gehen als mir?«

Genoveva starrte und schwieg weiter.

Ich fühlte mich unbehaglich und stand auf. »Ich räume dann mal den Tisch ab.«

»Habt ihr wirklich ein Haus am Meer?«

»Ja, in Costa Rica. Warum willst du das wissen?«

»Da würde ich gerne mal mit hinfahren.« Ich sah zum ersten Mal den Anflug eines Lächelns auf dem Gesicht des Mädchens. »Urlaub machen. Meine Eltern können sich das nicht leisten. Ich war noch nie am Meer.«

»Müsste doch machbar sein, dass ihr uns mal besuchen kommt. Ihr seid dann selbstverständlich eingeladen.« Insgeheim wünschte ich mir, dass Genoveva und ihre Mutter mit der explodierten Frisur und implodierten Art niemals den Weg an unseren Traumstrand finden würden.

»Hm.« Sie schaute indifferent auf die Tischplatte. Das Lächeln war verschwunden.

»Nicht?« Dieses Mädchen machte mich total unsicher. Sie schien alles zu sehen und Gedanken lesen zu können. Wie Jesus.

Lotte Tischler, meine katholische Religionslehrerin in der Grundschule, war kurz vor der Pension gewesen. Sie besaß einen mächtigen, lycragehärteten Busen, an den sie ihre Lieblingsschüler gerne mal drückte. Ich hatte tierische Angst davor, weil diese beiden spitzen *Tüten* auf Augenhöhe waren und ich um mein Augenlicht bangte. Frau Tischler hatte uns regelmäßig lebensechte Bilder des leidenden, blutenden Jesus am Kreuz präsentiert und uns in ihrem Kölner Dialekt deutlich gemacht: »Dä Jäsus, dä is wejen eurer Sünden jestorben! Dä sitzt jetzt da obe näbe dem liebe Jott un sieht allet, wat ihr so maht. Wenn ihr böse seid un nit folgt, dann sieht der dat un wird traurisch und kriescht direkt Schmädze in siene Kreuzmale!«

Damit hatte sie in meiner empfindlichen Kinderseele, die noch nicht mal einen Regenwurm leiden sehen konnte, einigen irreversiblen Schaden angerichtet.

Darüber hinaus hatte mich die Vorstellung eines allgegenwärtigen Jesus geplagt, als ich mit dreizehn die Freude am Umgang mit mir selbst entdeckte. Ich wollte nicht, dass mir Jesus dabei zusah, und wichste fast ein halbes Jahr lang nur sonntags in der Frühe. Dann war in der Kirche Gottesdienst, und ich hegte die Hoffnung, dass Jesus in der Zeit etwas anderes zu tun hatte, als mich zu beobachten. Zudem trug ich dabei Einmalhandschuhe. Oma Ruth hatte Björn und mir erzählt, dass der *Saft*, der aus dem Mann kommt, überall da, wo er draufkommt, Haare wachsen lasse. Deswegen hätten Erwachsene Haare zwischen den Beinen und manche Männer auch an den

Händen. Sie nickte wissend und entkernte weiter Pflaumen für die Backstube.

Danach konnte ich lange Zeit keine Produkte aus der großelterlichen Bäckerei mehr essen, deren Teig mein Opa Hans mit seinen von einem dichten Haardschungel überwucherten Händen eigenhändig geknetet hatte. Das ging so lange, bis mir mein Freund Torsten feierlich schwor, dass er sich seit seinem zwölften Geburtstag täglich einen runterhole, ohne dass auch nur ein einziges Härchen an den Händen gewachsen sei. Außerdem wären Rücken und Beine seines Vaters von einem dichten Fell bewachsen. »Wer soll dem denn da bitte draufgewichst haben, Benny?«, fragte Torsten, und ich wusste keine Antwort.

Ich masturbierte vorsichtshalber noch eine ganze Weile unter der Dusche weiter.

»Ich war schon mal in Urlaub«, unterbrach Genoveva meinen religiösen *Flashback.* »In Oberjoch.«

»Sonst nirgendwo?« Ich war in ihrem Alter schon durch halb Europa gereist gewesen.

»Doch. In Unterjoch.«

»Aha, aha.« Immerhin.

Dann kam Tobi zurück und wir spielten KrokoDoc, bis es Zeit für das junge Paar war, ins Bett zu gehen. Das *Hände auf die Bettdecke!* verkniff ich mir. Ich hatte mich in meine Rolle als Großvater ganz gut eingefunden und in meinem Herzen war Platz für noch viele Enkel.

SARAH WAR DIE ganze Woche aufgeregt und beschäftigt gewesen, weil sie ihre Cousine und beste Freundin Valentina zu Besuch erwartete und am Samstag eine Party veranstaltete. Ich war neben der Cousine der zweite Ehrengast, der den Freunden präsentiert werden sollte.

Sarahs und Valentinas Mütter waren Schwestern, die fast zeitgleich jeweils in eine Zahnarzt- beziehungsweise Architektenfamilie eingeheiratet hatten. Die beiden einzigen Töchter kamen im Abstand von einem halben Jahr zur Welt. Die Familien wohnten in unmittelbarer Nachbarschaft und man besaß zusammen ein Haus auf Sylt. Mangels Geschwister waren die beiden Mädchen von Kindesbeinen an unzertrennlich, besuchten den gleichen Kindergarten, wurden zusammen eingeschult, wechselten aufs gleiche Privatgymnasium und machten im gleichen Jahr Abitur. Erst die Familientradition brachte die beiden zeitweise auseinander. Sarah ging nach Ulm, um Zahnmedizin zu studieren, Valentina studierte Architektur in Stuttgart. Dann hatten die beiden eine Weile in Stuttgart zusammen gewohnt, ehe Valentina zurück nach Meersburg ging, um im Büro ihres Vaters anzufangen. Seitdem bewohnte Sarah die großzügige Penthousewohnung bei mir um die Ecke, die Valentinas Großeltern gehörte, allein.

Sarah hatte für ihre Cousine und ihren Auserwählten an nichts gespart. Eine Cateringfirma war den ganzen Vormittag damit beschäftigt, in der Wohnung und auf der Terrasse ein Finger-Food-Buffet für vierzig Gäste aufzubauen. Moët- und Savanna-Cider-Flaschen standen in einer riesigen Silberschüssel auf Eis. Das Obst zum Nachtisch konnte man in einem Schokoladenbrunnen dekadent veredeln. Normalerweise hätte ich Tobi ein Foto des Brunnens über Marias Handy geschickt, aber ich hatte den beiden erzählt, ich hätte die ganze Nacht Notarztdienst und könnte erst am frühen Morgen nach Hause kommen. Sarah wollte, dass ich bei ihr übernachtete. Das wollte ich auch, fand es aber generell nicht sonderlich fair, Maria auf mein Kind aufpassen zu lassen, während ich die Nacht mit einer anderen verbrachte. Ich war mir sicher, es würde sie kränken. Ich konnte und wollte Maria, die immer noch sehr labil war, nicht verletzen. Deshalb hatte ich die Lüge aufgetischt.

In Sarahs Augen war ich seit einigen Wochen ihr fester Freund, spätere Heirat obligatorisch. In meinen Augen war es eine engere Beziehung mit möglicher Aussicht auf eine gemeinsame Zukunft, wie auch immer die aussehen mochte. In Marias Augen war Sarah, dank meiner Verschwiegenheit, die nette Zahnärztin, die mir einen Weisheitszahn gezogen hatte. In Tobis Augen war Sarah die Frau, die seine Profifußballerkarriere in die Wege leiten konnte.

Man sah Valentina und Sarah die nahe Verwandschaft an. Die gleichen blauen Kontaktlinsen, hinter denen sich fast farblose, graue Iriden versteckten, die zierliche Nase und das spitze Kinn. Sie hatten anscheinend auch den gleichen Friseur, offensichtlich ein Meister im Blonde-Strähnchen-Machen, sodass man nicht wusste, ob sie echt oder gefärbt waren. Die Mädels sahen umwerfend aus in ihren ähnlichen weißen Anzügen, denen man ansah, dass sie nicht bei Zara oder im Espritshop gekauft waren, und mit passenden rattenscharfen Sommerstiefeln. Valentina war ein etwas herberer Typ, der die Wärme ihrer Cousine fehlte. Vielleicht lag es aber auch nur daran, dass ich nicht der Mann ihres Herzens war. Ich war mir da nicht ganz sicher.

SARAH WAR ENTTÄUSCHT, weil ich mich schon um sieben Uhr in der Frühe aus ihrem Bett quälte, um vorgeblich meinen Frühdienst als Notarzt anzutreten.

Ich besorgte unterwegs Brötchen, duschte Sarahs Geruch von der Haut, deckte den Frühstückstisch mit viel Liebe und noch mehr schlechtem Gewissen und wartete lesend bei einer Tasse Kaffee, bis Tobi und Maria kurz nacheinander verschlafen in die Küche geschlurft kamen.

Maria lächelte und schenkte sich einen Kaffee ein. Tobi wollte Kakao und berichtete mir haarklein vom gemeinsamen

Abend mit Maria. Ich hörte zu und war froh, dass man von mir nicht erwartete, erfundene Notarztgeschichten zu erzählen.

»Papa, Maria hat Schaumküsse gekauft.« Tobi, den man immer mit neuen Süßigkeiten überraschen konnte, weil es in Costa Rica nicht vieles in der Richtung gegeben hatte, war begeistert. »Rate mal, wie viele wir gegessen haben.«

»Schwierig. Fünf?«

»Nein! Alle!« Er trank seinen Becher leer und verlangte Nachschub.

»Bist du nicht müde?«, fragte Maria, als sie von ihrem Honigbrötchen abbiss.

»Nein, war nicht viel los gewesen heute Nacht.«

»Aha, aha«, imitierte sie mich und sah mich durchdringend an.

Tobi lenkte ab. »Papa, ich kann jetzt auch singen. Maria hat mir zwei schwierige Lieder beigebracht. Willst du sie mal hören?«

»Nichts lieber als das.«

Tobi musste sich zum Singen hinstellen und stand stramm, die Hände an den Seiten, wie ein Soldat beim großen Zapfenstreich. »*Dann sprach der alte Häuptling der Indianer: Wild ist der Westen und schwer ist der Beruf! Hugh!*« Der Nachwuchsbarde besaß offensichtlich die seltene Begabung, ein Lied singen zu können, ohne auch nur den Ansatz der Melodie rüberzubringen. Jeder Ton war willkürlich und absolut falsch.

»Geil, Tobi.« Ich warf einen Seitenblick zu Maria und formte lautlos die Frage: »Warum nur?«

Die zuckte mit den Schultern. »Ich habe die Melodie auf dem Klavier vorgespielt und mitgesungen. An mir liegt's nicht.«

»Noch eines?«, fragte der Nachwuchskünstler mit glühenden Wangen.

»Unbedingt!«

»Schnucki, ach Schnucki! Fahrma nach Kentucky. In der Bar Old Shatterhand spielt eine Indianerband. Auf in die Pampas, auf a Glasl Schampas!« Auch hier lag mein Nachkomme satt und konsequent daneben, sang aber voller Inbrunst und Freude.

»So einen Schwachsinn bringst du meinem Kind bei, wenn ich nicht da bin?«, fragte ich meine Babysitterin, als Tobi kurz auf der Toilette war.

»Wer weiß, was du für einen Schwachsinn machst, wenn du nicht da bist.«

Ich zuckte bei der Antwort innerlich zusammen.

»Jetzt kann ich mit dir und Dobro auftreten«, meinte Tobi und aß zufrieden sein Nutellabrötchen weiter. »Üsch bün nämlüsch taläntürt«, mampfte er, beide Wangen bis fast an die Ohren verschmiert.

»Nicht mit vollem Mund!«, mahnte ich ihn automatisch und hatte eine Vision, wie mein chaotisches Kind bis zum Abitur die gepflegten Lifestyleparties seiner zukünftigen Stiefmutter crashen würde.

Maria neckte ihn: »Komm her! Ich leck dich ab! Dann gehörst du mir!«

»Das mach mal Genoveva klar!«, warf ich ein. »Die duldet sicher keine Frau neben sich.«

Tobi ringelte sich vor Lachen und meinte: »Wollen wir einen Familienausflug in die *Wilhelma* machen? Gorillababys angucken?«

Maria und ich sahen uns an und antworteten simultan. »Klar, wollen wir!«

Suizid und Sänger

Friedrich Herzog war mit fünfundneunzig der älteste Patient im Heim des Grauens. Seinem hohen Alter zum Trotz gehörte er nicht zu denen, die sich gehen ließen. Er schlich immer noch täglich dreimal die Treppe hinunter, um im Speisesaal die Mahlzeiten einzunehmen und mit den alten Ladies zu flirten. Die letzten Wochen war er etwas wackelig auf den Beinen, weigerte sich aber, einen Rollator zu benutzen.

»Ich habe früher immer Sportwagen gefahren. Opel Manta, Ford Capri, VW Scirocco und Audi Quattro. Da werde ich mich im Alter doch nicht auf so ein lahmes Ding verlassen. Was sollen die Leute von mir denken?«

Herr Herzog hatte stets einen lockeren Spruch auf den Lippen und berichtete mir bei jeder Untersuchung von seinen Erfolgen als Kleintierzüchter. Seine Spezialität waren Deutsche Riesen, und seine Rammler waren wohl der Hit auf jeder Ausstellung gewesen. Schön war, dass sie ein Gnadenbrot bekamen und nicht gegessen wurden, wenn sie mal nicht mehr leistungsfähig waren.

»Ich hätte das als Mann nicht übers Herz gebracht, die zu schlachten, bloß weil nichts mehr ging«, erklärte mir der Patient, als ich mir eine Platzwunde am Schienbein ansah, die er sich bei einem Sturz zugezogen hatte. »Meine Frau und ich haben's noch bis kurz vorm Ende einmal pro Woche getan. Das hat uns so jung gehalten. Sonja war schon sechsundachtzig, als sie von uns gegangen ist.«

Aha, aha. Dann bestand ja für mich durchaus Hoffnung, dass mir ein langes Leben vergönnt war, weil ich viel *geliebet* habe, also körperlich.

Der rüstige Herr Herzog begleitete mich ein Stück des Weges, als er hörte, wer meine nächste Station war. »Diese Frau Nowak würde mir schon gefallen. Ich besuche sie ab und zu. Viel reden tut sie ja nicht, aber ich erzähle ihr von meinen Kaninchen und meinen Enkeln. Rausgeschmissen hat sie mich noch nicht aus dem Zimmer. Vielleicht können Sie mal ein gutes Wort für mich einlegen? Wenn die mal wieder auf die Beine kommt, nehme ich sie mit zum Essen runter und dann schauen wir mal, wie es sich entwickelt.«

»Passen Sie aber auf Ihr Herz auf. Ihre Koronarreserve ist inzwischen mehr Modell T als Opel Manta!«

»Herr, Doktor, kennen Sie den? Kommt ein Mann zum Arzt, weil er eine junge Freundin hat und Viagra verschrieben bekommen möchte. Der Arzt: Guter Mann, Sie sind neunundneunzig, da kann jeder Sexualkontakt zum Tod führen! Und der Mann: Na, dann stirbt sie halt!«

Ich lachte und versprach dem schlagfertigen Casanova, mein Möglichstes zu tun, ihn bei der Brautschau zu unterstützen. Seine Flamme lag schlafend im Bett und schrak auf, als ich sie leise ansprach.

»Guten Morgen. Ich soll Ihnen Grüße von Ihrem Verehrer ausrichten.«

Es dauerte einen Moment, bis sie orientiert war. »Wer soll das denn sein? Etwa der Hasenzüchter?«

»Ich glaube, der richtige Ausdruck ist Kaninchenzüchter.«

Ich begann die Untersuchung mit der Auskultation der Lunge. Es waren keine Nebengeräusche zu hören. Auch der Herzschlag war regulär. Leider hatte ich den Dekubitus an der Ferse immer noch nicht im Griff und Frau Nowak hatte eine neue offene Stelle am Steißbein bekommen.

»Sagen Sie ihm, ich stehe auf jüngere Semester.«

»Das machen Sie mal lieber selbst. Ich mache mich nicht gut als Überbringer schlechter Nachrichten.«

»Hat man sich da als Arzt nicht irgendwann dran gewöhnt und ist abgestumpft?«

Ich musste nicht überlegen – das war man, sonst hätte man den Job nicht lange machen können. »Ich kann keine Männer weinen sehen«, versuchte ich zu scherzen.

Karla Nowak sah mich lange eindringlich an: »Sie haben in Ihrem Leben viele Frauen zum Weinen gebracht. Habe ich recht?«

Auch hier musste ich nicht lange nachdenken. Ich war viel, aber ich war kein netter Mann. Zu meiner Schande musste ich gestehen, dass ich, was Frauen anging, allzu oft mit halbem Herzen oder ganz ohne Herz und nur mit dem Schwanz bei der Sache gewesen war. Ich traf mich mit Sarah, spielte *Lebensabschnittsgefährte* und wartete auf das große Gefühl, obwohl mir von Anfang an klar war, dass das nie kommen würde. Statt eine neue Beziehung anzustreben, machte ich aktuell wohl aus Verzweiflung eher Frauenexperimente. »Mag sein«, mehr konnte ich dazu nicht sagen, weil ich wusste, wie unfair mein Verhalten war. Kein Mensch konnte etwas dazu, dass mir die Liebe meines Lebens viel zu schnell und zu früh abhandengekommen war. Irgendwann kam der Moment, an dem ich jeder Frau übel nahm, dass sie nicht Ricky war.

»Wer sich in dieser Welt vom Gegenstand seiner Wünsche und Begierden abhängig macht, der wird die Früchte der

Weisheit und Freiheit nicht kosten. Er wird mit seinen falschen Träumen untergehen, bevor er die wahre Brahmastadt erreicht.«

»Klingt nach Hesse.«

»Hinduistisch. Ich weiß nicht mehr, wo ich das aufgeschnappt habe. Bei irgendeiner Reise muss es mir jemand erzählt haben. Ich habe es Jahre später in meinem Notizbuch gefunden. Seitdem versuche ich danach zu leben.«

»Hat es geholfen?«, wollte ich wissen.

»Hat es, bis mein Körper mich verraten hat.« Ich packte meine Sachen zusammen und wollte mich verabschieden, als Karla mich fragte: »Was würden Sie tun, wenn Sie nicht mehr leben wollten?«

»Ich hätte als Arzt viele Möglichkeiten, da etwas zu tun.«

»Würden Sie mir helfen?«

»Das darf ich nicht.«

»Würden Sie Ihrer Mutter helfen, wenn sie Sie darum bäte?«

Ich schwieg einen Moment und dachte nach: »Mein Vater hat sich selbst einen Ausweg gesucht, ohne mich zu fragen. Ich hatte das Pech, an diesem Tag Notarztdienst zu haben, und habe ihn in einem Hotelzimmer gefunden. Er war nicht mehr bei Bewusstsein, aber noch am Leben. Im Schockraum hat sein Herz versagt und wir konnten ihn nicht wiederbeleben. Suizid ist für die Hinterbliebenen eine lebenslange Strafe. Man sollte das niemandem antun.«

»Ich habe niemanden mehr, dem ich damit etwas antäte. Meine Tochter habe ich vor zwanzig Jahren das letzte Mal gesehen. Ich weiß, dass sie in Hamburg lebt und ich habe eine kleine Enkelin. Linda ist jetzt zehn, aber mehr als ein Foto von ihrer Taufe habe ich nicht. Für meine Tochter wird mein Tod keine Strafe sein, sondern eine amtliche Mitteilung.«

»Sind Sie sich da ganz sicher?«

»Allerdings. Ich mache Susanne keine Vorwürfe, es war meine Schuld. Ich hätte mich um sie kümmern sollen und sie nicht zu meiner Mutter abschieben, um in Kairo mit meinem Traumpartner zu leben. Ich bin viel zu früh schwanger geworden, war viel zu unerfahren und katholisch erzogen, um abtreiben zu lassen, obwohl das Kind von einem Mann war, den ich nicht liebte. Den habe ich erst Jahre später kennengelernt. Ismael war Jude aus Palermo, arbeitete für die RAI in Afrika und wollte keine Familie, nur mich – und ich wollte ihn um jeden Preis. Ich kann die Zeit nicht mehr zurückdrehen und meiner Tochter eine gute Mutter sein.«

»Das kann niemand von uns. Ich hatte zu meinem Vater auch kein gutes Verhältnis, sein Tod hat mich trotzdem nicht kalt gelassen.« Die Trauerfeier meines Vaters war der Moment gewesen, an dem ich Ricky nach einem halben Jahr wiedergesehen und nicht mehr aus den Augen verloren hatte, bis der Tod uns schied.

»Dann bleibt mir nur eine Möglichkeit, nicht wahr? Würden Sie in der Akte vermerken, dass ich keine Magensonde und künstliche Ernährung möchte? Würden Sie mir diesen Gefallen tun?«

Ich ging in die Stationszentrale und füllte für Frau Nowak eine Patientenverfügung aus. Ich musste ihr helfen, den Kugelschreiber zu halten, mit dem sie die vier Formularseiten unterschrieb.

Es gab für einen Arzt sehr viele Möglichkeiten, sich zum Helfer des Todes zu machen.

DAS NÄCHSTE TREFFEN mit den *Dreamgirls* fand auf deren speziellen Wunsch im *Bier & Bühne* statt. Sarah hatte ihrer Cousine erzählt, dass ich gelegentlich vor Publikum auftrete, sie mich aber selbst noch nie singen gehört habe und gespannt drauf sei, wie ich mich so anstelle. Mit gemischten Gefühlen nahm ich die beiden am darauffolgenden Freitag mit, als Dobro und die Jungs jammten. Tobi war übers Wochenende mit seinen

Cousinen bei meiner Mutter untergebracht. Tanja und Björn freuten sich über eine kinderfreie Wohnung, weil sie es theoretisch endlich mal wieder auf dem Fußboden in der Küche treiben konnten, so mein Bruder, als er Tobi abgeholt hatte.

»Praktisch schlafen wir nur wieder auf der Couch ein, während wir warten, dass es im Schlafzimmer endlich warm genug ist, um dort Sex zu haben«, fügte er resigniert hinzu. Wie bei allen guten Schwaben wurde im Schlafzimmer nur dann geheizt, wenn man es für Geschlechtsverkehr etwas wärmer als sonst brauchte.

Maria, die die Worte meines Bruders auch vernommen hatte, wollte zu Hause bleiben und die Ruhe in der Wohnung genießen. »Super! Dann kann ich mich endlich ungestört auf der Couch mit einer Packung Karotten vergnügen!«, verkündete sie.

»Leg bloß ein Handtuch drunter!«, mahnte ich und machte mich auf in die Weststadt, wo das *Bier & Bühne* lag.

Ich war schon bei meinem zweiten Bier, als Sarah und Valentina mit einer halben Stunde Verspätung hereinkamen. Sie hatten das recht große, auffällige Nachkriegsgebäude mit seiner verglasten Front, durch die man den Braukessel im Hintergrund von der Straße aus sehen konnte, nicht gefunden.

»Sehr urig hier«, fand Valentina, die sich in ihrem eleganten Designerkleidchen und High-Heel-Sandalen optisch ziemlich von dem eher lässigen Publikum abhob. Sarah trug ebenfalls ein feines Röckchen mit weißer Bluse und teure Sandalen. Ich war es gewohnt, dass die Lady kurz nach dem Aufstehen Kriegsbemalung auftrug. Prinzessin Sarah war der Typ scharfe Blondine, der sich an Fasching als scharfe Blondine verkleidet. Ich stand eher auf Mädels, die sich bei solchen Gelegenheiten Zahnlücken schminkten und alberne Klamotten anzogen.

Carlotta hatte mich entdeckt, begrüßte mich und meine Begleiterinnen herzlich und fragte dann, was wir trinken wollten. Ich bestellte mir ein kleines Helles und die Mädels wollten »eine Flasche Chardonnay im Eiskübel, zwei Gläser und extra Eis, bitte.«

»Wir haben nur Riesling und Lemberger«, entschuldigte sich Carlotta und regte damit eine hitzige Debatte an, ob man in Stuttgart heutzutage als Wirt überleben konnte, wenn man seinen Gästen keinen angesagten Weißwein anbot.

Mir war die Unterhaltung peinlich, weil meine Getränke und die meiner Begleitpersonen meist aufs Haus gingen, wenn ich sang. »Das ist eine Hausbrauerei und kein Nobelwinzer. Probiert doch einfach das Bier. Das ist auch eiskalt«, lenkte ich ein.

Sarah wollte es mir zuliebe probieren, Valentina in dem Fall nur Mineralwasser. »Haben Sie *Pellegrino* oder *Eiszeitquell?*«

Carlotta, die eine Seele von Mensch war, verkündete entschuldigend, dass sie nur *Teinacher* hätten.

»Was trinke ich dann?« Die Architektin dachte kurz, aber angestrengt nach. »Dann eben ein Gin Tonic. Welche Tonicsorten haben Sie da?« Valentina war definitiv ein Snob.

»Bring einfach drei kleine Helle, Carlotta.« Ich hatte die Faxen jetzt dick. »Da ist jede Menge Quellwasser drin.«

»Ich trinke normalerweise kein Bier, das macht dick«, meinte Valentina, die mir langsam auf den Zeiger ging mit ihrer Affektiertheit. Sarah sagte in Begleitung ihrer Cousine erstaunlich wenig.

»Quark, da müsste ich aus allen Nähten platzen!« Dobro war hinter den Mädels aufgetaucht. Ich stellte ihn vor. Die spontane gegenseitige Abneigung war nicht zu übersehen. Dobro nickte nur, Sarah und Valentina sahen blasiert auf meinen Ex-Nachbarn, der immer noch die Bundfaltenhosen des verstorbenen Opas auftrug und darüber ein schwarzes, verwaschenes Vintage-T-Shirt mit einem bunten Plakat des Horrormovies *Beetlejuice* als Aufdruck. Das Blitzeis, das soeben entstanden war, hätte gereicht, um eine Flasche Chardonnay in Sekunden zum Platzen zu bringen.

»Alter, wir fangen gleich an. Ich rufe dich hoch, wenn du dran bist. Willst wirklich nur einen Song, Caruso? Bei zwei Ladies? Wenn das keinen Krach gibt. Außerdem haben wir heute nur Elisa, die singt. Muss alles Männliche selbst abdecken.«

»Ich singe für beide. Es bleibt ja in der Familie.«

Sarah, die mich mit hohen Absätzen um einen halben Kopf überragte, hing an meinem Arm, was mich gerade extrem nervte. »Was singst du für uns, Süßer?«

»*We've Got Tonight* von Bob Seger.«

»Wir stehen eher auf *Muse* und alternativ-progressive Bands«, meinte Valentina.

»Mir leuchtet nicht so wirklich ein, was es bringt, die tausendste Coverversion eines Songs zu machen«, verkündete ihre Cousine.

»Das ist eben die Herausforderung, dem Stück mit deinen Fähigkeiten und deiner Interpretation einen eigenen Stil zu verpassen.« Ich löste mich aus Sarahs Griff und trank.

»*Muse* covern auch«, meinte Dobro und bestellte sich ein Kirschweizen. »Und klauen woanders. Der Gitarrenriff und die Orchestration von *Supremacy* klingen verdächtig nach *Kashmir* von Led Zeppelin, wenn man mich fragt.«

»Das haben die gar nicht nötig.« Sarah tupfte ihre Lippen mit einem Fettstift nach. Man konnte an ihrer Nachschminkfrequenz ablesen, wie nervös und angespannt sie war. Alles unter einer Zehnminutentaktung war bedenklich. Ihre Mundwinkel waren heute eingerissen und krustig.

»Das hat doch nichts mit nötig oder nicht nötig zu tun. Wie gesagt, es macht Spaß, gute Songs zu covern und ihnen den eigenen Stempel aufzudrücken«, mischte ich mich ein.

»Ich kenne alles von *Muse,* da ist nichts gecovert.« Sarah hatte, seitdem Dobro aufgetaucht war, einen Ton an sich, der mir überhaupt nicht gefiel.

»Ladys, für euch ändern meine Kumpels und ich das Programm, vielleicht kommt ihr dann drauf. Caruso kann den Titel, den ich meine, im Schlaf und mit Gänsehautgarantie.«

»Jetzt tu nicht so, als hätten wir keine Ahnung von Musik«, meinte Sarah kratzbürstig. »Ich hatte Geigenunterricht und Valentina spielt Klavier, seit sie fünf ist. Außerdem sind wir ständig auf Konzerten und in Klubs mit Livemusik unterwegs.«

Dobro nahm sein Bier vom Tresen: »Ich hatte Fahrstunden und 'nen Führerschein und habe trotzdem null Ahnung von Formel I.« Er zog demonstrativ die Nase hoch. »Was soll's? Versuch mal, mit einer Kuh französisch zu reden. Bis gleich, Caruso.«

»Hat der Freak mich eben beleidigt, Benny?«

Ich versuchte die Wogen zu glätten, ich wollte nicht, dass der Abend in Streit endete. »Das ist die Nervosität vor dem Auftritt. Nachher ist der handzahm.«

»Tz! Tut so, als sei er Keith Richards persönlich.«

Dobro war zwar nicht Keith Richards, aber stand mit seinem virtuosen Gitarrenspiel und Drogenkonsum dem Urgestein der Rolling Stones nur wenig nach. Ich schwieg wieder mal für den Weltfrieden. Dann begannen meine Kumpels mit *Red, Red, Wine,* einem Reggaetitel von UB 40. Sarah und Valentina hörten nicht zu und unterhielten sich über ihren bevorstehenden Segelurlaub vor Korsika.

»Warum kommst du nicht kurzfristig mit, Benny? Ein Flug lässt sich sicher leicht bekommen. Platz hätten wir ja für dich.«

»Sorry, das geht nicht. Ich habe niemand für Tobi.«

Sarah presste die Lippen zusammen und ich wusste, es war die falsche Antwort gewesen. Ich trank mein Glas leer und bestellte mir ein weiteres Bier. Meine Begleiterinnen hatten jede gerade mal an dem Bier genippt. Es machte sich langsam etwas

Frust über die Cousinen in mir breit. Ehe ich weiter darüber nachdenken konnte, rief Dobro mich auf die Bühne. Chako, der sonst die Moderation machte, war an diesem Abend nicht da.

»Hey, Caruso! *It's your turn.* Unser Ed Sheeran aus der schwäbischen Provinz gibt ein kurzes Gastspiel. Für die beiden Überflieger-Ischen mit dem musikalischen Sachverstand an der Theke gibt's ein Stück von *Muse,* das Nina Simone, diese *crazy bitch,* in den Sechzigern gecovert hat.«

Das Publikum, zum größten Teil Leute, die von Musik Ahnung hatten, lachte über den Scherz.

»Bist du bereit, Caruso?«

»Seit meiner Geburt!« Ich begann leise und schmachtend zu singen: »*Birds flying high, you know how I feel. Sun in the sky, you know how I feel. Breeze driftin'on by you know how I feel. It's a new dawn. It's a new day. It's a new life for me ...*«

Dann folgte das Lied von Bob Seger, ich wartete den Applaus ab und wollte aufstehen, als Dobro einen D- und G-Akkord anschlug und sang: »*Benny stay just a little bit longer. We want to play, just a little bit longer.*« Dann fiel der Pianist ein: »*Now the promoter don't mind. And the union don't mind if we take a little time and we leave it all behind and sing one more song!*«

Ich lachte. Plötzlich stand Elisa mit Mikrofon in der Hand vor mir und sang mich mit ihrer unglaublich kraftvollen Rockröhre an: »*Oh won't you stay just a little bit longer. Please please please, say you will. Say you will!*« Dobros Freundin war im richtigen Leben so träge wie ein Schluck Wasser in der Kurve, auf der Bühne verwandelte sie sich in eine totale Rampensau. Ich sah kurz zu meinen Begleiterinnen, die sich über etwas auf Valentinas Handy unterhielten. Ich blieb sitzen und sang den Titel mit der Band zu Ende.

Elisa sah mich an. »*Wire to Wire* von Razorblade?«

»Mach den Anfang, dann finde ich rein.« Ich hatte unzählige Songtexte in meinem Kopf gespeichert, die abrufbar waren, sobald ich die ersten Zeilen hörte.

»What is love but the strangest of feelings?«
»A sin you swallow for the rest of your life?«
Es stellte sich heraus, dass Elisa und ich das perfekte Duo abgaben. Der nächste Song war ein Klassiker von Whitesnake.

»I don‹t know where I'm goin', but I sure know where I've been«, legte Elisa wieder sehr rockig vor.

»Hanging on the promises in songs of yesterday. An' I've made up my mind, I ain't wasting no more time."

»Here I go again, here I go again«, kreischten wir gemeinsam.

Erst dann ging ich zu meinen Gästen, die immer noch an ihren Handys hingen.

Sarah nahm mich in den Arm. »Du hast so schön gesungen, Süßer!«

Valentina war anscheinend angepisst und sagte nichts mehr. Sarah schlug vor, ins *Burn Out* zu gehen, weil das derzeit die angesagteste *Location* in der City sei.

Dobro schickte ich eine Nachricht.

21.06 Nachricht an Dobro Dope

Sorry, bin mit den Mädels abgezogen.

War wohl nicht ganz ihre Musik.

Grüß Elisa – selten geile Vorstellung!

21.07 Nachricht von Dobro Becker

War wohl eher nicht ihre Welt, Bunny. ;-)

DAS *BURN OUT* WAR SO *in*, dass es einen muskelbepackten Riesen und eine lange Warteschlange vor der Tür stehen hatte. Sarah begrüßte Gökan, den Rausschmeißer, den sie von einer komplizierten Wurzelbehandlung her kannte, mit Küsschen auf die Wange und wir wurden durchgewunken, ohne warten zu müssen.

Die Bar war optisch eine Melange aus jeder Menge glänzendem Chrom, weißem Kunstleder und Plexiglas, alles magentafarben illuminiert. Es dröhnte *Don't Speak* von der Gruppe No Doubt, ein Song aus den Neunzigern, so laut aus den Lautsprechern, dass man sich nur schreiend unterhalten konnte. Die kleine Tanzfläche in der Ecke war ebenfalls brechend voll. Wir bahnten uns einen Weg durch die Menge und stießen auf die *Crème de la Crème* der Unfallchirurgen der Margarinenklinik. Die meisten waren mir von meiner Zeit als Anästhesist noch gut beziehungsweise schlecht in Erinnerung. In ihrer Mitte stand mein Erzfeind aus OP-Tagen, der selbst für unfallchirurgische Maßstäbe großkotzige Unsympath Ivo Lasser.

Sarah und Valentina waren sofort in der Clique der Topchirurgen assimiliert, bekamen ihren Chardonnay auf Eis, probierten fachmännisch und amüsierten sich endlich. Sarahs Lachen durchschnitt selbst den Lärm aus den Lautsprechern und das dichte Stimmengewirr in der Bar. Ich stand daneben, trank, lachte und spielte wie so oft in meinem Leben den angepassten Pausenclown. Meine Gedanken gingen zurück zu einer sehr launigen Weinprobe, als wir ein paar Tage bei Rickys Eltern zu Besuch gewesen waren und sie mir ihren Lieblingswinzer in der Pfalz zeigen wollte. Wie wir uns launig unter Anleitung durch Dornfelder, Dunkelfelder, Merlot, Riesling und Chardonnay getrunken hatten – die Frau des Winzers tischte Leberwurstschnittchen auf – und Ricky angeheitert ihr Glas Dunkelfelder anschrie: »Atme, du Sau!«, nachdem ich in einem leichten Anflug von Angebertum befunden hatte, dass der Wein noch Luft brauche. Meine Frau hatte, was selten genug vorkam, sehr über ihren Durst getrunken und verbrachte bei ihren Eltern eine Viertelstunde auf der Toilette und war nach dem *Heilkotzen* so gut wie neu. Ich vermisste meine auf so wunderbare Weise gestörte Partnerin in manchen Momenten unendlich. Hatte Hermann Hesse wirklich recht damit, wenn er behauptete, die Ehe sei für jeden begabten Fantasiemenschen immer eine Enttäuschung? Meine Ehe war keine langsame, erträgliche, mit der ich mich abgefunden hatte, gewesen. Es war nichts schmerzlos abgestorben, kein Stück Seele, keine Lebenskraft. Meine Ehe mit Ricky hatte mich nicht ärmer gemacht, sondern bereichert. Der große Schmerz, der auf ihren Tod folgte, war nicht edel, er war brutal und einschneidend gewesen.

Ich nippte an meinem Glas Savanna Cider und stellte fest, das *Burn Out* hatte sich der Musik der Neunzigerjahre verschrieben. Depeche Mode forderten ironischerweise auf, die Stille zu genießen – was ich momentan liebend gern getan hätte. Mir fiel ein zweites Zitat von Hesse ein, und dieses Mal musste ich ihm uneingeschränkt zustimmen: *Wer stärker individualisiert ist, muss erkennen, dass das Leben ein Kampf zwischen Opfer und Trotz, zwischen Anerkennung der Gemeinschaft und Rettung der Persönlichkeit ist.*

Zwischen dem selbst ernannten Kniespezialisten und der Stararchitektin bahnte sich unterschwellig etwas an. Sie schwärmte auf der Heimfahrt im Taxi in den hellsten Tönen von ihm. Ich behielt meine Meinung für mich. Der Oberarzt mit dem Namen wie aus einer ZDF-Serie war eine arrogante Hackfresse, der meiner Meinung nach aus gutem Grund Single war. Neben seinen charakterlichen Unzulänglichkeiten war er für eine Frau auch im Bett nicht gerade der Volltreffer. Eine Gynäkologin aus der Klinik, die ein paar Wochen eine Affäre mit ihm gehabt hatte, hatte mir im Vertrauen berichtet, dass der Vorzeigechirug schräge sexuelle Obsessionen hatte, in denen Fäuste eine Rolle spielten.

Hinter der Bar stand Bettina Brenner alias Tina Burner, meine Patientin, die sich Globuli in die Ohren gestopft hatte. Die Lady trug einen ärmellosen, hautengen Overall in dezentem Leopardenmuster, suhlte sich in ihrem Bekanntheitsgrad und dem Gesabber der männlichen Kundschaft. Valentina und Sarah hetzten fleißig über das künstlich erweiterte Dekolleté. Die Haut war so straff gespannt und der Busen stand so von dem mageren Brustkorb ab, dass es eher grotesk denn erotisch wirkte. Das gepimpte Busenwunder schien mich nicht zu erkennen. Die ärztliche Schweigepflicht verbot es *mir*, die Geschichte über ihren Umgang mit Globuli in der Runde weiterzuerzählen. Was schade war, die Geschichte wäre todsicher der *Burner* gewesen.

Ehe wir gingen, verewigte ich mich auf der Toilette:
I do not have time for things that have no soul.

WIR LANDETEN ERST nach zwei Uhr nachts im Bett. Der Sex mit Sarah entspannte mich angenehm. Ich lag unten und überließ der geübten Reiterin die ganze Arbeit – sobald die Lady abgestiegen war, driftete ich weg.

»Benny, ist dieser unterbelichtete Bauer wirklich dein Freund?«

Die Nachricht erreichte mein Hirn, das bereits mit Träumen beschäftigt war, nur peripher. Dobro war zwar Landschaftsgärtner, hatte aber Abitur und war alles andere als unterbelichtet, wenn seine Verpeiltheit auch etwas anderes suggerierte. Ich war enttäuscht von der Frage, öffnete müde meine Augen und gab giftig zurück: »Ist diese notgeile Tussi wirklich deine Freundin?« Plötzlich war ich wieder wach. »Geht's noch, Sarah? Wie kannst du nur eine solch oberflächliche Meinung über einen meiner Freunde haben?«

Sarah war eben im Begriff, sich die Ohropax einzustecken, hielt in der Bewegung inne und sah mich geschockt an: »Es war mir so wichtig, dass ihr beiden euch mögt. Aber ihr hasst euch ja.« Sie ließ die Arme sinken.

Ich wollte nur noch schlafen und nicht diskutieren. »Quatsch. Was sich liebt, das neckt sich. Ich kann nur diesen Lasser nicht ab. Hat sich wohl auf Valentina übertragen. Sorry, soll nicht mehr vorkommen.«

Sarah stöpselte sich die Ohren zu und zog die Maske über die Augen, ehe sie sich beleidigt umdrehte.

SARAH WAR NICHT der Frühstücks-, sondern der Brunchtyp, und ich hatte meiner Mutter versprochen, an diesem Sonntag zum sonntäglichen Familienmittagessen zu erscheinen. Ich verabschiedete mich von der Blondine und ihrem Alter Ego nach einer Tasse Kaffee, untermalt von Valentinas Schwärmerei über den Kniespezialisten aus der Margarinenklinik.

Sarah drückte mir zum Abschied ein kleines Päckchen in die Hand. »Für die Zeit, wenn ich weg bin. Damit du dich vor Sehnsucht verzehrst«, flüsterte sie mir ins Ohr.

Das Geschenk enthielt für jeden Tag, an dem sie weg war, ein Foto von ihr mit etwas Liebem hinten drauf geschrieben. Einige davon waren nicht ganz jugendfrei und machten mir tatsächlich unbändig viel Lust darauf, mit Sarah nach ihrer Rückkehr zu kuscheln.

VALENTINA WAR IN der Folgezeit regelmäßig zu Besuch und hatte tatsächlich eine Beziehung mit dem abartigsten Oberarzt der ganzen Margarinenklinik angefangen. Wenige Wochen nach dem ersten Treffen hatten die Mädels den ersten Pärchenabend geplant, den ich kurzfristig platzen ließ. Dem Kollegen Lasser einen ganzen Abend beim selbstverliebten Prahlen und Schwachsinnverzapfen zusehen zu müssen, ging über meine momentanen Kräfte. Seit dem Geständnis der Gynäkologin stellten sich beim Anblick seiner bloßen Hände meine Nackenhaare auf. Ich schob mein armes Kind vor, dem ich eine Bronchitis andichtete. Sarah war enttäuscht und beklagte nebenbei, dass sie meinen Sohn so gut wie nie sähe, aber er ständig zwischen uns stünde. Ich versprach einen gemeinsamen Spieleabend, sobald Tobi gesund sei.

Unsere Gastgeberin hatte kindgerechtes Essen bestellt und den Tisch mit allerlei buntem Krimskrams geschmückt. Unsere Namen waren mit glitzernden Pappbuchstaben auf der Tischplatte ausgelegt, neben den Tellern lagen Päckchen.

In meinem war ein Pullover, den ich vorige Woche beim Einkaufen gesehen hatte, der mir aber zu teuer gewesen war. In Costa Rica hatte ich für Kleidung nur wenig Geld ausgeben müssen und konnte mich immer noch nicht daran gewöhnen, dass man in Deutschland mehr als T-Shirts, Shorts und ein paar Havaianas brauchte. Für Tobi gab es eine Playmobilfigur – ein Fußballspieler im Trikot der Nationalmannschaft.

Ich war gerührt: »Ey, danke. Du sollst doch nicht so viel Geld für mich ausgeben.«

»Mache ich doch gerne.«

Das war eine von Sarahs schönen Eigenschaften, dass sie sich Gedanken machte und gerne schenkte.

Tobi sah das etwas kritischer. »Was soll ich damit?« Er drehte und wendete die Spielerfigur unschlüssig.

»Du möchtest doch Profifußballer werden und in die Nationalmannschaft kommen, oder nicht?«

»Genoveva will das. Weil man viel Geld braucht, wenn man Babys hat. Sie muss ja daheim bleiben und sie saugen.«

Ich korrigierte meinen Sprössling nicht. Ich hatte immer noch das Bild vor Augen, wie sie an unserem Esstisch mit blutroten Lippen das Leben aus Lilly-Perditas Kopf herauszusaugen schien. Meine Schwiegertochter hatte ihren Traum von der Spielerfrau nicht aufgegeben, nur Tobi konnte sich nicht dazu aufraffen, zum Fußballtraining zu gehen. Wir hatten uns ein einziges Probetraining angetan, welches das chillige, *Pura vida* gewöhnte Kleinkind nach einer Viertelstunde abgebrochen hatte, weil es keine Lust hatte, nach der Pfeife eines fremden Mannes zu tanzen.

Er kam an die Seitenlinie, wo ich mit fünf todschicken Fußballmamis wartete und unfreiwillig den neuesten Kosmetikstudiogossip mit anhören musste, und meinte: »Papa, spinnt der? Mich so anzuschreien, dass ich schneller rennen soll?« Seitdem sah ich schwarz für seine weitere Karriere.

Sarah brachte den Nachtisch, eine kunstvoll gewerkelte Wackelpuddingtorte in schreienden Farben, herein und stellte sie auf den Tisch.

»*Cool!*«, befand das Kind, ließ sich den Teller vollschaufeln und verkündete nach dem ersten Löffel mit angewiderter Miene: »Boah, das schmeckt ja scheußlich.«

»Tja, Tobi, Pech gehabt. Ich habe dir schon so oft gesagt, dass man erst probieren soll, ehe man sich den Teller vollädt. Was auf dem Teller ist, wird gegessen. Des woisch!«

»Das hat doch Sarah drauf gemacht, menno! Ich wollte doppelt so wenig.«

»Dann sagt man *Stopp,* wenn man nicht so viel möchte.«

Sarah lenkte ein und unterminierte meine Erziehungsversuche. »Wenn es dir nicht schmeckt, musst du es nicht essen. Ich habe noch Eis im Kühlfach.«

»*Cool!*«

»Sorry, das Kunstwerk hat sicher viel Geld gekostet. Ich mag aber auch keine Götterspeise«, entschuldigte ich mich.

Bei Walnusseis mit Schokosoße, die auf dem Eis eine harte Kruste bildete, wollte Tobi wissen: »Warum ist es bei dir so dunkel, Sarah? Du bist doch überhaupt nicht hässlich.«

»Danke fürs Kompliment. Aber ich mag es nun mal nicht, wenn in der Wohnung alles bis in den letzten Winkel ausgeleuchtet ist, das habe ich am Arbeitsplatz den ganzen Tag. Aber wie kommst du darauf, dass ich deswegen hässlich sein müsste?«

»Das interessiert mich allerdings auch brennend, *Kind.*« Ich sah mein Fleisch und Blut eindringlich an und hoffte, es erinnerte sich nicht an eine Unterhaltung neulich im *Eataly*, beziehungsweise konnte meinen Blick, der *Schnauze, Tobi!* ausdrücken sollte, deuten.

»Papa«, kam es mit der ihm eigenen Entrüstung, »du hast doch gesagt, dass Frauen immer im Dunkeln essen wollen, damit man nicht sieht, wenn sie hässlich sind!«

Sarah sah auf die Tischplatte und spielte mit dem Weinglas. Meine Glanzzeit als Assistenzarzt, der die Frauenwelt in der Margarinenklinik durcheinandergewirbelt hatte, war schon ein paar Jährchen her, aber es geisterten immer noch wilde Geschichten über mich in den zugigen Fluren und sterilen OPs. Sarah hatte eine Freundin, die als Neurologin an der Klinik arbeitete und sie mit Informationen aus fünfter Hand, die von Jahr zu Jahr übertriebener ausgeschmückt wurden, versorgte. Ich konnte dabei nur als sexbesessener, oberflächlicher Honk dastehen.

AUF DEM HEIMWEG erklärte ich Tobi, dass er mit seinen Äußerungen im Beisein von Ladys, an denen sein Vater Interesse hatte, etwas vorsichtiger sein müsse. »Wir finden sonst keine Mutter für dich beziehungsweise Frau für mich.«

»*Ladifari!* Wir suchen doch überhaupt nicht mehr, Papa! Wir haben doch jetzt Maria!«

Diese wartete tatsächlich auf uns, als wir von Sarah kamen. Ich brachte Tobi ins Bett, ehe er weiteren Schaden anrichten konnte, und setzte mich zu meiner Mitbewohnerin, die in alten Fotoalben blätterte und Pfützchen, die gelegentlich überliefen, in den Augen hatte.

»Warum tust du dir das an, wenn es dich so traurig macht?« Ich strich ihr eine Haarsträhne aus dem Gesicht. Sie drehte unwirsch den Kopf weg.

»Ist doch meine Sache.«

»Hoppla, was habe ich falsch gemacht? Ich wollte nur meine Empathie ausdrücken.«

»Ich brauche kein Mitleid. Wie war euer Abend bei der netten Zahnärztin?«

»Nett.« Es schien angebracht, sich zurückzuhalten. Fräulein Pavlidis war akut passiv-aggressiv.

»Hm.« Maria schniefte. »Ist es was Ernstes zwischen euch?«

»Nope. Wir sehen uns eben gelegentlich im Treppenhaus und waren mal zusammen was trinken. Das ist alles.«

»Ich tu mir das an, weil ich nicht mehr viel habe außer meinen Erinnerungen«, flüsterte Maria.

»Das stimmt nicht. Du hast doch Tobi und mich.« Ich stotterte leicht, was mir zu denken gab.

»Ihr verlasst mich auch irgendwann und dann bin ich wieder allein.« Wir schwiegen eine Weile, bis Maria fragte: »Die Möbel gehören ja auch euch. Mich würde doch niemand vermissen. Was ist, wenn ich morgen sterbe?«

»Samstag!«, meinte ich und grinste Maria an.

»Du nimmst mich nicht ernst!«, jammerte sie.

Ich lachte: »Nee, nicht immer. Das tut dir nicht gut, wenn man dich immer ernst nimmt. Außerdem hast du den Überlebenswillen einer Kakerlake.« Ich stand auf und streckte die Hand aus. »Komm, wir gehen schlafen.«

Wir entschieden uns für mein Bett. Ich machte leise Musik an und stellte den Timer auf dreißig Minuten in der Hoffnung, dass es ausreichen würde, um an der Seite einer Frau einzuschlafen, die ich mit Haut und Haaren begehrte, der ich auch mein Herz geschenkt hätte, wenn sie es denn endlich nehmen würde.

»Benny, du bist der beste Freund, den man sich als Kakerlake wünschen kann«, flüsterte Maria mit verführerischer Stimme.

Ich tat so, als würde ich schon schlafen und Gordon Lightfoot lieferte für mich die Antwort: »*If you could read my mind love. What a tale my thoughts could tell. Just like an old time movie. About a ghost from a wishing well. In a castle dark or a fortress strong. With chains upon my feet. You know that ghost is me. And I will never be set free. As long as I'm a ghost you can see.*«

Witwen und Wirren

Ich hatte mich pünktlich um acht Uhr zum Dienstbeginn in der Leitstelle der Margarinenklinik angemeldet, mein Zimmer bezogen, die Tür hinter mir geschlossen und mich in die Falle gelegt. Ich brütete irgendeinen Virus aus und hatte tierische Schmerzen beim Schlucken, und in meiner Stirnhöhle pochte es verdächtig. Nachdem ich eine halbe Stunde vergeblich versucht hatte, einzuschlafen, stand ich auf und machte mich auf in die kleine Bereitschaftsküche, auf der Suche nach heißem Wasser und einem Teebeutel. Ich füllte den Wasserkocher und fand im Regal über der Spüle eine Packung Hagebuttentee, deren Verfallsdatum nicht mehr leserlich war. Ich roch daran, sah nach, ob sich in den Beuteln irgendetwas Verdächtiges bewegte, und nahm eine am Rand angeschlagene Tasse mit dem Emblem der US ARMY FIRE FIGHTERS. Gerade, als ich das kochende Wasser eingießen wollte, ging der Melder los. *Kreislaufstillstand, Neckarfischerstraße 49, Erdgeschoss.* Ich schüttelte den Kopf und las die Adresse noch mal. Kein Irrtum. »Verdammt, die olle Winterberg.« Ich sprintete hinüber in die Leitstelle, wo Günter ohne H auf mich wartete.

Ich informierte ihn. »Kreislaufstillstand in der Neckarfischerstraße neunundvierzig.«

Er stöhnte und wollte seinen üblichen Satz loswerden, dass der Notfallpatient bereits steif sei, wenn wir ankämen, aber ich kam ihm zuvor: »Mach hin und die Disco aufm Dach an. Das ist meine ehemalige Vermieterin, die war schon steif, ehe der Kreislauf versagt hat. So was steckt die locker weg.«

»Na, dann wollen wir das alte Mädchen doch mal retten.«

Wie üblich, war kein Parkplatz vorm Haus frei und Günter hielt in zweiter Reihe. Wir packten unsere Koffer und gingen die paar Schritte bis zur Haustür, die sperrangelweit offen stand. Obwohl die Wohnung von Frau Winterberg im Erdgeschoss lag, musste man vier Stufen hinauf laufen. Zu meiner Verwunderung lag die kleine, schmächtige Frau nicht mausetot in der Wohnung herum, sondern stand sehr selbstbewusst im türkisfarbenen Frotteebademantel im Flur und wartete ungeduldig auf uns. Ich kannte Käthe Winterberg nur in ihrer Arbeitskleidung, der geblümten Kittelschürze und Filzpantoffeln, oder ihrer Ausgehuniform, einem nachtblauen Schneiderkostüm mit weißer Stehkragenbluse.

»Frau Winterberg, was ist los? Ich dachte, Sie hätten einen Kreislaufstillstand?«

Hatten Tobi und Dobro recht und es handelte sich bei der Vermieterin um eine Untote?

»Nicht ich, Herr Doktor!« Das gestelzte Hochdeutsch verwirrte mich noch mehr. »Ich hatte ...« Hier zögerte Frau Winterberg, sah betreten auf eine Stelle neben meinen Füßen, presste die Lippen zusammen, schloss die Augen und sagte dann unter Aufbietung aller Kräfte: »Herrenbesuch.«

»Aha, aha. Und?«

»Ja, der Herr Haberkant war über Nacht bei mir und heute früh haben seine Kräfte wohl ...« Sie spitzte ihren Mäusemund und beendete den Satz: »... versagt.«

Ich kniff meine Lippen zusammen, um nicht laut losprusten zu müssen, und Günter ohne H, der meine altjüngferliche Vermieterin aus meinen Erzählungen kannte, hüstelte gekünstelt.

»Wenn Sie mir bitte ins Schlafzimmer folgen wollen.«

Im Doppelbett aus weißem Schleiflack, wie es in den späten Siebzigern modern gewesen war, lag der schnauzbärtige Herr, der Dobro und mir am Tag seiner Abreise begegnet war, mit geschlossenen Augen. Ich stellte meinen Koffer ab. So ganz ohne den schwarzen Anzug erinnerte der schmächtige, blonde Mann überhaupt nicht mehr an einen Bestatter. Ich checkte den Körper auf sichere Todeszeichen.

Günter mischte sich ein. »Der war doch mindestens fünfundzwanzig Jahre jünger als seine ...«, er überlegte einen Moment und meinte dann grinsend: »Gespielin.«

Das war zu viel für Käthe. »Sie, diese Bemerkung verbitte ich mir! Eine Unverschämtheit! Mir waret seit letztschr Woche verlobt! Der Herr Haberkant hatte ernschte Absichten.«

Mir blieb nur noch, eine vorläufige Todesbescheinigung auszustellen und Frau Winterberg über die traurige Wahrheit in Kenntnis zu setzen.

»Dann muss ich wohl meinen Bestatter rufen«, meinte sie in perfektem Schriftdeutsch. Sie drückte auf ihrem Telefon die Zwei auf der Kurzwahlliste und begann zu verhandeln.

DER BESTATTER IHRES VERTRAUENS schien bereits wie ein Geier überm Haus gekreist zu haben, um das nächste Opfer der alten Winterberg aufsammeln zu können. Auf jeden Fall stand er nur wenige Minuten nach dem kurzen Telefonat im Schlafzimmer neben uns.

Die beiden Herren vom Bestattungsinstitut meinten unisono, als sie die Leiche in Augenschein nahmen: »Witwen-Charlie!«, und informierten uns, dass der Mann Anfang sechzig sich auf Beerdigungen und Friedhöfen rumgetrieben und sich professionell an alleinstehende Damen herangemacht hatte.

»Muss ich mich bei der alten Dame wohl entschuldigen, der hatte tatsächlich ernste Absichten«, meinte Günter ohne H lachend.

Frau Winterberg brachte sogar versierte Witwentröster zu Fall. Die schwäbische Ausgabe des Terminators machte keine halben Sachen.

Nachdem das Corpus Delicti aus der Wohnung war, hatte Käthe Winterberg zu alter Größe und ihrem Dialekt zurückgefunden. »Isch ja nicht mein erschtr Ma, der in meinem Bett verblichen isch, abr normalerweise hend die elle bis nach dr Hochzeit gwartet.«

Damit war das Rätsel gelöst, warum Käthe Winterberg Stunden auf dem Friedhof verbringen konnte, sie hatte dort Dates. *Rentnertindern.*

SEIT DEM CRASH mit Dean lauschte Maria tieftraurigen *Lovesongs* aus den Siebzigern. *Love Hurts, I'm Not in Love und If You Leave Me Now* konnte ich mittlerweile im Schlaf mitsingen. Wenn ich das Schlagzeugintro und das *Ua, ua, ua* des Backgroundchores zu Diana Ross' *Why Do Fools Fall In Love* hörte, stöpselte ich resigniert meine Kopfhörer ein und machte Gegenprogramm mit Mogwai, Band of Skulls oder den Black Keys.

Maria trank keinen Schluck Alkohol mehr. Ich hatte fürsorglich auf alle Alkoholflaschen einen Post-it geklebt: »*Billiger Fusel! Das schmeckt dir nicht!*«. Die restlichen Schlaftabletten auf Marias Nachttisch hatte ich noch vor ihrer Heimkehr in Sicherheit gebracht. Mein Medikamentenvorrat war schon allein wegen des Kindes, das so gerne Experimente forschte, seit jeher in einem Koffer mit Zahlenschloss untergebracht. Ich vermutete, dass Maria Antidepressiva nahm, konnte sie aber nirgends entdecken. Insgesamt legte sie ein manisch-depressives Verhalten an den Tag.

ALS ICH UM zwanzig Uhr nach einem Zwölf-Stunden-Notarztdienst die Wohnungstür aufschloss, tönte *The Winner Takes It All* von ABBA durch die Bude. Maria streckte den Kopf aus dem Wohnzimmer und kam mir mit einem Strahlen im Gesicht und einem Glas Sekt in der Hand entgegen.

»Ich hoffe, du hast nichts mehr vor. Heute ist betreutes Trinken unter ärztlicher Aufsicht geplant. Ich habe was zu feiern. Ich habe mein Geld zurück. Auf Euro und Cent.«

Ich nahm das Glas entgegen und prostete Maria zu. »Auf deinen Sieg über Captain Porno.«

Maria schenkte mir einen vielsagenden Blick, der die Penis-Hirn-Barriere in Lichtgeschwindigkeit durchbrach. Ich war erregt und wollte es mir nicht anmerken lassen. Tobi, unser zuverlässiger Anstandswauwau, schlief heute bei seinen Cousinen.

»Komm, tanz mit mir, Benny!«

Ich schüttelte den Kopf. »Ich kann nicht tanzen. Wirklich nicht. *Guilty feet ain't got no rhythm,* des woisch doch«, scherzte ich.

ABBA hatte mit *One Of Us Is Crying* angefangen. Eines der Lieblingslieder meiner Mutter.

»Ach, geh. Stehblues kann doch jeder Depp, egal wie hüftsteif er ist. Außerdem«, jetzt sah sie mich mit einem madonnenhaften Lächeln an, das so vielversprechend war, dass selbst der Papst *himself* Mühe gehabt hätte, zu widerstehen. Maria war zweifellos dabei, mich zu verführen. Meine Verteidigungsbastion war aus hauchdünnem Papier. »… kann ich mich erinnern, dass du in der Horizontalen alles andere als hüftsteif bist.« Sie stellte ihr Glas ab und schlängelte sich förmlich um mich. Ich versuchte eine Sekunde, Abstand zu halten, aber fragte mich wozu.

Ich ergab mich willenlos meinem Schicksal, auf das ich schon seit Monaten vorbereitet war und das ich herbeigesehnt hatte.

Bei einem Toilettenbesuch in dieser Nacht wusste ich, warum ich Abstand hatte halten wollen. Sarah hatte mir geschrieben.

23.12 Nachricht von Dr. Sarah Bender
Hey, Süßer. Ich gehe jetzt schlafen. Habe auf Deinen Gutenachtgruß gewartet. Hoffe, Dir ist nichts passiert. Habe schon den ganzen Tag Sehnsucht nach Dir. Bis morgen. Ich küss Dich!

02.45 Nachricht an Oralcare
Sorry, Schatz. Ich bin auf der Couch eingepennt. Der Dienst war megaanstrengend. Süße Träume.

ICH GING ZURÜCK zu Maria, die wach geworden war und sich nackt an mich drückte. In dieser Nacht begannen vier Wochen, auf die ich alles andere als stolz war.

Brian May hatte recht: »*Too much love will kill you! Torn between the lover and the love you leave behind. You're headed for disaster 'cos you never read the signs. Too much love will kill you every time. I'm just the shadow of the man I used to be and it seems like there's no way out of this for me.*«

LIMOUSINEN UND LEBEN

DER NOTARZTDIENST HATTE mit einem Einsatz in einer völlig zugemüllten Messiewohnung im Osten begonnen. Eine Mieterin hatte die Polizei alarmiert, weil sie aus der Wohnung ihres 79jährigen Nachbarn anhaltendes Klopfen hörte. Die Polizeibeamten hatten die Feuerwehr um Amtshilfe gebeten und uns gerufen, nachdem ihnen nicht aufgemacht worden war und das Klopfen aufgehört hatte. Die Feuerwehr traf kurz nach uns ein. Ein Feuerwehrmann entfernte mit einem Ziehfix den Schließzylinder und machte die Tür auf. Vor uns öffnete sich ein Flur, der deckenhoch mit Kartons und Weinkisten der Württembergischen Winzergenossenschaft zugestellt war.

Günter ohne H, das sensible Pflänzchen, stoppte an der Eingangstür und verkündete, dass er wegen Platzangst nicht mit in die Wohnung könne. So machte ich mich mit Holger Weininger und Janette Kübler, den beiden Rettungsassistenten auf den Weg durch die enge Schlucht ins Wohnzimmer, in dem auch überall bis an die Decke Kartons und Kisten gestapelt standen. Die Nachbarin war uns dicht auf den Fersen.

»Was ist da drin?«, fragte Janette im Vorübergehen.

Wir wussten es auch nicht. Hubert Dombrowski, der Patient, lag unter einer Decke inmitten verschütteter

Nudelsuppe, auf dem Küchenboden, neben ihm lag der Topf, den er wohl vom Herd gerissen hatte, als er umgekippt war. Der alte Herr war desorientiert und nicht ansprechbar. Er wimmerte und weinte, konnte mir aber nicht vermitteln, was ihm fehlte. Ich schloss EKG und das Monitoring an. Die Pulsfrequenz war hoch bei niedrigem Blutdruck bei flacher, schneller Atmung. Die Schleimhäute waren trocken, die Haut fühlte sich kalt an, Hautfalten blieben stehen.

Die Nachbarin, die hinter uns stand, erzählte aus dem *Off* nochmals die ganze Geschichte, wie sie durch das Klopfen aufmerksam geworden war.

»Wir nehmen ihn mit.«

»Sehr schön. Nur, wie bekommen wir ihn durch diese hohle Gasse?« Der Patient konnte nicht aufstehen oder laufen und Holger Weininger schien Wilhelm Tell zu kennen.

Während ich einen Klinikplatz suchte, rief Holger die Feuerwehrleute, die unten gewartet hatten, hoch.

»Die Kartons sind voller Pfandflaschen und Dosen. Das ist hier wie in einer Wertstoffsammelstelle. Wenn der die alle abgibt, ist er ein reicher Mann«, sagte die blonde Polizistin, nachdem sie sich in der Wohnung genauer umgesehen hatte.

»Wehe dem armen Schwein, das am Automaten hinter dem steht«, meinte Günter ohne H, dessen Neugier schließlich über die Klaustrophobie gesiegt hatte.

»Ich kann das alles nicht verstehen. Der Herr Dombrowski ist so ein feiner, gebildeter Mann, immer picobello gekleidet, wenn ich ihm im Treppenhaus oder beim Einkaufen begegnet bin. Er war Gymnasiallehrer, wie mein Vater. Da bekommt man doch jede Menge Pension. Wie kann man dann so enden?« Die Nachbarin war fassungslos und berichtete jetzt von ihrem Vater, ebenfalls Ende siebzig, der seit dem Tod seiner Frau die Wohnung allein sauber halten musste und von dessen Boden man essen konnte. Auf diesen Spruch erwiderte ich meist, dass man bei mir nicht vom Boden essen müsse, weil ich einen Tisch und Teller habe, aber ich war heute etwas mundfaul.

Janette kniete wie paralysiert vor dem Patienten, starrte auf die bloßen Füße des Lehrers a. D. und machte dezente Würgegeräusche.

»Was ist los?«, fragte ich genervt, weil ich endlich aus dieser klaustrophobischen Umgebung der winzigen, mit Menschen überfüllten Küche herauswollte.

Daraufhin drehte sich Janette um und kübelte frei in das zugemüllte Waschbecken.

»Neu im Job oder schwanger?«, scherzte ich schlecht gelaunt.

»Was ist denn mit dir los, Janette?«, fragte der Kollege überrascht.

Die Rettungsassistentin wischte sich den Mund. »Boah, ey, ich kann das nicht. Guckt euch mal die Füße an.«

Genau das taten wir. Die Nachbarin würgte daraufhin ebenfalls, Holger Weininger lachte einmal kurz auf, die Polizisten verließen die Küche. Ich stöhnte und schloss die Augen, weil ich derjenige sein würde, der auf das Übel einen genaueren zweiten Blick würde werfen müssen. Die Fußnägel waren gelb, dick und von einem Pilz befallen. Der Nagel des rechten großen Zehs hob sich deutlich vom blutigen Nagelbett ab, darunter tummelten sich fette Fliegenmaden. Ich nahm eine der Plastik-Einkaufstüten, die überall herumlagen, und stülpte sie kurzerhand über den Fuß des Patienten. Ich wollte nicht noch mehr speiende Retter um mich haben. Außerdem roch der entzündete Fuß alles andere als appetitlich.

Mithilfe eines Tragetuches mit Schlaufen schleiften vier Feuerwehrmänner den Patienten gekonnt durch den engen Tunnel des Flurs und die steile Treppe hinunter.

WIR HATTEN HERRN DOMBROWSKI in der Notaufnahme abgegeben und ich checkte mein Handy. Sarah war mit Valentina zusammen auf dem dreißigsten Geburtstag einer Studienkollegin in München. Sie hatten zusammengelegt und dem Geburtstagskind eine Nacht in einer Stretch-Limousine geschenkt. Ich bekam stündlich ein neues Selfie mit jeder Menge gestylter Mädels mit unterschiedlichen Drinks in der Hand vor diversen Münchner Locations.

Maria hatte mir auch ein Selfie geschickt. Sie lag in ihrem Bett im karierten Flanellpyjama, eine Tasse Kakao, ein umgedrehtes Buch auf dem Bauch, Lilly-Perdita lag in ihrem Arm.

21.20 Nachricht von Maria O.
Passe auf Deine Enkelin auf. Die Eltern wollen
ungestört fernsehen. ;-)
Das kostet 20 % Zuschlag.

Seitdem Maria arbeitslos war, verlangte sie fürs Babysitten fünf Euro für jede angefangene Stunde. Der Großvater von Lilly-Perdita musste lachen und wünschte sich nichts sehnlicher, als in diesem Moment neben *Giagia* Maria im Bett zu liegen und auf seine Enkelin aufzupassen. Leider ging der Melder los. *Suizid*.

EINE ACHTUNDFÜNFZIGJÄHRIGE KRANKENSCHWESTER hatte ihre Absichten ihrem Arbeitgeber, einer Klinik in der Innenstadt, in einer langen Abschiedsmail angekündigt. Anscheinend hatte die Selbstmörderin zu früh auf *Senden* gedrückt oder sie wollte, wie so oft der Fall, rechtzeitig gefunden werden. Die Sekretärin, die die Mail gelesen hatte, verständigte sofort die Polizei und den Rettungsdienst.

Einer der Rettungsassistenten klärte mich beim Betreten der Wohnung darüber auf, dass neben der bewusstlosen Frau eine männliche Person liege, bei der schon die Leichenstarre eingetreten sei. Auf dem Doppelbett lagen tatsächlich zwei Personen. Der junge Mann auf der rechten Seite hatte die typischen Utensilien eines Junkies um sich herum verstreut liegen. Neben der Frau lagen zwei gebrauchte Insulinpens.

Ich untersuchte die komatöse Frau, die sich laut ihrer Mail von vor zwei Stunden zweihundert Einheiten Insulin subkutan gespritzt hatte. Das war genug Zeit, um langsam ins Nirwana rüberzudämmern. Ihr Puls war schwach und ging schnell. Ich legte einen Zugang und nahm eine Blutzuckerprobe. Die Messung ergab einen Wert von 16 mg/dl. Ein normaler Blutzuckerwert liegt zwischen 80 und 120 mg/dl. Die Patientin lag offensichtlich in einem hypoglykämischen Koma. Ich gab ihr daraufhin 16 g Glucose intravenös, woraufhin der Zucker auf 22 mg/dl anstieg. Immer noch ein zu niedriger Wert. Bei dermaßen niedrigen, lebensbedrohlichen Werten musste man die Zuckerwerte engmaschig, in diesem Fall im Abstand von wenigen Minuten messen. Eine erneute Verabreichung von 16 g Glucose ließ den BZ zwar auf 32 mg/dl steigen, was aber immer noch zu wenig war, um die Patientin am Leben zu erhalten, und schon gar nicht ausreiche, um sie ansprechbar zu machen und ihr Bewusstsein wiederherzustellen. Deswegen wiederholte ich die Prozedur so lange, bis die Werte der Patientin in einem nicht mehr ganz so kritischen Bereich lagen.

Auf der Fahrt in die Klinik war die Krankenschwester halbwegs wieder ansprechbar und erzählte, dass sie auf Arbeit überlastet und der heroinabhängige Sohn nach einem längeren Aufenthalt in der geschlossenen Psychiatrie erneut bei ihr eingezogen sei. Alles zusammen mehr, als sie verkraften könne.

»Haben Sie Ihrem Sohn auch Insulin gegeben?«, fragte ich, weil ich vermutete, dass die Mutter nachgeholfen hatte. Der erste erweiterte Suizid in meiner Laufbahn als Notarzt. Die Patientin drehte ihren Kopf weg und sprach kein Wort mehr mit mir.

NACH DIESEN BEIDEN Einsätzen war ich müde und ausgelaugt. Manche Schicksale ließen einen auch nach vielen Jahren im Blaulichtmilieu nicht kalt. Trotzdem liebte ich meinen Beruf.

Ich setzte meine Kopfhörer auf und hörte Leonard Cohen. *»There is a crack, a crack in everything, that's how the light gets in.«* Ich betrachtete die immer ausgelassener werdenden Fotos von Sarahs Limousinenfahrt und freute mich einesteils darüber, dass sie so viel Spaß hatte, war aber andererseits nicht wirklich empfänglich für Fotos alberner Mädels. Sarah hatte nur wenige, ganz feine Haarrisse – ihr Leben war bislang ein einziges Erfolgserlebnis gewesen. Ich fragte mich, wo da das Licht hereinkommen sollte?

Maria, deren Risse offen klafften und deren Innerstes hell erleuchtet strahlen musste, hatte nicht mehr geschrieben und würde um die Uhrzeit auch schon schlafen. Ich löschte das Licht und legte mich hin, bis exakt fünf Minuten später der Melder erneut losging. Ich seufzte und sah aufs Display. Ein *Free Runner* war bei seinem nächtlichen Sport so böse gestürzt, dass er ohne Bewusstsein am Fuße der breiten Treppe am Schlossplatz lag. Ich fluchte. Warum konnten die Spinner dieser Welt nicht wenigstens nachts schlafen? Warum musste jemand um kurz vor Mitternacht wie ein Irrer durch die Innenstadt rennen und ohne Netz und doppelten Boden Saltos schlagen?

Günter ohne H hatte den Wagen schon gestartet und fuhr los, ehe ich die Beifahrertür zugeschlagen hatte. Auf dem Armaturenbrett lag eine Zeitschrift bei den Kontaktanzeigen aufgeschlagen. Jede Menge liebevolle Witwen, vollbusig und über fünfundsechzig, suchten einen Partner. Mein Fahrer hatte sich für *Renate, 67,* entschieden und die Anzeige rot umrandet. Renate war nicht nur liebevoll, sondern häuslich, gepflegt, ruhig und hatte eine weibliche Figur mit Oberweite. *Ich backe und koche sehr gerne und liebe meinen Garten. Ich wohne in meinem kleinen Häuschen ganz allein und habe niemanden, um den ich mich kümmern kann. Ich sehne mich nach einem zärtlichen, ehrlichen, ordentlichen Mann bis 75 J, den ich umsorgen und verwöhnen kann.*

Jeder versuchte wohl auf seine Art und Weise der Einsamkeit zu entkommen. Ob man nächtens durch die Stadt rannte, mit einer Stretch-Limo durch München düste, auf anderer Leute Kinder aufpasste, Notarzteinsätze fuhr oder jemanden liebevoll bekochte – die Möglichkeiten waren unendlich.

»Wie alt bist du eigentlich?«, wollte ich von meinem Fahrer wissen. »Oder hat dich spät im Leben Ödipus eingeholt?«

»Ich suche für meinen Vater, der geht mir auf den Geist, seit meine Mutter vergangenen Herbst gestorben ist. Der kann mit sich selbst nichts anfangen und hat auch niemand mehr, mit dem er streiten kann. Musste feststellen, dass es in dem Alterssegment echt mehr Auswahl gibt als zwischen fünfzig und sechzig. Die Generation scheint auch was zu geben zu haben. Frauen unter sechzig verlangen zu viel von einem Mann. Orgasmen, Klobrille hochmachen, Müll rausbringen, zuhören.«

Wir waren am Schlossplatz angekommen, wo ein junger Mann mit schwerem Schädel-Hirn-Trauma lag, der noch in der gleichen Nacht der Einsamkeit für immer entfliehen würde. Ich grübelte später beim Einschlafen auf der Wache darüber nach, in welchem Lied eben diese Zeile vorkam. Beim Aufwachen eine Stunde später, weil der Melder wegen eines Kreislaufstillstandes losging, fiel es mir schlagartig ein. »*Der Junge mit der Mundharmonika singt von dem, was einst geschah. In silbernen Träumen. Von der Barke mit der gläsernen Fracht, die in sternenklarer Nacht deiner Einsamkeit entflieht.«* Ich dachte an Maria, die mit der Barke der Nacht auf dem Nil ebenfalls ihrer Einsamkeit hatte entfliehen wollen und die grandios gescheitert war.

Jetzt warteten zwei Frauen gleichzeitig darauf, dass ich ihnen aus ihrer Einsamkeit heraushalf. *Mission impossible* – ich würde eine zurücklassen müssen, und das machte mir schwer zu schaffen.

Gespräche und Geburtstage

Frau Nowak hatte ihre Absicht in die Tat umgesetzt und verweigerte seit zwölf Tagen jegliche Nahrungsaufnahme. Sie trank, wenn man ihr den Becher hinhielt, aber nur, wenn es pures Wasser war. Alle anderen Getränke, aus denen der Körper Nährstoffe hätte ziehen können, lehnte sie kategorisch ab.

Als ich in ihr Zimmer kam, öffnete Karla träge die Augen und meinte: »Sie sehen schlecht aus.«

Ich lachte kurz auf. »Haben Sie die letzten Tage mal in den Spiegel gesehen?«

»Nein, das habe ich die letzten Monate tunlichst vermieden. Ich möchte mich so in Erinnerung behalten, wie ich war, als ich noch einigermaßen selbstständig war. Mein Haar kämmen konnte, Lippenstift und Make-up auftragen, Knöpfe noch allein zumachen. Was hier rumliegt, interessiert mich nicht mehr. Meine Zeit ist vorbei. Aber Ihre noch lange nicht. Also, was ist los?« Frau Nowak flüsterte mit rauer, brüchiger Stimme.

»Hausgemachte Probleme, damit möchte ich eine Lebensmüde nicht belästigen«, wiegelte ich ab. »Da muss ich selbst rausfinden.«

»Frauen?«

»Jupp, Frauen. Mein ganzes Leben über ein riesiges Problem, die Falschen auszusortieren, die Richtige zu finden und wenn ich sie gefunden hatte, nicht wieder zu verlieren. Über den Verlust der einzigen Frau, die mich jemals wirklich erreicht hat, bin ich bis heute nicht hinweggekommen.«

»Die Liebe meines Lebens ist mit neunundvierzig an Leukämie gestorben. Ganz langsam und jämmerlich unter Schmerzen verreckt. Damals hatte man es noch nicht so mit der Schmerztherapie bei Krebs. Danach haben mich Männer nur noch anfassen dürfen, aber nicht mehr in meine Seele schauen.«

»Wie alt waren Sie da?«

Die tief liegenden, vom nahen Tod gezeichneten Augen der Patientin bekamen für einen Bruchteil einer Sekunde einen lebhaften Ausdruck: »Einundsechzig.«

Ich hatte anhand der Autorenfotos in ihren Büchern, die aus drei Jahrzehnten stammten, verfolgen können, wie Karla gealtert war. Sie war eine der Frauen, die mit den Jahren immer attraktiver und schöner wurden. Ihre leuchtenden, blauen Augen in einem stets gebräunten Gesicht lenkten den Blick von allen Falten ab. Ihr Haar war mit Mitte vierzig schon schlohweiß gewesen, aber zusammen mit dem burschikosen Schnitt, in dem sie es trug, gab es der Fotografin eine ganz eigene autoritäre Ausstrahlung. Sie war die Verkörperung des Spruchs: *Age is an issue of mind over matter. If you don't mind, it doesn't matter.*

Ich hörte die Lungen der Patientin ab und verschrieb Buscopan gegen das Rasseln. Frau Nowak würde nicht mehr viele Tage haben. Sollte sie Atemnot bekommen, würde ich Morphin verschreiben, viel mehr konnte ich für Karla Nowak nicht mehr tun in diesem Leben.

SARAH WOLLTE IHREN zweiunddreißigsten Geburtstag im Kreise ihrer Lieben in der alten Heimat feiern. Wie sich herausstellte, waren das ich, Valentina und eben auch Ivo Lasser, der *Fick-dich-ins-Knie-Spezialist*, wie ich ihn neuerdings insgeheim zärtlich nannte. Ich hatte Tobi bei meiner Mutter geparkt und war am Vorabend mit Sarah in deren Mini nach Meersburg gefahren.

Im Flachdachbungalow der Familie Bender aßen wir mit Sarahs Eltern zu Abend. Ihr Vater war ein sehr stiller, sehr großer, sehr ectomorpher Typ, Ende fünfzig, der mich nach dem Essen in seinen Aquarienkeller entführte und erst kurz vor Mitternacht herausließ, damit wir mit seiner Tochter in ihren Geburtstag *hineinfeiern* konnten. Ich hatte als Jugendlicher und später immer mal wieder selbst Aquarien besessen, aber was Jürgen Bender auf knapp zweihundert Quadratmetern in seinem *Herrenzimmer* versammelt hatte, ließ mich neidisch werden. Sämtliche Wände waren vollgestellt mit dekorativen, liebevoll eingerichteten Meerwasserbecken. Ein Hobby, das mich als Jugendlicher auch fasziniert hatte, bis ich die Damenwelt für mich entdeckt hatte. In einer Ecke standen zwei dunkelgrüne Chesterfield-Sessel und ein Beistelltisch mit einem Humidor und einer Flasche Hennessy XO darauf. Auf die Rauchwaren verzichtete ich, aber von dem Cognac probierte ich ein Glas. Sarahs Papa stieß kleine Rauchwolken aus, nippte an der teuren Spirituose und klärte mich darüber auf, wie gewinnbringend die Praxis, die das Töchterlein übernehmen würde, lief. Ich kam mir vor wie in einem Rosamunde-Pilcher-Roman.

Sarahs Mutter war eine spindeldürre Frau Anfang fünfzig, deren allzu glatte Gesichtszüge garantiert Botox und/oder einem sehr guten Kollegen der plastischen Chirurgie zu verdanken waren. Uschi Bender war eine ausgezeichnete Köchin. Sowohl die Vorspeise, gemischter Salat mit Garnelen, als auch die Hauptspeise, Gans mit Apfelrotkraut und Kartoffelpüree, waren vom Feinsten. Merkwürdig war, dass die Köchin sich das perfekt abgeschmeckte Essen mit Salz, Pfeffer, Essig und Worcestersoße aus der Menagere, die auf dem Tisch stand, üppig nachwürzte und die Portion auf ihrem Teller zu einer unappetitlichen Masse verrührte. Mich schüttelte es innerlich, aber außer mir nahm niemand Anstoß an diesem Sakrileg.

Das Dessert aus Himbeeren, Amarettini und Mascarponecreme war zum Niederknien. Ich lobte es in höchsten Tönen und Sarahs Mutter überließ mir großzügig ihr Glas, das sie nicht angerührt hatte.

Wir stießen Punkt Mitternacht mit einem Crémant an, in dem Mangosorbet dümpelte, das die Dame des Hauses aus Flugmangos selbst gemacht hatte. Sarah packte ihre Geschenke aus. Von ihren Eltern gab es einen zweiwöchigen Segeltörn in der Karibik für zwei Personen. Ich kam mir mit meinem Übernachtungsgutschein für eine Nacht im Wellnesshotel etwas schäbig vor. Sarah freute sich wie ein kleines Kind, ihre Augen und Wangen leuchteten und sie verkündete, dass ich natürlich der Auserwählte sei, um mit ihr in der Karibik zu segeln. Ich lächelte und wusste nicht, was ich dazu sagen sollte. Dafür schilderte Sarah, bis ich sie mittels sexueller Stimulation vorübergehend zum Schweigen brachte, ohne Unterlass, wie toll diese beiden Wochen mit mir zusammen werden würden.

DEN NÄCHSTEN TAG verbrachten wir zusammen mit ihrem und Valentinas Vater auf dessen Neunmeter-Motorsegler. Die Benders waren ein eingespieltes Team und es machte Spaß, bei Kaiserwetter mit Profis auf dem Bodensee unterwegs zu sein. Normalerweise wäre Valentina mitgefahren, aber es hatte sich herausgestellt, dass ihr Auserwählter alles andere als seetauglich war. Wie jammer-, jammerschade.

Nach dem Segeltörn gab es eine Stunde Kaffee und Kuchen mit allen weiblichen Verwandten, derer man hatte habhaft werden können. Man aß Torte und trank Kaffee mit Süßstoff und zählte munter die Kalorien, die man zu sich nahm, und rechnete um, wie viele Stunden man mit dem jeweiligen Sport machen müsste, um dieselben abzutrainieren. Zu meinem Bedauern schien das donnernde, nervige Lachen Familientradition zu sein.

Eine Tante stellte zwischen zwei Bissen Torte fest: »Des Mädl hat unsere Brüschte!«, und der Rest der anwesenden Damen stimmte zu. Aha, aha, war also auch die perfekte Oberweite vererbt.

Ich kam mir vor wie auf dem Präsentierteller und war froh, dass ich wenigstens nicht nackt aus einer künstlichen Torte hatte springen müssen. Diese Veranstaltung wurde Punkt 17.30 Uhr beendet, weil danach frisch und ausgehfertig machen angesagt war. Sarah hatte noch einen Termin beim Friseur und würde erst kurz vor halb sieben zurück sein. Ich nutzte die Zeit, um einen ausgiebigen Mittagsschlaf zu machen. Ein Leben, an das ich mich durchaus gewöhnen könnte, dachte ich kurz nach dem Aufwachen.

Sarah stand, mit frisch blondiertem und geglättetem Haar im *En-Suite-Bad* und schminkte sich. Ich trat von hinten an sie heran, fuhr mit beiden Händen in die Schalen des Push-up-BHs und massierte mit den Daumen ihre Nippel – Sonne und segeln machten mich regelmäßig wuschig.

»Jetzt nicht, Benny. Du ruinierst meine Frisur. Die war teuer.«

Benny dachte aber gar nicht daran, klein beizugeben, und spielte weiter an Sarahs Brüsten herum. »Mir gefällst du auch mit strubbeligem Haar«, nuschelte ich in ihre Halsbeuge und glitt mit einer Hand über den Bauch in den Slip. »Du willst es doch auch.«

Sarah stöhnte erregt, meinte aber: »Benny, hör bitte auf damit, wir werden sonst nicht pünktlich fertig. Valentina hat diesen Abend durchgeplant und die kommen bereits in einer halben Stunde.«

»Soll ich wirklich aufhören?« Mit zwei Fingern und dem Daumen der rechten Hand versuchte ich meiner Frage Nachdruck zu verleihen. Ich beobachtete Sarahs Gesicht im Badspiegel. Sie biss sich auf die Unterlippe und hatte beide Augen geschlossen.

»Benny, sei doch vernünftig.« Die Stimme klang heiser und sehr erotisch.

»Niemals.« Ich nahm meine Hand aus dem BH und zog die Finger aus Sarahs warmer, fester Scheide, drückte ihren Oberkörper nach vorn, zog ihr das Höschen runter und mir ein Kondom über. »Ich passe auch auf deine Frisur auf. Ich schwöre!«

Sarah stöhnte bei diesem ungeplanten Orgasmus nicht nur ihr altbekanntes *Oh,* nein, sie sagte laut und deutlich: »Ich liebe dich!«

Ich tat so, als hätte ich den Satz nicht gehört, lief im Watschelgang mit heruntergelassenen Retroshorts hinüber zur Toilette, entsorgte das Verhüterli und setzte mich.

Sarah zog sich im Umdrehen den Slip hoch und sah mich an. »Hast du gehört, Benny?«

»Nö, was denn? Ich war gerade etwas weggetreten.« Ich setzte mein strahlendes gefaktes Lächeln auf. Ich wusste, ich verhielt mich gerade wie ein Feigling, aber Sarahs Liebeserklärung kam zu unvermittelt und im denkbar unpassendsten Moment. Nach einem Quickie am Waschbecken durfte man viel sagen, aber niemals: »Ich liebe dich«, dachte der alte Romantiker. *Ich liebe dich!* brauchte Geigen als Untermalung, keine Klospülungen.

Sarah bekam diesen beleidigten Blick, der bei Frauen stundenlanges Unheil ankündigte.

»Ich muss dringend pinkeln, kannst du mich mal allein lassen, bitte?«, versuchte ich die Situation zu entschärfen. Leider ging der Schuss nach hinten los.

Mich trafen ein fassungsloser Blick und zwei harte Worte: »Du Arsch!«. Dann stürmte die Lady mit zusammengekniffenem Mund aus dem Zimmer und schlug die Tür krachend ins Schloss.

Ich wusch mir die Hände so gründlich und ausgiebig, wie das nur Ärzte, die sich für den OP steril machen, tun. Die Zeit heilt alle Wunden, also hieß es Minuten schinden. Ich füllte beide Hände mit heißem Wasser und tauchte mein Gesicht hinein. Die Wassertropfen liefen wie ein Tränenschleier über mein Spiegelgesicht und tatsächlich war mir mit einem Male zum Heulen. So konnte das nicht mehr weitergehen. Als ich aus dem Bad kam, war Sarah fertig angezogen und sprach kein Wort. Sie sah in dem tomatenroten Kleid mit eng anliegendem Oberteil und weit schwingendem Rock und den passenden, hochhackigen Pumps ebenfalls in Rot äußerst attraktiv und sexy aus. Den mürrischen Gesichtsausdruck, den sie dazu trug, legte sie erst ab, als wir Valentina und die Hackfresse im Flur trafen. Es wurden Bussis und Komplimente ausgetauscht.

Zwischen dem Kollegen und mir fiel die Begrüßung etwas sachlicher aus.

»Lasser!« Kopfnicken.

Kopfnicken: »Brandstätter!«

Sarah hakte sich bei mir unter und alles schien wieder gut. Auf dem See, den man von der Einfahrt einsehen konnte, brauten sich dunkle Wolken zusammen.

Valentina und Ivo hatten Sarah diesen Abend zum Geburtstag geschenkt. Ich war gefragt worden, ob ich etwas beisteuern wollte, hatte mein Geschenk jedoch schon besorgt gehabt. Die erste Überraschung war eine Stretch-Limo, die vor dem elterlichen Anwesen wartete und mit der wir von Meersburg ins Hinterland chauffiert wurden. Es gab eisgekühlten Taittinger und aus den Lautsprechern dröhnte nerviger *Electro House*, der das Trommeln der schweren Regentropfen auf dem Autodach übertönte. Ich kippte das Glas Champagner in einem Zug hinunter und ließ mir vom Unfallchirurgen meines Vertrauens nachschenken. Ich war definitiv zu alt für diesen Scheiß.

EINE HALBE STUNDE später hielt die Limousine im strömenden Regen vor einem unspektakulär aussehenden Landgasthof in der tiefsten Pampa. Der Fahrer brachte die Ladys mittels eines Schirmes trocken in das Lokal, Lasser und ich rannten.

Der Landgasthof entpuppte sich als exklusiver Inder, bei dem man nur nach wochenlanger Voranmeldung einen Tisch bekam. Das *Yantra* und sein Koch waren so abgehoben, dass man als Gast keinerlei Einfluss auf die Bestellung nehmen konnte. Es gab weder Menükarten noch Alkohol. Mein wunderbarer Plan, mir den Abend schön zu saufen, war vereitelt. Ich wandelte den Spruch meiner Oma Ruth: *Wo Not ist, ist auch Likör,* ab und mixte ihn mit einem Song von Wincent Weiss: »*Ey, da müsste Likör sein, überall, wo du bist.*« Meine spontane Gesangseinlage kam bei meinen Tischgenossen nicht sonderlich gut an.

»Benny,«, tadelte mich das Geburtstagskind, »du alter Kindskopf! Es geht doch auch mal ohne Alkohol. Lass einfach die Stimmung, unsere Gesellschaft und das Essen auf dich wirken.«

Ivo Lasser gab ihr recht und begann eine Story über einen Alk zu erzählen aus der Zeit, als er in einer Klinik in New York ein Jahr im *Emergency Room* gearbeitet hatte. Ich hörte nur mit halbem Ohr hin und dachte: Wer will das wissen, du Lauch?

Die fünf Gänge, zu denen man Lassi und Wasser trank, wurden erst beim Servieren durch die Chefin des Hauses mündlich vorgestellt. Man musste *Ah!* und *Oh!* ausrufen und überrascht tun, zumindest taten es die anderen Gäste, also wir gruppenzwänglerisch auch. Mein Blick verfing sich versehentlich in dem des Kollegen Lasser, dem das Essen anscheinend auch etwas zu viel Inszenierung zu sein schien. Wer hätte das gedacht, dass der vierundvierzigjährige Kliniknerd und ich mal einer Meinung sein würden?

Das *Dinner for Four* bestand aus *Soup Mulligatawny*, buntem Salat mit Mangostücken, einem Zitronensorbet als Zwischengericht, Masala Lamm mit Kichererbsen sowie *Sooji Halwa*, einem indischen Grieß-Dessert und *Panshabi Chai* zum Abschluss. Nachdem der sehr authentische indische Koch samt Turban und an den Enden gezwirbeltem Schnäuzer mit seinen Kochkünsten am Ende war, kam er aus der Küche und ließ sich unter Applaus feiern. Nach dem inszenierten *Fishing for Compliments* verschwanden das Geburtstagskind und ihre Cousine auf der Toilette.

Ich nippte an dem würzigen Tee und bemerkte, um das peinliche Schweigen zwischen *Fick-dich-ins-Knie-Lasser* und mir zu unterbrechen: »Die Näschen müssen mal wieder zu zweit gepudert werden.«

Der Kollege Aufschneider sah mich schulterzuckend an und erwiderte: »Tja, so können sie sich gegenseitig die Haare halten.«

Ich setzte zu einer Frage an: »Wozu muss man sich ...«, dann waren die Synapsen verschaltet. »Du meinst ...?« Ich ließ auch das Ende dieses Satzes offen.

»Ich meine nicht, ich weiß. Ich war letzten Monat mit im Haus auf Sylt.«

»Aha, aha.«

»Wenn die Sippe unter sich ist, wird nicht gekotzt, sondern das Essen so überwürzt, dass es nicht mehr schmeckt. Du hast doch bestimmt diese obligatorischen Menageren auf den Esstischen gesehen. So bleibt man schlank.« Er zuckte mit den Schultern. »Was glaubst du, warum Sarah und Valentina alle Schneidezähne so perfekt überkront haben? Nicht nur, weil der Papa beziehungsweise Onkel Zahnarzt ist und es schöner aussieht.«

Beim regelmäßigen Erbrechen gelangt die stark ätzende Magensäure in die Mundhöhle und stört die Remineralisierung der Zähne über den Speichel. Die Säure greift den Zahnschmelz an und löst ihn auf. Das Ergebnis sind Schäden an der Zahnsubstanz. Das erklärte auch die chronischen Rhagaden und das ständige *Lipbalm* auftragen.

Die Mädels kamen fröhlich lachend zurück, kauten Kaugummi, die Lippen waren frisch geschminkt. Wurde aus manchen garstigen Fröschen, wenn man sie küsste, wunderschöne Prinzen, so wurde aus Prinzessin Sarah, je öfter ich sie küsste, langsam ein Froschmädchen beziehungsweise eine Kaulquappe – oder wie Tobi sagen würde: *Kauquappe.*

Auf der Rückfahrt köpften wir die zweite Flasche Taittinger und lauschten dem legendären Open-Air-Konzert von Muse in Rom. Der Opening-Song, *Supremacy* mit der wuchtigen E-Gitarre, dem übersteuerten Gesang, der in Gekreische umschlug, und der aggressiven Percussion passten wunderbar zu meiner Grundstimmung. »*Wake to see, your true emancipation is a fantasy!*« Dobro hatte recht, das Ganze erinnerte an manchen Stellen an *Kashmir* von Led Zeppelin.

MAGIE UND POESIE

Ich lag auf der Terrasse in der Sonne und döste. Tobi war heute nicht in den Kindergarten gegangen, weil ich frei hatte und er *Quality Time* mit mir verbringen wollte. Aber irgendwie hatte er kurz nach dem Frühstück das Interesse an mir verloren und sich in sein Zimmer zum *Forschen* zurückgezogen. Der Schmerzensschrei, der mich im Halbschlaf erreichte, ließ mich sofort auffahren. Tobi kam heulend angerannt, in der Hand ein weißes Stofftaschentuch. Ich setzte mich alarmiert auf. Das klang dieses Mal ziemlich authentisch.

»Papa, ich brenne!« Er streckte mir seine Hand entgegen. Auf der Innenfläche war tatsächlich eine kreisrunde oberflächliche Verbrennung zu sehen.

»Was hast du gemacht?« Ich nahm ihn hoch und ging mit ihm ins Bad, um die Wunde unter fließendem Wasser zu kühlen.

Tobi schluchzte. »Ich habe das Zauberkunststück mit der Zigarette, dass du mir gestern gezeigt hast, versucht nachzuzaubern. Und jetzt ist das Taschentuch kaputt und ich habe mich verbrannt.«

»Du hast mit einer glimmenden Zigarette geübt?«

»Ich wollte halt alles richtig machen, Papa.«

»Wo ist die Zigarette jetzt?«

»Die liegt auf meinem Bett, wo sie hingefallen ist.«

Das schnellste Spermium hatte einen nicht minder schnellen Vater, der die brennende Zigarette auf dem Kopfkissen mit dem Inhalt eines Zahnputzbechers löschte, anschließend die Hand des Kindes verband und mit ihm ein neues Kopfkissen kaufen ging, inklusive Mittagessen bei Burger King. Wie ein fünfjähriger Junge eine Marlboro Light anzünden konnte, ohne dabei in Hustenspasmen zu verfallen, war mir nicht klar.

»Rauchst du heimlich, Kind?«, fragte ich und bekam keine Antwort von meinem Gegenüber, das konzentriert sein Geschenk aus dem Happy Meal zusammenbaute. Die Brandwunde war so gut wie vergessen. Die roten Flecken auf dem Verband waren kein Blut, sondern Ketchup von den Pommes, die er gegessen hatte. Mir kam ein Lied von Pink in den Sinn, dass diese für ihre Tochter geschrieben hatte. »*I wouldn't hurt you, like the world did me. Keep you safe, I'd keep you sweet. Everything that I went through, I'm grateful you won't have to do. I know that you will have to fall, I can't hide you from it all.*«

Als wir wieder zu Hause waren, zeigte und erklärte ich Tobi den Trick mit dem künstlichen Daumen und einer nicht brennenden Zigarette.

Maria war am Abend Ehrengast der *Magic Tobi One Man Show*, die aus einem Trick und jeder Menge Gelaber bestand. Tobi hatte die Sache mit dem Publikum ablenken voll drauf, besser jedenfalls als den Trick selbst. Er hatte sich den künstlichen Daumen auf den kleinen Finger aufgesteckt und sah mit den zwei Daumen an einer Hand aus wie eine Genmutation.

Maria meinte angesichts der skurrilen Hand des Zauberlehrlings. »Na ja, ein großer Zauberer wird wohl nicht aus ihm werden, wie es aussieht.«

Ich entgegnete trocken. »Stimmt, mit der Missbildung kann er höchstens noch Chirurg werden.« Chirurgenbashing machte einfach immer wieder Spaß.

WEIL MARIAS BETT größer war als meines, *verirrte* ich mich fortan fast jede Nacht zu ihr. Wenn ich Pech hatte, lag Tobi schon darin und vereitelte meine fiesen Pläne. Wenn ich Glück hatte, konnte ich mich an Maria kuscheln und Tobi kam gar nicht oder erst, wenn wir fertig waren, und machte sich zwischen uns breit.

Er erzählte jedem, der ihm über den Weg lief, dass er jetzt richtige *Eltern* habe, mit denen er zusammen in einem Bett schlief. Bei seiner Mutter kam diese Tatsache nicht sonderlich gut an.

»Was soll das heißen, Ben? Ich dachte, ihr wohnt da nur zur Untermiete? Kannst du deinen Schwanz nicht einmal im Griff haben?«

»Ich habe meinen Schwanz seit Tobis Geburt sprichwörtlich viel zu oft im Griff. Ich habe ihn so gut wie weggepackt, weil es extrem schwierig ist, Sex mit anderen Personen als sich selbst zu haben, wenn man sich allein um einen Säugling oder Kleinkind kümmern muss. Du hattest ja urplötzlich weder Lust auf Pimpern noch auf Pampern. Wer weiß, mit wem du so rumvögelst. Haben Japaner kleine Schwänze?« Bei Kia versagte meine Diplomatie zuverlässig.

»Gut, dann hast du ihn eben zur falschen Zeit ausgepackt. Was soll das denn? Ich möchte nicht, dass mein Kind mit irgendwelchen *Bitches*, mit denen du rummachst, im gleichen Bett schläft.«

»Dein Kind mag diese Frau nun mal. Unabhängig davon, was sein Vater mit ihr macht oder eben nicht macht. Tobi träumt nachts oft schlecht und ich muss früh raus, wenn ich Notarzt fahre, und brauche meinen Schlaf. Willst du ihm verbieten, dass er sich trösten lässt, wenn er aufwacht und Angst hat? Dann sag es ihm aber selbst, du hast uns dieses Leben im Hamsterrad aufgezwungen.«

»Red doch keinen Blödsinn. Ein geregeltes Leben hat noch niemandem geschadet. Warum kann er in solchen Nächten nicht bei deiner Mutter oder Tanja und Björn sein?«

»Weil das unser Leben noch schwieriger machen würde, als es ohnehin ist. Wie wäre es, wenn du in die Nähe ziehst und selbst auf deinen Sohn in eben diesen Nächten mit der von dir geschätzten Regelmäßigkeit aufpasst? Wie sich das für eine Mutter gehört.«

»Wie wäre es, wenn ich Tobi ganz zu mir nehme und du endlich ungestört herumvögeln kannst?«

»Hast du mal deinen Sohn gefragt, was er davon hält? Der erzählt jeden Scheiß doch lieber Yoani als dir.« Mir fiel seine Bemerkung anlässlich des Misthaufens im Allgäu ein.

Kias Gesicht verwandelte sich in eine starre Maske. »Das kann man alles ganz schnell ändern, Ben.«

Ehe ich diese Drohung kommentieren konnte, war Tobi zurück und erinnerte mich daran, dass er später auf einen Geburtstag müsse, und fragte, ob ich dran gedacht hätte, für seinen Freund Timothy ein Geschenk zu besorgen. Hatte ich nicht, und so fuhren wir zusammen in die Stadt und plünderten einen Spielzeug- und Bastelladen. Tobi bekam Fingerfarben, die er am großen Terrassenfenster in der Wohnung zusammen mit Maria einweihte. Sie malten jede Menge blühende Blumen, blaue Wolken und eine sattgelbe Sonne. Ich wollte dem naiven, großflächigen Kunstwerk mit dem Spruch »*Ist der Himmel noch so grau, Tavor macht ihn wieder blau!*« einen realen Bezug geben – aber meine Mitbewohner hatten null Verständnis für Tiefgründiges und nahmen mir die dunkelblaue Farbe ab.

Sarah, die darauf drängte, Tobi endlich wiederzusehen, konnte ich meinen redseligen Nachwuchs aus Sicherheitsgründen nicht mehr präsentieren. Ich erfand Ausrede um Ausrede dafür, warum ich neuerdings die Nächte nicht mehr bei ihr verbringen konnte. Dass es nicht ginge, weil mich Maria den halben Tag vorwurfsvoll mit ihren Blicken verfolgte, wenn ich nicht zu Hause schlief, konnte ich ihr schlecht beichten. Ich war in der Zwickmühle und verstrickte mich immer mehr in einem Netz aus Lügen und Halbwahrheiten und mochte mich nicht besonders leiden.

»Was ist mit dieser Zahnärztin, von der du mal gesprochen hast, Benny? Seht ihr euch noch?«, fragte Maria, als wir postkoital am Einschlafen waren.

»Nein, nicht mehr richtig. Nur noch zufällig im Treppenhaus«, log ich.

»Ich dachte, es sei was Ernstes.«

»Hm, war es wohl auch fast. Aber irren ist menschlich«, murmelte ich im Halbschlaf.

»Ich käme mir nicht gut vor, wenn was zwischen euch wäre und ich die Schlampe bin, die hinter ihrem Rücken mit dir pennt.«

»Du bist doch keine Schlampe.« Ich nahm Marias Hand in meine und drückte sie.

»Dann mach mich bitte auch zu keiner.«

Das traf mitten ins Herz. Ich schwieg betreten.

»Noch einen Mann, der nebenbei ein Kind mit einer anderen zeugt, würde ich nicht verkraften.«

Der Satz: »Sarah nimmt die Pille, mach dir mal keine Sorgen!«, spukte unausgesprochen in meinem Kopf herum. Weil Sex ohne Kondome bequemer war und wir uns so gut kannten, hatte sie im letzten Zyklus begonnen, per Pille zu verhüten, und war tatsächlich fast eine Woche über der Zeit. Sie machte sich bereits ernsthaft Gedanken darüber, das Lorazepam, das sie regelmäßig zum Einschlafen nahm, abzusetzen, und ich wurde langsam nervös – der Anti-Baby-Pille hatten schon unzählige Kinder ihr überraschendes Erdendasein verdankt.

»Weißt du, wann ich mich endgültig und unrettbar in euch beide verliebt habe, Benny?«, flüsterte Maria.

Ich schüttelte den Kopf, weil ich es nicht hören wollte.

»Als wir neulich im Eataly waren und Tobi dich gefragt hat, woraus Wein gemacht wird. Weißt du noch, was du geantwortet hast?«

»Keine Ahnung.«

»*Strawberries, cherries and an angel's kiss in spring.*«

»*My summerwine is really made from all those things.*«

»Siehst du. Du hast all diese Poesie abrufbar im Kopf und gibst sie weiter an Tobi.«

»Na ja, der hat statt meinem Hang zur Poesie eher den Pragmatismus seiner Mutter geerbt. Wortperlen vor die Wikinger.« Ich stotterte leicht. Mein Unterbewusstsein ließ sich durch leicht dahingeworfene Sätze nicht täuschen.

Maria lachte leise. »Stimmt. Tobi hat die Augen verdreht und gemeint: ›*Ladifari*, Papa! Sag mal in echt‹. Diese Mischung macht euch so einzigartig. Das Kind manchmal erwachsener als der infantile Erzeuger.« Maria rückte näher an mich heran und beugte sich über mich. Ihr Haar fiel wie ein Vorhang herunter und machte diesen Moment noch intimer.

Sosehr ich Maria auch begehrte, in diesem Moment nahm mir ihre Nähe die Luft zum Atmen. Sie gab mir einen Kuss, den ich aus schlechtem Gewissen nur halbherzig erwiderte. Ich drehte mich zur Seite und lenkte fröhlich ab. »So, jetzt wird geschlafen. Wir sind beide nicht mehr die Jüngsten!« Ich konnte mit dem Gedanken an Sarah und daran, dass ich eventuell noch mal Vater werden würde, unmöglich jetzt mit Maria Sex haben. Mir fiel das Ende des Songs von Lee Hazlewood ein, das überhaupt nicht poetisch war. »*When I woke up the sun was shining in my eyes. My silver spurs were gone, my head felt twice its size. She took my silver spurs, a dollar and a dime …«*

Drei Tage später stellte sich bei Sarah die reguläre Zyklusblutung ein. Ich war aufgewacht, meine silbernen Sporen waren zwar noch da, aber ich steckte noch tief in der Misere, in die ich mich aus eigener Feigheit gebracht hatte, da half der beste Wein nicht heraus.

Notfälle und Ausfälle

Der Tag fing mit zwei beschissenen Nachrichten an. Barbra hatte mir kurz vor Mitternacht eine Message geschickt, dass sie Montag mit Wagner, ihrem aktuellen Lover aus Rio, zusammen mit dem Bully und Lemmy in dessen Heimat aufbrechen wolle. Es sei Zeit, etwas Neues zu sehen. Das konnte ich zwar sehr gut verstehen, es bedeutete aber, dass das Haus bis auf Yoanis Arbeitszeiten leer stehen würde.

Mir steckte immer noch der letzte Notarzteinsatz des vergangenen Tages in den Knochen. Kurz vor Dienstschluss ging der Melder. Ein Fahrradunfall in der Urbanstraße. Ein telefonierender SUV-Fahrer war mit seinem tonnenschweren Fahrzeug an einer auf Rot umschaltenden Ampel auf einen Fahrradanhänger aufgefahren, in dem ein dreijähriges Mädchen saß. Mir blieb nur noch, den Totenschein auszustellen und mit der unverletzten Mutter, die unter Schock stand und noch nicht realisiert hatte, was mit ihrem Kind geschehen war, zu reden, bis der Notfallseelsorger eintraf.

Eine Minute nach Mitternacht nahm ich den Brillantring an meinem Lederband fest in die rechte Hand, ballte diese zur Faust und schickte einen Geburtstagsgruß an Ricky auf ihrer Dekowolke. »Häschen, du fehlst mir immer noch! *It was so good, when I was your man!*« Dann sah ich auf meinem Handy das Album *Priscilla* durch, bis ich so müde war, dass mir die Augen zufielen.

Kia hatte kurz nach dem Aufstehen eine Mail geschrieben, in der sie mir ankündigte, was sie die letzten Wochen bereits beim Skypen angedroht hatte. Sie hatte angesichts der Tatsache, dass wir jetzt mit Maria zusammenwohnten und Tobi sich ihr mehr zu entfremden schien, als sie vertragen konnte, beschlossen, unser Kind demnächst zu sich zu nehmen und ihre Mutterpflichten endlich zu erfüllen. Sie war auf der Suche nach einem Job in Europa. Ich solle mich schon mal mit dem Gedanken befassen und mich glücklich schätzen, denn eigentlich wäre es eine *Win-Win-Situation*, weil ich so endlich mehr Zeit für mich und meine neue Freundin hätte und in Ruhe die Praxis aufbauen könne. Selbstverständlich würden wir eine großzügige Besuchsregelung finden unter vernunftbegabten Menschen, die wir beide ihrer Meinung nach waren. Ich schloss die Augen und wollte nicht aufstehen an diesem regnerischen, kühlen Oktobermorgen, dessen bedeckter, grauer Wolkenhimmel so viel Unheil ankündigte.

Yoani, meine Haushälterin in Costa Rica, erzkatholisch und an die göttliche Vorhersehung und Gerechtigkeit ohne jeglichen Zweifel glaubend, hatte mir ihre These unterbreitet, dass mein Karma deswegen so mies sei, weil ich ohne Nachzudenken Hunderte verbotener Verhütungsgummis benutzt hatte. Wenn Gott gewollt hätte, dass wir uns nicht fortpflanzten, hätte er in seiner göttlichen Weisheit schon von sich aus dafür gesorgt und den männlichen Samen nur eingeschränkt fruchtbar gemacht. Ich hatte erwidert, dass Gott weder den Verbrennungsmotor noch Haarfärbemittel noch Kaffeemaschinen erfunden hätte, alles Dinge, die Yoani regelmäßig benutzte.

Die bauernschlaue *Tica* meinte daraufhin giftig: »Meine Haare sind nicht gefärbt und außerdem sind das alles Dinge, von denen Gott *wollte*, dass sie erfunden werden.«

Ich hatte danach aufgehört mit ihr weiter zu diskutieren. Ich war mir sicher, mein schlechtes Karma war auf die vielen Frauenherzen, die ich gebrochen hatte, zurückzuführen. Erst nachdem ich Ricky kennengelernt hatte, lebte ich das erste Mal in meinem Leben für lange Zeit und ohne jeglichen Zweifel daran, ob es gut sei, monogam.

Das Kind, das nichts von seinem Glück wusste, dass die leibliche Mutter, die über fünf Jahre damit zufrieden gewesen war, ihren Sohn für wenige Wochen im Jahr zu sehen und einmal pro Woche eine halbe Stunde mit ihm zu skypen, plötzlich eine unstillbare Sehnsucht nach ihm verspürte. Meiner Meinung nach war es der pure Egoismus und Kias ausgeprägter Kontrollzwang, der sie diesen Weg einschlagen ließ. Für Tobias Mortensen war Kia so sehr Mutter wie Darth Vader Vater für Luke Skywalker. Ich war in der Vergangenheit für ihn Vater, Mutter, Freund, Spielgefährte, Arzt und Vertrauter gewesen. Ein Leben ohne dieses Wesen, das ich von seinem ersten Herzschlag an ins und durchs Leben begleitet hatte, war nach all der Zeit unvorstellbar für mich.

Mir war zum Heulen. Tobi heulte tatsächlich leise beim Frühstück, weil ihm das rechte Ohr wehtat. Er wollte nicht in den Kindergarten. Das Trommelfell war leicht gerötet und er hatte eine Temperatur von 38,4 Grad. Ich gab ihm Ibuprofensaft zu trinken und Antibiotikatropfen ins Ohr. Leider hatte Maria keine Zeit, bei ihm zu bleiben, weil sie einen Vorstellungstermin in einer Kanzlei hatte. Vor dreizehn Uhr würde das nicht zu Ende sein. Björn und Tanja waren in Urlaub in der Toskana. Ich erwägte kurz, die Kindsmutter anzurufen und sie zu bitten, auf ihren Sprössling aufzupassen, damit sie mal einen Vorgeschmack davon bekam, was es hieß, Verantwortung zu übernehmen.

Ich nahm mein fiebriges Kind kurzerhand mit in die Praxis und legte ihn im großen Behandlungsraum auf die Designercouch, auf der mein Kollege gerne mal ein Nickerchen machte, wenn er glaubte, sein Hiwi hätte alles im Griff. Heute früh hatte er den letzten Abschlag auf heimischem Boden. Viktoria war in der Schule und Margot meinte, sie könnte keinen geordneten Ablauf der übervollen Sprechstunde garantieren, wenn ein Zimmer ständig belegt war.

Fatima war grundsätzlich bereit, in der Praxis mitzuarbeiten, hatte aber nach einem Probearbeitstag verkündet, dass sie keine Stunde mit Margot zusammenarbeiten könne. »Ich würde die Ossischlampe nach einem halben Tag eigenhändig töten, Benny, glaub mir.« Ich hätte grundsätzlich kein Problem, ihr dabei zur Hand zu gehen, aber noch gehörte das alles dem Kollegen Schneider. Ich wurde mir von Tag zu Tag unsicherer, ob ich die Praxis jemals würde übernehmen wollen. Hätte nicht Björn so eisern hinter dem Plan gestanden, hätte ich denselben wahrscheinlich in den letzten Wochen für mich ad acta gelegt und mich nach etwas anderem umgesehen.

Tobis Temperatur war auf 39,1 Grad gestiegen, als Maria ihn kurz vor eins abholte. Ich hatte keine Zeit, eine Pause zu machen, und musste direkt nach Ende der Sprechstunde auch noch ins Heim des Grauens.

JOLANKA GUTEMANN GING mit mir die Kurven der Patienten durch. Es gab nur bei zweien Auffälligkeiten, wofür ich gerade an diesem Tag dankbar war. Aber das Leben sparte sich das Beste regelmäßig bis zum Schluss auf.

»Frau Nowak ist heute Nacht um zwei ins Krankenhaus eingeliefert worden. Lungenembolie, hat der Notarzt festgestellt.« Frau Gutemann hatte mir nie verziehen, dass ich zu der Patientin eine besondere Beziehung aufgebaut hatte.

»Aha, aha. Dann rufe ich da nachher mal an.« Ich sah mir die beiden Patienten an und beeilte mich, in die Praxis zurückzukommen.

15.12 Nachricht von Dr. Sarah Bender
Süßer! Ich freue mich auf heute Abend. Bitte sei pünktlich. Das Geschenk für Kristin
und Leon habe ich besorgt und eingepackt.
Du musst Dich nicht kümmern. Küss Dich.

15.16 Nachricht an Oralcare
Sorry, habe ein Problem mit Tobi. Er hat Temperatur und eine Otitis. Weiß nicht, ob Maria auf ihn aufpassen kann.
Habe sie schon den halben Tag beansprucht.

AUF DEM WEG zurück in die Praxis klingelte das Telefon. Sarah rief an. Ich nahm das Gespräch idiotischerweise an. Die Lady machte mich das erste Mal in unserer gemeinsamen Geschichte an. Sie beklagte sich recht deutlich darüber, wie egoistisch und rücksichtslos ich mich ihr gegenüber verhalte und dass es nur um mich und Tobi ginge. Sie nahm mir darüber hinaus nicht mehr ab, dass mit Maria nichts liefe und wir tatsächlich nur WG-Bewohner waren. »Ihr fickt doch miteinander.« So deutliche Worte aus Sarahs Mund waren ein Novum. Ich hörte schweigend zu, was sie noch mehr auf die Palme brachte. »Sag endlich was zu deiner Verteidigung, du Feigling.«

»Sarah, ich kann mich jetzt nicht mit dir streiten, ich sitze im Auto vor der Praxis und muss arbeiten. Ich hole dich später ab und wir reden. Okay?«

»Du kannst mich bald mal, Benny.«

DER KOLLEGE HATTE mit der Nachmittagssprechstunde bereits angefangen. Ehe ich den ersten Patienten aufrufen ließ, bat ich Margot, mir in der Margarinenklinik den für die Station, auf der Frau Nowak lag, zuständigen Arzt ans Telefon zu holen. Ich sah in der kleinen Küche hinterm Labor nach – es stand kein Kaffee da und ich hatte keine Zeit, mir einen zu machen. Ich brauchte dringend Koffein und stürzte eine halbe Dose Cola hinunter. Ich betrachtete mich einen Moment in dem Spiegel über dem Handwaschbecken. Meine Hautfarbe war blass, ich hatte dunkle Augenringe, die Skleren waren gerötet, die Blutgefäße deutlich injiziert. Ich schloss kurz die Augen, atmete tief durch und verließ die Küche.

Im kleineren Behandlungszimmer traf ich auf Jogi Löw. Der Herr in Jeans, weißem Hemd und sportlichem Sakko samt Schal um den Hals hieß aber laut Patientendatei Ansgar Amstetter und sprach akzentfrei, als er mich begrüßte.

»Wie kann ich Ihnen helfen?«, fragte ich.

»Drecksack!«

Ich stutzte. »Aha, aha.« Hatte es sich mittlerweile in Stuttgart rumgesprochen?

»Drecksack! Drecksack! Drecksack!«

»Tourette?« Mir stieß die Kohlensäure des Cola auf.

Der Patient nickte. »Ist heute Morgen ganz schlimm. Ich bin nervös. Sie brauchen mich aber nicht nachäffen.«

Ich wollte erklären, warum ich hatte aufstoßen müssen, kam aber nicht zu Wort. Fünf »*Ficken*« und zwei »*Drecksack*« später wusste ich, dass der Herr wegen eines »*komischen Geräuschs beim Einatmen*« bei mir war.

Das Telefon klingelte. Margot kündigte einen Assistenzarzt aus der Margarinenklinik an.

»Entschuldigung, das muss ich kurz annehmen.«

Daraufhin erweiterte Herr Amstetter sein Vokabular um »*Wichser!*« Ich ging auf den kleinen Balkon und sprach mit dem Kollegen Thischer, die nervigen, obszönen Ausrufe des Patienten waren trotzdem laut und deutlich zu hören. Es lenkte etwas von der Nachricht ab, dass Karla Nowak noch in der Nacht an einer Embolie verstorben war. Ich hängte betrübt auf und während ich abwesend Herrn Amstetters Brustkorb auskultierte, machte ich mir Gedanken darüber, warum ich diese spannende und wertvolle Frau nicht in einer früheren Lebensphase getroffen hatte. Womöglich wäre sie bei früherer und besserer ärztlicher Betreuung heute noch am Leben.

Außer jeder Menge herausgepresster *Drecksack, Wichser* und *Ficken* konnte ich keine hörbaren Abnormitäten an Herrn Amstetters Organen feststellen. Ich schickte ihn zum EKG. Der Patient war unzufrieden mit dieser Diagnose und wiederholte »*Scheißarzt*«, bis er aus der Tür draußen war. Alle Welt schien sich gegen mich verschworen zu haben. Ich spulte die nächsten zwei Stunden wie auf Autopilot mein Programm herunter und konnte mich an den vorherigen Patienten kaum noch erinnern, sobald der nächste vor mir saß.

Doktor Schneider kam nach dem letzten Patienten zu mir und schloss die Tür. »Haben Sie einen Moment Zeit, damit wir über das weitere Vorgehen, was die Übernahme betrifft, reden können? Meine Frau drängt, sie möchte ihren sechzigsten Geburtstag im Warmen verbringen.«

»*Sorry*, aber das geht heute beim besten Willen nicht. Ich muss nach Hause, mein Sohn hat eine Otitis und mein Babysitter heute Abend keine Zeit. Morgen können wir gerne reden«, antwortete ich müde und erschöpft. Der Kollege scherzte, dass er dann in dieser Nacht wieder ohne Sex einschlafen müsse. Ich rang mir mühsam ein Lächeln ab und wollte nur noch nach Hause und mich einmauern.

Im Autoradio sang die stimmgewaltige Andra Day den Song *Rise Up*, in dem es darum geht, auch nach Tiefschlägen immer und immer wieder aufzustehen, so wie der Tag, der zuverlässig nach jeder Nacht kommt. »*You're broken down and tired of living life on a merry-go-round, and you can't find the fighter* ...«

ALS ICH NACH Hause kam, saß Tobi mit Maria im Wohnzimmer und sah fern, was er nur tat, wenn er für andere Aktivitäten zu kaputt war. Ich sah ihm nochmals ins Ohr und maß die Temperatur. Die Entzündung hatte sich nicht verschlimmert und die Temperatur lag bei 38,2 Grad. Ich entschuldigte mich bei beiden, dass ich sie alleinließ, aber ich müsste noch was erledigen an diesem Abend. Maria sah mich schräg von der Seite an, erwiderte jedoch nichts. Sie war in den letzten Wochen immer schweigsamer geworden und schien mich wie unter einem Vergrößerungsglas zu beobachten. Wir lachten kaum noch miteinander. Mein schlechtes Gewissen begann an mir zu nagen und mich von innen aufzufressen.

»Ich spring mal kurz unter die Dusche und bin dann weg. Es wird nicht allzu spät, versprochen.«

Ich war in Rekordzeit im Bad fertig und angezogen. Meine kleine Familie saß unter eine Decke gekuschelt auf der Couch. Tobi fragte Maria, ob sie mit ihm Strippoker spielen wolle.

»Wo hast du das denn aufgeschnappt, Tobi?«

»Im Fernsehen eben.«

»Und wozu soll das gut sein?«

»Keine Ahnung, ist so ein Erwachsenending.«

»Ich habe eine bessere Idee. Wir spielen Memory und wer verliert, muss einen Schnaps auf ex trinken. Das ist auch etwas, was Erwachsene machen.«

Das Kind war begeistert von der Idee und rannte Sekunden später mit der Spieleschachtel unterm Arm an mir vorbei. Ich zog Schuhe an und ging nochmals ins Wohnzimmer, um mich zu verabschieden. Die beiden saßen auf dem Wohnzimmerboden, die Memorykarten auf dem Parkett ausgebreitet. Neben jedem stand ein Schnapsglas mit Orangensaft. Mir war danach, zu Hause zu bleiben, Musik aufzulegen, etwas zu lesen und mich an Tobis und Marias Wortwechseln beim Spiel zu erfreuen. Ich setzte mich einen Moment auf den Sessel und sah zu. Maria schenkte mir diesen Blick, der tief in mich einzudringen schien. Tobi war gut in Memory und verlor ungern. Maria kippte ihren *Losershot* hinunter und schenkte nach.

»Papa, Maria ist ein *Loser.*«

Ich konnte darauf nichts antworten. Mir lag auf der Zunge: Dein Papa auch. Ich hatte einen Kloß im Hals und stand auf.

»Tschüss, ihr beiden. Bis später.«

»Tschüss, Papa.«

»Tschüss, *Papa.* Viel Spaß bei dem, was du heute Abend tust.« Maria lächelte bei den Worten nicht.

Im Gehen hörte ich Tobi voller Entrüstung sagen: »Ich will auch mal was trinken.«

»Tja, dann musst du verlieren.« Maria war eine coole Socke.

»Verdammt!«

Ich lächelte und schloss die Tür hinter mir. Ich suchte in der Jackentasche nach dem Autoschlüssel und fand einen Zettel mit Marias Handschrift darauf. *Liebe ist nie Verschwendung. Liebe ist Energie. Sie verwandelt sich, aber sie geht nie verloren.*

Das stimmte nicht wirklich. Wenn man seine Liebe zwischen zwei Frauen aufteilte, ging ganz viel verloren, vor allen Dingen das Vertrauen, das in einen gesetzt wurde. Ich beschloss, dass es Zeit war, meine Liebe auf eine Frau zu konzentrieren.

Ich schickte Maria einen Link auf YouTube. Die amerikanische Indieband Sleeping at Last hatte ein Coveralbum verschiedener Songs rausgebracht, unter anderem war eine gechillte Version von *As Long as You Love Me* von den Backstreet Boys drauf.

19.39 Nachricht an Oly Hippe
Hör gut zu!

SARAH WAR SAUER, weil ich eine halbe Stunde zu spät dran war, und sprach im Auto kein Wort mit mir, sondern telefonierte demonstrativ mit Valentina. Bei Kristin und Leo spielten wir das perfekte Paar. Sarah lachte viel zu oft und übertrieben über jeden Mist, den jemand verzapfte. Ich hatte mich immer noch nicht an das Geräusch gewöhnt, das sie dabei machte. Um kurz vor elf drängte ich zum Gehen, weil ich am folgenden Tag früh um acht zum Notarztdienst antreten musste. Ich hatte den Abend über kaum was getrunken, da ich noch Auto fahren musste und für das Gespräch, das noch kommen sollte, nüchtern sein wollte.

Sarah dagegen hatte ordentlich vorgeglüht, trug im Wagen eine Schicht Lipbalm auf und fing, sobald ich den Motor gestartet hatte, an zu streiten: »Was glaubst du, wer du bist?«

Ich zuckte mit den Schultern. Heute anscheinend der mit der Arschkarte. »Ich habe keine Ahnung, Sarah, wer ich bin. Ich habe wohl den Faden verloren.«

»Dann sage ich es dir: Du bist das größte Schwein, das in Stuttgart rumläuft.«

»Aha, aha. Heute Mittag klang das aber noch ganz anders. Ich dachte, du hast dich auf den Abend gefreut.«

»Das war ehe du dich mal wieder vor allem drücken wolltest. Wir hatten ausgemacht, dass wir die Einladung zusammen annehmen und du hast wieder das Kind vorgeschoben. Ich bin das so leid. Wir haben noch nicht mal Zeit gefunden, mein Geburtstagsgeschenk von dir einzulösen oder den Segeltörn zu buchen.«

»Tobi ist wirklich krank.«

»Hör auf zu lügen. Ich habe den Zettel in deiner Tasche gefunden vorhin. Wer schreibt dir solche Liebesbriefchen? Maria?« Erneut der Griff zum Fettstift.

»Warum schnüffelst du in meinen Sachen herum?« Ich wurde wütend.

»Ich habe nicht geschnüffelt, ich habe einen Kaugummi gesucht.«

»Hast du mal wieder das Essen ausgekotzt?«, frage ich bissig, hielt den Wagen vor dem Haus, in dem Sarah wohnte, und machte den Motor aus.

Sarah sah mich irritiert an, ihre Bulimie war noch nie zwischen uns zur Sprache gekommen. »Ich mache das nicht mehr, Benny«, meinte sie kleinlaut. »Kommst du mit hoch, damit wir die Angelegenheit klären können? Du weißt, wie viel du mir bedeutest. Aber nie sagst du nur ein Wort darüber, was ich dir bedeute.«

Ich schluckte schwer. Eigentlich widerstrebte es mir völlig, mich auf die Schnelle im Auto von Sarah zu trennen, aber ich wusste, wenn ich es jetzt nicht gleich auf der Stelle täte, würden dank meinem übervollen Dienstplan wieder ein paar Tage ins Land gehen, bis ich die Möglichkeit hätte, mit ihr überhaupt zu sprechen. »Nein, Sarah, ich werde nicht mit raufgehen. So geht das nicht weiter. Ich denke, es ist das Beste, wenn wir uns nicht mehr sehen. Wir streiten ja nur noch, und das sind keine Alltagsgeplänkel – im Gegenteil. Letzten Endes sind wir in vielen Lebensbereichen überhaupt nicht auf einer Wellenlänge, das hat keine Zukunft.«

Sarah leckte mit der Zunge über die Rhaghade im linken Mundwinkel und antwortete: »Allerdings streiten wir nur noch. Weil *du* einen anstrengenden Beruf hast, ein Kind und eine Frau, mit der du zusammenwohnst und die dir Liebesbriefe schreibt. Wie willst du dabei meine Wellenlänge finden oder überhaupt tiefe Gefühle für mich entwickeln? Ich bin doch nur die bescheuerte Tussi, die wartet, bis du dich mal herablässt, dich mit ihr zu treffen und mit ihr zu ficken. Denkst du dabei eigentlich an die andere?« Balmschicht Nummer drei.

»Sag doch so was nicht, Sarah. Du warst nie Mittel zum Zweck und du hast auch einen Job und bald deine eigene Praxis. Wie oft muss ich noch sagen, dass Maria meine Mitbewohnerin ist? Der Zettel war nur so ein Spruch, den sie zufällig aufgeschnappt hat. Das heißt gar nichts.« Ich brachte es nicht übers Herz, Sarah reinen Wein einzuschenken und ihr zu sagen, dass Maria Gefühle in mir ausgelöst hatte, die mit Ricky gestorben zu sein schienen.

»Wenn du es ständig wiederholst, wird es auch nicht wahrer. Wie tickst du denn? Hörst du eine innere Stimme, die dir befiehlt: Oh, da, eine Frau! Die muss ich sofort besteigen? Fick dich zur Abwechslung doch selbst, du Idiot!« Sarah knallte die Autotür zu und riss sie dann noch mal auf: »Soll das heißen, das war es mit uns beiden?«

»Sarah, ich weiß inzwischen sicher, dass es mit uns keinen Sinn macht. Wären wir nicht eingeladen gewesen, hätte ich heute sowieso mit dir darüber gesprochen und unsere Beziehung beendet. Es tut mir sehr leid, aber ich empfinde nicht die tiefe Liebe für dich, die ich empfinden müsste, um dir gerecht zu werden.«

»Um *mir* gerecht zu werden!«, ahmte sie meine Worte mit hämischem Lachen nach. »Dann geh doch zu deiner beschissenen Familie und werde denen gerecht. Ich habe gedacht, dir wäre es ernst mit mir. Du bist das Allerletzte!« Sie schlug die Tür erneut zu und verschwand im Haus.

Ich fuhr die Viertelstunde bis zu mir nach Hause. In der Wohnung war alles still. Die Türen zu den Schlafzimmern waren nur angelehnt. Tobi schlief tief und fest, den Bären im Arm, sein Haar klebte verschwitzt an der Stirn. Maria hatte mir um 22.45 Uhr, als sie ins Bett gegangen war, geschrieben, dass er seit halb neun im Bett war und die Temperatur auf 37.9 Grad runter sei. Sie habe ihm noch mal Tropfen und Saft gegeben. Ich wollte noch ein Glas Whisky zum Runterkommen trinken und dann schlafen gehen, um am Morgen fit zu sein.

Das Klingeln an der Tür um diese Zeit war ungewöhnlich. Ich nahm den Hörer der Gegensprechanlage mit einer dunklen Vorahnung ab. »Hallo?«

»Ich bin's, Sarah. Ich wollte dir deine Sachen vorbeibringen. Ich möchte nichts mehr in meiner Wohnung haben, was mit dir zu tun hat.«

Außer einer Zahnbürste, Deo und Duschgel hatte ich tatsächlich nichts bei Sarah, was mir gehörte. Alles Dinge, die man genausogut in der Mülltonne hätte entsorgen können. »Sarah, das geht jetzt nicht. Hier schläft schon alles und ich muss um sieben raus. Du bist völlig betrunken und ich bin durch. Lass die Sachen einfach vor der Tür liegen, wenn sie dich so sehr stören.«

»Mach auf, sonst klingle ich Sturm.«

Sie wartete nicht ab, bis ich öffnete, sondern drückte beständig auf die Klingel. Ich betätigte den Türöffner und trat in den Flur hinaus, um Sarah abzufangen. Ich hatte die stets makellos gestylte Frau noch nie so desolat gesehen. Die Augen waren rot verheult, die Mascara verwischt. Sie hatte die gefärbten Kontaktlinsen herausgenommen und trug eine Brille, die ich noch nie an ihr gesehen hatte. Das sonst immer perfekt frisierte Haar war strähnig und hing ihr unordentlich ins Gesicht. Die Lippen waren glanzlos, was mich am meisten beunruhigte. Die kleine Plastiktüte, die sie mir ins Gesicht warf, traf mich völlig unerwartet und hart an der Nase. Die Flasche Islay Whisky, die ich ihr neulich zum Probieren geschenkt hatte, die der Tüte folgte, prallte an meiner Brust ab, zerbrach klirrend auf dem Steinzeugboden im Flur und hinterließ eine Lache aus dunklen Scherben und bernsteinfarbener Flüssigkeit. Das schwere Torfaroma des Whiskys, das ich sonst so sehr mochte, löste eine Welle von Übelkeit in mir aus.

DANN FOLGTE EIN Drama in mehreren Akten, inszeniert von einer hysterisch agierenden Frau. In dem Szenario wie aus einem Hollywoodfilm spielten, in der Reihenfolge ihres Auftretens, ein überforderter Vater, ein fieberndes Kind, eine fassungslose Mitbewohnerin sowie eine Polizeistreife mit.

Ich hörte Tobi ängstlich neben mir fragen: »Papa, was ist los? Ist Sarah jetzt ein Zombie?« Ich hätte ihn gerne getröstet, aber ich musste die Frau, die wilde Drohungen ausstieß, in Schach halten.

Ich hörte Maria sagen: »Nein, Tobi, Sarah ist nur sauer, du brauchst keine Angst haben. Komm, wir gehen in dein Zimmer und warten, bis es vorbei ist.«

»Aber Papa braucht doch Hilfe.«

»Ich rufe die Polizei, die hilft ihm ganz schnell.«

»Ich gehe und hole die Pfeife!«, hörte ich Tobi sagen. Maria lief ihm hinterher und schloss hinter sich die Tür zum Kinderzimmer ab. Den durchdringenden Ton der Trillerpfeife, die Frau Winterberg meinem Sohn für den Notfall geschenkt hatte, hörte ich trotzdem. Ich hätte schreien können.

Maria musste die Polizei nicht mehr rufen. Hubert Schlesinger stand im Schlafanzug im Treppenhaus und hatte gedroht, dass er die Bullen rufen würde, falls seine Familie weiterhin durch den Lärm vom Nachtschlaf abgebracht werden würde. Mein diplomatisches *Verpiss dich, du Zwerg!* blieb unkommentiert.

DIE STREIFENWAGENBESATZUNG konnte Sarah, die wie eine Furie tobte und ihre Geschenke an mich zurückforderte, nicht beruhigen, passte aber auf sie auf, solange ich mein Zimmer nach Sarahs Präsenten durchsuchte. Sie folgte den beiden

Beamten ohne einen Abschiedsgruß, nachdem ich ihr die wenigen Gegenstände in die Hand gedrückt hatte.

Ich schüttelte ungläubig den Kopf über das Auftreten der Frau, die sonst sich und ihr Leben so gut im Griff zu haben schien. Trotz aller Lebenserfahrung und des Gefühls, Sarah gut gekannt und ihr sehr nahe gestanden zu haben, schien sie mir von einer Sekunde auf die andere völlig entfremdet und entglitten zu sein.

Im Flur hinter mir ging eine Tür auf. Tobi kam mir mit seinem Lichtschwert in der einen und dem Revolver in der anderen Hand entgegengelaufen und blieb schluchzend vor mir stehen. »Papa, Aslan ist nicht gekommen. Ich habe doch ganz laut und lange gepfiffen. Warum hat er das nicht gehört?«

Ich konnte darauf nichts erwidern, der Kloß in meinem Hals wurde immer dicker. Maria sah mich mit müden Augen an.

Ich hob mein Kind hoch und brachte es ins Bett. Ich spürte den viel zu schnellen Schlag seines Herzens an meiner Brust. Tobi klammerte sich verzweifelt an mir fest, ich musste seine Arme um meinen Hals und die Beine um meine Taille lösen, ehe ich ihn hinlegen konnte.

»Papa, schlaf bei mir, damit ich dich beschützen kann.«

»Ich bin gleich bei dir, Tobi, ich muss nur noch ein Telefonat führen. Maria bleibt bestimmt noch so lange bei dir.« Ich stotterte und sah Maria, die mit verschränkten Armen wie versteinert an den kleinen Schreibtisch, den Genoveva in eine Wickelkommode umfunktioniert hatte, gelehnt stand, bittend an.

Sie schloss die Augen, holte tief Luft und schüttelte kurz den Kopf, wie um zu sich selbst zu kommen. »Natürlich bleibe ich bei dir, Tobi.«

»Aber wer beschützt Papa, wenn die Zombiefrau zurückkommt?«

»Die kommt nicht zurück, die haben die Polizisten mitgenommen.«

Dann ging ich ins Wohnzimmer, nahm mein Handy und wählte einen Kontakt aus. Es klingelte fünfmal, bis ich die vertraute Stimme hörte: »*Hola, Benny. Que tal?*«

»Manuel, ich brauche deine Hilfe. Ich bin am Ende. Ich hatte heute einen Tag, wie ich ihn meinem schlimmsten Feind nicht wünsche.«

»*Que pasa, hermano?* Schieß los, ich habe mir gerade einen Ardbeg eingeschenkt und alle Zeit der Welt für dich.«

Epilog

Ich galoppierte auf Ismail, meinem edlen Araberfuchs, den puderweißen Sandstrand entlang, den türkisblauen Atlantik, der sich mit weißen Schaumkronen brach, zur Linken und zur Rechten Kokospalmen, deren Wedel im Wind wie das Prasseln eines sanften Regenschauers klangen. Die Sonne stand noch tief und strahlte in einem warmen Orangerot, das mit jedem Zentimeter, den der Planet aus dem Wasser stieg, greller wurde. Mein Sohn ritt auf seinem Wallach vor mir her. Er stand barfuß in den Steigbügeln, sein blondes Haar wippte im Takt, den das Pferd vorgab. Er hob die Hand, als er Madalena im Wasser auf ihrem Board entdeckte. Meine bildhübsche illegitime Tochter, die meine glutvollen Augen und das Grübchen im Kinn geerbt hatte, dümpelte hinter der Brandungslinie und nahm die nächste Welle, als sie sah, dass wir anhielten. Sie glitt mit traumhafter Sicherheit übers Wasser und ließ sich im Weißwasser elegant vom Brett fallen. Wie eine noch sehr junge Venus stieg sie aus der Gischt und kam auf uns zu. Madalena schien für den Ozean geboren. Mir fiel der passende Song von ELO ein. »*Midnight, on the water. I saw the ocean's daughter. Walking on a wave's she came. Staring as she called my name.*«

»Kommst du frühstücken?«, fragte Tobi, der nicht ahnte, dass dieses wunderbare schaumgeborene Wesen seine Halbschwester war.

»*Si, claro!* Bin in fünfzehn Minuten bei euch.«

Tobi drehte sich im Sattel zu mir um, seine oliv- und seine meergrüne Iris leuchteten in dem tiefgebräunten Kindergesicht wie illuminierte Glasmurmeln. »Wer zuletzt im Stall ist, ist ein Zombie.« Er schlug seinem Pferd die nackten Fersen in die Seite. »*Yahoo!*«

Ich musste lächeln. Es erschien mir wie gestern, als mein Stammhalter in Stuttgart erst auf der Couch nach Laramie und später auf seinem Schaukelpferd nach Mendocino geritten war. *Ramdamdam* immer mit dabei. Der Eisbär war mittlerweile in Tobis Bett verbannt, sein Besitzer war zu alt und zu cool, um noch mit Teddy unterm Arm durch die Gegend zu laufen.

Wir jagten an unserem Zuhause Richtung Ort vorbei. Die geknüpfte Hängematte wehte im Wind, der vom offenen Atlantik kam und dicke Regenwolken mit sich brachte. In weniger als einer halben Stunde würde einer dieser reinigenden Schauer, die alles zu ertränken schienen, aber nach spätestens fünfzehn Minuten vorbei waren, niedergehen.

Alonso, der autistische Sohn von Jasper, dem einzigen Fischer, der in Manzanillo noch seinem Beruf nachging, nahm uns die Pferde ab. Er sprach beruhigend auf die Tiere ein, hatte den Blick auf den Boden gesenkt und sagte kein Wort zu uns. Alonso liebte Tiere über alles, Menschen machten ihm Angst. Mit dem Job in dem kleinen Stall hatte er seine Erfüllung gefunden. Mit den Pferden hatte ich Tobi einen seiner sehnlichsten Wünsche erfüllt und nebenbei Alonso glücklich gemacht.

Den kurzen Weg zum Haus fuhren wir im Jeep. Mama Mira winkte uns von ihrem Stammplatz mit arthritischen Fingern zu. Wir grüßten zurück. Die ersten fetten Tropfen fielen auf die Windschutzscheibe und hinterließen schmutzige Kreise. Als wir in den Weg zum Haus einbogen, war der heftige Regenguss bereits zu Ende.

Das Haus war erst vor wenigen Wochen umgebaut worden, um der gestiegenen Anzahl seiner Bewohner gerecht zu werden. Die leeren Mörtelsäcke lagen beim Müll am Straßenrand. Die Müllabfuhr war spät dran heute. Vor dem Haus parkte Yoanis Dienstwagen, der Sticker auf der hinteren Stoßstange *Yo freno por los animales* war reichlich verwaschen. Unsere Perle hatte den Frühstückstisch bereits gedeckt. Die beiden Hunde lagen friedlich dösend in der Sonne vor der Patiotür und spitzten nur kurz die Ohren, als wir hereinkamen. Gwen und Gomez merkte man an, dass sie nicht mehr die Jüngsten waren, beide waren viel ruhiger geworden. Das wenige Wochen alte Glückskatzenbaby, das Gwen vor ein paar Tagen im Maul hereingeschleppt hatte, lag schnurrend an ihren Bauch gepresst.

Yoani kam mit einer dampfenden Schüssel Milchreis mit frischen Kokosraspeln darüber gestreut aus der Küche. Sie begrüßte uns freundlich: »*Madre de Dios!* Wie ihr wieder ausseht! Ich möchte einmal so zur Arbeit erscheinen.«

»Yoani, du bist eine alte Meckerliese!«, sagte Tobi auf Deutsch und lächelte dabei freundlich. Unsere Küchenhexe freute sich sichtlich – keiner hatte sich bisher die Mühe gemacht, ihr zu erklären, dass das nicht unbedingt ein Kosename war.

Die Patiotür ging und fiel scheppernd ins Schloss. Dobro, der seit einer Woche zu Besuch weilte, kam barfuß und oben ohne hereingeschlurft, setzte sich an den Tisch, warf einen Blick über die aufgetischten Köstlichkeiten und schenkte sich Kaffee aus der Thermoskanne ein. »Wie im Luxushotel. Ihr wisst, wie man Gäste glücklich macht, Leute. Ich gehe hier nie mehr weg!«

»Greif zu, mein Junge!«, forderte seine Ersatzmutter ihn liebevoll auf und, zu mir gewandt, den Tonfall wechselnd: »Ich brauche mehr Haushaltsgeld!«

Ehe ich antworten konnte, öffnete sich die Tür ein zweites Mal. An Yoanis Augenrollen konnte ich ablesen, wer hereingekommen war. Elisa balancierte ihren kleinen Sohn Sid-Kurt auf der Hüfte und setzte ihn auf dem Boden ab. Der Kleine robbte zu Tobi, der sich zu ihm setzte und ihn kitzelte. Das Kind mit dem beschissenen Namen gluckste vor Freude und bekam rote Bäckchen. Elisa ging weiter in die Küche und diskutierte in gebrochenem Spanisch mit Yoani über die Erwärmung eines Gläschens Babynahrung.

»Ey, ey, ey!«, kam es in dem Stakkato, das meine Haushälterin ohne Rücksicht auf die schlechten Sprachkenntnisse ihres Gegenübers sprach, »Füttert eure Kinder doch mit diesem künstlichen Dreck! Kein Wunder, wenn aus ihnen nichts wird!«

Elisa erwiderte angepisst im blütenreien Ghettodeutsch: »Ey, isch bim die Mudda, vong Verwandschaft her, Alde!«

Kurz darauf piepste Dobros Handy. Er warf einen Blick darauf und rief in die Küche: »Mann, Elisa, chill endlich mal und lass Yoani den Zwerg füttern. Wir sind hier zu Gast. Tobi hat es auch nicht geschadet.«

Die *Mudda* stürmte daraufhin mit einem Glas Latte in der Hand an uns vorbei in die Hängematte, wo sie Stunden verbringen konnte, ohne uns eines Blickes zu würdigen. Als sie merkte, dass das Geflecht vom Regen klitschnass war, ging sie ums Haus herum ins Gästeappartement.

Ich hörte ein Geräusch hinter mir und drehte mich um. Meine wunderschöne Partnerin watschelte wie eine Ente, die wegen Übergewichts nicht mehr fliegen kann, auf mich zu und gab mir einen Kuss auf die Wange. »Hm, du riechst so gut nach Sonne!«, meinte sie. Ihre wilde Mähne war mit einem Stirnband zurückgebunden. Ihre Hände lagen stolz auf ihrem Babybauch, der jetzt, in der letzten Woche der Schwangerschaft, weit hervorstand. Ich half ihr mit dem Stuhl am Tisch und schenkte ihr einen Kaffee ein, ehe ich mich selbst setzte.

Yoani kam mit einem Schälchen aus der Küche, schnappte sich Sid-Kurt, den Tobi mittlerweile auf dem Schoß hatte, und setzte sich mit ihm auf die Couch. »*Querido! Abuela* hat lecker Breichen für dich gekocht, damit du groß und stark wirst.«

Die Tür quietschte ein weiteres Mal. Madalena, mit feuchtem, aus der Stirn gekämmtem Haar, kam herein und setzte sich zu uns an den Tisch. »Hm, es gibt Milchreis!«

Das Mädchen, das einer heftigen, unheilvollen Affäre mit meiner Nachbarin Raya entsprungen war, war mein Ebenbild, mit dem Körper ihrer Mutter. Ihre kindlichen Züge wurden von Monat zu Monat weiblicher. Der Busenansatz war deutlich unter dem knappen T-Shirt zu sehen. Sie wusste immer noch nicht, dass Rainer nicht ihr genetischer Vater war, durfte aber seit unserer Rückkehr nach Costa Rica so oft zu uns, wie sie wollte. Hernando, unser Ortsvorsteher, hatte Raya in einem sehr privaten Gespräch damit gedroht, dass jede Woche, die sie mir das Kind weiter vorenthielt, das Restaurant des Hotels wegen Hygienemängel geschlossen bleiben würde. Man hatte Beziehungen im Land des *Pura vida* und nutzte sie bei Bedarf gnadenlos.

Meine Patchwork-Familie frühstückte, lachte und sprach durcheinander. Ich sah mich um und meinte mit Pfützchen in den Augen: »Könnte mich bitte jemand kneifen? Ich glaube, ich träume.«

Tobi und Dobro, die jeweils an meiner Seite saßen, ließen sich nicht zweimal bitten und boxten mir kumpelhaft auf den Oberarm.

Maria sah mich über den Tisch hin an: »Kein Traum, Benny, das ist das Ende. Genauso, wie du es verdient hast.«

Im Herzen eines Menschen ruht der Anfang und das Ende aller Dinge.
Lew Tolstoi